신약성경 신학

* 이 책은 송파제일교회 임성실 장로님이 지원한 연구비로 저술되었습니다.

합신
신학총서
03

신약성경 신학

New Testament Theology

조병수 지음

합신대학원출판부

합신신학총서 03

신약성경 신학

초판 1쇄   2020년 8월 25일

발 행 인   정창균
지 은 이   조병수
펴 낸 곳   합동신학대학원출판부
주   소   16517 수원시 영통구 광교중앙로 50 (원천동)
전   화   (031)217-0629
팩   스   (031)212-6204
홈페이지   www.hapdong.ac.kr
출판등록번호   제22-1-2호
인 쇄 처   예원프린팅 (031)902-6550
총   판   (주)기독교출판유통 (031)906-9191

ISBN 978-89-97244-85-0 (94230)
ISBN 978-89-97244-63-8 (세트)
값은 뒷표지에 있습니다.

이 도서의 국립중앙도서관 출판예정도서목록(CIP)은 서지정보유통지원시스템 홈페이지
(http://seoji.nl.go.kr)와 국가자료종합목록 구축시스템(http://kolis-net.nl.go.kr)에서
이용하실 수 있습니다. (CIP제어번호 : CIP2020032504)

머 리 말

"먼저 교과서를 집필하고 출판하는 일에 선뜻 큰 성금을 내놓으신 임성실 장로님
(송파제일교회)께 깊은 감사를 표한다. 내가 총장 재임 시절 초기에 장로님에게
교과서 출판의 중요성을 설명하자, 그분은 나의 뜻을 명민하게 납득하고는 그 자
리에서 엄청난 자금을 두말없이 지원해주셨다. 이후 시간이 제법 흘렀지만 아쉽
게도 겨우 2권이 출판되었고, 나 자신도 은퇴를 바로 앞둔 시점인 이제야 간신히
"신약성경 신학"을 출판하게 되었다. 출판을 후원한 분과 저술을 고대하는 분들께
미안한 마음을 금치 못하면서, 앞으로 계속 후속타자들이 등장할 것을 열렬히 기
대하고 있다.

인류의 역사에서 책은 전략이었고 무기였고 요새였다. 자기의 세력을 확보하
려고 책을 만들었고, 적을 무찌르려고 적의 책을 불살랐다. 손으로 필사하던 시대
에도 그랬지만, 인쇄물이 발명된 후에는 그런 현상이 더욱 짙어졌다. 신학의 전쟁
에서도 한복판에는 언제나 책이 결정적인 몫을 도맡았다. 신학자들은 자기의 목
소리를 발표하려는 목적으로도 책을 썼고, 상대의 목소리를 비판하려는 목적으로
도 책을 썼다. 오늘날도 책은 신학의 성패를 판가름 짓는 중요한 도구로 사용되고
있다.

나는 이제 서른 번째 저술을 세상에 펴낸다. 이 책은 지금까지 나의 신학여정
에서 사색하며 논구하였던 많은 내용들의 요약이다. 때로는 과거에 진술했던 내

용을 반복하는 글들도 없지 않지만, 나이가 들면서 성경에 눈이 더욱 넓고 깊게 열리면서 새롭게 이해한 부분도 적지 않다. 나는 이 책이 "하나님의 말씀이 살아 있다"는 것을 믿는 사람들이 신약성경 신학을 펼치며 다루고 지키는 전술과 병력과 보루가 되기를 희망한다. 과거에 발표한 적이 있는 내용은 되도록 해당 부분에 출처를 밝히려고 노력하였다.

본래 이 책은 신학도를 위한 교과서로 사용할 목적으로 저술되었다. 신학 교과서이기 때문에 일정하게 그 눈높이에 맞추어야 하지만, 그보다 아래에 놓이는 경우와 그보다 위에 놓이는 경우가 자주 발생하였다. 이 때문에 독자에게 스스로 눈높이를 조절해가면서 책에 접근해야 하는 수고를 끼치게 되었다. 그러나 높낮이가 다른 길을 걷다 보면 평지를 지루하게 걷는 것과 다른 즐거움을 입수할지도 모른다.

주님께서 나에게 인생의 시간을 얼마나 더 허락하실지 알 수 없는 일이지만, 기회를 더 주신다면, 이 책에서 못 다한 말을 풀어내는 또 다른 장을 열어보고 싶다.

"Vivus est enim sermo Dei"(Heb. 4,12)

2020년 8월 8일
은퇴를 앞두고 조병수가 쓰다

제4부_ 세계

제7부_ 윤리

제8부_ 하나님 나라

들어가는 말

1. 신학은 왜 필요한가?

신학은 유익하기 때문에 필요하다. 본래 하나님이 선사하신 계시는 매우 풍성하며, 계시를 기록하고 있는 성경은 아주 풍요하다. 신학은 이처럼 광대한 성경 계시를 중요한 항목으로 정리한 것이다. 요점적으로 정리된 신학은 다음과 같이 여러 가지 혜택을 준다.

무엇보다도 신학은 인간의 사고가 지닌 불일관성의 문제를 해결하여 일관적인 사고로 성경에 접근하게 해준다.

또한 신학을 통해서 신자는 세상 일로 분주하여 진리를 단시간에 충분히 체계적으로 습득하기 어려운 문제를 해결 받는다.

나아가 신학은 진리를 무지함으로나 의도적으로 고집스럽게 왜곡하는 자들을 방어하는 길을 열어주며, 진리에 질문하는 자들이나 진리를 반대하는 자들에게 선명한 답을 제공한다(벧전 3:15).

마지막으로 신학은 신자가 모든 환경과 상황에서(예건대 기쁨과 슬픔) 한쪽으로 치우치지 않도록 붙잡아 주어 삶의 안정을 확립시킨다.

2. 신학이란 무엇인가?

그러면 신학이란 무엇인가? 신학은 성경의 계시를 일목요연하게 정리하여 체계적으로 조직한 것이다. 이런 의미에서 신학은 성경 계시의 조직화 또는 체계화라고 부를 수가 있다. 신학이 주제로 삼는 것은 성경과 계시, 삼위일체 하나님, 세계와 인간, 구원, 교회, 신자의 삶, 그리고 종말이다. 신학은 매우 광범위하고 포괄적이기 때문에 신학을 간단히 요약한 것이 신조(신앙고백)이다. 이것을 문답식으로 신앙교육에 활용하도록 만든 교리문답도 있다.

신학은 하나님과 사람의 관계를 설명하는 데 주요 관심을 둔다. 신학은 한편으로는 하나님이 사람에게 표현하신 것을 다루고, 다른 한편으로는 사람이 하나님께 또는 하나님에 대하여 표현한 것을 다룬다. 그런데 여기에서 주의해야 할 것은 하나님과 사람의 관계를 어느 쪽에 비중을 두고 서술하느냐이다. 신학에는 하나님과 사람의 관계를 바라보는 다양한 시각이 있는데, 그 가운데 두 가지가 중요하다.

첫째로, 사람 쪽에서 하나님을 바라보는 것을 중시하는 신학이 있다. 이것은 사람의 능력을 인정하면서 성경 계시에 접근하는 방식인데 자주 여러 가지 문제를 초래한다. 상대적인 존재인 사람이 주체가 되어 절대자 하나님에게 다가가는 것을 말하기 때문이다. 둘째로, 하나님 쪽에서 사람을 바라보는 것을 중시하는 신학이 있다. 이것은 하나님의 주권을 인정하는 방식으로 인간의 전적 타락과 하나님의 은혜 구원을 강조한다. 이 방식은 절대자이신 하나님이 주체가 되어 사람에게 은혜를 베푸시는 것을 말하기 때문에 안전하다.

3. 신학은 어떻게 하는가?

신학을 잘하려면 가장 먼저 신학의 대상인 성경 계시에 능통해야 한다.

성경에 능통하는 첫째 길은 성경을 읽는 것이다. 성경을 꾸준히 읽고, 규칙적으로 대하며, 반복해서 독서하고, 체계적으로 읽고, 처음부터 끝까지 독파할 때 자연스럽게 성경에 능통함을 얻는다.

이와 더불어 성경에 능통하는 길은 성경을 암송하는 것이다. 되도록 위에서 언급한 신학의 주제들을 따라서 성경을 암송하면 저절로 신학 체계가 갖추어지는 효과를 얻을 수가 있다.

또한 성경공부와 신학습득의 장場을 만드는 것은 성경 능통에 이르는 지름길 가운데 하나이다. 성경에는 현장으로 역사가 있고, 문서이기에 문학이 있고, 계시이므로 하나님의 뜻이 들어있다. 성경을 연구한다는 것은 이 모든 것을 포괄적으로 공부하는 것을 의미한다. 먼저 개인이 이런 차원들을 고려하여 성경을 연구하는 방법을 터득해야 한다. 공동학습도 성경 연구에 큰 도움을 준다. 참여자들이 서로 간에 제거와 보충을 통해서 그리고 교정과 형성을 통해서 성경 이해를 완성해나갈 수 있기 때문이다. 이에 더하여 믿을만한 교회교육기관에서 성경을 배우는 것은 성경에 능통함을 얻는 좋은 방법임에 틀림없다.

성경을 능통하게 아는 데 도달하는 가장 효과적인 방법은 명석한 교사와 양질의 교과서를 만나는 것이다. 탁월한 교사를 만나는 것은 여정을 환하게 들여다보는 안내자가 동행하는 것과 같다. 이런 교사는 인격을 포함한 지식을 전수하며 성경 이해에 눈을 열어주기 때문에 더할 나위 없이 좋다. 세밀한 교과서를 만나는 것은 작은 길까지도 선명하게 새겨놓은 지도를 지참하는 것과 같다. 이런 교과서가 유익한 까닭은 고금의 이론과 동서의 견해를 활용하여 성경 이해에 눈을 열어주기 때문이다.

신학을 잘하려면 성경을 독서하고 암송하고 연구하여 성경의 내용을 수집하고 정리하며, 취합하고 사색하며, 표현하고 반추하는 작업에 익숙해야 한다.

ΕΝΑΡΧΗΗΝΟΛΟΓΟΣ·ΚΑΙΟΛΟΛΟΓΟΣΥ
ΚΑΙΘΕΗΝΟΛΟΓΟΣ·ΟΥΤΟΣΗΝΟΟΣ·Ο
ΠΑΝΤΑΔΙΑΥΤΟΥΕΓΕΝΕΤΟΟΤΕ·ΓΕ
ΕΓΕΝΕΤΟΟΥΔΕΝΟΓΕΓΟΝΔΕΝΟ
ΚΑΙΗΖΩΗΗΗΝΤΟΦΩΣΤΙΝΤΟ
ΚΑΙΤΟΦΩΣΕΝΤΗΣΚΟΤΕΝΤΗ
ΣΚΟΤΙΑΑΥΤΟΟΥΚΑΤΕΛΑΒΟΥΚΑ
ΓΕΝΕΤΟΑΝΘΡΩΠΟΣΑΠΕΡΩΠΠ
ΡΑΘΥΟΝΟΜΑΑΥΤΩΙΩΑΝΤΩΩ
ΘΕΝΕΙΣΜΑΡΤΥΡΙΑΝΙΝΡΤΥΡΙ
ΠΕΡΙΤΟΥΦΩΤΟΣ·ΙΝΑΤΥΤΕΣ·
ΟΥΣΙΝΔΙΑΥΤΟΥ·ΟΥΚΕΥΤΟΥ
ΦΩΣΑΛΛΑΙΝΑΜΑΡΤΥΡΝΑΜ
ΦΩΤΟΣΗΝΤΟΦΩΣΤΟΑΛΟΦΩ
ΗΖΕΤΠΑΝΤΑΙΑΝΘΩΠΑΙΑΝ
ΗΟΤΟΙΝΚΟΣΜΟΝ·ΕΝΤΩΔΟΝ·Ε
ΟΚΟΣΜΟΣΔΙΑΥΤΟΥΕΓΕΝΑΥΤΟ
ΜΟΣΑΥΤΟΝΟΥΚΕΓΝΑΟΥΚΕ
ΚΑΙΟΙΔΙΟΙΑΥΤΟΝΟΥΠΑΑΥΤΟΝ
ΔΕΕΛΑΒΟΝΑΥΤΟΝΕΔΩΑΥΤΟΝ
ΟΥΣΙΑΝΤΕΚΝΑΘΥΓΕΚΝΑΤ
ΠΙΣΤΕΥΟΥΣΙΝΕΙΣΤΟΟΝΟΝΗ
ΚΕΞΑΙΜΑΤΩΝΟΥΔΕΓΤΩΝ
ΣΑΡΚΟΣΟΥΔΕΕΚΘΕΛΗΜΕΕΚ
ΑΛΛΑΥΛΑΓΚΘΥΕΓΕΝΝΗΘΗΓΕΓ

제1부

서론

제1부 서론

제1장 신약신학의 문제
    1. 마찰
    2. 발전
    3. 단층

제2장 신약신학의 과제
    1. 신약성경 이해의 차원
    2. 신약성경 적용의 범위

제1장

신약신학의 문제[1]

신약신학에서 20세기는 비판의 시대였다. 사실상 이것은 신약신학에만 국한된 현상은 아니었다. 성경과 관련된 신학은 말할 것도 없고 신학의 이름으로 행해지는 모든 학문적인 작업에서 비판은 중요한 핵심시각이 되었다. 비판은 의심에서 시작하였다. 비판은 주로 비교와 분석으로 구성된다. 비교란 한 대상을 다른 대상과 관련시켜 관찰하는 것이다. 여기에서 중요한 관찰점은 차이를 발견하는 데 있다. 이에 비하여 분석이란 한 대상을 그 자체의 구조 속에서 살펴보는 것이다. 분석이 목적하는 것은 조직을 해체하여 구성요소를 파악하는 것이다.

그런데 20세기는 두 개의 든든한 후원자를 가지고 있었다. 그것은 그 앞에 있었던 두 개의 세기였다. 18세기와 19세기는 20세기를 위한 훌륭한 선구자가 되었다. 전자는 그 보다 앞선 신학과 치열한 전투를 치룬 후에 비판신학의 길을 열었고, 후자는 온 힘을 다해서 비판신학의 길을 탄탄하게 닦았다. 두 세기의 지원을 받은 20세기의 신학은 비판신학으로 화려하게 꽃피었다.

그런데 이로 말미암아 몇 가지 결과가 발생하였다. 무엇보다도 성경관에 변화가 일어났다. 신적 계시라는 차원에서 이해되던 성경이 문화적 산물이라는 차원에서 이해되었다. 또한 비판신학은 교회와 신학 사이에 심각한 괴리현상을 일으

---

1) 이 부분은 나의 글, "신약신학의 미래과제를 위한 서론", 『신약신학 열두 주제』 (수원: 합신대학원출판부, 2001), 11-40을 수정하여 축소한 것이다. 자세한 문헌 정보는 그 글을 참조하라.

키게 되었다. 이제 신학은 학문을 위한 신학이 되어 교회를 위한 신학이라는 개념이 파괴되고 말았다.

이렇게 20세기에는 신약신학을 위하여 비판신학이 주류를 이루었다. 현대 신약신학은 비판신학을 위한 진술(방법론)에 있어서 몇 가지 개념적인 기둥들(마찰, 발전, 단층)에 의존하고 있는 듯이 보인다. 비판신학의 이와 같은 기둥들을 면밀하게 살펴볼 때, 그것을 넘어서는 새로운 신약신학을 위한 조건들을 마련하게 된다. 여기에서 미래의 신약신학이 해결해야 할 과제가 무엇인가를 밝히면서 간단하게 해결방향을 제시하는 서론적인 내용들을 서술할 것이다.

1. 마찰

1787년에 가블러(Ph. Gabler)는 성경신학과 교의신학을 구별하고 그들의 한계를 설정하였다.[2] 그는 성경신학은 역사학적인 면에서 성경기자들이 신적인 것들에 관하여 생각한 것을 다루는 반면에, 교의신학은 철학적인 면에서 신학자들이 자신의 이성에 따라 신적인 것들에 관하여 조직한 것을 가르친다고 생각하였다. 가블러가 성경신학과 교의신학을 나눈 이후로 구분을 위한 행진은 무한히 계속되었다. 이러한 추세 속에서 구약성경과 신약성경이 대립적으로 분리되었다. 구약과 신약 사이에 마찰이 있다고 생각하였기 때문이다. 그러나 구약을 배제하는 것은 매우 위험하다. 구약이 없는 신약도 없다. 왜냐하면 신약은 셀 수 없이 많이 구약의 사상을 채택하거나 구약의 구절을 인용하기 때문이다. 신약이 구약을 중요시했다는 것은 여러 가지 면에서 설명할 수 있다. 아마도 중요한 설명가운데 한 가지는 신약 가운데 어떤 책들이 먼저 구약에서 중요한 구절들을 인용하고 이에 더하여 설명을 덧붙인 것처럼 보인다는 것이다. 인용 후에 설명을 덧붙이는 방식

---

2) Ph. Gabler, *Oratio de justo discrimine theologiae biblicae et dogmaticae regundisque recte utriusque finibus* (성경신학과 교의신학의 적절한 구별과 그들의 적당한 한계설정에 관하여), 1787.

은 대표적으로 히브리서에서 잘 나타난다. 왜냐하면 히브리서는 구약의 몇 구절을 해설하는 것을 골자로 하고 있기 때문이다. 이러한 의미에서 복음서들(예를 들면 마태복음)이 예수님의 사건을 기록할 때 먼저 구약의 중요구절(메시야 구절)에 맞추어 정선하고 그에 따라 기록했을 가능성을 배제할 수가 없다. 다시 말하자면 먼저 구약의 메시아 구절들을 수집하고 이에 해당하는 예수님 사건을 덧붙여 기록하였다는 것이다. 이와 같이 신약의 모든 책이 구약에 기초하고 있다는 점에서 신약의 통일성을 발견할 수 있다.

1) 책들 사이의 마찰

첫째로 마찰을 근거로 하는 구분은 신약의 여러 책들에 관련하여 분명하게 주장된다.

공관복음과 요한복음의 차이는 오래 전부터 주지되었다(3세기 알렉산드리아의 클레멘트). 그 마찰은 요한복음이 공관복음을 대체하려는 시도에서 유래하였다는 주장이 강세를 이룬다.

공관복음 가운데 마찰은 문학비평에 근거하여 더 간단한 읽기(lectio brevior potior)와 더 어려운 읽기(lectio difficilor)가 우선이라는 원칙에 따라서 복음서의 우선순위를 결정하는 것으로 해결되었다(마가복음 우선설). 물론 이때 복음서들 사이의 마찰(모순)을 찾는 것에 초점을 맞춘다. 예를 들면, 마태복음의 산상설교와 누가복음의 평지설교이다. 사실상 이러한 상이점은 팔레스타인의 지형을 고려할 때 자연스럽게 해결된다. 또한 이때 각 복음서의 특이점에만 주목하는 경향이 짙다. 예를 들면, 세례자 요한에 대한 각 복음서의 독특한 설명이다. 아마도 이러한 경향을 가장 잘 보여주는 것은 예수님의 부활 사건에 대한 관찰일 것이다. 각 복음서는 예수님의 부활에 관해 서로 다른 진술을 가지고 있다. 마태복음은 무덤 밖의 천사를 말하며(마 28:2), 마가복음은 무덤 안의 천사를 말하고(막 16:3), 누가복음은 무덤 안의 두 천사를 말한다(눅 24:3f.). 브레데(W. Wrede)는 복음서를 설명하는 데 문학적인 설명만이 아니라 적절한 종교적 설명을 아울러 요구한다고 말한 적이 있다.[3] 그런데 이에 더하여 이러한 마찰을 설명하기 위해서 역사적인 설명을 요구한다. 시간과 공간의 변화라는 역사적인 설명이 필요하다는 것이다. 무덤 안의 천사와 무덤 밖의 천사, 또는 한 천사와 두 천사는 문학적으로는 마찰되지만 역사적으로는 문제가 없을 수 있다. 왜냐하면 예수님의 부활 사건이 진행하는 동안 시간이 흘렀다는 것을 고려해야 하기 때문이다. 장차 신약신학은 기록의 문학성을 고려할 뿐 아니라 기록의 역사성도 고려하는 데 상당한 노력을 기울여야 할 것이다.

서신서에서는 무엇보다도 바울서신 내의 마찰이 논쟁의 중심부에 서 있다. 오랜 논쟁 끝에 진정한 바울서신과 제2 바울서신(Deutro-paulinum)을 나누는 사람들이 많아졌다. 예를 들면, 교회론과 관련하여 교회의 기초가 예수 그리스도라고 말하는 고린도전서(고전 3:11)와 교회의 기초가 사도와 선지자라고 말하는 에베소서(엡 2:20) 사이에는 마찰이 있다는 것이다. 하지만 각각의 문맥을 고려할 때, 이것은 문제가 되지 않는다. 결국 이런 논쟁은 저작권 문제로 발전하였다. 소위 제2 바울서신은 사도 바울의 저작권이 부인되고, 그의 신학적 노선에 서 있는 무명의 후계자들이 기록한 것으로 여겨졌다. 물론 저작권 논쟁은 여기에서 그치지 않는다.

공동서신은 대체적으로 사도의 이름을 빌린 익명의 저자의 작품으로 이해된다. 이것은 당시에 유행하던 방식이라는 것이다. 그러나 여기에는 문제가 있다. 신약서신가운데 몇 책은 초대교회 인물들의 저술들과 시간적으로 겹치는 것으로 알려져 있다. 예를 들면, 클레멘스1서나 이그나티우스 서신들은 시간적으로 어떤 신약서신 저자들보다도 앞서는 것으로 평가된다. 그런데 문제는 왜 클레멘스1서는 익명으로 기록되었고, 이그나티우스는 그의 저술들을 사도들의 이름을 빌려 쓰지 않고 자신의 이름을 사용하는가 하는 것이다(IgnEph 1,1 등등). 이것은 그들

---

3) 브레데, "신약신학의 과제와 방법론들", in 로버트 모건, 『신약신학의 본질』 박문재 역, (서울: 크리스챤서적, 1995), 110.

이 사도들의 이름을 차용할 수 없는 처지를 분명하게 증명하는 것이다. 사도들의 권위와 그들의 권위 사이에는 건널 수 없는 절대적 간격이 있기 때문이다. 이것은 사도들의 이름을 사용할 수 있는 시기가 완전히 지나갔음을 의미한다. 사도들의 시대에는 일반신자들의 글이 작성될 수 없었다. 모든 권위가 사도들에게 있기 때문이다. 이것은 왜 사도들의 시대에는 사도 외의 일반신자들의 글이 남지 않았는가에 대한 대답이 된다.[4] 사도들의 글이 있는 한 일반신자들이 글을 기록하지도 않았고, 기록할 필요를 느끼지도 않았기 때문이다. 만일에 일반신자의 글이 기록되었더라도 사도의 권위 아래 소멸되고 말았을 것이다(예를 들면 디모데나 디도의 글 등등). 이것은 신약의 유일 권위를 입증하는 것이다. 따라서 일반신자들이 사도들의 이름을 차명하는 것은 가능한 일이 아니었다. 사도들 이후의 시대에는 단지 사도들에 대한 해설과 사도들의 계시에 근거한 저술이 가능했다. 이것이 왜 갑자기 1세기 말부터 사도 외의 신자들의 글이 존재하게 되었는지를 설명해주는 이유이다. 이제부터 이그나티우스 같은 사람이 자신의 이름을 사용할 수가 있게 되었다. 이제 신약서신들의 저작권 회복은 신약신학의 새로운 사명이 되어야 할 것이다.

서신서 내에서 다른 저자들 사이의 마찰이 주의 깊게 연구되었다. 특히 바울과 야고보의 마찰은 칭의의 문제와 결부된다. 바울이 말하는 "믿음으로 의롭게 되는 것"과 야고보가 말하는 "행위로 의롭게 되는 것"의 대립은 언뜻 보면 어려운 문제이다. 하지만 바울은 이신칭의를 말하면서도 그로부터 나오는 결과로 행위를 강조한다는 것에 주목하고, 야고보는 행위를 강조하는 듯이 보이지만 사실은 믿음과 행위를 조화시키고 있다는 것에 주목할 때, 이 문제는 자연스럽게 해결된다. 바울과 야고보는 모두 믿음과 행위를 분리해서 생각하지 않는다는 것이다.

바울과 야고보의 대립에 관한 이론은 바우르(F. C. Baur) 이후로 줄곧 주장되는 초대교회의 대립적인 이중구조를 입증하는 것처럼 보인다. 바울은 그리스어를 사

---

4) 그러나 마가복음과 누가복음은 남았다. 그들은 사도들의 권위에 부속되었기 때문이다. 이에 관하여는 복음서의 기원을 설명하는 히에라폴리스(Hierapolis)의 감독이었던 파피아스(Papias)의 견해에 주목해야 할 것이다(Eusebius, *H.E.* 3,39).

용하는 이방인 기독교를 대변하며, 야고보는 아람어를 사용하는 유대인 기독교를 대변한다는 것이다. 초기 가톨릭주의(the early Catholicism)로 가는 길목에 선 사도행전은 이 문제를 해결하기 위하여 바울을 유대인 기독교 노선으로 채색하고, 베드로를 이방인 기독교 노선으로 변화시키는 경향이 있다고 주장된다. 사도행전이 유대인 기독교와 이방인 기독교의 조화를 꾀하였다는 것이다. 하지만 바울이 예루살렘을 향한 빈번한 여행을 통하여 보여주듯이(롬 15:25; 고전 16:3; 갈 1:18; 2:1) 예루살렘 공동체에 의존하고 있었다는 점을 고려하고, 베드로가 이방인 세계에 있는 기독교를 향하여 편지를 기록한 것을 고려한다면, 이런 마찰을 주장하는 것은 무의미하다. 따라서 유대인 기독교와 이방인 기독교의 관계를 새로운 시각으로 재조명해야 한다.

2) 한 책 안에서 마찰

둘째로 자주 언급되는 한 책 안에서의 마찰에 관해서 살펴보자. 로마서는 마지막 부분에서 사본의 엇갈림 때문에 많은 논쟁을 일으켰다. 이 논쟁가운데 로마서 16:1-24이 나머지 부분과 마찰을 일으키는 것으로 분리된다. 이 주장은 특히 로마서 15:33에 아멘 없이 롬 16:25-27이 바로 이어지는 사본(P[46])이 있다는 사실과 로마서 16:1-24에 언급된 인물들 가운데 많은 사람들이 에베소와 관련이 있다는 사실을 고려한다. 이 두 사실에 근거하여 사도 바울이 본래 로마에 발송한 편지(롬 1:1-15:33; 16:25-27)에 롬 16:1-24을 덧붙여 에베소로 보냈다고 주장된다.[5]

고린도전후서 내의 마찰에 관한 논쟁은 유명한 것이다. 고린도교회와 관련하여 사도 바울은 고린도전서 이전에 이미 음행하는 자들에 대한 조처를 적은 글("전 前편지", Vorbrief)을 보낸 것으로 보인다(고전 5:9). 고린도전서가 특정한 몇 가지

---

5) T. W. Manson, *New Testament Essays. Studies in Memory of T. W. Manson*, 1959, 150ff.

주제를 다루면서 그 순서가 혼란하게 섞여 있고, 어떤 부분에서는 같은 주제를 두고 마찰을 일으키는 듯이 보이기 때문에, 많은 학자들이 고린도전서 5:9이하에 언급된 "전편지"가 고린도전서에 혼합되어 수집된 것으로 간주한다. 그러나 구조를 살펴볼 때 고린도전서의 통일성은 의심할 바 없다. 또한 고린도후서 6:14-7:1을 "전편지"의 파편으로 보는 견해들이 있지만 이것은 옳지 않다. 왜냐하면 고린도전서의 "전편지"는 비기독교인보다는 교회 내에서 음행하는 자들을 비난하지만, 고린도후서 6:14-7:1은 분명히 비기독교인과의 관계를 말하고 있기 때문이다.

학자들은 빌립보서에서도 내용상의 상이점을 발견한다. 기쁨에 대한 언급(빌 3:1)에 이어 이단지적(빌 3:2)이 나오는 것도 이상하며, 평화에 대한 진술(빌 4:9)에 이어 바울의 부조(빌 4:10)를 언급하는 것도 이상하다는 것이다. 그래서 전자의 경우에는 이단논박을 떼어내고(빌 3:2-4:3), 후자의 경우에는 감사편지를 떼어낸다(빌 4:10-20). 이렇게 해서 빌립보서에서 세 개의 주요 편지에 두 개의 다른 편지가 삽입되어 있는 것으로 생각한다. 이것을 다음과 같은 도식으로 그려볼 수 있다.

하지만 다른 주제를 삽입하는 것은 바울의 독특한 편지기록습관임을 주지해야 한다. 바울에게는 초대교회의 자료를 사용하여(예를 들면, 빌 2:6ff.) 자기 사상에 용해시키는 것이 불가능하지 않았다. 게다가 바울의 사고와 필법은 유대적인 것임을 잊어서는 안 된다.[6]

바울과 야고보의 마찰만큼이나 문제시되었던 것은 예수님과 초대교회의 마찰

---

6) 로마서 1장의 기법에 주의하라. 이것은 지혜문서적인 방식들을 암시하고 있다.

이다. 그 가운데 마가복음 연구에서 항상 언급되는 이론인 예수님을 비非메시아로 생각하는 전승과 예수님을 메시아로 신앙하는 초대교회의 전승을 조합시켰다는 메시아 비밀(Messiasgeheimnis) 이론을 이제는 정리하고 극복할 때가 되었다. 이것은 너무나도 짧은 시간 안에 놓여있는 1세기의 기독교를 지나칠 정도로 잘게 해부하는 것이 되고 만다. 특히 예수님과 바울의 마찰을 극대화하는 것은 삼가야 할 일이다.

이상에서 살펴본 바와 같이 현대 신약신학은 상이점에 관심할 뿐 공통성에는 관심하지 않는다. 예를 들어 복음서의 경우를 생각해보자. 복음서들이 서로 조화될 수 없고 부분적으로 서로 충돌한다는 생각은 이제 하나의 도그마로 작용하여 이에 대한 증명을 요구하는 사람은 거의 없게 되었으며, 이 도그마를 받아들이지 않는 모든 사람은 이미 영원히 정죄된 바 있는 조화론이라는 구태의연한 비학문성의 오명을 쓰고 말았다.[7] 이렇게 현대 신약신학은 상이점을 연구함으로써 각 복음서기자의 개별신학에 몰두하지만 공통점을 연구함으로써 교회전체의 신학을 밝히는 데는 소홀하다. 이것은 사실상 신약의 절반이상을 상실한 것이다.

이제 미래의 신약신학을 위하여 종합과 일치를 고려하는 것이 대단히 중요하다. "복음서들이 서로 공통적으로 가지고 있는 부분들에 우리의 관심을 기울이는 것이 더 든든한 기반 위에 서는 것으로 생각된다."[8] 이것은 초대교회의 견해로 돌아가는 것이다. 초대교회(교부시대)는 공관복음서가 상이한 점도 가지고 있지만 통일성(공통성)을 가지고 있다는 것을 잘 알고 있었다.[9] 교부들은 작은 상이점들이 큰 공통점에 의하여 통제받고 있다는 것을 인식하였다. 이것은 초대교회가 공통적으로 바탕하고 있는 거대한 반석이기 때문이다. 상이점은 공통점에 기초하여

---

7) J. van Bruggen, *Christus op aarde. Zijn levensbeschrijving door leerlingen en tijdgenoten*, Kampen, 1987은 이러한 점을 명쾌하게 지적하고 있다.

8) Bruggen, *Christus op aarde*, 69.

9) Tatian의 Diatessaron(150년 경), Irenaeus의 Adversus Haereses(185년 경).

이해되어야 한다. 상이점은 단지 각 복음서의 작은 특이성을 표현할 뿐이다. 복음서는 엄격한 도식 속에 규정된 신학을 지니고 있다. 상이성 때문에 통일성을 허물면 안 된다. 오히려 통일성에 기초하여 상이성을 설명해야 한다.

때때로 복음서의 상이성은 각 기자의 상이한 관심에서 기인한 것이라고 주장된다. 전승과정에 있어서 초대교회나 복음서기자의 신학에 따라서 자유로운 변경이 주어졌다는 의견은 너무 빠른 속단이다. 왜냐하면 그들이 이러한 자유를 행사하기 이전에 "어떤 제한"이 먼저 있었다고 생각하기 때문이다. 복음서기자들에게는 자유보다는 제한이 앞섰다. 그들은 항상 실제적인 사건에 머물러 있어야 했다. 복음서기자들은 사건의 밖에 있는 것(또는 사건이 아닌 것)을 자유롭게 창작해낼 수는 없었다. 그리고 역사적인 사건의 범위 안에서 선택의 자유를 행사할 수 있었다. 이것은 사건의 광범위한 크기를 전제로 하는 것이다. 만일에 사건과 사실이 단세포적인 것이었으면 선택의 자유라는 것도 있을 수가 없었을 것이기 때문이다. 사건이 크고 복잡한 것이기에 그 가운데서 어느 것을 취할 수 있는 자유가 주어진 것이다. 따라서 복음서기자들은 선택을 위하여 제한에 머물러 있어야 했던 것이다.

2. 발전

브레데는 신약신학의 목적을 초기 기독교 종교와 신학을 재현하는 것이라고 정리했다. "신약신학은 우리에게 초기 기독교 사상과 인식들의 특별한 성격과 그 뚜렷한 윤곽을 보여주고 우리가 그것들을 역사학적으로 이해하는 데 도움을 주어야 한다."[10] 다시 말하자면, 신약신학은 초기 기독교 종교와 신학의 역사를 개략적으로 설명하여야 한다는 것이다. 그런데 브레멘은 초기 기독교의 실제를 보여주는 것 가운데 하나가 발전이라고 생각한다. "모든 중요한 사상, 모든 영향력 있는

---

10) 브레데, "신약신학의 과제와 방법론들", 112.

개념, 모든 중요한 인식 틀은 종교사로부터 살아있는 식물로 이해된다. 그것은 오늘날을 비롯하여 언제나 사상들, 개념들, 인식 틀의 출현을 지배하는 동일한 내적인 법칙들에 따라 성장해 왔다"[11]. 사실상 위에서 살펴본 마찰이라는 것은 발전이라는 개념에 근거하는 것으로 설명될 수 있다. 마찰(모순)이라는 것은 발전 때문에 생기는 것이다.

1) 저술가의 시간적 사상 발전

첫째로 생각해 볼 것은 한 저술가의 시간적인 사상발전이다. 한 저술가의 여러 책에서의 사상발전, 예를 들면 한 저술가의 초기 저술과 후기 저술 사이에는 사상적 발전이 있을 것이라는 추측은 물론이고, 한 저술가의 한 책에서의 사상발전도 강하게 추정된다. 예를 들어 사도 바울의 고린도전서와 고린도후서를 생각해보자. 고린도전서의 경우에는 바울이 몇 개의 저술동기들을 분명하게 언급한다.[12] 이것은 아마도 고린도전서를 기록하는 데 상당한 시간이 소요되었을 것임을 보여준다. 마지막 단계에서 사도 바울은 에베소에 있다(고전 16:8). 고린도후서의 경우에는 사도 바울이 여행 중에 있다는 사실이 잘 나타난다. 고린도후서 2:12-13에 보면, 사도 바울은 드로아(소아시아)에서 디도를 만나지 못해서 마케도니아로 갔다고 설명한다. "내가 드로아에 이르매… 디도를 만나지 못하므로… 마게도냐로 갔노라." 이 이야기는 고린도후서 7:5로 이어진다. "우리가 마게도냐에 이르렀을 때." 그렇다면 이 편지는 사도 바울이 이동하고 있는 중에 쓴 것으로 어느 정도 시간이 흐른 것으로 생각할 수 있다. 이와 같은 시간의 흐름 때문에 한 책 내에서 마찰이 발생하게 되었다는 것이다. 하지만 바울서신과 같이 그다지 크지 않은 글을 쓸 정도의 시간에 과연 한 저술가에게 이렇게 선명하게 드러나는 사상발전이 가능

---

11) 브레데, "신약신학의 과제와 방법론들", 129.

12) 인편에 의한 정보(고전 1:11), 소문에 의한 정보(고전 5:1), 편지에 의한 정보(고전 7:1).

했을까 묻지 않을 수 없다. 만일에 한 저술가의 사상 (또는 신학) 발전을 전제할 경우에, 덜 완전한 것과 더 완전한 것이 있다는 생각으로 후기의 것을 취하고 초기의 것은 버려도 될 것으로 간주하게 된다.

2) 저술가의 공간적 사상 상이

둘째로 생각해 볼 것은 여러 저술가의 공간적인 (물론 이것은 시간적인 발전에 연루한다) 사상 상이이다. 이것도 역시 두 가지 방식으로 나누어 생각할 수 있다. 우선 개별 저술가들과 관련하여 A라는 지역에서 한 저술가가 쓰는 글과 B라는 지역에서 한 저술가가 쓰는 글이 사상적으로 같을 수가 없다는 것이다. 이것을 위하여 여러 저술가 또는 텍스트들의 공간적인 면을 관찰하게 된다. 또한 공동체들과 관련하여 사상 상이를 생각할 수 있다. 아람어를 사용하는 팔레스타인 유대파 신학과 그리스어를 사용하는 팔레스타인 헬라파 신학도 다르며, 그리스어를 사용하는 이방인 신학은 이 둘과 더욱 다르다는 것이다. 공간 상이에 의한 신학 상이에 대한 이런 주장은 지금도 계속되어 신약신학에서 팔레스타인 신학, 안디옥 신학, 에베소 신학, 이집트 신학 등으로 나누는 추세를 보이고 있다. 그런데 지금은 역으로 이러한 사상발전 이론은 기독교 신학이 영지주의화 되는 사상퇴보의 이론으로도 표현되고 있다. 여기에서 우리가 질문해야 할 것은 과연 신약의 책들이 이와 같은 지역적인 사상발전이나 사상퇴보를 보여준다면 어떻게 그들 가운데 어떤 것이 버려지지 않은 채 초대교회에 의하여 문제없이 받아들여졌을까 하는 것이다.

이와 같은 사상발전에 관한 이론은 신약신학의 각 주제에서도 주장된다. 예를 들면 기독론이다. 기독론에 있어서 발전론자들의 의견을 살펴보자. 어떤 이는 신약에는 기독론과 관련하여 팔레스타인 유대교, 헬라주의적 유대교, 헬라주의적 이방인이라는 세 가지 연속적인 상황이 있다고 말한다. 이것은 신약의 기독론이 이 세 가지 층에서 발전되었다는 주장이다. 그러나 사실상 각 성경기자들 사이에서 기독론의 발전이라든가 각 성경기자들 사이에서 기독론적인 마찰은 발견되지 않는다. 신약 각 책들의 기독론이 상이한 원인은 기독론의 발전에서 기인하는 것이 아니다. 이에 대한 이유를 두 가지 면에서 생각해 볼 수 있다. 첫째로 물질적인 면으로 설명할 수 있다. 어떤 신약기자들이든지 간에 기독론의 주요점은 다 소유하고 있었지만, 단지 각 책의 길고 짧음에 따라 주요한 기독론적인 내용을 충분하게 표현하거나 그렇지 않거나 했을 뿐이다. 둘째로 심정적인 면으로 설명할 수 있다. 예수님의 활동과 말씀에 기독론의 모든 요소가 계시되어 있다. 단지 신약기자의 신학적인 관심에 따라 어떤 기독론적인 측면이 강조되는 것이다.

학자들은 위에서 언급한 사상발전을 위한 주요한 동기 가운데 하나를 각 지역에서 특징을 나타내고 있던 초대교회가 초기 가톨릭주의로 나아가는 경향에서 찾는다. 예를 들면 사도행전에서 사도 바울이 에베소에 있던 세례자 요한의 제자들을 만나 예수님의 이름으로 세례를 준 사건을 말할 수 있다. 아볼로에 관한 이야기(행 18:24-28)와 에베소 제자들에 관한 이야기(행 19:1-7)에서 요한의 세례가 언급된다(행 18:25; 19:3-4). 이 두 가지 이야기는 각각 아볼로의 됨됨이(행 18:24; 19:1)와 에베소라는 장소(행 18:24; 19:1)를 말하고 있기 때문에 서로 연결된다. 이 두 이야기가 무엇을 말하려고 하는지에 관하여 논쟁이 아주 많다. 어떤 이는 누가가 영지주의와 이단들의 공격을 막기 위하여 합법적인 교회를 추구하였다고 한다. 교회 밖에 있던 사람들을 하나의 거룩한 공교회(una sancta catholica)에 영입하는 것이 목적이었다는 것이다. 하지만 이 본문이 과연 세례자 요한의 공동체를 흡수하여 초기 가톨릭주의로 나아가는 발전을 묘사하는 것을 목적하고 있는지는 의문이 적지 않다.

이와 마찬가지로 사상발전을 위한 주요동기 가운데 하나는 재림지연이다. 예를 들어 누가는 다른 복음서와 달리 성령과 선교를 강조하는데 그 이유는 예수님의 재림지연을 설명하기 위함이라는 것이다. 물론 이러한 의견도 역시 비판을 받지 않는 것이 아니다.

사상발전론에서 (특히 시간적인 사상발전에서) 가장 문제가 되는 것은 발전과정을 파악할 수 있는 시간구분이 쉽지 않다는 것이다. 또한 발전과정을 보는 우리의 안목과 시각에 문제가 있을 수 있다. 게다가 한 기록자가 한 책에서 모든 것을 다 말할 수는 없다. 한 기록자는 한 책에서 그 상황에 따라서 적절한 분량만을 말할 수 있을 뿐이다. 따라서 한 기록자가 한 책에서 말하지 않은 것을 다른 책에서 말한다면 그것은 사상이 발전된 것이 아니라, 단지 이제 그것을 말하는 것일 뿐일 수 있다.

3. 단층

켈러(M. Kähler)는 "역사적 예수"와 "신앙의 그리스도"를 구별하였다.[13] 역사에서 활동했던 예수님은 문서에 의하여 증언된 예수님과 다르다는 것이다. 그에 의하면 문서에 의하여 증언된 예수님은 단지 초대교회가 신앙했던 인물, 곧 신앙의 그리스도에 지나지 않는다. 따라서 그는 문서 뒤에 있는 역사적인 예수님을 발견하기 위해서는 엄청난 노력을 기울여야 한다고 생각했다. 하지만 역사적 예수님에게 도달할 수 없다면 어떻게 역사적 예수님과 증언된 그리스도를 구별하는 것이 가능하겠는가? 역사적 예수님을 알지 못하고 신앙적 그리스도를 평가할 수 있는가? 동전의 한 면이 없이 다른 한 면을 이해할 수 없듯이 역사적 예님을 인정할 때 신앙의 그리스도도 인정할 수 있는 것이다. 이 양자는 공존적이며 결합적이다.

켈러의 방식으로는 신앙이 사상누각이 되어버린다. 이런 방식으로는 초대교회의 신자들을 모두 환상가로 만들어버리는 것이다. 초대교회의 신자들은 마치 현실과는 관계가 없는 사람들처럼 이해되고 만다. 이것은 초대교회가 허구적 허위적 가상에 현실을 세웠다고 주장하는 것과 다를 바가 없는 것이다. 역사 없는 신

---

13) M. Kähler, *Der sogenannte historische Jesus und der geschichtliche, biblische Christus*, 1892, 2. Aufl., 1896 (ND = München, 1953).

앙은 가능하지 않고, 사실 없는 믿음도 가능하지 않다. 이런 경우에는 역사적 예수님에게 결코 도달할 수 없고 단지 초대교회의 신앙차원까지만 들어가는 것이 가능할 뿐이다. 따라서 역사적인 예수님을 인정하며, 신약성경의 역사성을 더욱 분명하게 확립하는 것이 필요하다. 지금은 이런 노력이 복음서를 1세기의 유대교 문맥에서 이해하려는 시도 가운데 어느 정도 진척된 것으로 보인다.[14] 이런 생각 아래 예를 들면, 기독교에 대한 헬라사상의 영향이나, 바울에 대한 영지주의의 영향이나, 히브리서에 대한 알렉산드리아의 필로의 영향이나, 계시록에서 귀신 신화의 영향을 강조하려는 시도가 꾸준히 계속되었던 것이다. 하지만 복음서를 비롯하여 신약성경을 당시의 문맥에서 파악하려는 시도는 또 다시 신약성경을 외부의 영향아래 두는 오류로 나아가기 쉽다는 점을 간과해서는 안 된다.

켈러의 주장에 힘입어 브레데는 "우리는 예수님의 '그대로의 말씀'(ipsissima verba)을 가지고 있지 못하다. 우리는 단지 후대의 기사들로부터 예수님에 관하여 알 뿐이다. 모두 신앙의 그리스도를 지향하고 있는 이 기사들 속에는 예수님의 인격과 그의 설교에 관한 모습이 수많은 후대의 개념들과 해석들에 의해 중첩되어 있고 모호해져 있다"[15]고 말하였다. 이 후에 브레데의 주장은 세 가지 방향으로 전개되었다.

1) "실제 예수"와 "기록 그리스도"의 차이

첫째로, 실제적인 예수님과 기록상의 그리스도의 차이를 드러내는 것이다. 불트만(R. Bultmann)은 "역사적 예수"와 "선포적 그리스도"의 차이를 세 가지로 정리하였다. ① 선포적 그리스도는 역사적인 인물로서의 예수님 대신에 하나님의 아

---

14) Cf. B. Gerhardsson, *Memory and Manuscript. Oral Tradition and Written Transmission in Rabbinic Judaism and Early Christianity*, ASNU 22, Lund, 1961, 1964; R. Riesner, *Jesus als Lehrer. Eine Untersuchung zum Ursprung der Evangelien-Überlieferung*, WUNT 2.7, Tübingen, 1981.

15) 브레데, "신약신학의 과제와 방법론들", 139.

들이라는 신화적인 형태이다. ② 역사적 예수님은 종말론적인 성격을 지니고 들이닥치는 하나님의 나라를 설교한 반면에, 선포적 그리스도는 인간의 죄를 위하여 십자가에서 죽고 다시 살아난 자이다. ③ 역사적 예수님에게는 사랑을 정점으로 하나님의 요청에 복종을 요구하는 윤리가 중심으로 이루지만, 선포적 그리스도에게서는 윤리적인 권면이 부차적인 지위로 밀려난다. 역사적 예수님은 선포적 그리스도와 구별된다고 주장하기 때문에 불트만은 역사적 예수님을 신약신학에 포함시키지 않는다. 역사적 예수님이 신약신학을 위한 전제(Voraussetzung)는 될 수 있지만 신약신학의 내용은 될 수 없다는 것이다.

또한 이러한 주장 때문에 불트만은 역사적인 예수님에게 도달하기 위해서는 신화적인 그리스도의 상을 비신화화(Entmythologisierung)해야 한다고 생각하였다.[16] 그는 신약성경에 들어있는 세계상은 자연과학에 익숙한 현대의 세계상과는 판이하게 다르고 모순되는 신화론적인 사고라는 것이다. 심지어 그는 신약의 기독론까지도 이러한 신화론적인 사고방식의 테두리 안에서 움직이고 있다고 생각한다. 따라서 그는 이 모든 신약의 묘사를 현대인들이 들을 수 있도록 해석해야 한다고 주장한다. 그의 주장의 요지는 다음과 같다. "종말론적 설교와 신화론적 진술들이 전체로서 아직도 신화론의 덮개 아래 감추어져 있는 어떤 깊은 의의를 담고 있는지를 우리는 물어야만 한다. 만일 그렇다면 우리는 바로 그 깊은 의의를 유지시키고자 하기 때문에 신화론적 표상들을 빼어버리고자 하는 것이다. 신화론적 표상 배후의 깊은 의의를 다시 벗겨내려고 시도하는 이 신약해석 방법을 나는 비신화화(Entmythologisieren)이라고 부른다… 목표는 신화론적 진술들을 멀리 제거하는 것이 아니라 그것을 해석하는 일이다. 그것은 하나의 해석방법이다."[17] 비신화화 작업은 "역사적 예수" 논쟁에서 심각한 도전을 받았고 이 논쟁은 지금도

---

16) 불트만의 비신화화 작업은 실존주의적 역사개념에 근거한다. R. Bultmann, *History and Eschatology. The Presence of Eternity*, New York 1957, 184.

17)   Bultmann, "Jesus Christus und Mythologie", 145f.

끊임없이 계속되고 있다. 그러나 사실상 이 주장은 여전히 신약신학계를 지배하고 있다고 보아야 할 것이다.

하지만 비신화화 작업에는 해석학적인 문제가 들어있다. 그것은 "현대"의 상황에 서있는 주체가 선先이해(Vorverständnis)를 가지고 고대라는 객체를 보는 것이다.[18] 아마도 신약해석의 원칙을 설정하자면 텍스트로 텍스트를, 텍스트로 컨텍스트를 해석하는 것이다. 말하자면 우리의 현실에서 성경을 보는 것이 아니라, 첫째로 성경의 현실에서 성경을 보는 것이며, 둘째로 성경의 현실에서 우리를 보는 것이다. 불트만의 비신화화에 나타나는 문제점은 바로 여기에 있다. 신약과 현대 사이에서 실제로 필요한 것은 신약이해를 위한 현대화(비신화화)가 아니라, 현실이해를 위한 고대화(비문화화)이다. 다시 말해서, 필요한 것은 우리의 현대적(과학적) 사고로 신약을 이해하는 것이 아니라, 성경의 고대적(종교적) 사고로 우리를 이해하는 것이다.

2) 예수님의 진정한 말씀

둘째로, 예수님의 진정한 말씀(ipssisima vox) 찾기에 대한 관심이 일어났다. 아람어적인 배경에서 예수님의 언어를 찾아내려고 시도했던 달만(G. Dalmann)의 역할은 아직도 중요하다. 예레미아스(J. Jeremias)의 비유연구는 주로 이 문제에 집중하고 있다. 그는 비유가 예수님 자신의 상황과 초대교회의 상황이라는 두 가지 상황을 가지고 있다고 전제하였다.[19] 이러한 전제 아래 그는 초대교회에 의하여 만들어진 비유들의 변형에 관한 일반적인 원칙을 발견하여 설명하였다. 이렇게 함으로써 그는 예수님 자신의 언어에 도달하려고 시도하였다. 그는 이것을 "전승의

---

18) 해석학에서 주체와 객체의 관계에 대한 논쟁은 리차드 E. 팔머, 『해석학이란 무엇인가』, 이한우 역 (서울: 문예출판사, 1995), 80-107을 참조하라. 특히 주체의 이해 이전에 객체의 자진술(自陳述)을 강조하는 베티(E. Betti)의 주장을 숙고할 필요가 있다.

19) J. Jeremias, *Die Gleichnisse Jesu*, 8. Aufl., Göttingen: Vandenhoeck Ruprecht, 1970, 19.

원석"(ein Stück Urgestein der Überlieferung)이라고 불렀다. 그러나 이 시도는 결국 약간의 예수님 말씀을 발견하고 나머지는 더욱 분명하게 초대교회의 산물로 돌리는 어리석음을 범하고 말았다.

3) 전승과 기록에서 삶의 정황

셋째로, 브레데가 "신앙의 그리스도를 지향하고 있는 이 기사들 속에는 예수님의 인격과 그의 설교에 관한 모습이 수많은 후대의 개념들과 해석들에 의해 중첩되어 있고 모호해져 있다"고 말한 것은 전승과 기록의 문제를 다루고 있다. 예수님의 말씀이 전승되는 과정과 기록되는 위치에서 삶의 상황(Sitz im Leben)이 작용하였다는 것이다. Wrede는 "우리는 사람들의 견해 속에 급속한 발전과정이 있었다고 전제할 수 있다. 어떤 상황에서는 경향이 상당한 정도로 바뀌는데 10년이면 충분한 기간일 수 있다"고 말하였다.[20] 그러나 과연 초대교회에서 이런 변화와 발전을 기대할 수 있는지는 아무도 알지 못한다. 우리에게는 10년이 매우 변화가 많은 긴 시간이지만, 당시의 10년은 변화가 많지 않은 짧은 시간이다. 이 기간 동안 전승과 편집에 이렇게 섬세한 작업이 있었다고 믿기 어렵다. 어쨌든 이런 전제 아래 신약신학에서 먼저 전승사(양식사 Formgeschichte)가 지난 세기 초엽에 활발하게 움직였다.

양식사가 가장 먼저 관심하는 것은 공관복음서의 특징인데, 다른 문학들과 비교해 볼 때 공관복음서가 어떤 위치를 가지느냐를 연구하는 것이다. 양식사는 공관복음서가 문학사에 있어서 특별한 양식을 가지는 "소문학"(Kleinliteratur)이라는 결론을 내린다. 이에 더 나아가서 양식사는 공관복음서의 형성(전前역사 Vorgeschichte)에 관하여 관심한다. 이 때문에 양식사는 전(前)문학적인 기원들로부터 문학적인 정착에 이르기까지 복음서들의 전승의 과정에 관하여 연구한다. 그

---

20) 브레데, "신약신학의 과제와 방법론들", 139.

래서 양식사는 각 개 텍스트의 양식과 여러 개 텍스트들의 양식을 연구하여 전승자들의 "삶의 자리"(Sitz im Leben)를 캐낸다. 이렇게 볼 때, 양식사는 복음서의 과거적인 면에 초점을 맞추고 있다고 말할 수 있다.[21]

지난 세기 중엽에 양식사를 극복하기 위하여 편집사(Redaktionsgeschichte)가 등장하였다. 편집사가 관심하는 것은 복음서의 각 단락들의 수집에 나타나는 편집자의 신학적인 관념으로서 저자(마지막 편집자!)의 신학적인 입장에 대하여 연구한다. 편집사는 편집자가 어떠한 신학적인 관점을 가지고 자료들을 선택하고 구성했는가 논구한다. 그래서 편집사는 편집자들의 "삶의 자리"를 찾아내려고 한다. 이러한 의미에서 편집사의 관심은 복음서의 현재적인 면에 머물고 있는 것이다.[22]

편집사의 목적은 보른캄(G. Bornkamm)이 마태복음 8장에 나오는 폭풍진정을 해석한 것에서 아주 잘 발견할 수 있다. 그는 겨우 여섯 쪽에 불과한 "마태복음에서 폭풍진정"[23]이란 논문에서 마태복음 8:18-27을 마가복음 4:35-41과 누가복음 8:22-25와 비교하면서 마태복음의 편집적인 특이성을 찾아내었다. 첫째로 그는 마태복음이 8:19-22에서 다른 두 복음서와 달리 "(예수님을) 따르는 일에 관한 두 가지 예수님 말씀"(die beiden Worte Jesu über die Nachfolge)을 삽입하고 있다는 사실을 지적하면서 마태를 단순히 이야기의 전승자가 아니라 해석자라고 추론한다. 다시 말해서 보른캄에 의하면, 마태는 "예수님과 함께 한 제자들의 폭풍항해 및 폭풍진정을 (예수님을) 따르는 일과 연결 지어 해석하면서 교회라는 작은 배와 관련시켜 해석하는 첫 번째 해석자"라는 것이다. 또한 보른캄은 마태복음에서 제자들이 예수님을 "주여"라고 부르고 있는 점을 주목하여(마가복음에서는 "선생이

---

21) 신약 연구에서 양식사의 대표자들은 쉬미트(K. L. Schmidt), 디벨리우스(M. Dibelius), 불트만(R. Bultmann)이다.

22) 편집사를 위한 대표자들은 마태복음 연구에서 보른캄(G. Bornkamm), 마가복음 연구에서 마르크센(W. Marxsen), 누가복음 연구에서 콘첼만(H. Conzelmann)을 들 수 있다.

23) G. Bornkamm, "Die Sturmstillung im Matthäus-Evangelium", in: G. Bornkamm / G. Barth / H. J. Held, Überlieferung und Auslegung im Matthäus-Evangelium, WMANT 1, Neukirchen: Neukirchen-Vluyn, 1961 (2. Aufl.), 48-53.

여", 누가복음에서는 "주인이여"라고 되어 있음), 신적인 존귀명칭을 드러내는 제자들의 신앙고백이 표현되어 있다고 생각하였다. 더 나아가서 보른캄은 다른 복음서들과 달리 마태복음은 8:26에서 제자책망과 폭풍진정을 다른 순서로 배열하고 있는 것을 발견하였다. 그는 이러한 단락순서로부터 치명적인 위협 가운데서도 제자들에게 먼저 말씀하시는 예수님의 모습을 설명하였다. 이것은 고난 가운데서도 말씀을 통하여 오는 큰 기쁨에 대한 상징성을 제시한다는 것이다. 이러한 관찰들을 통하여 보른캄은 마태가 수집가와 구성자의 위치를 넘어서 신학적인 의도를 가지고 있는 편집자라는 사실을 강조하였다. 그에 의하면 "더욱 중요한 것은 특정한 신학적인 의도들을 확인하는 것이다."

양식사와 편집사는 다 같이 복음서는 역사적인 문서라는 견해 아래 과거와 현재에 관련된 문서로 이해한다. 따라서 양식사의 한계는 복음서들을 인간의 글로서 양식을 지닌 전승이라고 이해하는 것이며, 편집사의 한계는 복음서들을 사람의 글로서 신학을 지닌 편집이라고 이해하는 것이다. 미래의 신약신학의 과제는 무엇보다도 복음서들을 하나님의 글(scriptura Dei)로 확인하는 것이다. 복음서들은 앞으로 오게 될 모든 교회를 지향하는 글이다. 바꾸어 말하자면, 미래 교회의 존재가 복음서들의 내용을 결정하는 것이다. 복음서에는 미래 교회들의 상황을 결정하는 내용들이 들어있을 뿐 만 아니라, 미래 교회들이 가지게 될 상황이 결정해주는 내용들도 들어있다. 이것은 복음서들이 미래 교회들에 의하여 받는 충격이다. 양식사가 전승자들에게 관심하고 편집사가 편집자들에게 관심하는 것과 달리, 이것은 복음서들을 가지고 살아가야 할 소유자들(교회들)에게 관심하는 것이다. 양식사는 복음서들보다 이전에 있던 시간에 관심하였고 편집사는 복음서들과 함께 있는 시간에 관심하였다면, 이것은 복음서들보다 이후에 있을 시간에 관심하는 것이다.

결론

지난 100년 전에 브레데는 신약신학과 관련된 문제점을 다음과 같이 지적하였다. "(교의신학자들이) 신약의 종교적 기자들에 대하여 동일한 것을 전제하는 것은 자기 자신의 교의적 습관들을 통하여 그 기자들에게 생소한 교의적 절차를 지우는 것이다."[24] 그러나 불행하게도 브레데의 후예들은 비슷한 오류를 반복하였다. 현대 신학자들이 신약의 기자들에게 현대적인 것을 전제하는 것은 자기 자신들의 현대적 사고들을 통하여 그 기자들에게 생소한 현대적 개념들을 지우는 것이다. 백년 전에 교의신학과 성경신학을 분리하기 위하여 제기했던 문제점이 현대신학에서도 재연되고 있다. 조직신학으로 성경신학을 이해하는 것이 개념을 설정하여 성경을 이해한다는 문제가 있다면, 현대신학이 성경을 이해하는 데는 역사에 대한 현대적인 개념으로 성경을 이해한다는 문제가 있는 것이다. 신약성경을 이해하기 위하여 새로운 역사관을 성립시켜야 할 것이다. 이렇게 하려면 불트만이 의존했던 콜링우드(R. G. Collingwood)의 역사이해를 버리고,[25] 고대인들의 전기법을 다시 배워야 한다.

신약성경 안에 들어있는 사상은 완성의 지속이지 불완성의 발전이 아니라는 점을 잊어서는 안 된다. 성경의 신학과 초대교회의 신학을 비교하면 여실히 나타나는 사실이 있다. 그것은 초대교회의 신학이 신약의 신학과 비교해 볼 때 심각하게 퇴보하여 빈약한 것이 되었다는 사실이다. 신약성경과 주후 100년 전후로 하는 초대교회의 문헌들을 비교할 때(클레멘스1서, 이그나티우스, 저스틴, 폴리캅, 타티안, 디다케 등) 이것은 분명하게 드러난다. 이것은 마치 물이 가득한 저수지를 열었을 때 흘러 내려가면서 물 흐름의 힘이 점차 약해진 것과 같다. 초대교회의 신학에 비하여 성경의 신학은 물이 가득한 저수지와 같다. 이것은 성경 내에서 발전보

---

24) 브레데, "신약신학의 과제와 방법론들", 105.

25) Cf. Bultmann, *History and Eschatology*, 1.

다는 완성을 보게 만든다. 신약의 신학은 일정한 기간 내에 완성된 것이지 오랜 시간 동안 발전된 것이 아니다.

이제는 종합의 신학이 필요하다. 신약신학의 작업에 있어서 비판보다는 수용이 앞서야 하며, 분석보다는 종합이 우선해야 한다. 이때 신학은 교회를 위한 건전한 신학이 된다. 신약신학의 미래는 위에 언급한 문제점들을 얼마나 해결하느냐 하는 과제에 달려있는 것이다. 이때 20세기 신학은 21세기를 동역자로 얻을 수 있을 것이다.

제2장
신약신학의 과제

신약신학의 과제는 무엇인가? 신약신학의 과제가 무엇이냐는 질문은 신약성경과 구약성경을 포함하는 성경 전체와 관련하여 가장 근본적인 질문들 가운데 하나로서 신약성경을 어떻게 이해할 것이냐 하는 이해의 문제와 신약성경을 어떻게 적용할 것이냐 하는 적용의 문제라고 말할 수 있다. 다시 말해서 신약성경(또는 구약을 포함하는 성경 전체)과 관련하여 가장 근본적인 과제는 이해와 적용에 관한 것이다. 신약성경을 어떻게 이해하는 것이 바르며, 어디에 적용하는 것이 옳은가? 이렇게 볼 때 결국 신약신학은 신약성경 해석학의 범주를 넘어갈 수가 없다. 신약신학에서 신약성경을 어떻게 이해할 것이냐 하는 것이 첫 번째 과제가 되며, 신약성경을 어떻게 사용할 것이냐 하는 것이 두 번째 과제가 된다.

신약성경을 바르게 이해하려면 여러 가지 차원들을 고려해야 하며, 신약성경을 제대로 적용하기 위해서는 여러 가지 범위들을 생각해야 한다. 신약성경을 이해하는 것과 관련해서는 차원(stratum 또는 dimension)이란 말을 기억해야 하며, 신약성경을 적용한다고 할 때는 범위(area)라는 말을 기억해야 한다. 이해와 관련해서는 수직적인 의미의 차원이란 말을 사용할 수 있고, 적용과 관련해서는 수평적인 의미를 가진 범위라는 말을 사용할 수 있다. 이렇게 신약신학의 과제를 언급하면 신약성경을 이해하는 차원이 무엇인가 하는 해석의 문제와 신약성경이 적용되는 범위가 무엇인가 하는 적용의 문제를 말하지 않을 수 없다. 이런 의미에서 이 글은 신약성경을 이해하는 깊이와 신약성경을 적용하는 넓이를 제공하게 될 것이라고 생각한다.

1. 신약성경 이해의 차원

신약신학의 첫째 과제는 신약성경 이해이다. 신약성경을 바르게 이해하는 방법은 무엇인가? 그것은 다음과 같이 신약성경과 관련된 여러 가지 차원을 고려하는 것이다.

신약성경을 바르게 이해하기 위해서 다양한 차원이 고려되어야 한다는 말은 성경을 이해하는 데는 여러 가지 층이 있다는 것을 가리킨다. 상기한 도표를 보면 가운데 신약성경과 신약성경 기자들이 있고, 신약성경을 중심으로 바로 윗부분에는 성경이 관계하고 있는 역사적 사건들이 있다. 신약성경은 역사와 무관하게 나온 것이 아니라 역사를 배경으로 삼고 있다는 것이다. 그러나 사실상 신약성경이 말하는 그 사건은 단순히 역사적 사건과 관련되어 있을 뿐 아니라, 바로 그 역사적 사건을 동인시키고 조정하며 인도하는 "무엇"과도 관련되어 있다. "무엇"은 성경의 역사적 사건의 배후라고 할 수 있는 하나님의 계시와 섭리이다. 결국 신약성경의 가장 윗부분에는 계시가 있고, 그 계시로 말미암아 이루어진 역사적 사건이 그 다음 단계이며, 그것을 표출하고 있는 것이 신약성경이라고 말할 수 있다. 하지만 신약성경은 그것 자체로 그 시대를 마감하는 것이 아니라 신약성경이 초대교회로 연결되면서 초대교회와의 관련성을 가지게 된다. 초대교회가 신약성경을 보는 시각이 신약성경이 계속 유효하고 영향을 줄 수 있는 길을 마련하게 된 것이다. 정리해서 말하자면 신약성경을 중심으로 위쪽에는 역사적 사건이 있고, 더 위쪽에는 하나님의 계시가 자리 잡고 있으며, 신약성경 성경 그 다음 시대에는 초대교회라는 시대가 연결되어 있어서 수직적인 차원들이 형성되는 것으로 생각해야 한다는 것이다.

1) 신약성경 수용의 차원들

첫째로, 신약성경을 바르게 이해하기 위하여 신약성경을 수용하던 차원을 고려해야 한다. 신약성경을 수용하는 차원은 초대교회 또는 속사도 교회와 관련된다. 신약성경 이해에 있어서 초대교회의 상황을 무시해서는 안 된다. 초대교회의 견해는 신약성경을 이해하기 위하여 대단히 큰 중요성을 가진다. 초대교회는 베드로, 요한, 바울과 같은 첫 번째 사도들을 잇는 바로 그 이후의 시대를 말하는 데 일반적으로 주후 100년부터 150년경까지를 가리키는 말이다. 그것은 사도들을 바로 잇는 시대의 교회이므로 속사도 교회라고 표현할 수 있다. 따라서 초대교회라는 말을 쓰거나 속사도 교회라는 말을 쓸 때 그 의미는 같은 것이다. 신약성경에 이어지는 속사도 교회로서의 초대교회의 성격은 사도들이 직접적으로 관련되었던 교회의 성격과는 조금 다르다. 후자는 사도들이 있던 시대이므로 사도시대의 교회(Apostolic Church)라고 할 수 있고, 전자는 사도들이 없기 때문에 속사도

시대 교회(Post-apostolic Church)라고 할 수 있다. 요즘은 구태여 사도시대의 교회와 속사도 시대의 교회를 나누어서 말하려고 할 때 사도시대의 교회는 원시교회(Primitive Church)라고 부르고 속사도 교회는 초대교회(Early Church)라는 표현을 사용한다.

신약성경을 이해하는 데 있어서 우리가 놓쳐서는 안 될 중요한 견해는 속사도 교회 또는 초대교회가 가지고 있는 견해이다. 오늘날 신약신학이나 신약성경을 연구하는 사람들이 더 고려해야 할 부분이 바로 이것이다: 속사도 교회는 신약성경을 어떻게 수용했는가? 신약성경에 대한 초대교회의 견해는 무엇인가? 많은 사람들이 이 질문을 지나쳐버리고 있다. 나의 생각으로는 신약성경을 이해하는 길 가운데 아주 중요한 길은 초대교회의 견해를 알아보는 것이다. 신약성경에 대한 초대교회의 견해는 신약성경을 이해하는 데 매우 중요한 의미를 가진다.

(1) 신약성경에 대한 초대교회의 관계를 고려해야 한다

우리가 신약성경 성경 수용의 차원에서 생각해야 될 것은 신약성경에 대한 초대교회의 관계이다. 신약성경에 대한 초대교회의 관계는 연결과 단절이라는 두 가지 측면으로 나타난다.

① 신약성경 기록의 시대와 신약성경 수용의 시대 사이의 연결

첫째로, 신약성경 기록의 시대와 신약성경 수용의 시대 사이에는 연결이 있다. 신약성경 기록의 시대인 사도시대(원시교회)와 신약성경 수용의 시대인 속사도 시대(초대교회) 사이에는 연결이 있다. 오늘날 많은 학자들이 신약성경 성경을 연구할 때 신약성경 기록의 시대와 신약성경 수용의 시대의 단절 즉 사도시대와 속사도 시대의 단절을 강조하다보니 문제가 생기고 말았다. 그러나 사실상 이 둘 사이에는 연결이 있다. 왜냐하면 전자에 기초하여 후자가 성립되기 때문이다. 신약성경 기록의 시대에 기초해서 신약성경 수용 시대가 성립되었있다. 우리가 중요하게 생각해야 할 문제는 사도시대에 기초해서 속사도시대가 존재하고 있다는 것이다. 이것을 바꾸어 말하자면 결국 교회는 성경 위에 서 있다는 것이다. 신약성경 위에 초대교회가 선다. 성경(신약성경과 구약성경)은 교회를 위한 권위이며, 교회는 성경에 의한 산물이다. 초대교회는 성경을 교회의 기초로 생각하여 성경의 권위를 인정하였다.

초대교회는 세상의 회집들과 어떻게 다른가? 당시에는 유대인들의 회당을 비롯하여 그리스 사람들의 집회도 있었고, 로마 종교 뿐 만 아니라 로마세계의 변방 경계에 있는 게르만족과 브리튼족의 종교도 다양한 방식의 집회를 가지고 있었다. 이런 이방종교의 집회들도 외형적으로 보면 기독교의 집회와 유사한 점이 적지 않았다. 그들은 신전에서 모이기도 했지만 기독교인들처럼 가옥에서 모이기도 했기 때문이다. 이방종교에도 선교가 있었고 물로 행하는 입교식이 있었다. 그러면 이렇게 유사한 집회형태를 가지고 있던 유대교와 그리스 종교, 로마의 종교, 이방종교와 비교할 때 초대교회는 어떤 점에서 차이를 가지는가? 그 차이는 초대교회가 신약성경을 가지고 있었다는 점에서 나타난다. 초대교회는 세상의 다른 종교적인 집단들과는 달리 신약성경에 의한 산물이다. 신약성경은 초대교회의 기초이다. 신약성경이 교회의 기초이기 때문에 초대교회는 신약성경의 권위를 인정했던 것이다. 초대교회가 성경의 권위를 인정했다는 사실은 사도 교부들(Apostolic Fathers)의 적극적인 성경인용에서 잘 드러난다.

② 신약성경 기록의 시대와 신약성경 수용의 시대 사이의 단절

둘째로, 신약성경 기록의 시대와 신약성경 수용의 시대 사이에는 단절이 있다. 이렇게 속사도 교회와 사도 교회는 아주 밀접하게 연결된다는 것을 생각하면서 잊어서는 안 될 것이 있다. 그것은 이 두 시대 사이에 연결이 있음에도 불구하고 두 시대가 동등한 위치에 있다고 보기는 어렵다는 것이다. 이 두 시대는 분명히 연결 선상에 있지만 동등한 위치를 지니지는 않는다. 이렇게 말하는 이유는 그 둘 사이

에 깊은 연결과 함께 단절이 나타나고 있기 때문이다. 이 두 시대에 사이에는 연결 뿐 아니라 단절도 있다는 것이 강조되어야 한다.

초대교회의 문서는 신약성경과 비교해 볼 때, 분량, 문체, 신학에서 심각하게 퇴보하여 빈약하다. 이것은 마치 저수지에는 물이 많이 고여 있는데 강에는 물이 조금 흐르고 있는 것과 비슷하다. 분량과 관련하여 신약성경 시대에 바로 이어지는 시대의 문서들의 수는 두 손을 쥐었다 펼 정도 밖에는 남아있지 않다. 주후 50-100년에 태동된 신약성경과 주후 100-150년 사이에 기록된 문서들을 비교해 보면 후자가 전자보다 그다지 많지 않다는 것을 알게 된다. 이것은 세상에서 가장 이상한 현상 가운데 하나이다. 무슨 종교든지 무슨 철학이든지 하나의 문서가 나오게 되면 그것이 영향력 있는 것일 경우에 반드시 그 이후의 시대에는 그 문서와 관련된 문서들이 나오기 마련이다. 왜냐하면 그 문서에 대한 해석과 논쟁이 발생하기 때문이다. 그러나 이상하게도 속사도 교회는 신약성경과 비교해 볼 때 그다지 많지 않은 문서를 가지고 있다. 또한 문체와 관련하여 신약성경 가운데 누가복음과 사도행전은 문체가 매우 미려하고 고급한 헬라어를 사용하였고, 사도 바울이 로마와 고린도에 보낸 서신들도 문체가 미려하고 좋다. 그러나 그 이후에 나오는 초대교회의 문서들은 문체에 있어서 훨씬 통속적인 성격을 띠고 있다. 신학에 있어서도 예를 들어 속사도 시대 문서의 기독론은 신약성경의 기독론에 비하여 심각하게 퇴보해서 아주 연약한 모습을 보여준다. 따라서 그 이유가 무엇인가를 살펴보아야 한다.

초대교회는 새로운 글을 창작하여 자신의 글을 개척하기보다는 신약성경을 그대로 수용하는 데 치중하였다.[1] 많지 않은 속사도 시대의 문서들을 살펴보면 대체로 신약성경을 모방한 문서라고 말해도 지나친 말이 아니다. 속사도 시대의 문서들은 거의 신약성경에 나오는 예수 그리스도의 말씀, 사도들의 글 등을 짜깁기 하듯이 묶어서 문맥을 맞춰나가는 정도이다. 독창적인 것은 별로 없고 대부분 신

---

1) 조병수, "폴리캅 빌립보서의 정경사 위치", 『신약신학 열두 논문』 (수원: 합동신학대학원출판부, 1999), 2002, 237-263.

약성경에 나오는 문구와 사상을 가위와 풀로 붙인 듯한 문서들이다. 무엇보다도 이것은 초대교회가 신약성경에 필적할 글을 기록할 엄두를 내지 못했다는 것을 암시한다. 여기에서 하나의 신학적인 문제가 제기된다. 초대교회는 신약성경을 넘어서는 글을 낼 수 있는 위치에 있지 않았다는 것이다. 지금은 성경비평의 시대가 되어 성경을 넘어서려는 글을 내고 있지만, 초대교회는 성경의 권위를 절대적으로 생각하고 성경의 권위에 의존하고 있는 위치에 있었으므로 새로운 것을 창작한다는 것은 상상도 못할 일이었다. 바로 여기에서 신약성경에 대한 초대교회의 중대한 태도를 발견하게 된다.

(2) 신약성경에 대한 초대교회의 태도를 고려해야 한다

그러면 초대교회는 신약성경에 대하여 어떤 태도를 가지고 있었는가? 신약성경에 대한 초대교회의 입장을 다음과 같이 고려할 수 있다.

① 초대교회는 신약성경을 통일된 것으로 보았다

첫째로 초대교회는 신약성경을 통일된 것으로 보았다. 신약성경에 대한 초대교회의 입장에서 가장 중요한 것은 신약성경을 하나의 통일된 문서, 일치된 문서로 보았다는 것이다. 일치된 문서로 보았다는 것은 달리 말하면 현대학자들이 발견하는 바와 같이 복음서에서 마태복음과 마가복음이 마찰을 일으킨다거나 서신서에서 로마서가 야고보서와 마찰을 일으킨다는 생각을 가지지 않았다는 말이다. 오늘날 학자들은 마태복음은 마가복음과 마찰을 일으키고 심지어 마태복음 내에서도 마태복음 어느 부분과 다른 부분이 마찰을 일으킨다고 생각한다. 그러나 초대교회는 이렇게 성경과 성경 사이에 또는 성경 내에서 어느 부분과 어느 부분 사이에 마찰을 일으키는 것으로 생각하지 않는다. 만약 그렇게 생각했더라면 신약성경을 한 권의 책으로 가질 수 없었을 것이다. 분명히 마찰 되는 둘을 함께 모아놓는다는 것은 불가능한 일이기 때문이다.

사실상 고대문헌들과 비교해 볼 때 신약성경의 양은 얼마 되지 않는다. 초대교회의 목회자, 신학자들, 신자들이 다 머리가 나쁘거나 문학에 소질이 없어서 얼마 되지 않는 분량가운데 마태복음과 마가복음의 내용적인 마찰을 전혀 인식하지 못했을 것이라고 생각한다면 굉장히 오해한 것이다. 초대교회도 복음서 사이에 상당한 차이가 있다는 것을 알고 있었다. 그래서 예를 들면 타티안(Tatian)은 그것을 해결하려고 4권의 복음서를 연대기적으로 묶으려고 시도하였다(디아테싸론 Diatessaron). 그러면 초대교회는 이렇게 신약성경의 책들이 외면적으로 차이를 보이는 것을 알고 있음에도 왜 신약성경을 하나로 묶어 받으면서 그것을 문제없이 수용했는가? 그것은 초대교회가 신약성경을 통일된 것으로 보았기 때문이었다.

② 초대교회는 고유한 이해방식을 가지고 있었다

초대교회는 신약성경을 통일된 것으로 받아들이는 데 하나의 시각을 가지고 있었다. 다시 말해서 초대교회는 나름대로 신약성경을 이해하는 고유한 이해방식을 가지고 있었다는 것이다. 현대 과학적 사고를 가지고 있는 우리가 볼 때 신약성경 내에 마찰로 여겨지는 부분들도 초대교회에서는 아무런 문제없이 나란히 배열이 되었다.

예를 들어 마태복음과 요한복음 사이에는 굉장히 큰 차이가 있다. 단순한 차이만 봐도 공관복음서는 예수님께서 예루살렘에 올라간 기록이 한 번 나오는데, 요한복음에는 예수님께서 예루살렘에 세 번 올라간 것으로 기록되어 있다. 우리가 일반적으로 예수 그리스도의 공생애 기간을 3년이라고 말하는 것은 공관복음을 기준하는 것이 아니라 요한복음을 기준한 것이다. 공관복음을 기준하면 예수 그리스도의 공생애는 마치 1년밖에 안 되는 것으로 생각된다. 하지만 우리는 요한복음을 따라 예수 그리스도의 공생애를 3년이라고 말한다. 이것만 봐도 공관복음과 요한복음 사이에는 결정적인 차이가 있다. 만일에 예수님께서 예루살렘을 100번 이상 올라갔기 때문에 어떤 성경은 101번으로 기록하고 다른 성경은 103번으로 기록하고 있다면, 100번 넘어간 숫자에서 혼동이 일어나 차이가 발생할 수도 있었을 것이다. 그러나 한 자리 수에서 한 번과 세 번은 큰 차이가 나기 때문에, 공관복음이 예수님께서 한 번 예루살렘에 올라간 것으로 기록하고, 요한복음은 세 번 올라간 것으로 기록한 것을 읽으면 이상하게 생각하는 것은 당연하다. 문서가 희귀하던 이 시기에 사람들이 어떤 글이든지 꼼꼼히 읽고 깊이 생각했으리라는 것을 어렵지 않게 추측해 볼 수 있다. 그러므로 초대교회가 성경의 각 책들 사이에 나타나는 차이점들을 발견했다는 것은 그리 놀라운 일이 아니다. 문제는 차이점들을 발견하고도 어떻게 그것들을 나란히 놓을 수 있었느냐 하는 것이다. 초대교회는 신약성경 내에 차이는 있지만 마찰은 없다고 믿은 것이 틀림없다.

초대교회가 이런 믿음을 가질 수 있었던 것은 우리가 가지고 있는 과학적 이해방식과 다른 이해방식을 가지고 있었기 때문이다. 특히 시간과 공간에 대한 이해방식에 있어서 초대교회는 오늘날 우리가 가지고 있는 이해방식과 다른 이해방식을 가지고 있었다. 한 마디로 말해서 초대교회는 과학의 세계를 초월하여 또는 과학의 세계와 관계없이 계시의 세계를 인정했던 것이다. 이것이 바로 초대교회가 신약성경에 대하여 가지고 있는 가장 중대한 태도이다.

③ 신약신학의 과제

따라서 신약신학의 과제 가운데 하나는 초대교회가 의견에 일치를 본 사항을 찾아내는 것이다. 신약신학의 과제 가운데 필수적인 것은 신약성경 안에 마찰처럼 보이는 내용들을 통일된 것으로 볼 수 있었던 초대교회의 의견일치와 의견통일을 파악하는 것이며, 더 나아가서 초대교회의 의견일치와 의견통일에 근거하여 신약성경을 이해하는 것이다. 현대 신약신학은 신약성경의 각 책 사이에 또는 각 책 안에서 나타나는 상이점에 관심을 가지고 있지만 진정한 신약신학은 초대교회가 발견하였던 일치점을 드러내는 것이다.

예를 들어보자. 세례자 요한과 관련하여 오늘날 많은 학자들은 복음서들이 서로 간에 마찰을 일으킨다고 생각한다. 그들에 의하면 네 복음서는 세례자 요한에 대하여 각각 다른 견해를 가지고 있었다는 것이다. 만일 현대의 학자들이 생각하는 대로 정말로 세례자 요한에 대한 각 복음서의 기록에 마찰이 있다면 초대교회는 어떻게 네 권의 복음서를 함께 묶어놓을 수 있었겠는가? 초대교회가 네 복음서의 세례자 요한 이야기를 연속적으로 배열할 수 있었던 까닭은 이 기록들 사이에 아무런 마찰이 없다고 생각한 것임에 틀림없다. 사실상 초대교회는 세례자 요한을 복음서들의 입장을 따라서, 그리고 더 근본적으로는 예수님의 견해를 따라서 "선지자보다 큰 자"라로 생각했다. 마태복음과 누가복음을 읽어보면 이 사실은 아주 분명하게 잘 나타난다. 예수님이 세례자 요한을 선지자보다 큰 자라는 입장을 가지고 계셨기 때문에 마태복음과 누가복음도 이 견해를 견지했다(마 11:9; 눅 7:26). 그러니까 마태복음과 누가복음은 동일한 길을 가고 있는 것이다. 오늘날의 학자들은 마태복음과 누가복음에서 세례자 요한에 대하여 마찰적인 측면들을 발견하는 반면에, 마태복음과 누가복음이 예수님의 견해에 근거하여 세례자 요한을 선지자보다 큰 자라고 규정한 것을 그대로 받고 있기 때문에 초대교회도 그것을 당연하게 받아들였다.

마태는 세례자 요한이 선지자보다 큰 자라는 사실을 예수님과 요한 사이에 병행점을 가지고 묘사한다. 그래서 마태복음을 보면 세례요한이 등장했을 때 "회개하라 천국이 가까이 왔다"(마 3:2)고 했는데, 예수님께서도 제일 처음 갈릴리에서 말씀을 전하실 때 "회개하라 천국이 가까이 왔다"(마 4:17)고 선포하신다. 이것은 마태복음이 예수님과의 병행점으로부터 세례자 요한을 선지자보다 큰 자로 묘사하고 있다는 것을 의미한다. 이에 비하여 누가는 예수님을 하나님의 아들로 설명하고(눅 1:32), 세례자 요한을 하나님의 선지자로 설명한다(눅 1:76). 예수님이 지극히 높으신 이의 아들이라면, 세례자 요한은 지극히 높으신 이의 선지자이다. 누가는 세례자 요한을 가리켜 지극히 높으신 이의 선지자라고 말함으로써 세례자 요한이 구약의 어떤 선지자보다 큰 선지자임을 잘 드러내 주고 있다. 마가복음에는 세례자 요한이 선지자보다 큰 자라는 표현이 나오지 않는다. 그러나 마가가 세례자 요한의 이야기를 복음서의 첫머리에 두면서 복음의 시작이라는 단락 아래 두고 있다는 점에 주의를 기울여야 한다. 마가는 "하나님의 아들 예수 그리스도의 복음의 시작"(막 1:1)을 언급하자마자 바로 선지자 이사야의 예언을 따라(막 1:2-3) 세례자 요한을 언급한다(막 1:4-8). 이것은 세례자 요한이 복음의 시작에 들어와 있다는 것을 의미하므로 세례자 요한이 구약의 선지자들과 다른 선지자임을 보여준다. 세례자 요한이 선지자보다 큰 자인 것은 그가 복음의 시작에 들어와 있기 때문이다. 요한복음에서는 세례자 요한이 예수님에 대한 첫째 증인으로 등장한다(요 1:6-8). 요한복음에 의하면 세례자 요한은 "하나님께로서 보냄을 받은 사람"(요 1:6)이었다. 하나님의 파송이라는 점에서는 세례자 요한이 구약의 선지자들과 다를 바가 없다. 하지만 그가 구약의 선지자들과 현격하게 차이가 나는 것은 성육신하신 예수님에 대한 첫째 증인이라는 데 있다.

초대교회는 마태, 마가, 누가, 요한이 세례자 요한에 대하여 이렇게 설명하고 있는 것을 보면서, 마찰보다는 도리어 예수님이 말씀하셨던 규정을 따라 세례자 요한에 대한 일치된 개념을 가졌던 것이다. 그러므로 신약성경을 이해하려는 신약신학의 과제 가운데 중요한 것은 초대교회가 신약성경에서 발견한 그 일치를 발견해내는 것이다. 초대교회처럼 신약성경에 나타난 차이보다 일치에 먼저 관심을 가질 때 우리는 신약신학의 제일보를 내딛었다고 할 수 있다. 이렇게 볼 때 신약신학의 과제와 관련하여 초대교회의 견해에 대한 신뢰가 필요하다. 오늘날 많은 신약학자들은 신약성경에 대한 초대교회의 견해를 비판적으로 생각한다. 그러다 보니 초대교회가 확고하게 붙잡았던 것과 달리 신약성경의 일치보다 마찰에 더 관심하게 되었다. 그것은 신약성경을 잘못 이해하는 것이다. 신약성경을 바로 이해하기 위해서는 신약성경을 가장 이른 시기에 소유했던 초대교회의 견해를 신뢰해야 한다.

2) 신약성경 기록의 차원

둘째로, 신약성경을 잘 이해하기 위해서 신약성경이 기록되던 시기의 차원을 살펴보는 것은 필수적이다. 달리 말하면 이것은 성경기자들의 세계를 파악하는 것이다. 성경 기자들은 신적인 동인 즉 계시 아래 서 있다. 그런데 성경기자들은 모두가 동일한 시간에 관심을 가지고 있었던 것이 아니다. 성경기자들은 여러 가지 시간에 연관이 되어 있었다.

(1) 복음서 기자들은 과거를 기록하였다

첫째로, 복음서 기자들은 현재와 미래에 관해서 언급을 하지 않는 것은 아니지만 주로 과거라는 시간과 연관되어 있었다. 복음서 기자들은 자신들로부터 최소한 한 세대 가량 떨어져 있는 역사의 예수님을 기록으로 남겼다. 이 말은 복음서 기자들이 자신들이 처해 있는 현실에서 역사적인 예수님을 묘사한 것을 의미한다. 복음서 기자들은 현실과 역사 또는 역사와 현실을 연결시키는 작업을 한 것이다. 예수님이 부활하고 승천하신 후 한 세대 정도가 떨어진 시차에서 복음서 기자들은 현실과 역사 사이에 어떤 연결을 시도하였다. 그러다 보니 이들에게는 두 가지 문제가 발생하게 되었다.

① 역사성

첫째로, 복음서 기자들은 역사적인 예수님을 논하면서 역사성의 문제에 접근하지 않을 수 없었다. 여기에서 복음서와 관련해서 두 가지 문제를 인식하게 된다. 복음서 기자들은 역사를 사실로 인정하고 기록했다는 것이다. 오늘날 신학자들 가운데 많은 사람들이 복음서에 들어있는 그 역사를 사실로 보지 않는다. 사람들이 조금 오래 전에는 복음서의 예수님 기록을 하나의 신화로 이해했었는데 최근에는 하나의 소설(fiction), 즉 예수 그리스도라는 인물에 관한 이야기(narrative)라고 생각하고 있다.[2] 예수님 기록을 신화의 개념으로 이해하거나 이야기의 개념으로 이해하거나 문제는 마찬가지이다. 복음서 기자가 처한 현실에서 볼 때 예수님의 역사는 별로 중요하게 생각하지 않았다는 의견이다. 예수님께서 정말로 물 위를 걸었는지 오병이어의 기적을 행했는지 그 역사적 사실은 중요하지 않고 단지 중요한 것은 복음서 기자들이 그 사실을 말했을 때 왜 그들이 그것을 말했느냐 하는 그들의 현실의 문제였다는 것이다. 그러나 이것은 균형을 잡지 못한 절름발이식의 성경해석이 되고 만다. 사실이 없다면 그에 대한 해석은 의미가 없기 때문이다. 사실이 없는 글이란 것은 환상이나 공상으로 잠시 동안 충격을 줄지는 모르지만 삶을 변화시키지 못한다. 복음서 기자들이 예수 그리스도에 대하여 기록할 때 그 역사는 사실이다. 복음서 기자들은 그렇게 인정하고 기록했다. 사실로서 역사가 기록의 대상이었다.

물론 이 역사적 사실은 계시의 범위 안에 머물러 있다. 그리고는 이 역사적 사실이 복음서 기자들에게 전달될 때는 전승과 자료(구전과 문전)라는 과정이 주어져 있다. 다시 말하자면 예수님의 사건이 발생한 후에 그 사건이 한 세대 동안 구전으로든지(oral tradition) 문전으로든지(written tradition) 전승되어 왔다는 것이다. 예수님의 역사적인 사건은 구전이나 문전으로 전승되다가 복음서 기자들에게 전달이 되었다. 복음서 기자들 가운데 어떤 사람은 예수님의 제자로서 처음부터 그 자료를 가지고 있었을 수도 있고, 어떤 사람은 예수님의 제자의 제자로서 그 사실들을 직접 체험하지는 못했지만 그 선생님들로부터 얻은 그 자료를 가지고 있었을 수도 있다. 이 말은 결국 신약신학이 가지고 있는 과제 가운데 하나는 세 가지 단계, 즉 역사적 사실로서의 예수님에 대한 사실, 그리고 그것이 구전이든지 문전이든지 복음서 기자들에게 전달되기까지의 과정에 들어있는 자료전승, 마지막으로 그것을 기록한 복음서 기자들이라는 세 단계 사이에 연속성이 있다는 것을 인정하

---

2) 1980년 초반부터 시작된 서사비평(Narrative Criticism)이 이런 생각을 반영한다. 서사비평에 관한 간단한 평가는 나의 논문, "마태복음 연구의 최근 동향," in 『신약신학 열두 논문』 (수원: 합동신학대학원출판부 1999), 31-83, 특히 38-41을 참조하라.

는 것이다.[3]

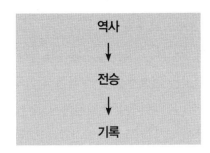

만약 이 연속성을 인정하지 않는다면, 역사는 역사대로 신빙성이 없다는 문제가 일어나며, 전승은 전승대로 어떤 신학적 사상이나 철학적 사상에 영향을 받아 역사와 관계없는 자료가 전승되었다는 문제가 발생하고, 기록은 기록대로 그 전승된 자료를 기자들이 사용할 때 그 자료가 담고 있는 내용과 상관없이 자신들의 생각을 반영시키는 글을 썼다는 문제가 야기된다. 그렇다면 역사는 역사대로, 자료는 자료대로, 기록은 기록대로 아무 관계가 없는 것이 되고 마는 것이다.

오늘날 신약신학은 이렇게 말한다. 신약성경의 역사는 고대인들의 이해구조 속에서 태동된 하나의 신화적인 체계이며(종교사), 자료는 전승의 과정에서 자기의 상황(Sitz im Leben)이라는 영향권에서 형태를 갖춘 신학적인 개체이고(양식사), 기록은 자신의 신학에 충실한 최종적인 수집자가 자료를 활용해서 자기의 견해를 표명한 편집적인 구성이라는 것이다(편집사). 이 때문에 현대 신약신학에서는 역사와 전승과 기록 사이의 유기적인 관계가 매우 느슨해지고 만다. 이것은 신약성경을 이해하는 데 있어서 아주 파괴적인 견해이다. 우리는 그렇게 말하지 않는다. 오히려 계시 안에서 역사적 사실은 전승과 자료를 통해 복음서 기자들에게 전달되었다. 이 말은 이 셋 사이에는 완벽한 연속성이 있어서 역사가 곧 전승 속에 표현

---

3) B. Gerhardsson, *Memory and Manuscript: Oral Tradition and Written Transmission in Rabbinic Judaism and Early Christianity*, Uppsala: Gleerup, 1961, 194-207 ("The Testimony of the Post-Apostolic Church")을 참조하라.

되고 전승이 곧 문서로 표현되었다는 것이다. 우리는 이 세 가지의 연속성과 일치성을 본다. 어쨌든 결국 이 말은 신약신학이 가져야 할 과제가 무엇인지 잘 보여주고 있다. 신약신학의 과제는 복음서 기자들과 관련하여 세 단계에 착안하지 않을 수 없다는 것이다. 역사에 무슨 일이 일어났는가, 그리고 그것은 어떻게 전달되었는가, 마지막으로 그것을 전달해서 받은 복음서 기자들이 기록한 글의 내용이 무엇인가 하는 이런 점들을 신약신학은 관찰하게 된다.

우리는 복음서 기자들이 역사를 사실로 인정했다고 말할 때, 거기에서 한 가지 사항에 더 주의해야 한다. 그것은 복음서 기자들이 역사를 기록할 때 그냥 데이터베이스를 만들듯이 몇 년에 무엇이 발생했고 아침과 저녁에 어떤 일이 일어났는지 기록한 것이 아니라는 것이다. 복음서를 보게 되면 예수님에 대하여 기록할 때 웬만해서는 시간에 대한 이야기를 잘 언급하지 않는다. 정확한 시간은 예를 들면 예수님의 변화 산 사건을 설명할 때와 같이("엿새 후에", 마 17:1) 아주 필요한 경우에만 언급이 되고, 그 외에는 대체적으로 "그 때에", "여러 날 후에"와 같은 막연한 시간이 진술된다. 이것은 복음서 기자들이 예수님에 대하여 기록할 때 시간제시에는 별로 관심이 없었다는 것을 의미한다.[4]

② 현실성

둘째로, 복음서 기자들은 역사를 기록하면서 자신들의 현실을 반영하지 않을 수가 없었다. 예를 들어 예수님에 대하여 설명하려고 할 때 마태나 마가는 자신이 처해 있던 위치에서 기록할 수밖에 없었다. 복음서 기자들의 현실은 주로 다음과 같이 세 가지 점에서 살펴볼 수가 있다.

무엇보다도 그들은 예수 그리스도의 역사를 기록하기 위한 어떤 규범(Norm)을 가지고 있었다. 이것은 복음의 규범으로서 복음서 기자들이 예수 그리스도에 대하여 기록하고자 할 때 반드시 머리에 떠올렸던 것이다. 이 규범은 초대교회가 가

---

4) 이런 점에 관해서는 H. N. Ridderbos, *Matthew*, The Bible Student's Commentary Series, trans. by Ray Togtman, Grand Rapids: Zondervan, 1987의 서론을 보라.

지고 있었던 하나의 사상이다. 예수님에 대하여 기록하기 위해서는 반드시 세례자 요한을 기록해야 한다는 것은 하나의 규범이었다. 또한 예수님에 대한 이야기는 그의 승천으로 마쳐야 한다는 것도 규범이었다. 그리고 예수님이 갈릴리에서 활동을 시작하고 유다에서 활동을 끝냈다는 것도 규범이었다. 이것이 예수님의 기록을 위한 네 단계이다. 세례자 요한의 등장에 이어, 예수 그리스도의 갈릴리 활동과 유다에서의 활동, 그리고 고난과 부활을 포함하는 승천이라는 네 단계는 초대교회가 예수님에 대하여 기록하기 위하여 가지고 있던 규범이다. 어떤 복음서를 살펴보든지 복음서에는 이런 규범이 사용되고 있다. 모든 복음서는 세례자 요한으로 시작해서 예수님이 갈릴리와 유다에서 활동하신 후에 고난당하고 부활하여 승천했다는 이야기로 마쳐진다. 만일 이 규범을 따르지 않으면 아무리 예수님에 대하여 기록하고 있다고 하더라도 그것은 복음이라고 용인되지 않았다. 그 대표적인 예가 바로 도마복음이다. 초대교회는 도마복음을 진정한 복음으로 받아들이지 않았다. 그 이유는 이 문서가 초대교회의 규범을 따르지 않았기 때문이다. 거기에는 세례자 요한에서부터 예수님의 승천까지 짜임새 있는 규범이 없다. 거기에는 좋은 이야기는 많이 들어 있지만 그것만으로는 복음이라고 할 수 없다. 복음이란 것은 예수님의 말씀과 활동이 결합되어서 이러한 순수규범을 잘 따를 때 복음이라고 일컬어진다.

신약성경은 복음 개념을 정확하게 알려준다. 복음은 무엇인가? 예수님에 대한 이야기가 복음이라고 하면 그것은 막연한 대답이다. 초대교회는 복음을 진술하기 위해 예수님이 등장하시기 전에 있었던 하나의 과거로서 세례자 요한, 즉 구약의 총결산인 세례자 요한과의 연결에서부터 이야기를 시작한다. 이렇게 볼 때 복음 개념은 구약성경과의 연결에서부터 출발하는 것이다. 그리고 이방인을 향한 예수님의 첫 번째 선포 사역인 갈릴리 활동, 더 나아가서 유대와의 싸움, 마지막으로 그분의 고난과 부활과 승천으로 이어지는 이것이 복음이다.

사도행전 13장은 비시디아 안디옥에서 사도 바울이 설교한 내용을 제시하고 있는데, 그 내용은 복음의 규범을 잘 정리해 주고 있다. 사도 바울은 먼저 구약을 언급하고(행 13:16이하), 이어서 세례자 요한의 회개세례를 진술하며(행 13:24), 결국 이야기를 예수님이 구원의 복음을 전하셨다는 것으로 이끌어간다. 사도 바울은 예수님이 구원의 말씀으로서 죽임을 당하시고(행 13:26) 하나님에 의하여 죽은 자들 가운데서 부활하셨다고 말한다(행 13:30). 비록 사도행전에서 사도 바울은 "이것이 복음이다"라고 정의를 내리지는 않지만 초대교회가 가지고 있는 복음의 도식을 충실하게 따르는 설교를 남긴 것이다. 사도 바울은 구약성경, 세례자 요한, 구원의 말씀이신 예수님의 활동과 죽음과 부활에 대한 이야기를 섬세하게 배열하였다. 이것은 사도행전 1장과 10장에서도 반복적으로 나타난다. 따라서 이것은 초대교회의 복음서 기자들이 예수님의 역사를 기록할 때 자신들이 가지고 있는 사상 가운데 하나인 복음규범을 반드시 반영했다는 것을 보여준다.

복음서 기자들의 두 번째 현실은 고백적 신앙이다. 그들은 한편으로는 복음규범을 따라, 다른 한편으로는 신앙고백을 따라 예수님에 대하여 기록하였다. 그들의 기록은 자신들이 가지고 있던 신앙에 바탕을 둔다. 다시 말하자면 그들은 예수님이 그리스도라는 신앙을 가지고 복음서를 기록하였다. 그래서 우리가 복음서를 읽을 때 발견하는 아주 중요한 것 가운데 한 가지는 복음서 기자들의 신앙이다. 예를 들어 우리는 마태복음을 읽으면서 마태가 가지고 있던 신앙이 무엇인지, 마태가 예수님께 어떤 신앙을 고백했는지 읽어야 한다.[5] 만약 우리가 마태복음을 읽으면서 마태가 예수님에 대하여 고백하고 있는 신앙고백을 발견하지 못하면 그것은 마태복음을 읽었다고 볼 수 없다. 복음서 기자들은 매우 폭넓은 신앙고백을 가지고 예수님에 대하여 기록하였다(그리스도, 하나님의 아들, 역사적인 인물, 선재하시는 창조주). 이 때문에 복음서 기자들은 예수님에 대하여 기록할 때 그분이 어떤 음식을 좋아했는지 어떤 방식으로 세수를 하셨는지 일상생활에 관하여는 기록할 필요가 없었다. 예수님의 음식취향과 세수방식은 신앙의 대상도 아니며 신앙을

---

5) Ridderbos, *Matthew*, 서론을 참조하라.

표현한 일도 아니다. 그러나 예수님이 죽으셨다는 것은 기록해야 한다. 왜냐하면 그것은 신앙의 문제이기 때문이다. 일반적으로는 예수님의 일상생활을 기록할 까닭이 없다.

그런데 때때로 예수님의 일상생활을 기록하는 경우가 있다. 예수님이 제자들과 함께 갈릴리 바다를 건너가시면서 잠을 주무셨다는 것이 대표적인 예이다(마 8:23-27; 막 4:35-41; 눅 8:22-25). 왜 복음서 기자들은 예수님이 주무셨다는 것을 기록하는가? 예수님이 낮잠을 좋아하신 분임을 보여주기 위해서인가? 아무리 심하게 풍랑이 일어도 예수님은 낮잠 자는 시간을 꼭 지키셨다는 것을 보여주기 위함인가? 그래서 우리도 예수님을 본 받아 낮잠을 꼭 자는 것이 좋겠다고 말하기 위한 것인가? 만일 어떤 설교자가 이 본문을 들어 낮잠 이론을 이야기한다면 그것은 헛된 설교를 하고 있는 것이다. 복음서 기자들이 예수님의 일상생활을 기록하는 것은 신앙을 표현하려는 목적 때문이다. 신앙을 표현하는 데 필요한 경우에 예수님의 일상생활을 언급하는 것이다. 복음서 기자들이 예수님이 잠을 잤다고 말하는 이유는 풍랑 이는 갈릴리 바다 한가운데서도 주무셔야 할 정도로 인성으로는 그렇게 연약한 분임에도 불구하고, 말씀 한 마디로 바다의 풍랑을 진정시킬 만한 하나님의 아들의 능력을 가지고 계시다는 신앙을 표현하기 위한 것이다. 그 신앙을 표현하기 위한 것이 아니면 예수님이 잠을 자고 밥을 먹고 하는 것은 설명할 필요가 없다. 한 마디로 말해서 복음서에는 신앙과 관련된 것이 아니면 기록되지 않는다. 일반적으로는 예수님이 언제 일어나셨느냐 하는 것을 기록하지 않지만, 한두 번 예수 그리스도의 기상시간을 말하는 것은 신앙과 관련이 있기 때문이다. 예수님이 "새벽 미명"(막 1:35)에 일어나셨다는 것을 기록하는 이유는 신앙고백과 관련이 있기 때문이다. 예수님은 기도하심으로써 하나님과 얼마나 깊은 연계성을 가지고 있던 분임을 표명하기 위해서 일상생활을 언급하는 것이다. 예수님의 이런 일상생활에 대한 묘사는 신앙고백적인 목적에서 나온 것이다. 결국 이 말은 복음서에 기록된 과거의 역사, 곧 예수님에 대한 기록은 전부 복음서 기자들이 신앙을 바탕으로 표현한 것이라는 의미이다.

이런 의미에서 설교에서든지 성경공부에서든지 복음서를 읽고 신앙고백이 아닌 내용을 말한다면 그것은 매우 큰 오류를 범하는 것이다. 예를 들어 예수님이 사마리아 여자에게 물을 달라고 하신 본문을 읽고는 인체의 많은 부분이 수분으로 구성되어 있으니 물을 많이 마셔야 한다는 이론을 편다면 헛된 수고를 하고 있는 것이다. 만일에 어떤 설교자가 창세기로부터 시작해서 요한계시록에 이르기까지 물에 관한 모든 구절을 다 뽑아내어 물의 중요성을 강조했다면 물론 성경을 말하고 있지만 성경을 말하고 있는 것이 아니다. 신앙과 연결된 것이 아니면 성경을 말하고 있음에도 불구하고 성경을 말하는 것이 아니다. 이것이 중요하다. 초대교회의 복음서 기자들은 예수님에 대한 이야기를 그들의 신앙을 바탕으로 하여 기록하였다. 그래서 우리가 복음서를 읽을 때 그 속에서 신앙을 발견해 내지 못하면 복음서를 잘못 읽은 것이 되고 만다. 그것은 성경을 읽고 있지만 성경을 읽고 있는 것이 아니다.

마지막으로 복음서 기자들의 세 번째 현실은 신학이다. 복음서 기자들은 성경을 기록하면서 신학적 조망 또는 관점을 가지고 있었다는 것을 기억해야 한다. 신학적 조망이란 기록을 위한 선별성을 결정하는 것이다. 복음서 기자들에게 예수님에 대하여 기록하는 동안 신학적 조망이 작용하였다. 복음서 기자들은 예수님을 설명하려고 할 때 신앙적 이야기라고 해서 다 기록한 것이 아니다. 예를 들면, 누가복음은 예수님이 12살에 예루살렘 성전에 올라가신 것과 30세에 공생애를 시작하신 것 사이의 시간에 대하여 침묵한다. 누가는 왜 이 사이에 들어있는 18년에 대하여 침묵하는가? 그것은 이에 관하여 기록하는 것 자체가 복음이 아니기 때문이다. 때때로 예수님의 숨겨진 이야기를 소개하는 책들이 독자의 눈을 유혹하는 것을 볼 수 있다. 그러나 이런 책을 만들어낸 생각 자체가 이단적이고, 그것을 읽는 것 자체가 이단적이다. 왜냐하면 그것은 복음이 아니기 때문이며, 더 나아가서 복음을 왜곡시키고 있기 때문이다.

복음서 기자들이 예수님에 대하여 기록할 때 어느 부분에 대하여 침묵하는 것은 그것이 하나님께서 주신 신학이 아니기 때문이다. 따라서 단지 예수님에 대한 호기심으로 만들어 낸 것은 그 자체가 이단이며 복음을 넘어 선 것이다. 복음서 기자들은 예수님에 대해 기록할 때 그들의 신학이 그 글을 조성시켰다. 복음서 기자들은 이미 신학을 가지고 있다. 따라서 신학은 불필요한 것이라고 말해서는 안 된다. 신학이 없으면 예수님에 대한 이야기는 그냥 다 좋은 이야기가 되고 만다. 그래서 신학이 없으면 그런 예수님은 우리가 믿을 예수님이 아니다. 초대교회를 들여다보면 아이러니컬하게도 사도 바울이 예수님에 대하여 열정을 가진 고린도 교회를 책망하는 것을 볼 수 있다. 그 이유는 고린도 교회가 비록 예수님에 대하여 열광적이긴 하지만 그 예수님은 "다른 예수"(고후 11:4)였기 때문이다. 예수님을 말하지만 성경과 관계없는 예수님 또는 성경과 다른 예수님을 말하는 것은 예수님을 말하는 것이 아니다. 그것은 예수님이라는 이름으로 가장한, 광명의 천사로 가장한 사탄을 말하는 것이다(고후 11:13-15). 예수님의 이름으로 가장된 사탄을 말하는 것이지 진정으로 예수님을 말하는 것이 아니다. 이 점에 오해가 있어서는 안 된다. 그래서 초대교회의 복음서 기자들은 예수님에 대하여 기록할 때 신학적 조망 또는 신학적 시각을 따라서 기록하였고, 하나님의 신학이 요구하는 것이 아닐 때는 예수님에 대한 이야기들 가운데서 많은 부분을 과감하게 기록하지 않았던 것이다. 이것이 바로 복음서 기자들의 성경기록 차원이다.

(2) 서신서 기자들은 현재를 기록하였다

복음서 기자들이 과거를 기록한 것에 비해 서신서 기자들은 교회의 현실(때로는 가까운 과거와 먼 미래를 포함하는)에 대한 자신들의 심경을 토로하였다. 실제로 서신서 기자들은 교회 현실을 정확히 파악했다. 그들은 교회 현실 가운데는 긍정적인 것과 부정적인 것으로 얽혀있다는 것을 파악했다. 그리고 난 후 긍정적인 것이 무엇이며, 부정적인 것이 무엇인지를 설명해주었다. 바울, 야고보, 베드로, 요한이 기록한 서신들 속에서 교회의 현실이 발견된다. 교회는 한편으로 긍정적인 면을 가지고 있으며 다른 한편으로 부정적인 면을 가지고 있다. 왜 서신서 기자들은 교회의 긍정적인 면과 부정적인 면을 드러냈는가? 그것을 밝히는 것이 신약신학의 과제 가운데 하나이다. 신약신학의 한 가지 과제는 서신서 기자들의 편지를 읽을 때 그 속에 표현되어 있는 교회 현실을 드러내는 것이다. 여기에서 특히 중요한 것은 서신서 기자들이 왜 이렇게 교회의 긍정적 현실과 부정적 현실을 정확하게 파악하고 예리하게 지적했는지 인식하는 것이다. 예를 들면, 왜 사도 바울이 갈라디아 교회를 향하여 어리석은 자들이라고 부를 수밖에 없었는지(갈 3:1) 이해하는 것이 신약신학의 과제이다.

서신서 기자들은 교회의 현실을 해결하기 위하여 자신들의 신앙과 신학을 표현하였다. 이 때문에 서신을 읽을 때 염두에 두어야 할 것이 있다. 그것은 서신서 기자들이 교회 현실의 문제를 극복하기 위하여 어떤 견해와 태도를 취했는지를 알아보는 것이다. 교회의 현실적인 문제를 타개하기 위한 서신서 기자들의 신학을 고찰하는 것이 서신서와 관련된 신약신학의 과제이다. 예를 들어 사도 바울이 율법과 할례의 시행을 주장하는 율법주의자들에게 말려 들어가는 갈라디아 교회의 오류를 해결하기 위해서 제시하였던 복음이 무엇인가를 이해해야 한다. 이렇게 교회 현실이라는 바탕 위에 부각되어 있는 서신서 기자들의 신학과 신앙을 정리하는 것을 신약신학이라고 부른다.

(3) 계시록 기자는 미래를 기록하였다

복음서 기자들이 과거를 기록하였고 서신서 기자들이 자신들의 현재에 관심을 두었다면, 그에 비해서 계시록 기자는 훨씬 더 미래에 관심을 기울인다. 조금 더 정확하게 말하자면 계시록 기자에게서는 미래와 관련하여 교회와 세상에 대한 견해가 반영된다. 계시록 기자에게서 두 가지 차원을 발견하게 된다. 계시록 기자는 미래에 놓여 있는 교회와 세상을 본다. 계시록의 교회는 어떤 교회인가? 계시록의 교회는 핍박과 이단에 직면하고 있다. 이 두 가지 문제로 말미암아 계시록의 교회는 영적 혼란과 혼합에 빠진다. 계시록 기자는 종말을 맞이하는 교회가 순수한 믿음을 지키지 못하고 타협주의로 전진하는 것을 묘사한다. 계시록의 세상은 어떤 세상인가? 다가오는 미래 앞에서 로마 제국, 그리스 문화, 유대교 등은 어떤 존재인가? 계시록 기자는 하나님을 거역하는 세상의 본성을 그린다. 말하자면 계시록에는 지중해를 중심으로 이루어진 무역관계를 자세히 묘사하는 단락들이 나오는데 이것은 단순히 당시의 경제와 상권이 어떤 식으로 형성되고 유지되었는지를 보여주려는 것이 아니다. 계시록이 진정으로 보여주려고 하는 것은 이런 경제활동마저도 음녀 바벨론의 계략에 삼킴을 당해 하나님을 거역하는 방향으로 치달리고 있다는 사실이다. 최근에 계시록 연구 중에는 지중해권 무역에 대한 자세한 연구가 이루어져 당시의 선박의 구조와 항로, 선원들의 숙소 등이 고고학적으로 제시되기도 하였다.[6] 하지만 이야기가 여기에서 끝나면 계시록을 올바로 연구한 것이 아니다. 중요한 것은 계시록을 통하여 로마의 특산품이 어떻게 아시아에서 팔렸고 아시아의 상품이 어떻게 로마에서 팔렸는지를 아는 것이 아니다.

계시록을 통하여 참으로 알아야 할 것은 종말이 다가오기 직전에 놓여있는 교회와 세상의 모습, 즉 교회가 핍박과 이단의 상황에서 어떤 면모를 소유하고 있었는가 하는 것과 세상이 정치와 경제라는 상황에서 어떤 모습을 표현하였는가 하는 것이다. 미래에 직면한 교회와 세상의 현실을 보여주는 것이 계시록이다. 따라서 계시록과 관련된 신약신학의 과제는 교회가 핍박과 이단이라는 문제에 봉착하면서 어떻게 처신하였는가를 보여주고 세상이 가지고 있는 부패와 배역을 설명해주는 것이다. 동시에 신약신학은 계시록이 이렇게 교회와 세상의 모습을 제시할 뿐 아니라 종말을 보고하는 종말론적 사실들을 제공해주고 있다는 것을 확인하는 것을 과제로 삼는다.

---

6) Cf. L. Casson, *Ships and Seamanship in the Ancient World*, Baltimore: Johns Hopkins University Press, 1995 (originally Princeton: Princeton University Press, 1971).

3) 신약성경 역사의 차원

셋째로, 신약성경을 바르게 이해하기 위하여 신약성경의 역사적 차원을 고려해야 한다. 이것은 성경의 기록에 표현된 인물들과 교회들의 세계를 살펴보는 것이다. 이것은 신약성경을 수용하던 시기와 신약성경을 기록하던 시기보다 한 단계 앞선 시기를 고찰하는 것이다.

(1) 복음서

복음서에서는 예수님의 역사를 고려해야 한다. 실제로 복음서에는 예수님의 활동이 들어 있는데 그것을 잘 살펴봐야 한다. 이렇게 하려면 두 가지를 시행해야 한다.

첫째로 예수님의 시대적인 배경을 고찰해야 한다. 왜냐하면 예수님도의 활동은 시대적인 배경과 함께 구성되어 있기 때문이다. 따라서 신약신학의 과제 중 하나는 당시 시대의 정치적, 종교적, 사회적, 경제적 자료를 찾아내는 것이다. 물론 앞에서 말한 바와 같이 신약신학은 여기에서 끝나서는 안 되지만, 예수님을 설명하려면 유대교, 로마세계, 그리스 문화 등이 당시의 팔레스타인에서 어떻게 전개되었는지 그 시대적인 배경을 고찰해야 한다. 특히 예수님의 유대교 배경에서 눈을 떼서는 안 된다. 예를 들면, 예수님이 활동하시던 당시에 유대교 종파들의 사상과 활동이 무엇이었느냐 하는 것이다. 이로써 예수님이 유대교와 싸우셔야 했던 이유를 발견하게 된다. 이렇게 볼 때, 신약신학이 해야 할 일들 중에 한 가지는 신약성경의 배경사를 정리하는 일이다.

둘째로, 예수님의 활동을 분석해야 한다. 예수님의 활동은 다양하게 구성된다. 그의 행위는 주로 치병과 관련된다. 예수님의 말씀은 설교, 논쟁, 대화, 기도로 구성되어 있다. 여기에서 신약신학은 예수님의 말씀이 어떤 형식을 가지고 있는지에 관심을 기울인다. 예를 들어 신약신학은 예수님의 비유에서 내용뿐 아니라 형식도 연구한다. 비유 연구에 있어서 형식을 분류하기도 하며 유래를 추적하기도 한다. 예수님의 비유 연구에서 문학적으로 어떻게 구성되고 조직되었는가를 연구하며, 유대교에서 사용되던 언어들과 속담들이 어떻게 사용되었는가를 연구하는 것이 신약신학의 과제이다.

(2) 서신서

신약의 서신들에서는 교회의 현실을 고려한다. 서신에 표현된 교회들이 마주치고 있던 문제들은 두 가지였다. 하나는 교회 내적 갈등이고 다른 하나는 교회 외적 갈등이다.

교회 내적 갈등이라는 것은 교회 안에서 분파가 생겼다는 것이다. 예를 들면 고린도 교회의 분파라든가 빌립보 교회의 유오디아와 순두게 사이의 마찰이다. 더 나아가서 서신에서는 교회 내부의 그룹과 그룹의 마찰뿐 아니라 교회 전체 또는 일부가 사도 바울과 일으킨 마찰도 나타난다. 바울의 사도권과 관련된 시비가 엿보인다. 이뿐 아니라 아직 이단까지 가지는 않았더라도 여전히 구약종교와의 관계성에서 불분명한 태도를 가짐으로 교회를 어지럽히는 행위들 때문에 갈등이 발생하였다. 마지막으로 교회 밖으로부터 침입한 이단과 거짓교사, 그리고 교회 안에서 자생한 이단사설들로 말미암는 갈등도 있었다. 결국 신약신학은 교회가 마주친 내적인 갈등이 무엇인가를 보여줌으로 하나님의 교회가 역사 속에서 계속 이 문제에 결부되었음을 보여준다.

교회 외적 갈등은 유대교와 로마세계와의 관계에서 발생하였다. 우선 신약신학은 교회가 어떻게 유대교와 결별하게 되었는지에 대하여 관심한다. 이것은 주후 70년에 교회가 회당과 완전히 분리될 때까지 어떤 과정이 진행되었느냐 하는 문제이다. 더 나아가서 교회 외적 갈등은 로마정치와 연관된다. 신약신학은 로마가 교회를 핍박했을 때 교회가 취한 자세를 보여준다. 예를 들어 사도 바울이 다메섹이나 에베소에서 복음을 전하다가 박해를 받은 사건의 전말과 의미를 밝혀냄으로써 교회의 길이 무엇인지를 알려준다.

결국 서신서 기자들은 교회의 내적 갈등과 외적 갈등을 해결하기 위해서 편지를 쓰게 되었다. 몇 가지 예를 들면, 고린도전서에서는 분쟁과 음행과 우상의 문제를 다루며, 갈라디아서에서는 율법(행위)과 할례의 문제를 다루고, 요한서신에서는 특별히 이단과 선교정책의 문제를 다룬다. 신약신학은 서신들이 다루고 있는 교회의 내적, 외적 문제점들과 해결책들을 드러냄으로써 초대 교회의 현실을 보여주려고 한다. 이것이 신약신학의 과제가 된다.

(3) 계시록

계시록과 관련해서는 핍박당하는 교회의 현실을 고려하는 것이 역시 신약신학의 과제가 된다. 요한계시록은 박해 가운데서 기록되었기 때문이다. 요한계시록의 기록자인 사도 요한 자신도 핍박을 받아 밧모 섬으로 유배를 당하였다(계 1:9). 마찬가지로 요한계시록을 수신하는 교회들도 핍박을 당하였다. 요한계시록의 교회는 핍박을 받는 교회이다. 또한 요한계시록은 전체적으로 신자들의 박해를 말한다. 많은 영혼들이 하나님의 말씀과 예수님의 증거를 위하여 죽임을 당하였다(계 6:9). 순교의 피를 흘린 성도들과 선지자들도 적지 않다(계16:6). 음녀 바빌론이 성도들의 피와 예수님의 증인들의 피에 취할 정도로(계 17:6), 수많은 하나님의 백성들이 예수님의 증거와 하나님의 말씀 때문에 목 베임 당하였다(20:4). 따라서 요한계시록을 바르게 이해하려면 교회가 처한 핍박의 상황을 고려해야 한다.

4) 신약성경 계시의 차원

이와 같이 신약성경을 이해하기 위해서 첫째로 초대교회의 견해, 둘째로 성경을 기록하고 있는 기록자들의 차원, 셋째로 신약성경 그 자체의 역사를 보아야 한다. 넷째로 신약성경을 바로 이해하기 위하여 중요한 것은 신약성경 계시의 차원을 고려하는 것이다. 이것은 신적 계시의 세계를 의미한다. 신약성경은 하나님의 계시이다. 하나님의 말씀과 행동이다(verba et acta Dei). 신약성경에는 하나님의 말씀과 하나님의 행동이 들어있다. 신약성경은 하나님께서 예수님과 그의 사도들을 통하여 말씀하시고 행동하신 것이다. 하나님의 계시는 말씀과 행동을 포함한다. 말씀도 계시이지만 예수님과 사도들이 행동한 것도 계시이다. 예수님의 출생 자체가 계시이며, 십자가에서 죽으셨다는 것 자체가 계시이다. 사도들이 발을 옮겨서 예루살렘으로부터 로마까지 간 행동 자체가 계시이다. 따라서 신약성경이 말하는 계시 개념은 예수님이 육체를 가지고 오신 성육신(초림), 어떤 때는 사도들에게 나타난 환상적 계시들(고후 12장, 계 1장), 사도들에게 발생한 사건들, 더 나아가서 성경기록, 마지막으로 예수님이 재림하실 일을 포함한다. 다시 말하면 하나님의 계시는 두 가지 내용을 가지고 있는데, 하나님께서 예수님과 사도들을 통해 말씀하신 것과 더 나아가서 그들을 통해 활동하신 것이다. 정리하면 하나님의 계시는 두 단계를 가진다.

(1) **하나님의 계시는 역사로 표현된다**(역사로서의 계시)

첫째로, 하나님의 계시는 역사로 표현되었다. 하나님께서 펼치신 역사는 계시이다. 역사 속에 하나님의 계시가 드러나 있다. 하나님께서 역사 속에서 예수 그리스도와 사도들을 통하여 자신의 일을 실현하셨다. 따라서 예수 그리스도와 사도들의 활동 그 자체가 하나님의 역사적인 계시이다. 다시 말하자면, 예수 그리스도와 사도들의 말씀과 행위가 계시이다. 그래서 신약신학은 하나님의 계시를 말할 때 예수 그리스도의 초림과 재림의 활동 가운데 하나님의 계시가 표현되었음을 드러내 준다.

(2) **하나님의 계시는 기록으로 표현된다**(기록으로서의 계시)

둘째로, 하나님의 계시는 기록으로 표현되었다. 하나님께서는 역사를 기록으로 남기셨다. 역사를 문자화하셨다. 성경기록은 역사적인 계시의 완벽한 축소이다. 역사와 기록의 크기는 같지 않다. 예를 들어 한 사람이 1시간 동안 강의를 했다고 할 때 그가 강의한 모든 상황을 기록으로 남길 수는 없다. 아무리 기록에 뛰어난 사람이라 할지라도 강의자가 표현한 눈동자의 움직임이나 손놀림 같은 몸짓을 모두 묘사하는 것은 불가능하다. 따라서 기록은 역사의 축소이다. 그러나 기록이 역사의 축소라고 말할 때 성경과 관련해서는 반드시 집어넣어야 중요한 단어가 있다. 그것은 성경기록은 역사적 계시의 "완벽한" 축소라는 것이다. 성경기록은 단순한 축소가 아니라 완벽한 축소이다. 따라서 성경기록은 역사계시의 충분한 표현이다. 하나님께서 예수님이 태어나신 것과 다시 오실 것을 기록하게 하셨을 때 그 성경기록은 역사적 계시의 충분한 표현을 담고 있다. 계시사건과 성경기록의 관계에 있어서 문자는 역사의 충분한 표현이다. 왜냐하면 성경기록은 하나님의 성령의 완전하고 충분한 영감으로 된 것이기 때문이다(딤후 3:16; 벧후 1:21). 따라서 성경기록에는 하나님의 역사적인 계시가 효과적으로 충분하게 표현되어 있다. 여기에서 주의해야 할 것은 "효과적이다"와 "충분하다"라는 단어들이다. 성경기록은 역사적 계시의 충분한 기록이며 효과적인 표현이어서 결국 성경을 보면 역사를 만나는 것과 같은 충분한 효과를 준다는 것이다. 이것이 신약성경의 계시관이다. 이 때문에 사도들의 성경이 계시이라고 말할 수 있다(계 1:1-3).

(3) 하나님의 계시인 신약성경이 표준이다

그래서 신약성경이 표준임을 고백해야 한다. 우리의 견점에서 신약성경을 비판할 것이 아니라, 신약성경의 견점에서 우리를 비판해야 한다. 우리의 현대적(과학적) 사고로 신약성경을 이해하는 것이 아니라, 신약성경의 고대적(종교적) 사고로 우리를 이해해야 한다. 이것은 우리의 사고에 의한 신약성경의 비신화화(Entmythologisierung)가 아니라, 신약성경의 사고에 의한 우리의 비현대화(Entmodernisierung)를 의미한다. 신약성경과 우리의 관계에서 신약성경을 이해하기 위한 현대화가 아니라, 현실을 이해하기 위한 고대화가 필요하다. 어떤 현대 신학자들은 현대적이며 과학적인 사고의 시대를 살고 있는 우리는 신약성경이 말하는 바와 같이(빌 2:10) 우주를 3층 구조로 볼 수 없다고 주장한다. 그래서 현대 신학자들은 신약성경의 사고와 우리의 사고는 다른데, 신약성경의 사고는 신화적 사고이며 우리의 사고는 과학적 사고라고 말한다. 현대 신학자들은 과학적 사고를 가진 사람이 신화적 사고를 가지고 있는 신약성경을 읽을 때 그대로 읽으면 안되고 신화의 틀을 벗겨내야 한다고 주장한다. 이것을 비신화화라고 한다. 예를 들어, 예수님이 물 위를 걸었다는 말은 신화적 사고에서 기록된 것인데, 예수님이 그렇게 능력 있는 구세주라고 믿으려는 신화적 사고에서 기록된 것이지 실제로 그렇게 물 위를 걸은 것은 아니라는 주장이다. 그러므로 오늘날의 독자들은 그 글을 읽을 때 예수님이 물 위를 걸은 것으로 읽지 말고 초대교회 신자들이 예수님께서 물 위를 걸었다고 믿을 만큼 그렇게 분명한 신앙을 가졌다는 것만을 읽어야 한다고 주장한다. 신약성경을 비신화화 시켜야 한다는 것이다.

하지만 이것은 매우 잘못된 방식이다. 신약성경과 우리의 관계는 우리의 견지에서 성경을 비판할 것이 아니라 신약성경의 견지에서 우리가 비판되어야 한다. 우리의 현대적 과학적 사고로 신약성경을 이해하는 것이 아니라, 신약성경의 고대적 종교적 사고로 우리를 이해해야 한다는 것이다. 이것은 우리의 사고에 의한 성경의 비신화화가 아니라 성경의 사고에 의한 우리의 비현대화를 의미한다. 중요한 것은 현대가 정신에 있어서 얼마나 비정상 정신을 가지고 있으며 도덕에 있어서 얼마나 불량한 도덕에 파묻혀 있는지 고대의 책인 신약성경을 통해서 발견해내는 것과 인간의 영혼이 이런 상태에서 구원에 도달하는 길이 무엇인지 고대의 책인 신약성경을 통해서 제시받게 하는 것이 신약신학의 과제이다. 인간의 구조는 타락한 구조이기 때문에 과학적 사고와 과학적 문화를 가졌다고 해도 인간은 영적으로 건강하지 않다. 그러므로 과학적 사고를 가지고 신약성경을 파악할 것이 아니라, 성경적 사고를 가지고 우리를 파악하는 것이 신약신학이 할 중대한 과제이다. 신약성경과 우리의 관계에 있어서 신약성경을 이해하기 위한 현대화와 비신화화가 아니라, 우리를 이해하기 위한 고대화와 비현대화가 필수적이다.

2. 신약성경 적용의 범위

신약신학의 둘째 과제는 신약성경의 적용이다. 신약성경은 다음과 같은 분야에 적용된다. 신약성경을 중심으로 원천적으로는 구약성경과의 관계가 있고, 파생적으로는 조직신학, 교회사, 실천신학과의 관계가 있다.

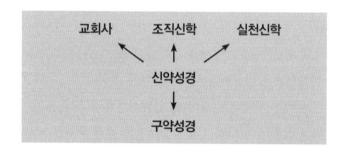

1) 구약성경의 이해를 위한 신약성경

첫째로 신약성경의 적용범위는 성경 내에서 신약성경과 구약성경의 절대적인 상호관계에서 발견된다. 신약성경으로 구약성경을 이해한다. 신약성경은 구약성경을 이해하는 데 결정적인 도움을 준다.

(1) 신약성경은 구약성경의 계속(또는 연장)이다
첫째로, 신약성경은 구약성경 없이는 존재할 수 없다. 역으로 말하자면 구약성경은 신약성경 없이 존재할 수 없다. 신약성경과 구약성경의 결속관계는 절대적이다. 이것을 부인하면 새로운 마르시온(Neo-Marcion)이다. 신약성경은 새로운 계시이면서 동시에 옛 계시의 연장이다. 신약성경은 옛 계시의 연장으로서 새 계시이다(히브리서 1:1-2를 참조할 것).

(2) 신약성경은 구약성경을 소유(또는 사용)한다

둘째로, 신약성경은 구약성경을 소유하며 사용한다. 무엇보다도 신약성경은 구약성경의 사상을 연속선상에서 그대로 가지고 있다. 예를 들면 하나님, 메시아, 언약 등에 대한 사상을 구약성경이 말하는 대로 신약성경도 보여준다. 특히 언약과 관련해서 말하자면 구약성경이 말하는 언약과 신약성경이 말하는 언약 사이에 차이가 없다. 구약성경이 말하는 언약에서 하나님이 왕이 되시고 이스라엘이 백성이 되는 것처럼, 신약성경이 말하는 언약에서도 하나님이 왕이 되시고 교회가 백성이 된다. 더 나아가서 신약성경은 구약성경을 인용한다. 그래서 신약성경 가운데 3분의 1은 구약성경을 사용한 것이라고 해도 과언이 아니다. 신약성경에는 구약성경을 암시하는 내용 뿐 아니라 간접인용과 직접인용이 많이 들어있다.

(3) 신약성경은 구약성경의 성취(또는 실현)이다

셋째로, 이렇게 볼 때 신약성경은 구약성경의 성취이며 실현이다. 구약성경은 신약성경을 예상하며 지향한다. 신약성경은 구약성경이 기다리는 대상이다. 그리고 마침내 구약성경의 예언은 신약성경에서 완전히 이루어졌다.

(4) 신약성경은 구약성경의 해석(또는 설명)이다

넷째로, 이로부터 결론짓게 되는 것은 신약성경이 구약성경을 해석하며 설명한다는 것이다. 그래서 구약성경을 이해하기 위해서 신약성경의 도움을 받는 것은 정당한 일이다. 신약성경은 구약성경의 계시를 명확하게 설명해 준다. 이 때문에 구약성경은 신약성경의 조망에서만 바로 이해된다. 구약성경은 반드시 신약성경과의 연계성 속에서 이해되어야 한다.

2) 교회사의 형성을 위한 신약성경

둘째로 신약성경의 적용범위는 교회사와의 관계에서 발견된다. 신약성경은 교회사 이해에 기반을 제공한다.

(1) 교회사는 신약성경의 연속이다

신약성경은 특히 초대교회사(속사도 시대)와 밀접한 관계를 가진다. 신약성경에 근거하여 초대교회의 모든 것이 성립되었다. 초대교회는 신약성경으로부터 제도, 직분, 예배, 선교 이런 모든 것을 전수 받았다. 이것은 초대교회사가 신약성경의 연속임을 의미한다. 이런 의미에서 초대교회사는 신약신학의 일부이다. 초대교회사는 교회사 분야에서 가르쳐야 하지만 동시에 신약성경 분야에서도 가르쳐야 할 대상이다. 초대교회사는 신약신학 쪽에서도 조망을 해주어야 하고 교회사 쪽에서도 조망해주어야 가장 완벽하게 이해된다는 말이다.

(2) 교회사는 신약성경의 영향이다

신약성경은 교회사에 절대적인 영향을 주었다. 교회사는 신약성경의 영향사(Wirkungsgeschichte)이다. 신약성경의 영향사로서의 교회사는 역사상의 교회가 신약성경을 어떻게 이해했으며 신약성경으로부터 어떤 영향을 받았는지를 연구하는 것이다. 신약성경은 앞으로 오게 될 모든 교회를 지향한다. 이것은 신약성경에 두 가지 의미를 준다.

| 신약성경 | 미래에 대한 영향 → | 미래교회 |
| | ← 미래에 의한 영향 | |

① 신약성경은 미래교회의 상황을 결정하는 내용을 가진다

신약성경은 미래교회를 예상하면서 기록되었기 때문에 미래의 교회는 신약성경에 의하여 결정된다. 신약성경은 미래교회의 상황을 결정하는 내용을 가지고 있다. 신약성경이 교회는 이런 것이라고 말하고 있기 때문에 미래교회는 신약성경의 교회상을 따른다. 신약성경이 미래교회의 모습을 결정해준다는 말이다.

② 신약성경은 미래교회의 상황이 결정해주는 내용도 가진다

신약성경은 미래교회를 예상하면서 기록되었기 때문에 신약성경은 미래의 교회에 의하여 결정된다. 이것은 조금 까다로운 이야기이다. 신약성경은 미래교회를 예상하고 있는데, 그 예상에 의하여 신약성경의 기록이 결정된다. 예를 들어 1949년에 조지 오웰(George Orwell)이 Big Brother에 의하여 통치되는 전체주의 사회를 그리는 "1984년"이라는 소설을 썼을 때 자신으로부터 35년 후에 일어날 사회를 예상하고 썼을 것이다. 아마도 이 소설가의 영향을 받는 사람들은 1984년 경에는 실제로 그러한 사회가 올지도 모른다고 생각하여 준비를 했을 것이다. 그런데 바꾸어 말하자면 조지 오웰의 소설은 1984년에는 이런 사회가 형성될지도 모른다고 예상했기 때문에 그 예상에 의해서 저술된 것이다. 그 소설은 1984년의 사회에 대한 예상에 의하여 결정되었다는 말이다. 이와 마찬가지로 신약성경이 미래교회에 영향을 줌으로써 미래교회가 신약성경으로부터 결정되었고, 동시에 신약성경은 미래교회를 예상함으로써 미래교회에 대한 예상에 의하여 신약성경이 결정되었다. 신약성경과 미래교회 사이의 이 같은 상호관계를 잘 설명해 주는 것이 신약신학의 과제이다. 결국 이 말은 신약성경은 미래교회와 필연적으로 결속되어 있다는 말이다. 신약성경과 미래교회는 상호간에 긴밀한 영향을 주고받는다.

3) 조직신학의 자료를 위한 신약성경

셋째로, 신약성경의 적용범위는 조직신학과의 관계에서 발견된다.

(1) 신약성경은 조직신학의 기반이다

신약성경(또는 구약을 포함하는 성경 전체) 없이는 조직신학이 무의미하다. 왜냐하면 이런 조직신학은 철학이나 종교학이 되고 말기 때문이다. 그래서 성경에 바탕을 두지 않는 사변적 조직신학은 위험하다.

(2) 신약성경은 조직신학의 내용을 제공한다

신약성경해석과 조직신학 사이에는 상호작용이 있다. 조직신학은 신약성경해석에 척도를 제공하며, 신약성경해석은 조직신학에 자료를 제공한다. 조직신학이 신약성경해석을 위한 표준을 제공하여 이런 저런 척도 아래 신약성경을 해석할 것을 요구하는 반면에, 신약성경은 조직신학에 표준을 구성하기 위한 이런 저런 자료를 제공한다. 신약성경해석은 조직신학의 자료가 된다. 이런 의미에서 조직신학은 성경을 단순한 증거구절로 열거해서는 안 된다. 오히려 조직신학은 신약성경의 해석에 기초하여 교리를 체계화해야 한다.

4) 실천신학의 표준을 위한 신약성경

넷째로, 신약성경의 적용범위는 실천신학과의 관계에서 발견된다. 무엇보다도 목회는 신약성경의 교회 상을 표준으로 삼아야 하며, 설교는 신약성경해석을 원칙으로 삼아야 한다. 따라서 설교를 잘해서 사람들을 웃기기도 하고 울리기도 하지만 그 설교가 성경해석에서 나오지 않은 것이면 설교자는 만담가가 되고 만 것이다. 이것은 연기자가 연기를 잘해서 사람을 웃기고 울리는 것과 별반 다르지 않다. 설교는 반드시 성경해석에서부터 나와야 한다. 설교자가 성경해석 없이 능변과 재담으로 청중을 끌어가는 것은 설교가 아님을 명심해야 한다. 더 나아가서 선교와 변증도 신약성경의 원리를 존중해야 한다. 선교에 있어서 신약성경이 제공하는 원리를 따르지 않고 피선교지의 문화에 적응한다면 엄밀한 의미에서 바른 선교라고 할 수 없다. 기독교를 변증할 때도 철학이나 문화의 방식을 따르고 신약성경의 원리를 존중하지 않는다면 바른 변증이라고 할 수 없다.

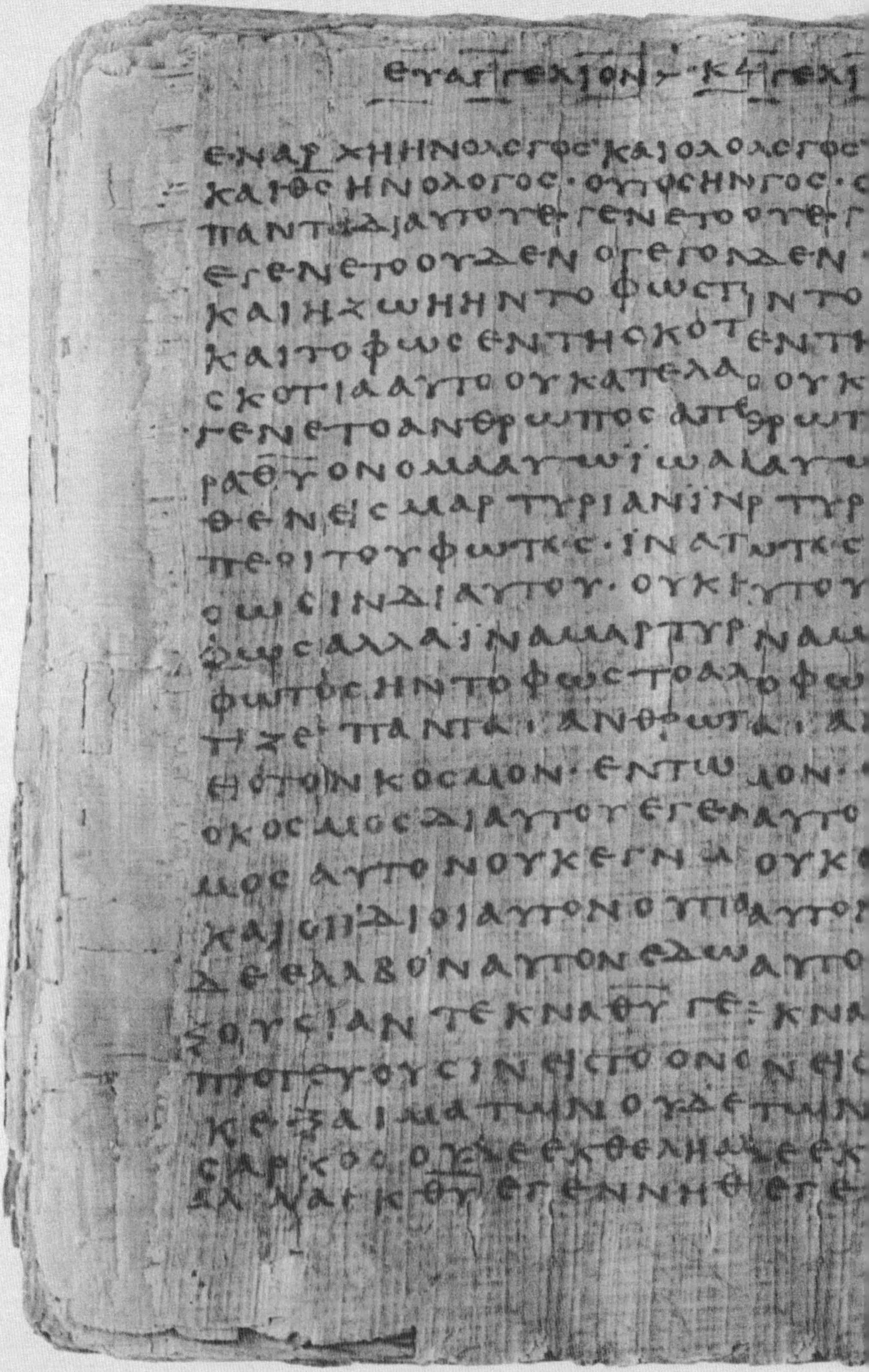

제2부
—
성경

제2부 성경

제1장

성경의 신비

1. 신적 신비

1) 신비로서의 성경

성경은 신비이다. 성경에는 하나님의 세계가 들어있기 때문이다(창 1:1; 요 1:1). 예를 들어 성경의 첫 절인 창조에 관한 말씀부터 신비한 것을 보여주고 있다. 창조는 세계의 시작을 의미한다. 그것은 물리적 힘의 너머로부터 시작된 것이다. 하나님에 의한 세계 창조는 물리적 세계 이전에 절대적 신격이 있다는 것을 가르친다. 하나님은 창조 이전에는 오직 신적인 방식으로 존재하는 하나님의 세계 외에서는 표현되지 않은 분이다. 하나님의 존재는 시간과 공간의 외연이다. 하나님은 시간과 공간에 있어서 창조된 세계의 밖에 계시기 때문에 그 분 자신의 알림이 없이는 아무도 그 분을 이해할 수가 없다.

물리적 세계에 대한 계시는 창조 이후의 일이다. 하나님은 창조 이전에는 스스로에게만 알려진 분이시다. 창조 이전에 하나님은 단지 자기대상적인 존재이시다. 하나님은 홀로 대화하신다. 하나님은 말씀을 하면서 말씀을 듣는다. 하나님의 말씀은 발언과 청취가 병행한다. 그러나 하나님이 말씀을 하는 것과 말씀을 듣는 것은 분리되거나 혼동되지 않는다. 오히려 말씀을 하심과 말씀을 들으심은 구분될 뿐이다. 이런 의미에서 하나님에게는 독백과 대화에 분리가 없다. 하나님에게 독백은 대화이며 대화는 독백이다. 그러므로 혹시 창조 이전에 계시가 있었다고 하더라도 그 대상은 언제나 하나님 자기일 뿐이다.

창조에 관한 말씀에 영원에 관한 가르침이 있다. 영원은 본래 하나님 외에는 아무도 존재할 수 없는 영역이다. 하나님은 영원 가운데 계시다고 할 때 거기에는 시간과 공간의 개념이 없다. 영원은 어차피 시간과 공간의 개념으로 설명하지 못한다. 시간과 공간의 영역이 아닌 것이 영원이다. 영원에는 용어로는 우리의 영역에서 아는 것과 같으면서도 본질로는 우리의 영역에서 아는 것과 다른 것들이 존재한다. 예를 들면 하나님은 빛들의 아버지라고 말할 때 영원에도 빛이 있지만 그것은 우리가 보는 것과 같은 빛이 아니다. 그것은 우리의 시한적인 빛과 달리 영원한 빛이다. 시간의 존재는 영원의 존재에게 용어적으로 같다는 점에서 접근할 수 있는 것처럼 보이지만 실제로는 질적으로 다르기 때문에 접근할 수 없다.

영원의 하나님께서 창조하셨을 때 태초가 시작되었다. 태초는 시간의 시작이다. 시간은 영원으로부터 나온 것이다. 그래서 영원과 시간은 긴밀한 관계를 가진다. 다르게 말하자면 시간이란 영원의 특별한 일부이다. 시간을 가리켜 영원의 구체화라고 부를 수 있을 것이다. 마치 삼위일체 하나님의 본질이 저편에 있으면서 성자께서 성육신하듯이(Verkörperlichung), 영원의 본질은 저편에 있으면서 시간화(Verzeitlichung)된다. 그래서 어떻게 볼 때 시간은 영원의 성육신이다. 역으로 말해서 시간은 종점에서 성육신을 벗는다. 역사의 종점에 시간의 승화가 발생한다. 이것은 시간의 비시간화(Entzeitlichung)이다. 마치 성육신하신 그리스도께서 부활을 통하여 영적인 몸을 가지듯이, 시간은 구원의 과정을 통하여 영적인 시간이 된다. 그리스도께서 영적 몸으로 변화하여 영원에 참여하시는 것처럼 시간은 영적인 존재로 변화하여 영원에 참여한다. 시간은 영원화(Verewiglichung)된다.

2) 신비의 절정

성경은 신비의 세계이다. 그런데 성경이 신비의 세계인 까닭은 성경이 때로 이해될 수 없다는 점(이해 불가능성)에서도 그렇지만, 때로 이해를 허용하지 않는다는 점(이해 불허용성)에서도 그렇다. 이해를 허용하지 않는다는 사실에 성경의 모호함이 있다. 그러나 성경의 모호함은 비논리에서 발생하는 것과는 본질적으로 다른 것이다. 왜냐하면 성경의 모호함은 논리를 초월해 있기 때문이다. 다시 말해서 성경의 모호함은 초논리에서 기인하는 것이다. 성경의 모호함이란 이성의 논리 너머에서 형성된다. 성경은 이성의 논리 너머에 있기 때문에 모호할 수밖에 없다. 따라서 이것은 신적인 모호함(ambiguitas divina)이라고 불릴 수 있다.

성경 신비의 절정은 신적인 모호함에 있다. 신적인 모호함에서 중요한 것은 하나님의 드러남과 감춤의 병렬이다. 신적인 모호함이 발생하는 이유는 하나님의 세계가 다 드러난 것 같으면서도 다 드러나 있지 않기 때문이다. 어떤 이는 하나님의 단순성에 기초하여 하나님의 뜻은 그의 계시 속에서 완전히 인식될 수 있다고 주장하면서 숨어있는 하나님에 대한 사상(신의 은닉성)을 부인한다. 그러나 다른 측면에서 이해하면 하나님의 절대적인 위대성에 비추어 볼 때 하나님의 많은 부분은 아직도 감추어져 있다. 하나님에게 은닉과 명시가 공존한다. 은닉과 명시에서 하나님의 존재가 다르게 이해된다. 드러나지만 숨어있는 하나님은 계시 너머의 하나님이며, 숨어있지만 드러나는 하나님은 계시에서의 하나님이다. 계시 가운데도 은닉이 있다.

그러나 은닉을 전제로 하는 하나님의 계시는 불완전한 것이 아니다. 하나님의 드러남은 인류의 구원을 위하여 충분하다. 하나님의 감추어진 부분이 인간의 구원에 불리함을 주는 것은 아니다. 하나님의 감추어진 부분에도 불구하고 인간은 구원에 아무런 어려움을 겪지 않는다. 하나님의 드러난 부분만으로도 인간은 구원받기에 조금도 부족함이 없기 때문이다. 하나님의 감추어짐은 드러남을 완성한다. 하나님의 드러남은 감추어짐으로 말미암아 완전하다. 따라서 하나님의 은닉과 명시는 구분되지만 분리되지는 않는다. 하나님께는 드러난 부분과 감추어진 부분이 있기 때문에 때때로 인간이 보기에는 하나님의 세계에 모호함이 있는 것처럼 여겨진다. 하나님은 절대적이며 인간은 제한적이다. 절대적인 하나님은 인간에게 온전히 알려지지 않으며, 제한적인 인간은 하나님을 온전히 알 수가 없다.

신적 모호함은 대표적으로 통일(unity)과 구분(diversity)이라는 개념으로 정리된다. 하나님과 관련된 모든 것은 통일되지만 혼합되지는 않으며, 구분되지만 분리되지는 않는다. 이것은 기독교 신학의 모든 면에서 관통하는 결정적인 주제이다. 이 때문에 정통은 하나님에 대하여 진술할 때 모호하다. 반대로 이단은 하나님에 대한 모호한 진술을 선명하게 만들려고 하는 노력에서 자주 형성된다. 따라서 때때로 모호할수록 정통이며, 때때로 선명할수록 이단이다. 물론 이것은 선명성을 포기하는 것을 의미하지 않는다. 단지 신적인 선명성이란 사람의 논리를 따르는 데 있는 것이 아니라 하나님의 지혜로 돌아가는 데만 있다는 것을 의미하는 것이다.

계시란 신과 인간 사이의 연결이면서도 구분이다. 계시와 성경에 관한 논의에서 같다는 말과 다르다는 말을 동시에 사용할 때 계시와 성경을 혼돈하지 않으면서도 구분하는 것을 의미한다. 계시와 성경은 본질적으로 동일하지만 기능적으로 차이가 난다. 일치란 성경이 계시를 구성하고 있으며 계시의 정착이라는 점에서 본질적이다. 그러나 차이란 계시가 성경이 기록되기 이전에 오랜 시간 동안 있었으므로 훨씬 많은 것을 포함한다는 점 외에도, 계시는 사건으로 성경은 기록으로 기능한다는 점에 있다. 계시와 성경은 구분되어도 분리되지는 않는다.

2. 성경기록에서 하나님 속성의 표현

성경이 신비 그 자체이듯이 성경기록도 신비에 속한다. 성경기록에 하나님의 공유적 속성과 비공유적 속성의 역할이 있다. 하나님의 두 가지 속성이 성경의 내용에서 나타날 뿐 아니라 성경기록 방식에서도 작용한다.

하나님의 공유적 속성은 성경기록을 위하여 다음과 같이 작용하였다. 성경기록은 하나님의 지식과 지혜의 결정체이다. 하나님의 지식은 전지적인 것이다. 그래서 하나님은 성경기록에서 처음부터 끝까지 통일되게 하시며, 모든 성경이 조화를 이루도록 하신다. 그래서 성경은 통일성과 포괄성을 가진다. 우리는 하나님의 지혜를 창조와 섭리와 구속뿐 아니라 성경기록에서도 찾아볼 수 있다. 하나님의 지혜는 목적을 이루시기 위하여 가장 선한 수단을 적용하시는 것이다. 그래서 하나님은 성경을 기록하려는 목적을 달성하시기 위하여 가장 좋은 수단을 선택하셨다.

성경기록에 하나님의 선, 사랑, 거룩하심, 의, 진실성이 나타난다. 하나님의 선은 타자에 대한 선행으로서 성경기록에서 사람을 의식하시는 것으로 표현되었다. 하나님은 성경기록에서 사람에게 관대함과 친절함을 보여주셨다. 따라서 성경은 독서하고 파악할 수 있도록 기록되었다. 하나님은 성경기록에서 기쁨을 느끼셨는데 이것은 자기만족이라고 부를 수 있다. 이 자기만족은 하나님의 은총과 긍휼과 오래 참음에 기초한 사랑의 발로이다. 하나님은 성경기록에서 거룩하심에 기초하여 모든 거룩한 방식을 사용하셨다. 성경기록자들을 오류에서 보존하셨다. 그래서 하나님은 성경기록에서 그의 거룩하심에 반역하는 모든 불경에서 성경기록자들을 보호하셨다. 이것은 성경기록에서 나타나는 하나님의 의이다. 하나님은 내적 존재에 있어서 그리고 그의 백성과의 관계에 있어서 진실하신데 특히 계시에서 있어서 그러하시다. 이 때문에 하나님은 성경기록에서 자신의 것을 거짓 없이 충분하게 계시하신 것이다.

성경기록에서 하나님의 주권이 나타난다. 하나님은 스스로 만물의 목적이시다 (롬 11:36). 하나님께서는 주권적으로 이 목적을 성취하신다. 성경기록에서도 이 현상이 나타난다. 하나님은 기록하시고자 원하며 결정하신 것을 의지와 실천을 통하여 다 기록하셨다.

또한 성경기록에 하나님의 비공유적 속성이 작용하였다. 하나님은 존재에 있어서 독립적일 뿐 아니라 모든 행위에 있어서도 독립적이시다. 하나님의 독립성은 성경기록에 하나님 외의 어떤 대상과의 상의가 없다는 것을 보여준다. 하나님의 필연성에 의해서만 성경이 기록되었다. 하나님은 성경기록에 있어서 하나님 외에 어떤 것에도 의존하지 아니하셨다.

하나님은 내적 존재, 속성, 목적, 행동의 동기, 약속에서 불변하시다. 하나님의 불변성은 성경기록에서도 나타난다. 하나님은 성경기록의 동기에서 불변하시다. 하나님께서는 비록 여러 세대를 걸쳐 성경을 기록하게 하셨지만 그 동기는 언제나 동일하다. 이 때문에 성경은 통일성을 가진다. 성경에 변화가 있는 것처럼 보이는 것은 역사가운데서 변하는 인간의 시각(이해) 때문이다. 하나님께 변화가 있는 것이 아니라 사람에게 변화가 있다는 말이다.

하나님은 무한하시다. 존재(본질)에서 무한하시고(절대성), 시간을 초월하시며(영원성), 공간을 포괄하신다(무변성). 이것은 성경기록에서도 작용한다. 하나님께서는 존재, 시간, 공간에서 초월하시는 분이시기 때문에 성경기록에서 인격과 시간과 공간의 제약을 받지 않으신다. 하나님은 그 모든 것을 뛰어넘는다. 그러므로 하나님은 다양한 인격이 다양한 시간에 다양한 공간에서 성경기록을 수행하게 하셨다.

하나님은 단순성을 가지고 있다. 하나님은 합성(혼성, 복합), 분할, 첨가와는 거리가 멀다. 신격 안에 있는 삼위는 하나님의 본질을 구성하는 여러 부분이 아니며, 하나님의 본질과 속성은 서로 별개가 아니며, 속성은 하나님의 본질에 무엇을 첨가한 것이 아니다. 하나님의 이런 단순성은 성경기록에서 중요한 작용을 한다.

성경에는 분명히 다양한 문학 장르(율법, 선지서, 시가서, 복음서/역사서, 서신서, 계시록)가 있지만 그럼에도 불구하고 혼성이 아니다. 성경은 단순한 통일성을 보여준다. 또한 성경의 각 부분은 서로 관계없는 별개가 아니다. 따라서 성경에는 삭제될 수 있는 부분이 없다. 무엇보다도 성경에는 무의미한 첨가가 없다. 하나님께서는 성경에 찌꺼기를 넣지 않으셨다. 따라서 성경은 모든 부분이 가장 하나님적인 것을 말하고 있다.

3. 삼위일체 하나님과 성경의 기록

성경은 문자일 뿐 아니라 영이다. 성경의 인간의 저술로 남는다면 문자에 지나지 않는다. 그러나 성경은 삼위일체 하나님에 의하여 저작된 것이다. 이 때문에 성경에서 문자는 영이 된다(롬 7:6; 고후 3:3). 성경은 하나님의 말씀이며 성자의 말씀이며 성령의 말씀이다. 성경의 기록방식은 삼위일체 하나님의 가장 분명한 표현이다. 성경의 통일성과 다양성은 삼위의 통일성과 다양성에 근거한다. 이렇게 말할 수 있다. 성경의 본질은 하나이지만 그 표현은 삼위적이다. 그래서 성경은 깨지지 않는 전체적인 하나이면서 가장 풍부한 다양성을 가진다.

1) 성경기록에서 삼위일체의 구분 역할

성경기록에 삼위 하나님의 구분 역할이 나타난다. 이것은 높낮이의 구분이 아니다. 삼위일체 하나님은 수평적 관계로 존재하시기 때문이다. 성경은 삼위일체 하나님에 대하여 언급할 때 매우 다양한 방식을 사용한다. 특히 신약성경이 제시하는 삼위일체 언급들을 살펴보면, 하나님 – 예수님 – 성령님, 하나님 – 성령님 – 예수님, 예수님 – 하나님 – 성령님, 성령님 – 예수님 – 하나님 등 아주 다양하게 표현된다. 삼위일체 하나님은 성경기록에서 각각 독특한 역할을 담당하신다.

성경 자체가 성경기록을 위한 삼위일체 하나님의 구분적인 역할을 언급한다. 성경은 하나님의 감동으로 되었기 때문에 하나님의 말씀이다. 하나님은 성경을 기록하기 위하여 감동받은 사람들을 사용하셨다. 예수님은 근본적으로 말씀(로고스)이시며(요 1:1) 그 분을 통하여 계시가 나온다. 성육신하신 성자는 말씀하시는 분이셨다. 예수님의 계시는 승천하신 후에도 사도들에게 잠시 동안 계속되었고 사도들은 그것을 기록하였다. 성경은 성령의 감동으로 기록되었다. 그래서 하나님의 말씀은 성령의 검이며(엡 6:17) 성령의 말씀(히 3:7)이라고 불린다. 다시 말해서 성경을 위하여 하나님의 말씀과 예수 그리스도의 계시의 말씀과 성령의 말씀이라는 표현이 혼용된다.

2) 성경기록에서 삼위일체의 효력

성경은 삼위일체 하나님에 의한 기록이기에 일치와 다양이라는 양면성을 가진다. 성경의 통일성과 상이성은 성경이 삼위일체 하나님의 저작이라는 사실에서 기인한다. 성경의 이 두 가지 대립적인 성격은 신적 모호함을 가장 잘 드러내는 증거이다. 성경의 양면성에서 나타나는 신적 모호함은 삼위일체 하나님의 위대하심을 여실하게 보여준다. 삼위일체 하나님의 위대하심은 성경기록에서 두 가지로 표현되었다.

첫째로 삼위일체 하나님의 본질적인 일치에서 성경의 통일성이 유래한다. 성경은 처음부터 끝까지 모순됨이 없이 일치한다. 이런 의미에서 창세기는 계시록과 다르지 않다. 전자는 후자를 생산하고, 후자는 전자를 사용한다. 이것은 성경의 모든 부분이 상호간에 가지는 관계의 한 면이다. 때때로 성경에서 어느 부분이 모순되는 것처럼 보이는 이유는 인간이 이해할 수 없는 신적인 모호함 때문일 뿐이다. 인간의 한계적인 이해를 넘어서 성경은 하나님의 본질적인 일치에 근거하여 그 통일성을 스스로 말한다. 성경의 전체적인 통일성을 보아 삼위일체 하나님의 위대하심을 알 수 있다. 성경의 통일성은 일관된 사상과 신학을 제공한다.

그러나 성경의 통일성은 단조로운 것이 아니다. 왜냐하면 성경의 통일성과 함께 다양성이 있기 때문이다. 성경의 다양성은 삼위일체 하나님의 다양한 활동과 관련이 있다. 삼위일체 하나님의 저작으로서의 성경은 다색적인 면모와 맛을 보여준다. 그래서 창세기와 요한계시록은 서로 다르다. 창세기는 세상의 시작을 알려주는 기능을 하는 반면에 계시록은 세상의 종말을 설명하는 역할을 한다. 성경의 책들이 각각 다양하게 말함으로써 하나님의 활동을 증폭적으로 서술하는 효과를 나타낸다.

4. 삼위일체론 이단과 성경기록 이해

성경기록방식이 삼위일체 하나님에 대한 가장 분명한 표현이기 때문에, 성경기록에 대한 오해는 자주 삼위일체론의 오해에서 비롯된다. 삼위일체와 관련하여 성경기록방식에 대한 문제는 크게 둘로 나누어 생각할 수 있다. 첫째로 삼위일체를 부인하는 자들이 성경기록을 이해하는 사상이다. 이들은 성경을 근본적으로 삼위일체 하나님의 저술로 생각하지 않는다. 둘째로 삼위일체를 비정통적으로 이해하는 사람들의 사상이다. 이들은 이단적인 사고를 가지고 성경에 접근한다.

삼위일체	← 오해(삼위일체)	삼위일체론 오해하면 성경기록도 오해
표 ↓ 현		↕
성 경	← 오해(성경기록)	성경기록 오해하면 삼위일체론도 오해

1) 삼위일체 부인자들

첫째로, 삼위일체 하나님을 인정하지 않는 자들은 성경을 하나님의 저작이 아니라 사람의 저술로만 생각한다. 그들은 신의 계시를 부인하기 때문이다. 이것은 고래로 성경을 비판했던 사람들이 취했던 입장이다. 계몽주의 이후에 이런 생각은 보편화되었다. 특히 신학의 이름으로 성경의 신적 기원을 파괴하는 작업이 강하게 진행되었다. 소위 고등비평(higher criticism)은 성경의 신적 영감설을 비판하는 것으로서 역사비평학이 그 한가운데 자리한다. 역사비평학에 의하면 성경은 단지 신화적인 사고에 물든 사람들로 말미암아 생산된 문서에 지나지 않는다. 그러므로 이런 상황에서 신학계가 비신화화(Entmythologisierung)에 인기몰이를 한 것은 시대적인 부응이라고 볼 수 있다. 여기에서 성경의 신적 권위는 완전히 부인된다.

2) 삼위일체 이단들

둘째로, 삼위일체를 비정통적으로 생각하는 자들에게도 성경기록방식에 대한 깊은 오해가 발생한다. 삼위일체와 관련된 이단은 주로 단신설(Monotheism)과 삼신설(Polytheism) 두 가지로 나누어진다. 단신설은 삼위를 부인하는 것이고, 삼신설은 일체를 부인하는 것이다. 단신설은 유대교적인 유일신론에 영향을 받은 것이고, 삼신설은 이교적인 다신론에 영향을 받은 것이다. 전자에는 이신론(Deism) 경향이 있고, 후자에는 범신론(Pantheism) 경향이 있다.

(1) 단신설
단신설은 하나님을 한 분이라고 보면서 다양성(삼위)의 현상을 설명하려는 시도이다.

첫째로 아리우스(Arius)는 성자와 성령을 모든 피조물보다 먼저 창조된 피조물로 여기는 합리주의적인 시도를 하였다. 아리우스는 성자와 성령을 피조물로 전락시킴으로써 신적 본질 밖으로 추방하여 하나님의 유일성을 주장하고자 하였다. 그에 의하면 성자와 성령은 철저하게 성부에게 종속되어 있다. 성경기록방식에 대한 이해에서도 아리우스의 경향이 나타난다. 성경의 각 책을 고유한 성격을 가진 권위로 받아들이지 않고 어느 책에 어느 책을 종속시키는 것은 아리우스의 현상이다. 예를 들어 오늘날 복음서 연구에서 풍미하고 있는 마가복음 우선설과 제2의 바울서신 분류는 종속이론으로서 성경기록에 있어서 아리우스의 사고를 보여준다. 그러나 성경의 각 책은 모두 대등한 관계를 가진다. 삼위가 각각 다양성 가운데 절대적인 권위를 가지듯이 성경의 각 책도 다양성 가운데 절대적인 권위를 가진다.

이에 비하여 사벨리우스(Sabellius)는 하나이며 같은 하나님이 계시의 진행에 있어서 자신을 여러 가지 형태로 나타내어 세 명칭으로 불리게 되었다고 생각한다. 이것은 신비주의 사고를 보여준다. 그는 세 인격의 자존성을 제거하고 단지 계속되는 계시에서 신적 본질의 세 형식이 변경된다는 입장으로 하나님의 유일성을 주장하고자 하였다. 성경기록방식에 대한 이해에서도 사벨리우스의 경향이 나타난다. 이런 이해에 따르면 한 하나님이 시대마다 다른 형태로 나타난 것처럼, 한 성경이 시대마다 다른 책으로 나타난 것으로 표현된다. 이것은 성경 각 권의 특징을 소멸시키고 단일화하려는 시도이다. 이것은 모든 성경을 하나의 시각으로만 보려는 것이다. 여기에서 성경의 각 책을 통합하려는 노력이 나온다. 이에 대한 대표적인 예는 타티안(Tatian)의 디아테싸론(Diatessaron)인데 교회는 이것을 받아들이지 않았다. 오늘날도 이 같은 오류가 반복되고 있다. 이것은 성경의 각 책이 형태적으로 다양할 뿐 아니라 내용적으로도 다양하다는 것을 망각한 실수이다. 우리는 성경의 다양한 내용 속에서 풍성한 것을 얻는다는 것을 잊어서는 안된다.

(2) 삼신설

삼신설은 삼위의 다양성을 세 하나님(three Gods)으로 설명하려는 시도이다. 이것은 삼위일체에 대한 오해에서 가장 유치한 것으로서 하나님이 세 분이기 때문에 다양성이 당연하다는 것이다. 이런 주장에서는 세 하나님이 존재론적으로 분리된다. 이것은 다양성을 강조하면서 구태여 통일성을 주장할 필요를 느끼지 않는다. 그런데 이런 사고에서 성경기록방식의 이해에 가장 유치한 접근이 발생한다. 그것은 성경을 문서적으로 해체하려는 시도이다. 그 가운데 대표적으로 구약성경에 대한 문서설과 신약성경에 대한 자료설이 있다. 성경의 어느 책이 다양한 문서들로 구성되어 있다는 조합설(composition-theory)은 이런 접근에서 중심을 차지한다. 예를 들면 이사야서나 빌립보서를 비롯하여 성경의 모든 책은 이와 같은 시도의 대상이 되었다. 사실상 이런 시도는 성경이 삼위일체 하나님의 저작임을 받아들이지 않기 때문에 생긴 것이다.

삼위일체론에서 단일성이 다양성에게 희생될 수 없고, 다양성이 단일성에게 희생될 수 없다. 마찬가지로 성경기록에서 삼위일체 하나님에 의한 저작권을 인정할 때 단일성이 다양성에게 희생될 수 없고, 다양성이 단일성에게 희생될 수 없다.

5. 삼위일체적 성경

성경은 삼위일체의 성격을 가진다. 삼위일체에 나타나는 연합성, 상호성, 개별성이 성경에서도 표현된다.

1) 연합성

첫째로, 성경이 삼위일체 성격을 가진다는 것은 연합적인 의미에서 성경이 삼위일체적인 영원한 논의의 산물이라는 것을 가리킨다. 내용적으로 볼 때, 성경은 삼위일체의 영원한 논의를 담고 있다. 그것은 하나님께서 영광을 받으시기에 조금도 부족함이 없이 충분한 내용이다. 또한 방식과 관련하여 볼 때, 성경은 삼위일체의 영원한 논의처럼 자신을 표현한다. 성경은 성부, 성자, 성령이 서로 영원히 대화하는 것으로서의 성경이다. 성경 안에서 삼위일체가 영원히 대화를 나눈다. 성부가 성자와 성령에 대하여 말하듯이, 성자가 성부와 성령에 대하여 말하듯이, 성령이 성부와 성자에 대하여 말하듯이, 성경은 그 자체 안에서 끊임없이 대화를 나눈다. 그래서 성경의 각 책은 서로 간에 독립적이면서도 대화적이다. 성경은 계속해서 말씀을 낳는다.

2) 상호성

둘째로, 성경이 삼위일체 성격을 가진다는 것은 성경에서 삼위일체의 상호적 관계가 뚜렷하게 나타난다는 것을 의미한다. 성경 안에서 삼위는 서로 가장 깊은 생각까지도 통달하며 안다. 또한 성경 안에서 각 위는 나머지 두 위의 말을 한다. 특히 요한복음에서 아버지는 아들을 말씀으로 보내며, 아들은 아버지의 말을 하며, 성령은 아들의 말을 하는 것으로 나타난다. 성경에서는 각 책이 서로를 안다.

3) 개별성

마지막으로, 성경이 삼위일체의 개별적인 성격을 완연하게 드러내고 있다는 점에서 성경은 삼위일체 성격을 가진다고 말할 수 있다. 성경은 성부에게서 영원히 출생하며 발출하는 영원한 말씀이다(벧전 1:25). 성경은 영원성을 뿜어냄으로써 세상의 어떤 책과도 단절된 절대적인 권위를 보여준다. 성경은 성자에게서 성육신을 배운다. 성경은 인간에게 적응한다. 성경의 적응성 때문에 사람은 성육신하신 예수 그리스도를 이해하듯이 성경을 이해할 수 있다(딤후 3:15). 성경은 천국으로 인도하는 길이며 하늘로 진입하는 문이다. 성경은 성령이 능력적이듯이 능력을 발휘한다. 성경에는 항상 살아있는 역동성이 있다(히 4:12). 성경은 스스로 살아있다. 그리고 성경은 자신에게 접근하는 자를 살려낸다. 성경은 살아있는 말씀일 뿐 아니라 살려내는 말씀이다.

성경은 삼위일체의 성격을 가지고 있기 때문에 교회와 사회의 모든 문제를 아우르는 전규모적인 능력을 발휘한다. 삼위일체 하나님의 눈을 벗어날 수 있는 개인과 단체가 없는 한, 성경의 눈을 벗어날 수 있는 존재는 하나도 없다. 삼위일체 하나님의 눈은 세상의 모든 구석을 찔러보는 예리한 눈이듯이, 삼위일체 하나님의 말씀인 성경 앞에서 모든 것은 벌거벗은 듯이 드러날 뿐이다(히 4:13).

제2장
계시

1. 계시의 개념

1) 신적 연결

계시는 하나님과 인간의 연결이다. 본질적인 의미에서 하나님과 인간은 단절적이다. 첫째로, 하나님과 인간의 무한한 차이 때문이다. 하나님의 크기는 인간을 넘어선다. 하나님은 인간보다 무한히 크시다. 그러므로 무한이 유한에 담길 수가 없다. 둘째로, 하나님과 인간의 절대적 분리 때문이다. 인간의 능력은 하나님을 접근할 수 없다. 인간은 하나님보다 절대적으로 약하다. 그러므로 상대는 절대를 파악하지 못한다. 하나님의 영역은 인간에 의하여 접근될 수 없다. 하나님의 세계와 인간의 세계는 단절적이다.

하나님과 인간 사이의 이러한 불연속성과 단절을 극복하는 것이 계시이다. 계시는 하나님의 세계와 인간의 세계의 연결이다. 계시는 무한과 유한의 연결이며, 절대와 상대의 접속이다. 그런데 하나님과 인간 사이의 무한 차이와 절대 분리는 오직 하나님에 의하여 극복된다. 여기에 계시의 두 가지 의미가 드러난다. 첫째로, 계시는 하나님의 적응이다. 유한에 대한 무한의 적응이며, 상대에 대한 절대의 적응이다. 둘째로, 계시는 오직 일방적 성격을 가진다. 계시는 우선 하나님에 의하여 시행된다. 하나님의 세계가 인간의 세계에 알려진다. 물론 계시가 진행되는 과정에서 인간의 참여가 있는 것은 사실이다. 하지만 계시에서 인간의 참여는 언제나 차선이다.

2) 신적 정보

계시는 신적 정보이다. 계시는 대화나 교류가 아니라 전달이며 고지이다. 계시에서는 쌍방성보다 일방성이 우선한다. 계시는 계시되어야 할 내용을 중심으로 계시하는 자와 계시 받는 자의 관계를 전제한다. 따라서 계시의 세 가지 요소는 계시하시는 하나님, 계시 내용인진리, 계시를 받는 인간이다. 그런데 계시에서 가장 큰 문제는 계시 수여자와 계시 수납자 사이의 절대적인 차이이다. 위에서 살펴본 것처럼, 계시를 주시는 하나님은 초자연에 속하지만 계시를 받는 인간은 자연에 속한다. 여기에서 발생하는 질문은 이런 절대적인 차이에서 어떻게 하나님이 인간에게 정보를 제공하는 것이 가능한가 하는 것이다. 이것은 차등개체(differential individuals) 사이에 정보전달이 가능하다는 사실로부터 입증할 수 있을 것이다.

마치 하나님에 대하여 사람이 차등개체인 것처럼 사람에 대하여 동물과 식물과 무생물은 차등개체가 된다. 만일에 사람이 그보다 하등한 개체들에게 정보를 전달하는 것이 가능하다면, 하나님이 그보다 절대적으로 하등한 사람에게 정보를 전달하는 것이 가능하다는 원리를 발견할 수 있을 것이다. 이것은 계시와 정보는 어떤 공통점을 가지고 있다는 전제 아래 정보의 차원에서 계시의 가능성을 설명해 보려는 시도이다. 다음과 같이 몇 가지 가능성을 살펴보자.

첫째로, 인간이 동물에게. 성경은 말하는 나귀에 대하여 언급한다. 하나님의 사자가 등장한 자리에서 무지한 선지자에게 매를 맞은 나귀가 "나는 당신이 오늘까지 당신의 일생 동안 탄 나귀가 아니냐 내가 언제 당신에게 이같이 하는 버릇이 있었더냐"(민 22:30)고 말한 것은 동물이 사람의 정보를 받아들인다는 것을 분명하게 알려준다. 이 장면은 동물이 사람의 언어와 행동에 영향을 받는 것을 보여줌으로써 인간의 정보를 받을 수 있다는 것을 증명한다.

둘째로, 인간이 식물에게. 성경에는 말을 듣는 나무에 대한 흥미진진한 사례가 있다. 예수님이 예루살렘에 입성하시면서 열매가 없는 무화과나무를 저주하신 사건이 바로 그것이다(막 11:20). 이때 무화과나무는 예수님의 말씀을 받아들임으로 사람의 정보를 받을 수 있다는 것을 증명한다.

셋째로, 인간이 무생물에게. 성경 곳곳은 무생물이 정보를 받아들일 수 있는 가능성을 제공한다. 성경에는 무생물이 외부의 정보를 수용함으로써 성질에 변화를 일으킨 경우와 질량에 변화를 일으킨 경우와 위치에 변화를 일으킨 경우가 자주 언급된다. 예를 들면 모세가 나무를 던져 넣었을 때 쓴 물이 단 물로 바뀐 마라의 사건(출 15:22-27), 엘리사가 소금을 던짐으로써 고침을 받은 여리고의 샘물의 사건(왕하 2:19-22), 예수님에 의하여 물이 포도주로 바뀐 갈릴리 가나 혼인잔치의 사건(요 2:1-11), 폭풍진정(마 8:23-27)은 무생물의 성질변화에 대한 좋은 예들이 된다.[1] 질량의 변화에 관한 대표적인 예들은 엘리사에 의한 기름의 증가 이적(왕하 4:1-7)과 예수님이 행하신 떡의 증가 이적(마 14:13-21 par.; 참조. 마 15:32-39)이다. 이에 더하여 위치의 변화에 관한 예는 여호수아의 일월정지 사건(수 10:12-13), 히스기야의 해시계 사건(왕하 20:11), 산을 옮길만한 믿음에 대한 권면(마 17:20 par.; 고전 13:2)에서 찾아볼 수 있다.

위에서처럼 인간이 동물과 식물과 무생물에게 정보를 전달하는 가능성들을 고려할 때, 하나님이 인간에게 신적 정보를 전달하는 것도 가능하다는 결론을 내릴 수 있다.

---

1) 사탄이 예수님께 돌을 떡으로 변화시킬 것을 요구한 시험도 이와 같은 경우에 속하는 것으로 볼 수 있다(마 4:3/눅 4:3).

2. 계시의 종결

신비한 현상을 추구하는 신자들은 자주 꿈 이야기를 한다. 그런 꿈의 내용들을 종합해보면, 어떤 꿈을 꾸었는데 하나님께서 뭔가를 알려주시는 것 같다는 대략 비슷한 결론을 가지고 있다. 이들은 성경의 여러 인물들이 꿈을 통해 하나님의 계시를 받은 사실을 염두에 두고는 자신들의 꿈을 성경에 진술된 꿈과 동일한 가치로 이해한다. 실제로 성경에는 하나님께서 꿈을 통해 말씀하시는 경우들이 적지 않게 나온다. 성경에서 꿈은 계시의 한 방식이었다.[2] 대표적으로 구약에는 야곱, 요셉, 다니엘이 있고, 신약에는 요셉(마 1:20; 2:12,13,19,22)이 있다. 성경의 꿈 이야기는 대체로 일정한 형태를 지닌다. 하나님께서는 때때로 꿈으로 선지자들에게 말씀하실 정도로 꿈은 선지자들에게 중요한 역할을 하였다(민 12:6). 이 때문에 심지어 거짓 선지자들도 꿈 이야기를 펼치는 경우가 발생하였다(렘 23:28).

하나님께서 왜 꿈을 계시의 도구로 사용하시는지 정확하게 알 수 없다. 무의식 세계가 의식 세계보다 더 순수하거나 더 가치 있기 때문은 아닌 것 같다. 아마도 꿈꾸는 자는 수동적이 되고 하나님이 능동적으로 메시지를 전달하시는 것을 이유로 꼽을 수 있을지 모른다. 꿈을 계시의 도구로 사용하는 것은 인간의 의식을 초월하는 하나님의 활동을 의미하기 때문에 인간의 지략을 막고 교만을 꺾는 효과를 가져다준다. 이렇게 분명히 하나님의 통제 아래 있는 꿈은 사람의 일상생활의 연장으로서의 꿈이 아니라 하나님의 활동으로서의 꿈이다.

그러나 우리의 꿈에 성경의 계시적 꿈과 동일한 가치를 부여하는 것은 옳지 않다. 우리의 꿈은 현실에서 하나님의 은총가운데 영혼과 육체의 기능이 기묘하게 조합을 이룬 일상생활의 연장일 뿐이기 때문이다. 꿈이 아무리 새로운 얼굴과 장소를 보여주는 것처럼 보인다 할지라도 과거에 우리가 경험한 것들을 영혼과 육체

---

2) U. Luz, *Das Evangelium nach Matthäus, Band 1: Mt 1-7*, EKK 1.1, 5. Aufl., Benzinger / Neukirchener, 2002, 148: "Der Traum ist in der ganzen Bibel ein Mittel des Offenbarungsempfangs."

가 신비로운 작용 속에서 담지하고 있다가 다양한 방식으로 헤쳐 모은 것에 지나지 않는다. 그래서 우리의 꿈에 어떤 신적인 의미를 부여하려는 시도는 그 자체가 오류이다. 우리는 성경에 기록된 계시적 꿈만을 하나님이 주신 것으로 알고 믿어야 한다. 성경의 기록이 완성된 이후 하나님께서는 더 이상 희미한 방식으로 말씀하시지 않는다.

그러나 아직도 계시가 계속된다고 주장하는 사람들이 있다. 물론 그런 주장이 항상 동일한 것은 아니다. 어떤 사람들은 개인생활에 유익하도록 미래를 보여주는 계시가 있다고 말하고, 어떤 사람들은 성경과 동일한 수준의 계시가 주어진다고 말한다. 또한 그런 사람들이 체험했다는 것도 항상 동일한 것이 아니다. 한편에서는 기도 중에 감각적인 체험으로 환상을 보거나 음성을 들었다고 말하는 사람들이 있고, 다른 한편에는 단지 심정적인 체험으로 마음속으로 계시를 받았다고 말하는 사람들이 있다.

그런데 아직도 계시가 계속된다고 말하는 사람들에게는 몇 가지 심리가 발견된다. 첫째로 대체로 이런 사람들은 신비한 체험에 대한 강한 갈망을 가지고 있다. 제도와 예식을 중심으로 신앙 생활하는 것은 시시해보이고 뭔가 화끈하게 놀라운 체험을 해야 믿음이 좋은 것으로 생각하는 것이다. 둘째로 이런 사람들 가운데 어떤 이들은 지성보다 감성을 강조하는 경향이 엿보인다. 이들은 지성을 문자에 매이는 것으로 간주하고 감성을 영에 이끌리는 것으로 이해한다. 셋째로 계시가 계속된다고 말하는 사람들은 자기를 신비한 사람으로 보이고 싶은 욕망을 가지고 있다. 이런 현상을 체험하는 것이야말로 다른 보통 신자들보다 우월한 신자가되는 길로 생각한다. 그러나 이런 현상은 한 마디로 말해서 마귀적인 태도이다.

아직도 계시가 계속된다고 말하는 것은 여러 가지 치명적인 문제점들을 야기한다. 만일에 아직도 계시가 계속된다면 이미 주어진 계시는 조만간에 뒤집어질 것이므로 아무런 권위도 가지지 못한다. 이것은 무엇보다도 엄청난 혼란을 초래할 것이다. 표준이 없기 때문에 모든 교리가 혼란스럽게 되면서 교회, 신앙, 생활에 관한 모든 질서가 파괴되고 만다. 더 나아가서 만일에 계시가 계속된다면 확정된 것이 없으므로 기독교는 항상 불안할 것이다. 무엇에 근거를 두고 생각하고 말하며 행동해야 할지 알 수가 없다. 그 뿐 아니라 계시가 계속된다면 기독교 안에 심각한 갈등이 발생할 것이다. 왜냐하면 모든 사람이 자기의 것이 맞는다고 주장할 것이기 때문이다. 마지막으로 신자들은 새로운 계시를 기다리느라고 언제나 조바심을 내게 될 것이다. 신자들은 확정된 하나님의 계시에 집중할 수 있는 마음의 자세를 잃어버린다.

하나님께서는 이런 혼잡을 너무나도 잘 아시기 때문에 성경의 계시를 종결하셨던 것이다. 하나님께서 선지자들과 사도들을 통해서 주신 계시는 교회가 세워지는 터이다(엡 2:20). 하나님께서는 옛적에는 선지자들을 통해 말씀하시고 마지막 날에는 하나님의 아들 예수 그리스도와 그의 사도들을 통해서 말씀하셨다(히 1:1-2; 2:3). 선지자들이 예언한 것과 예수 그리스도께서 사도들을 통해 명령하신 것이 하나님의 계시의 전부이다(벧후 3:2). 선지자와 예수 그리스도와 사도는 정경의 세 기둥이다. 그러므로 여기에서 뺄 것도 없고 여기에 더할 것도 없다(계 22:18-19). 성경은 충족하며 완전하다. 이렇게 종결된 성경 계시만이 신자들에게 표준과 안정과 일치와 집중을 제공한다.

제3장
영감

1. 영감의 전제

성령님이 계시를 기록하게 하시는 특별한 활동을 영감(inspiration)이라고 부른다. 계시가 있고야 비로소 영감이 있다. 영감은 계시와 결속되며, 계시는 영감으로 확정된다. 그런데 계시를 기록하게 하시는 성령님의 활동은 역사를 운행하시는 성령님의 활동에 기초한다. 성령님은 일반적인 활동 안에서 특별한 활동을 성취하신다. 성령님이 인류에게 문자를 주셨기에 교회에 성경을 주신다. 따라서 성경 기록을 위한 성령님의 영감은 세계를 주관하시는 성령님의 통치와 결합되어 있다.

2. 영감의 과정

이런 개념 아래 영감이라는 특별한 활동(딤후 3:16; 벧후 1:21)이 전개되기까지 기록자는 여러 과정을 거친다. 신적 영감에서 기록은 가장 외면에 놓여있는데, 기록 이전에는 언어가 있고, 언어 이전에는 사건(또는 경험)이 있으며, 그것들 앞에는 생각과 영혼이 있다.

가장 먼저 성령님은 성경 기록자의 영혼에 신적 통찰을 수여하신다(고전 2:10). 성령님께서 기록자의 영혼이 신적 통찰을 하도록 활동하신 것이 영감의 첫 단계이다. 다음으로 하나님의 생각이 성령님에 의하여 기록자에게 들어간다. 이때 성령님의 지도 아래 기록자의 사고가 작동한다(눅 1:3). 성령님은 기록자의 의식 속에 말씀을 넣어주고, 기록자는 성령님의 인도를 따라 사색한다. 동시에 기록자들은 모든 사색을 자율적으로 활용하는 중에 자기의 역사를 경험한다. 기록자의 사건은 성령님에 의하여 진행되는 것이다. 따라서 기록자에게는 체험이 벌써 영감의 성격을 가진다(요일 1:1). 그런데 기록자의 경험에서 가장 두드러지는 것은 언어이다. 언어는 체험을 음성으로 표현하는 것이다(행 4:20). 기록자의 언어는 성령님의 통제를 받는다. 성령님은 기록보다 언어를 먼저 작동시키신다. 언어에서 이미 원전영감설의 의미가 드러난다.

영감의 마지막 단계에서 성령님의 보호 아래 언어가 기록된다. 이때 인간에게만 주어진 신비한 문자가 기록에 사용된다. 이로써 언어는 사라지고 문자는 남는다. 언어는 일회적이고 문자는 지속적이다. 계시는 기록됨으로써 책들이 가지는 운명을 받아들이고(habent sua fata libelli), 더 나아가서 하나님은 스스로 의지적으로 문자에 제한되셨다. 이것은 성육신으로 예수님이 육체에 제한되신 것과 같다. 기독론에서 성육신은 성경론에서도 적용된다. 반면에 계시의 문자화는 인간에게 자유를 의미한다. 왜냐하면 그것은 혼동이나 변형 없이 계시에 접할 수 있는 가능성을 제공하기 때문이다. 다시 말해서 기록은 신적 제한이자 동시에 인간적 자유이다. 그런데 성경 기록은 성령님의 영감이 있기에 신성하다. 따라서 영감은 성경 기록의 절대성을 보장한다. 이것이 원전영감의 무오성이다. 성령님의 영감은 기록자의 영혼에서부터 의식과 체험(사건)을 넘어 언어와 기록(문자)에까지 영향을 미친다.

제4장

성경

1. 성경 개념

성경은 예수님으로부터 사도들에 이르기까지 그 개념이 다양하게 진술된다.

1) 예수 그리스도

(1) 성경의 가치

첫째로, 예수님은 "내가 율법이나 선지자나 폐하러 온 줄로 생각하지 말라"(마 5:17상)는 말씀으로 성경 전체가 귀중함을 밝히셨다. 여기에 "율법과 선지자"라는 말은 구약성경 전체를 가리키는 특정한 표현법이다. 이 둘은 자주 짝을 이루어 사용된다(마 11:13; 눅 16:16; 참조. 눅 24:27,44). 예수님에게 구약성경은 어느 한 부분이라도 빠짐없이 중요하였다. 예수님은 다음과 같이 성경 말씀이 귀중하다는 것을 알려주셨다.

우선 예수님은 하나님의 말씀이 천지보다도 귀중하다고 말씀하시다. "진실로 너희에게 이르노니 천지가 없어지기 전에는 율법의 일점일획도 결코 없어지지 아니하고 다 이루리라"(마 5:18). 일점($i\tilde{\omega}\tau\alpha$, 이오타)과 일획($\varkappa\varepsilon\rho\alpha\acute{\iota}\alpha$, 케라이아)은 히브리어로 하나님의 이름을 표기하는 첫 두 글자이다. 예수님은 성경 기록의 귀중함을 드러내기 위해 의도적으로 이 문자들을 언급하신 것으로 생각된다. 무엇보다도 예수님은 천지의 보존의 시기가 말씀의 성취에 의존한다는 것을 알려주신다. 천지는 없어질 때가 있다. 하늘은 종이처럼 말아지고, 땅은 장작처럼 태워지고, 하나님께서 새 하늘과 새 땅을 주시게 될 것이다(벧후 3:10-13). 그런데 천지는 하나님의 말씀 가운데 가장 작은 부분이라도 성취되지 않으면 없어지지 않는다. 하나님의 말씀가운데 가장 작은 것까지라도 완성되어야만 비로소 천지가 없어진다는 것이다. 하나님의 말씀의 가치는 이만큼 큰 것이다. 나아가서 예수님은 하나님의 말씀이 천지가 사라진 후에도 존재한다는 것을 알려주신다. 하나님의 말씀은 가장 작은 부분이라도 천지와 상관없이 남는다. 천지는 사라진다고 해도 하나님의 말씀가운데 가장 작은 것도 없어지지 않는다. 이만큼 하나님의 말씀의 가치는 큰 것이다. 이것은 하나님의 말씀 중에서 가장 작은 부분이라도 천지보다 무겁다는 것을 교훈한다.

또한 예수님은 말씀을 가르치는 자에게 경고를 주심으로써 하나님의 말씀은 모든 부분이 귀중하다고 말씀하신다. "그러므로 누구든지 이 계명 중의 지극히 작은 것 하나라도 버리고 또 그같이 사람을 가르치는 자는 천국에서 지극히 작다 일컬음을 받을 것이라"(마 5:19). 성경에는 별로 중요하지 않은 듯이 보이는 내용이 들어있다. 이런 내용에 대하여 중요하지 않다고 가르치거나 아예 무시해버리는 오류를 저지를 수 있다. 그러나 이런 시도들은 사람의 생각으로 하나님의 생각을 망가뜨리는 것이다(사 55:8-9). 예수님은 성경에서 아무리 작게 보이는 내용이라도 가르치지 않거나 무시하는 행위에 대하여 경고하실 만큼 하나님의 말씀의 가치는 큰 것이라고 말씀하신다.

(2) 성경의 목적

둘째로, 예수님은 "내가 율법이나 선지자나 … 폐하러 온 것이 아니요 완전하게 하려 함이라"(마 5:17하)는 말씀으로 자신이 오신 목적 가운데 아주 중요한 것을 보여주셨다. 예수님은 "율법과 선지자"를 완성하시기 위해서 오셨다. 예수님은 율법과 선지자의 완성자이시다. 예수님은 사람이 감당하기 어려운 율법과 선지자를 완성하기 위하여 오신 것이다. 예수님이 율법과 선지자를 "완성한다"(πληρῶσαι, 플레로사이)는 것은 다음과 의미를 가진다.

우선 이것은 당시의 유대인들이 알고 있던 것과는 달리 율법과 선지자의 의미를 완전히 드러내신다는 뜻이다. 당시의 유대인들은 구약성경의 구절을 문자적으로만 이해하고 문자 뒤에 들어있는 하나님의 뜻을 깨닫지 못하였다. 서기관들의 의는 하나님의 말씀을 문자적으로만 이해하고 의미적으로는 이해하지 않는 것이었다. 예수님은 이런 유대인들에게 성경 말씀의 진정한 의미를 알려주신다. 예수님은 여섯 번 "너희가 들었으나... 나는 너희에게 이르노니"(마 5:21,27,31,33,38,43)라는 반명제법을 사용하여 율법의 중요한 내용들인 살인, 간음, 이혼, 맹세, 보복, 사랑에 대한 주제들의 진정한 의미를 드러내셨다.

또한 이것은 사람이 예수님을 통하여 율법과 선지자를 완전하게 준수한다는 뜻이다. 만일 율법과 선지자를 다 지켜야 구원을 받는다면 구원에 이를 수 있는 사람이 없다. 아마도 사람들은 좌절하거나 도피하거나 재해석할 것이다. 율법을 온전히 지킬 수 있는 사람이 없기 때문이다. 법은 인간에 대한 비판이며, 인간의 위기이다. 법 앞에서 인간은 연약함을 드러낼 수밖에 없다. 인간이 이런 법 앞에서 구원을 받는 것은 오직 예수님을 통하여 가능하다. 예수님이 율법과 선지자를 완성하신다는 것은 이러한 의미를 가진다. 우리가 구원을 받는 것은 율법과 선지자를 준수하기 때문이 아니라, 율법과 선지자의 성취자이신 예수님이 우리에게 오시고 우리는 예수님을 영접했기 때문이다. 성경의 완성은 예수 그리스도의 은혜이다(요 1:16-17).

2) 사도 바울

사도 바울은 디모데가 어려서부터 성경을 배웠다고 말하면서 성경이 어떤 책인가 알려준다(딤후 3:14-17).

(1) 하나님의 책

바울에 의하면 성경은 하나님에게서 나온 책이다. "모든 성경은 하나님의 감동으로 되었다"(딤후 3:16). 이 말씀은 여러 내용을 알려준다.

첫째로, 바울은 "하나님의 감동으로 되었다"는 표현으로 성경이 하나님에게서 유래한 것임을 말한다. 성경은 하나님의 말씀이다. 성경은 머리에서 출원한 인간의 기록이 아니며, 상황에서 기인한 시대의 산물이 아니다. "감동되었다"(θεόπνευστος)는 하나님이 불어넣으셨다는 뜻이다. 성경은 하나님이 불어넣으신 것이다. 하나님이 불어넣으셨기 때문에 사람에게서 나온다. 마치 하나님이 아담에게 생기를 불어넣으셨을 때 아담이 말하는 자가 되었던 것처럼(창 2:7,19-20), 하나님이 사람에게 불어넣으셨을 때 사람이 기록자가 되었다. 성경은 하나님이 사람을 감동시키어 기록하신 책이다. 하나님의 말씀을 기록하는데 사람이 참여하였다. 그러나 중요한 것은 성경이 선지자들과 사도들을 통하여 기록되었지만 하나님의 말씀이라는 것이다. 성경은 하나님의 말씀이기에 신적인 권위를 가진다. 성경은 신적인 권위를 가지기 때문에 어떤 부분은 받아들이고 어떤 부분은 버릴 수 있는 책이 아니다. 또한 성경은 신적인 권위를 가지기 때문에 누구는 받아들이고 누구는 받아들이지 않아도 되는 책이 아니다.

둘째로, 성경이 "하나님의 감동으로 되었다"는 바울의 진술에서 성경의 완전성이 설명된다. 성경은 하나님의 감동으로 되었기 때문에 완전하다. 하나님이 완전하신 것처럼 하나님의 말씀도 완전하다. 성경이 완전하다는 것은 양과 질에 있어서 다 해당되는 말이다. 양적으로 보면 성경은 충분하다(사 34:16). 성경에는 부족함이 없다. 더할 것도 없고 뺄 것도 없다(계 22:18-19). 질적으로 보면 성경은 진리이다(요 17:17). 성경에는 오류가 없다. 오류처럼 보이는 것은 아직 사람의 이해가 부족하기 때문에 그렇게 보일 뿐이다.[1]

셋째로, "하나님의 감동으로 되었다"는 바울의 진술은 성경의 불변성에 대하여 말한다. 성경의 불변성은 하나님의 불변성에 기초한다. 인생에 비하여 볼 때도 천지에 비하여 볼 때도 성경은 영원하다. 인생은 지나간다. 인생은 풀과 같고 인생의 영광은 풀의 꽃과 같다. 그러나 하나님의 말씀은 영원하다(사 40:8; 벧전 1:25). 천지는 사라진다. 하늘은 두루마리처럼 말리고 땅이 풀처럼 풀어진다(벧후 3:10,12; 계 6:12이하). 그러나 하나님의 말씀은 영원하다(마 24:35; 5:18). 그러므로 하나님의 말씀은 인간의 영광보다 크며 천지의 위엄보다 높다.

넷째로, 바울은 "하나님의 감동으로 되었다"는 진술로 성경의 계시성에 대하여 말한다. 성경은 하나님에게서 나온 책이므로, 성경을 열면 하나님의 세계가 열린다. 하나님만이 하나님의 세계를 계시하신다. 사람의 두뇌에서 나온 모든 책으로부터는 단지 사람의 세계를 배울 뿐이다. 심지어 하나님의 일을 묘사하는 소설이나 영화로부터도 하나님을 알 수가 없다. 오직 하나님의 책인 성경에서만 하나님을 배울 수가 있다. 그러므로 바울이 디모데에게 "네가 어려서부터 성경을 알았나니"(딤후 3:15)라고 말했을 때 그것은 "네가 어려서부터 하나님을 알았다"고 말하는 것과 동일하다. 성경을 아는 것은 하나님을 아는 것이기 때문이다(마 22:29; 막 12:24; 요 5:39; 행 1:16; 갈 3:8).

(2) 사람을 위한 책

바울에 의하면 성경은 사람을 위한 책이다. 성경은 인간의 구원을 위한 책이

---

1) Augustinus, *contra Faustum Manichaeum*, XI 5: "성경에서 분명한 모순이 발견되어 당황할 때 그 책의 저자가 진리를 희미하게 만든 것이라고 말해서는 안 된다. 도리어 사본이 잘못되었거나 번역에게 오류가 있거나 그대가 이해하지 못한 것이다"(non licet dicere auctor hujus libri non tenuit veritatem, sed aut codex mendosus est, aut interpres erravit, aut tu non intelligis).

다. "성경은 그리스도 예수 안에 있는 믿음으로 말미암아 구원에 이르는 지혜가 있게 하느니라"(딤후 3:15). 이 말씀에는 성경에 관한 여러 의미가 들어있다.

첫째로, 바울은 이 말씀으로 성경이 구원 받기 전 인간의 비참한 상태(타락, 부패, 멸망)를 깨닫게 한다는 것을 전제한다. 성경은 하나님의 감동으로 된 말씀으로서 사람을 하나님 앞에 세운다. 사람은 성경을 읽을 때 하나님 앞에 서게 된다. 성경은 인간을 정확하게 보여주기 때문에, 성경을 알면 인간이 분명하게 보인다. "하나님의 말씀은 마음의 생각과 뜻을 감찰하기"(히 4:12) 때문이다. 인간이 다른 어떤 방식으로는 자신의 모습을 완전하게 알 수가 없고, 성경을 통해서만 자신의 모습을 완전하게 복사해 낼 수 있다(시 119:130).

둘째로, 바울은 성경이 예수님에 대한 믿음을 불러일으킨다고 말한다. 성경은 예수님을 믿게 한다. "믿음은 들음에서 나며 들음은 그리스도의 말씀으로 말미암는다"(롬 10:17). 오직 성경을 통해서만 예수님이 하나님의 아들이심을 믿을 수 있다(롬 1:2).

셋째로, 바울에 의하면 성경은 지혜의 책이다. 물론 성경은 인간의 지혜를 보여주는 데 목적이 있지 않다. 성경은 세상의 지식을 진술하는 서적이 아니다. 성경은 책이기에 세상의 모든 문서가 맞이하는 운명을 공유한다. 그래서 책으로서의 성경은 철자, 문법, 숫자, 역사, 과학에서 결손을 경험한다. 그러나 성경에는 하나님의 지혜가 담겨 있다. 하나님의 지혜로 무장된 성경은 구원을 이루는 데 최소한의 오류도 발생시키지 않는다.

넷째로, 바울은 성경이 구원의 책임을 천명한다. 세상의 어떤 것(학식, 재물, 세력)으로도 구원을 얻지 못하고, 오직 하나님의 말씀으로만 구원을 얻는다(벧전 1:23). 성경은 구원 이후에 사람을 하나님의 사람으로 만들며, 그래서 사람은 성경을 배움으로써 온전해진다(딤후 3:16-17).

2. 성경 사용

예수님과 사도들은 구약성경을 적극적으로 사용하였다. 그래서 신약성경에는 처음부터 끝까지 구약성경의 내용이 용해되어 있다. 신약성경은 구약성경을 다시 조합한 것이라고 말해도 과언이 아니다. 이 둘의 관계는 전자를 풀어 후자를 만든 것과 같은 관계이다. 신약성경은 구약성경의 연속이 아니라 조합이다. 구약성경과 신약성경은 모두 하나님의 구속을 주제로 삼고 있는데, 동일한 주제를 표현하기 위하여 구약성경이 신약성경으로 다시 조합되었다. 이런 의미에서 구약성경과 신약성경은 절대적인 통일성을 가진다. 그런데 신약성경은 구약성경의 요점적 조합이다. 그러므로 때때로 신약성경은 구약성경보다 농도가 짙은 듯이 보인다.

1) 사용의 종류

구약성경이 신약에 사용되는 경우는 직접인용과 간접사용이 있다. 직접인용은 많은 경우에 자유인용으로서 마소라(MT)에도 칠십인역(Septuagint, LXX)에도 맞지 않는 인용구들이 있다. 간접사용은 암시(약 3:6/잠 16:27), 요약인용(눅 24:44; 고전 15:3-4; 갈 4:22), 인물 예증(마 12:3-4), 사상 채용(롬 9:19-26), 역사 진술(행 7:2-50; 행 13:16-25) 등으로 이루어진다. 때때로 구약 사용 가운데는 출처가 불분명한 구절들이 있다(마 2:23; 요 7:38; 약 4:5). 이것은 아마도 간접 사용의 범주에 포함시킬 수 있을 것이다. 구약 사용에서 대체로 기독론이 중요한 역할을 한다.

2) 사용의 난제

구약 사용가운데는 출처와 내용이 다른 경우가 있다. 예를 들면, 마태복음 27:9에는 선지자 예레미야의 말이라는 인용 도입구 아래 스가랴 11:13이 인용된다(참조. 렘 19:11). 이것은 고대의 사본방식에 있어서 큰 책에 작은 책이 부가적으로 기록되어 큰 책의 이름을 따랐을 가능성을 보여준다. 마가복음 1:2-3에는 선지자 이사야의 글이라는 인용 도입구 아래 말라기 3:1과 이사야 40:3이 혼합 인용된다. 이에 대하여 마가복음 우선설이나 후대 사본설을 주장하는 사람들은 난외주로 있었던 말라기 3장이 가필된 것이라는 해결책을 내놓는한다. 사본 필사자가 난외주를 착각해서 원본처럼 본문에 넣었을 것이라는 추정이다. 그러나 이것은 엄중한 교육을 받아 성경을 암송하는 사본자들의 성경 실력을 무시하는 것이다. 여기에 말라기가 인용된 것은 이사야와 내용이 비슷하기 때문이다. 양자에 다같이 "길"이라는 모티브가 들어있다. 그래서 마가는 이사야서를 인용하면서 비슷한 내용이 있는 말라기를 괄호 안에 두는 것처럼 기록하였을 것이다. 또한 이사야 두루마리에 말라기 두루마리가 부가되어 있어서 큰 책의 이름을 따랐을 가능성도 있다.

때때로 신약성경에는 정경 밖의 문서들을 사용하는 경우가 있다(고전 2:9 Apocalypsis Eliae; 딛 1:12 Epimenides de oraculis; 유 14 Eth Enoch). 이런 경우들은 이런 문서들에 정경의 권위를 부여하는 것이 아니라, 다만 진리를 위한 정당한 논증을 펴기 위해서 당시에 익히 알려진 내용을 제시하는 것에 지나지 않는다.

3) 사용의 방식

신약성경의 여러 곳에 "이루다"(πληρόω, 플레로오)라는 어구를 사용하는 구약 인용 방식이 나온다(마 1:22-23; 2:15,17-18,23; 4:14-16; 8:17; 12:18-21; 13:35; 21:4-5; 27:9; 요 12:38; 13:18; 15:25; 17:12; 19:24; 19:28; 19:36; 행 1:16; 3:18; 13:27; 참조. 갈 5:14). 이것은 보통 "성취인용"(formula quotations)이라고 불리는데, 복음서에서는 주로 기독론적인 의미를 가지면서 예수님의 사건을 구약의 중요 메시아 구절에 맞추어 기록한 것처럼 보인다. 구약의 메시아 구절들을 수집한 다음에 해당하는 예수님 사건을 기록하는 방식이다.

이런 방식은 비록 성취인용은 아니지만 히브리서의 구약 사용에서도 두드러지게 나타난다. 히브리서를 자세히 살펴보면 어떤 구절들이 기둥처럼 핵심적으로 사용되는 것을 발견하게 되고(히 3:7-11 = 시 95:7-11; 히 5:6 = 시 110:4; 히 8:8-12 = 렘 31:31-34; 히 10:5-7 = 시 40:6-8), 히브리서의 서술 흐름과 함께 해설되는 것을 볼 수 있다. 히브리서는 구약성경 핵심구절들을 먼저 정리한 다음에 해석하는 방식을 사용하고 있는 것이다. 이것은 본문을 작성한 후에 성구를 인증한 것이 아니라, 성구를 인용한 후에 본문을 작성한 것을 의미한다.

3. 성경의 역사성

1) 신약성경의 역사적 관계

신약성경은 역사와 동떨어진 것이 아니다. 어떤 사람들은 신약성경을 역사와 무관한 것으로 생각하는 경향이 있다. 그런 사람들은 하나님께서 역사와 상관없이 신약성경을 주셨다고 믿는다. 그러나 이것은 하나님의 계시를 잘못 이해한 소치이다. 하나님은 역사 안에서 계시를 주셨기 때문이다. 역사는 계시의 현장이다. 그래서 신약성경을 제대로 이해하려면 역사공부를 많이 해야 한다.

신약성경이 계시로서 역사적인 성격을 가진다는 사실은 구약성경과의 관계에서 분명하게 드러난다. 앞에서 살펴본 바와 같이 신약성경은 구약성경과 끊을 수 없이 긴밀하게 연결되어 있다. 이것은 신약성경이 구약성경으로부터 구절을 인용하고 신학을 사용하는 것을 볼 때 의심할 바가 없다. 신약성경은 구약성경의 요점적 조합이기 때문에 신약성경에서 우리는 자주 구약성경이 인용되는 것을 발견하며 구약성경의 신학을 만나게 된다.

그런데 다른 측면에서 보면 신약성경의 역사성은 로마 시대와 결부되어 있다. 매우 제한된 시간대에 자리를 잡고 있는 신약성경에는 로마 시대의 현실이 반영된다. 당시의 유대인들과 이방인들의 생활과 관습이 신약성경의 배경이다. 그래서 신약성경은 자연스럽게 당시의 생활조건을 표현할 수밖에 없다. 주후 1세기의 문화에서 신약성경은 신자들의 삶이 어떠했는지 설명하고 있다. 신자들의 삶은 당시의 역사적인 형편에 상당한 제약을 받았다. 예를 들어 그리스도인들은 건물로서의 교회를 가지는 것이 불가능했다. 이런 까닭에 초대교회의 성도들은 어쩔 수 없이 믿음이 좋은 신자의 가옥에서 모여야 했던 것이다.

하지만 신약성경은 인간의 보편적인 문제를 다룬다는 점에서도 역사적이다. 인간이 역사적인 존재인 한, 인간을 다루는 신약성경도 역사적이라는 말이다. 인간은 아무리 시간이 변해도 본질적으로 다를 바가 없다. 문화의 눈부신 발전과 상관없이 인간의 심성은 크게 변하지 않기 때문이다. 예를 들면 과거나 지금이나 인간의 마음에는 탐심이 그대로 자리하고 있다. 신약성경은 이런 인간을 상대로 진리를 말한다. 그래서 인간이 존재하는 한, 신약성경은 항상 역사적이다. 1세기와 마찬가지로 21세기에도 신약성경의 가르침은 동일한 가치를 가진다. 이천 년 전에 말하던 신약성경은 이천 년 후에도 말한다. 이렇게 볼 때 신약성경은 모든 시대의 사람들에게 해당되는 연속적인 일반성을 가지는 것이다. 옛날 사람들이 신약성경으로부터 구원의 길을 발견했듯이 우리도 여전히 신약성경으로부터 구원의 길을 발견한다.

신약성경은 역사적이다. 신약성경을 가르친다는 것은 역사 속에 실현된 하나님의 계시를 가르친다는 말이다. 또 다르게 말하자면 신약성경을 가르친다는 것은 하나님의 계시가 실현된 역사를 가르친다는 것을 의미한다. 신약성경을 통해서 역사 속에 실현된 하나님의 계시를 배우며, 하나님의 계시가 실현된 역사를 배운다. 우리는 신약성경으로부터 우리와 단절된 특수한 것이 무엇이며 또 우리와 연결된 보편적인 것이 무엇인지 배운다.

특수한 것을 볼 때, 찬란하게 발전된 문화의 혜택을 누리는 우리는 열악한 문화에서도 충성된 믿음을 가졌던 옛 신자들보다 얼마나 더 활발한 신앙을 가져야 할지 다짐하게 된다. 보편적인 것을 볼 때, 우리는 인간의 본질이 시간의 전진과 별 상관이 없이 악하다는 것을 인식하면서 더욱 두렵고 떨리는 마음을 가지게 되며 오직 하나님의 은총으로만 구원의 길을 얻는다는 사실을 더욱 확신하게 된다.

2) 신약성경의 일상용어[2]

신약성경의 역사성은 일상용어를 전적으로 사용하는 모습에서도 분명하게 드러난다. 신약성경은 첫 절부터 마지막 절까지 일상용어들로 가득하다(마 1:1의 "아들" υἱός, 휘오스; 계 22:21의 "은혜" χάρις, 카리스). 신약성경의 일상용어들은 동사(가다, 오다, 먹다), 명사(떡, 물, 날), 형용사(좋다, 나쁘다), 부사(즉시), 전치사(안에, 밖에, 안으로), 관사, 접속사(그리고, 그러나, 또는, ...할 때에, ...하듯이)로 구성된다.

(1) 일상용어 사용의 전제

① 공통이해(어의[語義]의 제한성)

소통에서 가장 중요한 것은 대화자들이 용어의 의미를 공통으로 이해하는 것이다. 만일에 공통이해가 전제되지 않으면 대화에는 두 가지 문제가 발생한다. 한쪽은 말하고 다른 쪽은 이해하지 못하거나, 한쪽이 말하는 것을 다른 쪽이 오해하게 된다. 그래서 최소한 어떤 한계 안에서만 소통이 가능하다.[3] 사람은 자신이 원하는 말을 무엇이든지 발언할 수 있지만, 용어의 의미가 공유되기 전까지는 아무

---

2) 이 부분은 나의 글, "신약성경에 나타난 일상용어들과 역사적 사실들", 『주는 영이시라』 성산 박형용 박사 은퇴 기념 논총 (수원: 합신대학원출판부, 2009), 149-163을 손질한 것이다. 자세한 문헌 정보는 그 글을 참조하라.

3) G. B. Caird, *The Language and Imagery of the Bible*, Philadelphia: Westminster, 1980, 40: "넓은 한계 안에서 정확한 언행이란 것이 존재한다."

도 그것을 정확하게 이해하기 어렵다. 예수님이 회당장 야이로의 딸을 살려내시면서 아이의 죽은 상태를 보시고는 "잔다"고 말씀하셨을 때 주위에 있던 사람들이 비웃은 것은 좋은 예가 된다(막 5:39-40). 특히 화자도 청자도 아직 경험하지 않은 미래사건을 언급할 경우에 이런 오해는 자주 일어난다. 화자가 염두에 두고 있는 것과 청자가 이해하는 것 사이에는 큰 간격이 생길 수 있다. 예를 들어 요한계시록에서 넷째 인을 뗄 때에 "하늘의 별들이 무화과나무가 대풍에 흔들려 설익은 열매가 떨어지는 것 같이 땅에 떨어지며 하늘은 두루마리가 말리는 것 같이 떠나가고..."(계 6:13-14)라는 진술은 아무도 경험하지 못한 미래사건이기 때문에 화자와 청자의 이해에서 각각 실제와 상징으로 견해가 갈릴 수 있다. 말하는 사람은 실제를 생각하고, 듣는 이는 상징을 생각한다면 대화는 성립이 되지 않는다.

나아가서 대화자들이 용어에 공통이해를 가지고 있다고 해도 용어의 함의에 크기의 차이가 생기면 대화는 어려워진다. 예를 들면 물과 H_2O의 관계이다. H_2O가 물을 가리키는 것을 인지하는 실험실에서 물이라는 용어 대신에 H_2O를 사용한다고 할 경우에 어느 정도의 공통이해는 가능하며 대화가 형성될 수 있다. 그러나 일반적으로는 H_2O가 물의 폭넓은 의미를 다 살려내지 못한다. 물과 H_2O는 같지만 또한 다르다. H_2O는 과학적이고 관념적인데 비하여 물은 역사적이고 실천적이다. H_2O는 원소의 구성으로서 물이지만, 물은 일상생활에서 사용되는 것으로서 물이다. 여기에서 관념 용어와 실천 용어 사이에 차이가 드러난다. 원소를 연구하는 사람에게는 물이 없고 H_2O만 있듯이, 일상을 살아가는 사람에게는 H_2O가 없고 물만 있다. 후자에게는 만일 물 대신에 H_2O를 말한다면 동일한 언어의 가치는 전달되어도 의미는 전달되지 않는다.

그런데 함의에 크기의 차이가 있는 용어임에도 불구하고 그것을 어떤 정해진 사회에서 일상용어로 규정하여 사용하면 대화가 가능하다. 요한복음은 자주 구약성경을 가리키는 말로 "문서"(γραφή)와 "글/문자"(γράμμα)라는 용어를 사용한다.

이것은 요한복음이 읽혀지는 사회에서 "문서"와 "글/문자"가 모두 구약성경을 가리키는 일상용어로 규정되었다는 것을 보여준다. 이 단어들이 구약성경을 가리키는 것으로 약속되었을 때 함의의 크기에 차이가 있음에도 불구하고 어렵지 않게 대화가 가능하게 되었던 것이다. 만일에 이런 규정이 없었더라면 이 단어들을 "성경"으로 간주하며 말하는 화자와 이 단어들을 본래의 의미인 "문서"와 "글/문자"로 이해하면서 듣는 청자 사이에는 대화가 가능하지 않았을 것이다.

② 확대이해(어의[語義]의 확대성)

그런데 용어에는 소통이 진행되는 과정에서 의미가 확대되는 경향이 있다. 때때로 이 경향은 무의식적으로 발생한다. 이것은 어떤 용어가 본래의 의미로 사용되는 것과 확대된 의미로 사용되는 것이 둘 다 보편화된 경우이다. 예를 들어 "공기가 좋지 않다"는 말은 대기의 오염을 가리키기도 하지만 분위기의 악화를 의미하기도 하는데, 제한된 상황에서 이 두 가지 의미가 다 사용될 수 있다. 예를 들어, 예수님의 행동을 묘사하는 단락을 살펴보자(막 1:35-38). 35절에서 예수님이 새벽 미명에 일어나 한적한 곳으로 "나갔다"(ἐξῆλθεν, 엑셀텐)는 표현이 본래의 의미를 가지고 있는 반면에(그래서 이 용어는 바로 이어 "가셨다"[ἀπῆλθεν, 아펠텐]는 말로 보충된다), 38절에서 전도를 목적하여 "나왔다"(ἐξῆλθον, 엑셀똔)는 표현은 확대된 의미를 가지고 있다. 이런 무의식적인 의미확대에서는 대체로 사실성이 전달되는 것으로 제한된다.

이에 비하여 어떤 용어의 의미가 소통의 과정에서 의도적으로 확대되기도 한다. 이런 경우에는 이야기를 어떤 결론으로 이끌어가려는 목적성이 들어있기 때문에 특정한 메시지가 동반된다. 이때 화자는 용어의 본래의미에서 출발하여 확대의미로 전진하려는 적극적인 시도를 전개한다. 그래서 한 용어를 본래의미로 제시하는 것 자체도 의도적일 때가 많다. 이것은 그 용어의 확대의미를 제시하기 위한 선先작업이다. 이때 청자는 한 용어의 본래의미를 전제로 해서 확대의미를 파악하게 된다. 청자에게는 화자로부터 들은 용어의 본래의미와 확대의미를 비교하는 현상이 일어난다. 이런 비교를 통해서 청자는 화자가 의도하는 용어의 확대의미에 들어있는 메시지를 발견하게 된다. 예를 들어 요한복음에서 오병이어의 이적을 살펴보자. 예수님은 큰 무리가 자기에게로 오는 것을 보시고 빌립에게 "우리가 어디서 떡들을(ἄρτους) 사서 이 사람들을 먹이겠느냐"(요 6:5)고 물으셨다. 이때 언급된 떡은 한 아이가 소유하고 있던 떡과 마찬가지로(요 6:9) 본래의 의미를 가지고 있다. 그러나 이 사건을 동기로 해서 예수님은 떡의 의미를 확대시키면서 자신을 가리키는 떡에 관해서 말씀하셨다. "내가 생명의 떡(ἄρτος)이다"(요 6:35).[4] 이 떡은 예수님의 육체를 가리킨다(요 6:51). 물론 여기에서 의미확대는 떡을 꾸미고 있는 "생명"이라는 수식어와 "내게 오는 자는 결코 주리지 아니할 것이다"는 설명어에 의하여 분명하게 성립된다. 요한복음에 의하면 예수님은 떡이라는 용어를 본래의미에서 확대의미로 발전시킬 것을 이미 염두에 두고 있었다("그는 친히 어떻게 하실지를 아셨다", 요 6:6). 다시 말하자면 예수님은 떡이라는 용어의 의미를 소통의 과정에서 확대할 의도를 가지고 있었던 것이다. 그래서 예수님은 그 용어의 확대의미를 제시하기 위한 선작업으로 의도성을 가지고 본래의미를 명확하게 제시하셨다. 이 사건에는 특정한 메시지를 동반한 확대의미로 전진하려는 예수님의 적극적인 시도가 들어있다. 따라서 예수님의 말씀을 듣는 사람들은 떡의 본래의미를 전제로 해서 확대의미에 접근하게 된다. 사람들은 예수님으로부터 들은 떡이라는 용어의 본래의미와 확대의미를 비교하면서 결국은 예수님이 의도하시는 확대의미를 깨닫는다.

그런데 만일에 용어에서 이런 의미확대가 발생하지 않으면 소통에 발전이나 심화도 일어나지 않는다. 그럴 경우에 이야기는 매우 답답하고 단순한 것이 되고 만다. 하지만 대부분의 소통에서는 용어의 사용에서 이런 의미 확장이 발생하는

---

4) 요한복음 6장을 면밀히 조사해보면 사실은 다섯 가지의 떡이 등장하는 것을 알 수 있다. 첫째로 예수님이 상상하신 떡(요 6:5), 빌립이 계산한 떡(요 6:7), 아이가 소유하다가 예수님의 축사와 함께 많아진 떡(요 6:9,11,13,23), 모세 시대에 하늘로서 내린 만나의 떡(요 6:31,32,33,34), 예수님 자신의 떡(요 6:35,48,51).

것 같다. 이 때문에 이야기는 들어볼만한 심도 있는 것이 된다.

(2) 일상용어의 역사적 성격과 신학적 성격

신약성경에서 일상용어들은 본래의미에서 대부분 역사적인 성격을 가진다. 많은 경우에 일상용어들은 머릿속의 상상이 아니라 실제행위를 묘사하는 역사성을 지니고 있기 때문이다. 다시 말하자면 일상용어는 의미가 확대되기 전에 일차적으로 실천적 묘사에 사용된다. 이 때문에 일상용어는 객관성을 유지한다. 예를 들어 신약성경에서 물이라는 용어는 화학적인 성격을 나타내는 H_2O를 가리키기보다는 해갈(요 4:7)과 목욕(행 8:36) 같은 실용적인 성격을 나타내는 것으로 사용된다. 이렇게 신약성경의 일상용어들에는 사실성과 실용성이 있다. 이런 성격들은 감각과 감정에 호소하는 경향이 크다. 그래서 일상용어의 역사적인 성격이란 화학적인 성격과는 다르다.

그러나 신약성경의 일상용어들은 점차 의미의 확대를 경험한다. 일상용어들은 본래의미를 떠나 확대의미로 사용된다. 이런 현상은 주로 신학적인 작업과 관련이 있다. 예를 들어 예수님의 "십자가에 못 박힘"(σταυροῦσθαι)은 본래의미에서 역사적인 성격을 가지고 있지만 신학적으로 의미가 확대된다. 그래서 사도 바울이 "그리스도로 말미암아 세상이 나를 대하여 십자가에 못 박히고(ἐσταύρωται) 내가 또한 세상을 대하여 그러하니라"(갈 6:14)고 말함으로써 십자가의 역사적인 본래의미와 신학적인 확대의미를 함께 사용할 수가 있었던 것이다(참조. 갈 5:24; 골 2:14). 이것은 일상용어가 일반적 사용에서 특수한 사용으로 발전한 것을 의미한다.

(3) 일상용어의 함의

그런데 이렇게 일상용어가 본래의미의 일반적 사용에서 확대의미의 특수한 사용으로 발전할 수 있는 것은 일상용어 그 자체가 지니고 있는 여러 가지 가능성에 기인한다.

① 일상용어의 다의성

첫째로, 일상용어가 본래의미에서 확대의미로 발전할 수 있는 가능성은 일상용어가 다양한 의미를 가지고 있기 때문이다. 예를 들어 빵/떡(ἄρτος)이라는 일상용어는 밀가루를 반죽하여 만든 물체를 가리키는 말이기도 하지만 음식물(βρῶσις) 전체를 나타내는 말이 되기도 한다. 그렇기 때문에 예수님은 오병이어의 이적 후에 자신을 찾는 무리를 향하여 빵/떡(ἄρτος)과 음식물(βρῶσις)을 섞어서 사용하셨다. "너희가 나를 찾는 것은 표적을 본 까닭이 아니요 떡(ἄρτος)을 먹고 배부른 까닭이로다 썩을 양식(βρῶσις)을 위하여 일하지 말고 영생하도록 있는 양식을 위하여 하라"(요 6:26-27). 이렇게 하여 예수님은 떡이라는 일상용어가 본래의미에서 확대의미로 발전하는 것을 분명하게 보여주셨다. 이때 떡이라는 일상용어는 단순히 말랑말랑한 탄수화물 덩어리가 아니라 사람의 생존을 유지시키는 양식을 대표하는 것으로 간주된다.

② 일상용어의 회화성(繪畵性)

둘째로, 일상용어에는 회화성이 있기 때문에 본래의미에서 확대의미로 발전할 수 있다. 예를 들어 우리는 "먹다"(ἐσθίειν)는 말을 사용할 때 사물로는 떡, 그릇, 탁자 등을 연상하고, 행위로는 집음, 들어 올림, 입맛을 다심, 입을 엶, 삼킴 등을 연상한다. 일상용어에는 연상적으로 많은 사물들과 행위들이 관계된다. 예수님도 이스라엘 백성이 만나를 먹은 사건을 설명하시면서 떡, 하늘, 광야, 죽음과 같은 것들을 연상하셨다(요 6:32,49,58). 여기에서 주목해야 할 사실은 언어의 연상이 대부분 경험에서 나온다는 것이다. 음식을 먹어본 사람은 "먹다"는 말을 자신의 경험에 비추어 그 행위를 이해한다. 그래서 언어는 경험적 언어이다. 물론 여기에는 예수님의 모습을 동양화로 그리는 것처럼, 자기의 경험에서 비추어 이해하는 문제점이 없는 것이 아니다. 이런 경우에는 예수님의 식사를 한국식으로 묘사하게 된다. 어쨌든 언어의 회화성에서 어의의 확장이 성립된다. 언어는 함의를 확장하려는 성격을 가지고 있다. 예수님이 "먹다"와 같은 일상용어를 사용하여 자신의 놀라운 뜻을 계시할 수 있는 것도 이런 가능성에서 기인한다(떡, 하늘, 영생, 요 6:51). 만일에 일상용어에 회화성이 없다면 광대한 하나님의 뜻을 담기 쉽지 않았을 것이다.

③ 일상용어의 문맥성(배후성)

셋째로, 일상용어가 본래의미에서 확대의미로 발전할 수 있는 가능성은 일상용어의 문맥성에서 성립된다. 일상용어는 문맥 속에서 그 의미가 파악된다. 예를 들어 사람들이 만나는 장면을 묘사함에 있어서 많은 상황설명이 언급되지 않는다. 희곡의 경우에 해설과 대사를 나머지 부분인 등장인물의 동작, 표정, 심리, 말투 등을 제시하는 지문(地文)을 살펴볼 때 일상용어의 의미가 한층 명확하게 드러난다. 베드로와 요한이 앉은뱅이에게 "우리를 보라"고 말했을 때(행 3:4), "보다"(βλέπειν)라는 일상용어는 막연히 보는 행위를 가리키지 않는다. 왜냐하면 베드로와 요한이 이 말을 하면서 보여준 동작은 매우 집중적인 것이기 때문이다. 그들은 앉은뱅이를 주목하였다(ἀτενίζειν). 따라서 앉은뱅이에게 요청된 "보다"의 행위도 역시 집중적인 성격을 가지는 것이다.

예수님이 십자가를 끌고 가는 사건에서 십자가의 크기나 무게는 설명되지 않는다. 이에 대하여 성경은 침묵한다. 하지만 예수님께서 느낀 십자가의 중량은 문맥에서 넌지시 암시된다. 구레네 사람 시몬이 예수님을 대신해서 십자가를 지고 갔다는 것으로부터 어느 정도 십자가의 중량감을 알 수 있다. 그것은 나무의 무게가 아니다. 예수님께 십자가가 무거운 까닭은 굶주림, 조롱당함, 매 맞음, 지쳐있음, 그리고 죽음에 대한 심리적인 공포 때문이다. 이런 요인들 때문에 십자가는 예수님께 상대적으로 더 무겁게 느껴졌던 것이다. 만일에 예수님께서 시몬과 동일한 상태와 상황에 있었더라면 십자가를 어렵지 않게 지고 갈 수 있었을지도 모른다. 그러나 실제로는 십자가가 시몬에게보다 예수님께 더 무거웠다. 여기에서 예수님의 수난의 심각성이 더욱 강하게 이해될 수 있다. 문맥을 고찰할 때 일상용어의 본래의미에서 확대의미를 발견한다. 예수님께 십자가의 무게는 나무의 무게가 아니라 세상 죄의 무게였던 것이다. 이렇게 해서 십자가는 세상의 죄를 상징하는 것이 된다(요 1:29).

의미의 확대와 관련하여 언어화되지 않은 언어를 고려하는 것은 매우 중요하다. 그것은 자주 문맥에서 나타난다. 글의 행간 사이에 숨어있는 내용에 성경이 주고자 하는 계시의 풍성함이 있다. 이런 점에서 매우 특이한 표현이긴 하지만 행간도 계시에 속한다. 하나님께서 말씀을 기록하게 하셨을 때 문자의 간격도 계시의 성격을 가진다. 펜과 종이, 문체와 시각이 계시를 표현하는 도구인 것처럼 행간도 계시를 표현하는 도구이다. 계시라는 말에는 이 모든 것이 포함된다. 다시 말해서 문자화되는 것과 관련하여 모든 것이 계시 사건이다. 이렇게 볼 때 행간은 언어화되지 않은 계시의 표현이다. 행간은 언어화된 계시를 이해하는 데 영향을 끼치기 때문이다.

④ 일상용어의 상징성

넷째로, 일상용어가 본래의미의 일반적 사용에서 확대의미의 특수한 사용으로 발전할 수 있는 것은 일상용어의 상징성 때문이다. 상징은 은유나 직유 등으로 이루어지는 비교법이다. 무엇보다도 상징에서 은유는 매우 중요하다. 은유는 일상용어에 기초하여 확립된 단어들의 의미를 넘어서는 것이다. 예를 들어 "여호와는 반석이라"고 할 때 사물의 영역은 탈선된다. 많은 경우에 일상용어에서 문자적 주어가 제시되지 않더라도 그 의미가 추정될 수 있다. 예를 들어 "그 목자는 나를 사랑한다"는 말에서 "그 목자"는 이미 주님을 의미한다(hypocatastasis). 실제로 일상용어의 이런 포괄적인 의미 때문에 하나님은 일상용어를 사용하여 더욱 포괄적인 의미를 가진 계시를 주실 수 있었다.

은유에서 비교점들은 다음과 같이 형성된다. 1) 인지적 비교는 오감에 호소하는 것으로서 바울의 질병을 가시로 비교하는 것이다(고후 12:7). 2) 공감적 비교는 다수의 사람들에게 공통적으로 감지되는 것으로서 예수님이 버린 돌이 된 경우이다(마 21:42). 3) 감각적 비교는 한 사물의 인상이 다른 것과 비교되는 것으로 인자의 모습을 예로 들 수 있다(계 1:14-16). 4) 실용적 비교는 한 사물의 행위나 결과가 다른 것으로 비교되는 것으로 악인의 목구멍은 열린 무덤 같다는 표현이다(롬 3:10).

⑤ 일상용어의 의미전환

이렇게 일상용어는 본래의미에서 역사적이지만 신학적인 확대의미를 가지는 경우가 많이 있다. 때때로 일상용어는 여러 개가 함께 사용됨으로써 의미가 크게 달라진다. 이때 여러 개의 일상용어를 결합하는 목적은 본래의미를 초월한 의미를 표현하려는 것이다. 이에 대한 대표적인 예는 "내가 책을 먹었다"(계 10:10)는 진술이다. "책"과 "먹다"는 둘 다 일상용어이지만 이 둘이 결합되었을 때 본래의 의미를 넘어서는 확대의미를 가지게 되었다. 책을 먹는다는 것은 복음을 받아들인 것을 의미한다(참조. 계 10:7).

일상용어의 의미변화는 세 가지 방식으로 발생한다.[5] 첫째로 의미의 확대이다. 본래 그리스어 ἄρτος(아르토스)는 빵(떡)을 의미했으나 식사를 가리키는 말로 확대되었다(막 3:20). 둘째로 의미의 축소이다. 그리스어 εὐαγγέλιον(유앙겔리온)은 폭넓게 "좋은 소식"을 의미하는 단어였으나 신약성경에서는 "복음"이라는 뜻으로 축소되었다. 셋째로 견해의 분위기이다. 이것은 단어가 위치한 문맥들이 변경되는 경우를 가리킨다. 대표적인 예로 간부(姦婦) μοιχαλίς(모이칼리스)는 "배교자"라는 뜻으로 쓰였다(마 12:39). 신약성경에서는 의미변화가 대부분 신학적인 성격을 가진다. 그 예로는 ἐκκλησία(에클레시아)가 모임/회합에서 교회로, διαθήκη(디아떼케)

---

5) M. Silva, *Biblical Words and Their Meaning: An Introduction to Lexical Semantics*, Grand Rapids: Zondervan, 1983, 76-78(= 모세 실바, 『성경 어휘와 그 의미: 어휘 의미론 서론』, 김정우/차영규 역 [서울: 성광문화사, 1990], 115-118).

가 유언/유서에서 하나님의 언약으로, *χάρισμα*(카리스마)가 선물에서 영적 은사로 변환된 것을 말할 수 있다.

일상용어는 본래의미에서 역사적이지만 다양한 방식으로 신학적인 확대의미를 가진다. 이렇게 일상용어는 의미에 포괄성을 지니게 된다. 일상용어의 포괄성은 하나님께서 자신의 뜻을 더욱 풍성하게 나타내시는 근거가 되었다. 만일에 일상용어가 오직 한 가지 의미로만 이해되어야 한다면 하나님의 뜻을 담기에 매우 제한적이었을 것이다. 하나님은 다양한 의미를 포함할 수 있는 일상용어를 사용해서 자신의 뜻을 펼치셨다. 이것은 마치 예수님이 당시에 일반적으로 사용되던 "인자"라는 용어를 공적인 위엄의 칭호로 채용하시어 자신을 지칭하면서 신적 권위를 지닌 지상적 인자, 구원의 대속물로서 고난의 인자, 세계의 종말론적 통치자와 심판자가 될 묵시적 인자로 표현한 것과 같다. "인자"라는 용어는 사람들의 입에서 예수님의 입으로 넘어오면서 의미가 변환되었다. 많은 일상용어들에 이런 변화가 생겼다. 우리는 이것을 일상용어의 신학화라고 부를 수 있을 것이다. 이와 마찬가지로 일상용어는 하나님의 수중에서 계시언어가 된다. 이것은 일상용어의 계시화이다. 이것은 일상용어의 성격적 변환으로 일상용어의 승화이다. 일상용어가 계시적 일상용어가 된 것이다.

4. 신약성경 안의 마찰

1) 복음서들 사이에 마찰이 있는가?

복음서들을 꼼꼼히 통독하는 사람은 한 가지 어려운 문제에 봉착한다. 때때로 동일한 사건을 기록하는 복음서들 사이에 현저한 차이점이 발견된다는 것이다. 복음서들 사이의 차이점들은 매우 다양하지만 그 가운데 가장 결정적인 문제들은 순서의 차이와 내용의 차이이다.

(1) 순서의 차이

복음서들이 예수님의 사건 가운데 어떤 것들을 서로 다른 자리에 기록한 것은 적지 않은 당혹감을 안겨준다. 예를 들면, 예수님이 성전을 청결하게 하신 사건이 초기 사역으로 기록되기도 하고(요 2:13-22) 말기 사역으로 기록되기도 한다(마 21:12-17 / 막 11:15-18 / 눅 19:45-46). 한 여성이 주님의 발을 씻긴 사건이 초기에 놓이기도 하고(눅 7:36-50) 후기에 놓이기도 한다(마 26:6-13 / 막 14:3-9 / 요 12:1-8).

또한 등불을 등경 위에 둔다는 예수님의 가르침이 마태복음에서는 산상설교 중에 나오고(마 5:13-16), 마가복음과 누가복음에서는 씨 뿌리는 자 비유 다음에 나온다(막 4:21-25; 눅 8:16-18). 그런데 마지막 두 복음서도 자세히 살펴보면 이 가르침이 서로 다른 위치에 놓여있다는 것을 알게 된다. 이 가르침이 마가복음에서는 가족의 방문 다음에 위치하지만(막 3:31-35), 누가복음에서는 가족의 방문 이전에 자리 잡고 있기 때문이다(눅 8:19-21).

이 문제를 해결하는 일반적인 방법 가운데 하나는 비슷한 사건이 여러 번 일어났다고 생각하는 것이다. 이 해결책이 설득력을 가지는 이유는 위에 제시한 사건들을 면밀하게 살펴보면 상황이나 진행에 서로 다른 점들이 많은 것을 볼 수 있다는 사실 때문이다. 실제로 복음서들은 주님께서 서로 다른 상황에서 비슷한 말씀을 반복적으로 하셨다는 것을 보여준다(눅 8:17; 눅 12:2). 또한 아주 유사한 사건이 두 번씩 발생한 증거도 분명하게 나타난다. 주님께서 적은 음식으로 많은 사람을 먹이신 일(마 14:17-21; 15:32-39; 16:9-10), 갈릴리 바다에서 제자들이 난파의 위험에 처한 것(마 8:23-27; 14:22-33)이 바로 그것들이다.

이런 일반적인 해결책을 유지하면서 다른 각도에서 고려해볼만한 방법이 있다. 그것은 서로 다른 자리에 기록된 사건들을 한 번의 경우로 받아들이면서 단지 복음서들이 어떤 목적에 따라 배열을 달리한 것으로 생각하는 것이다. 사실 복음서들은 대체적으로 예수님의 활동을 반드시 시간의 순서로 기록하지는 않는다. 복음서들을 자세히 살펴보면 시간적인 순서에 그다지 구애받지 않는 현상을 자주 발견하게 된다. 복음서 기자들은 초대교회가 원칙으로 지킨 복음도식의 세 단락(세례자 요한의 활동, 예수님의 갈릴리/유다 활동, 예수님의 고난/부활/승천)에 충실하면서 동시에 각 단락 안에서는 시간적인 순서에 자유를 행사했다. 복음서 기자들은 각자의 생각에 따라서 예수님의 활동과 말씀을 이리저리 적절하게 배치하는 것을 어렵지 않게 생각했던 것이다.

어떤 때는 먼저 일어난 사건을 나중에 기록한다. 주님이 더러운 귀신에게 나올 것을 명령하셨기 때문에 귀신 들린 사람은 주님께 괴롭히지 말라고 주문했다. 그러나 귀신 들린 사람의 주문(막 5:6-7)보다 주님의 명령은 나중에 기록된다: "이는 예수께서 이미 그에게서 이르시기를 더러운 귀신아 그 사람에게서 나오라 하셨음이라"(막 5:8). 이와 반대로 어떤 경우에는 나중에 일어날 사건을 먼저 기록한다. 마리아가 주님께 향유를 붓는 사건은 나중에 일어날 것이지만(요 12:1-8) 앞당겨 기록된다: "이 마리아는 향유를 주께 붓고 머리털로 주의 발을 닦던 자요"(요 11:2). 어떤 경우에는 앞에서 명시한 적이 없는 사건을 분명히 언급했던 것처럼 기록한다. 주님께서 가버나움에서 행한 일은 앞에 어디에도 제시되지 않았지만 마치 일어났던 것처럼 언급된다(눅 4:23; 단지 눅 4:15에 갈릴리 여러 회당이라는 표현이 있을 따름이다).

복음서들이 주님의 활동을 반드시 역사적인 순서대로 기록하지 않는다는 점을 고려할 때 하나의 동일한 사건을 목적에 따라 다른 자리에 배열했다고 보는 것도 정히 틀린 주장은 아니다. 다시 말해서, 단락의 내용은 역사적 사건이라도 단락의 배열은 역사적 순서가 아닐 수 있다는 것이다. 그렇다면 위에서 예로 언급한 것처럼 복음서들이 예수 그리스도의 사건 가운데 어떤 것들을 서로 다른 자리에 기록한 것은 아무런 당혹감도 주지 않는다.

(2) 내용의 차이

내용의 차이에 관한 예를 들면, 예수님이 부활하신 날에 마태복음에서는 한 천사가 무덤 밖에 있었던 것으로 묘사하고("주의 천사가 [돌] 위에 앉았는데", 마 28:2), 마가복음은 한 천사가 무덤 안에 있었던 것으로 진술하며("무덤에 들어가서 한 청년이 우편에 앉은 것을 보고", 막 16:5), 누가복음은 두 천사가 무덤 안에 있었던 것으로 설명한다("들어가니 ... 두 사람이 곁에 섰는지라", 눅 24:3-4).

복음서 기자들은 예수님의 사건을 진술하면서 시간적인 변이에 신경을 쓰지 않았다. 예수님이 부활하신 상황이 실제로는 단순하게 진행되지 않았을 것이다. 처음에는 한 천사가 무덤을 열고 돌 위에 앉았다가(마태), 무덤으로 들어갔다. 또 다른 천사가 무덤에 들어갔고 이때 여자들도 무덤에 들어갔다(마가, 누가). 여자들은 한 천사가 우편에 앉은 것을 보았고(마가), 이어서 또 다른 천사가 있는 것을 발견하였다(누가). 이때 처음 천사가 여자들에게 예수님께서 누웠던 자리를 보여주었다(마태, 마가). 이렇게 부활의 상황은 복잡하지만 복음서 기록자들은 시간의 변이에 크게 신경 쓰지 않고 각자 예수 그리스도의 부활의 역사성을 설명하기에 필요한 내용만을 가져온 것이다.

이와 같이 복음서들을 읽는 사람은 두 가지 원칙을 항상 염두에 두어야 한다. 복음서 기자들이 시간적인 순서에 구애를 받지 않았으며 시간적인 변이에 신경을 쓰지 않았다는 사실을 고려하면서 복음서들을 읽으면 마찰처럼 보이는 것들은 어렵지 않게 이해된다. 그리고 바로 이런 점들이야말로 복음서들이 세상에 있는 다른 문서들과 다른 중요한 특징이 되기도 한다는 점을 잊어서는 안 된다.

그러면 복음서는 왜 네 권이 있어야 하는가? 이것은 초대교회로부터 고민되었던 문제이다. 초대교회에 유명한 어떤 사람은 땅에 동서남북 네 방향이 있고 하늘에 사자, 소, 사람, 독수리 네 생물이 있듯이 복음서는 네 권이 있어야 한다고 가르쳤는데, 줄곧 그것은 거짓 복음서들이 등장할 위험을 막는 중요한 교훈이 되었다(이레네우스). 어떤 이는 네 복음서를 따로 읽는 것을 불편하게 여겨 대략 시간적인 순서를 따라 통합하여 한 권으로 만드는 시도를 하였지만(타티안), 이런 시도는 교회가 그다지 신빙성 있는 것으로 받아들이지 않았다. 귀찮게 보이지만 복음서는 네 권이 있어야 한다는 것이 초대교회의 신앙이었기 때문이다.

하지만 복음서가 네 권이 있다는 사실이 교회에 항상 행복한 것만은 아니었다. 왜냐하면 네 권의 복음서 안에는 여러 모로 서로 마찰을 일으키는 것처럼 보이는 내용들이 들어있기 때문이다. 초기부터 기독교를 논리적으로 공격하는 사람들이 이 점을 놓칠 리가 없었다. 그들은 기독교를 맹렬하게 비판하면서 기독교의 뿌리라고 할 수 있는 성경을 난도질했고, 그 가운데서도 복음서들 사이에 나타나는 마찰에 집중포화를 가했다. 지금도 이런 현상은 기독교를 비난하는 사람들에게서 여전히 비슷하게 반복되는 것 같다. 이 때문에 교회를 지키려는 사람들은 예나 지금이나 네 복음서에 문제가 없다는 것을 설명하기 위해서 많은 시간을 할애했다.

사실 네 복음서가 있기에 우리는 예수님의 구속활동에 관해서 완벽하게 알 수 있다. 그것은 인간이 되신 하나님의 활동으로 역사상의 가장 위대한 사건이었다. 언어든지 행위든지 주님의 동작은 일 초를 수 만 번 잘게 쪼갠 것이라도 너무나도 귀하고 놀라운 것이다. 따라서 예수님의 엄청난 활동을 네 권의 작은 복음서에 담는다는 것은 하나님의 은혜가 아니었더라면 순전히 인간적인 면에서 볼 때 그 자체로 불가능한 것이었다. 사건이 기록보다 크다는 점을 감안할 때 네 복음서가 서로 다른 내용과 서로 다른 순서를 가지는 것은 자연스러운 일이다. 게다가 복음서를 기록하는 기자들이 제각기 계시적 은혜 아래 자신들의 경험과 전승과 신학을 활용했으니 복음서들 사이에 차이가 생기는 것은 당연한 결과이다.

중요한 것은 네 복음서가 순서와 내용에 상당한 차이를 나타냄에도 불구하고 큰 틀에 있어서는 엄격하게 동일한 순서의 규범을 따르며, 예수님의 구속활동에서 유명한 사건과 유명한 말씀을 그대로 적으려는 의지를 가지고 있다는 사실이다. 이 때문에 네 복음서는 아무리 차이가 많은 것처럼 보여도 실제로는 예수님의 구속활동을 배우는 데 언제나 동일한 효과를 불러일으킨다.

2) 바울과 야고보는 상반되는가?

바울과 야고보는 신학적으로 서로 마찰을 일으키는 것처럼 보인다. 바울은 믿음으로 의롭다 함을 얻는다고 말하지만(롬 3:28; 갈 2:16; 빌 3:9), 야고보는 행위로 의롭다 함을 얻는다고 말하기 때문이다(약 2:24). 그래서 항간에는 바울과 야고보를 조화시키기 어렵다는 생각이 맴돈다. 칭의에 있어서 바울은 믿음을 강조하고 야고보는 행위를 강조한다는 것이다. 실제로 바울과 야고보는 모두 칭의의 대표적인 예로 아브라함을 제시하면서 서로 너무나 다른 생각을 보여준다. "무릇 우리가 말하기를 아브라함에게는 그 믿음이 의로 여겨졌다 하노라"(롬 4:9). "우리 조상 아브라함이 그 아들을 이삭을 제단에 바칠 때에 행함으로 의롭다 하심을 받은 것이 아니냐"(약 2:21).

이런 관찰이 어느 정도 사실이기는 하지만 완벽한 진리는 아니다. 무엇보다도 바울과 야고보가 칭의의 주제를 서로 다르게 진술하게 된 데는 각각의 상황이 있었다는 점을 간과해서는 안 된다. 바울은 아직 한 번도 방문하지 못한 로마 교회에 가급적이면 복음의 핵심을 가르쳐야 할 필요를 느꼈다(롬 1:15). 이에 비하여 야고보는 가난한 사람들이 부자들에게 홀대받는 모습을 보면서 이 문제를 해결할 방도를 모색하게 되었다(약 2:1-4). 이렇게 서로 다른 상황에 처해 있는 바울과 야고보는 상이한 시각을 가지고 칭의의 주제를 바라볼 수밖에 없었다.

사실 바울과 야고보에게 믿음과 행위 가운데 어느 것도 무시되지 않는다. 바울은 믿음을 가지고 있는 신자가 행위로 그것을 표현해야 할 것을 말하고(롬 12장이하), 야고보는 행위를 가지고 있는 신자에게 믿음이 전제되어야 할 것을 말한다(약 2:22). 다시 말하자면 바울은 행위를 무시하지 않고, 야고보는 믿음을 무시하지 않는다. 그래서 바울에게는 "믿는 행위"가 강조되는 것이며, 야고보에게는 "행하는 믿음"이 강조되는 것이다.

바울에게나 야고보에게나 믿음과 행위는 분리되어 있는 것이 아니다. 바울은 믿음과 행함의 관계를 나무와 열매에 비교한다면(갈 5:22-23), 야고보는 행함과 믿음의 관계를 영혼과 몸에 비교한다(약 2:26). 믿음과 행위를 가르는 것은 열매 없는 나무 또는 나무 없는 열매와 같은 것이며, 몸 없는 영혼 또는 영혼 없는 몸과 같은 것이다. 바울이나 야고보는 모두 이런 현상을 죽은 믿음과 죽은 행위로 간주하였다.

신약성경이 확립되는 과정에서 바울과 야고보에게 나타나는 차이를 관찰하면서 고통을 느꼈던 사람들이 없었던 것은 아니지만 보편적인 교회가 최종적으로 둘 다를 그대로 수용했다는 것은 시사하는 바가 크다. 그것은 보편적인 교회의 무지의 소치에 의한 것이 아니며, 정치적인 타협에 의한 것도 아니다. 결국 바울의 신학과 야고보의 신학에 근본적으로 깔려있는 일치가 둘 다를 받아들이도록 보편적인 교회를 설득한 것이라고 볼 수 있다. 이렇게 하여 우리는 바울을 가지고 야고보를 이해할 수 있는 길을 얻은 것과 동시에 야고보를 가지고 바울을 이해할 수 있는 길을 얻은 것이다.

신약성경에 바울과 야고보가 어깨를 나란히 하고 있다는 것은 오늘날 신자들에게 많은 의미를 준다. 믿음은 반드시 행하는 믿음이 되어야 하고, 행위는 반드시 믿는 행위가 되어야 한다는 것이다. 믿음을 강조하면서 행함을 무시하거나, 행함을 강조하면서 믿음을 무시하는 것은 바울의 신학도 야고보의 신학도 깨닫지 못하는 것이며, 바울의 신학과 야고보의 신학에서 근본적인 일치를 발견했던 보편교회의 생각도 따라잡지 못하는 것이다. 그런 사람은 스스로 바울과 야고보와 무관한 사람이며 보편교회에서 떨어져 나간 사람임을 자증하는 것과 다를 바가 없다.

제3부

|

하나님

제3부 하나님

제1장

삼위일체 하나님

1. 삼위일체의 신비

　삼위일체론은 성경의 근본을 이루는 가르침이다. 삼위일체론은 하나님, 인간, 만물에 대한 모든 것을 이해하는 데 기초가 된다. 하지만 삼위일체론은 경이롭고 놀라운 것이다. 삼위일체론은 유비나 사변 등이 허용되지 않는 영원히 불가해한 신비이다. 성경에는 여러 가지 비밀과 신비가 있다. 창조가 신비이다. 아무도 창조를 본 사람이 없다. 창조를 실험하는 사람들도 있으나 아무도 알 수 없다. 성경이 말하는 제일 처음 사건은 우리에게 숨겨져 있다. 또한 말세가 신비이다. 말세는 아직까지 우리가 경험하지 못한 것이다. 우리는 육체를 가지고 있는 동안에는 말세를 경험할 수 없다. 이와 같이 성경의 처음 사건과 마지막 사건은 신비로 남아있다.

　삼위일체도 신비이다. 세상의 시작인 창조가 신비이며 세상의 마지막인 종말도 신비인데, 이 모든 일을 행하신 하나님이 세 신격이라는 방식으로 존재하신다는 것도 신비이다. 하나님의 존재와 하나님의 활동이 모두 신비이다. 하나님에 대해서는 하나님의 영 밖에 모른다(고전 1:10). 삼위일체라는 표현은 그 말 자체가 모순이며 신비하다. 그래서 삼위일체는 사람의 이성에 의해 어느 정도 파악될 수 있는 가능성은 있지만 완벽하게 탐구되거나 증명될 수가 없다.

2. 삼위일체의 계시

신비 속에 감추어진 삼위일체론은 오직 성경의 계시에 의해 설명되며 이해된다. 성경은 삼위일체론이란 말을 사용하지는 않지만 이 교리를 단순하고 명백하게 진술한다. 하나님은 계시를 통하여 삼위일체로 존재하심을 알려주셨다. 그래서 성경은 하나님이 영원에서 이미 성부와 성자와 성자로서 계신다고 가르치고, 삼위일체 하나님이 세계를 창조하시고 통치하시며 교회를 건설하시고 보존하신다고 가르친다.

신약성경을 살펴보면 삼위일체 하나님이 다양한 사건들과 연관되는 것을 발견한다. 첫째로, 신약성경은 세례에 있어서 "아버지와 아들과 성령의 이름으로 세례를 베풀라"(마 28:19)고 삼위일체에 대하여 이야기한다. 둘째로, 기원에서 "주 예수 그리스도의 은혜와 하나님의 사랑과 성령의 교통하심"(고후 13:13)을 말한다. 셋째로, 영적인 일에 대하여 말할 때도 삼위일체를 언급한다. 영적인 일은 성령의 은사와 그리스도의 봉사와 성부의 역사이다(고전 12:4-6). 넷째로, 삼위일체론은 구원론과 긴밀하게 연결된다. 삼위일체 하나님이 인간의 구속을 주도하시기 때문이다. 구원론은 신자가 되는 것과 신자로 사는 것이 내용이다. 이런 구속에 삼위일체 하나님의 역할이 구분된다. 일반적으로 하나님 아버지에게는 영원에서 예정/선택과 역사에서 중생이라는 역할이 있고, 예수님에게는 죽음과 부활이라는 역할이 있고, 성령님에게는 약속과 인 치심이라는 역할이 있다. 다섯째로, 요한계시록은 성부 하나님을 "이제도 계시고 전에도 계시고 장차 오실 이"로, 성령을 "일곱 영"으로, 성자 예수 그리스도를 "참되고 신실한 증인"으로 말하여 삼위일체 하나님을 언급한다(계 1:4-5).

그런데 신약성경은 수평적 삼위일체론을 가르친다. 신약성경은 삼위 하나님을 수평적 구조로 이해할 것을 요구한다. 왜냐하면 신약성경에 의하면 삼위일체에 순위가 없기 때문이다. 그래서 신약성경에서 삼위일체는 다음과 같이 다양한 순서로 진술된다.

성부 – 성자 – 성령(마 28:19; 엡 1:3-14; 벧전 1:3-12)

성부 – 성령 – 성자(계 1:4-5; 히 12:23-24[1])

성자 – 성부 – 성령(고후 13:13)

성자 – 성령 – 성부(마 3:16-17; 롬 8:1-4)

성령 – 성부 – 성자(유 20-21)

성령 – 성자 – 성부(고전 12:4-7, 8-31)

이것은 신약성경이 삼위일체를 수직적 질서가 아니라 수평적 질서로 생각했다는 것을 보여준다. 삼위일체 하나님의 관계는 수평적 관계이다. 그래서 삼위일체의 관계는 순서가 없이 진술된다.

3. 삼위일체의 구조

삼위일체는 한 본질에 세 존재방식이라는 말로 요약될 수 있는데, 이것은 이해의 영역이 아니라 믿음의 영역이다. 삼위일체 하나님은 본질이 하나인데 신격은 셋이다. 하나님은 일체라는 단일한 본성을 가지시지만 그 존재의 내면에는 삼위라는 세 신격이 있다. 그래서 삼위일체는 하나님 안에 존재하는 내적 관계이다.

---

1) Beza 사본(D)을 따를 경우, 히브리서 12:23은 "의인들의 영"($\pi\nu\epsilon\acute{\upsilon}\mu\alpha\tau\iota\ \delta\iota\chi\alpha\acute{\iota}\omega\nu$)으로 읽을 수 있다.

1) 단일한 본질

삼위일체에서 삼위의 신격은 동등하다. 삼위는 각자가 동일한 신의 본질을 가지고 있고, 동일한 신적 위엄을 가지고 있으며, 다른 둘의 신격 안에 존재한다.

삼위일체는 동일본질(όμοουσία, 호모우시아)을 가진다. 삼위의 본질은 동일하다. 삼위는 본질적으로 한 실체이기 때문에 분리되지 않는다(요 10:30; 17:11,22). 신적 본성은 세 신격 모두에게 공통적이어서 대등하게 본질적인 완전성과 전체성을 공유한다(요 17:5; 계 3:21). 성부의 본질이 성자의 본질이며 성령의 본질이다(예를 들면, 영원하심 -롬 16:26; 히 7:24; 9:14). 세 신격 각자는 본성상 하나의 살아있고 완전한 신이다(행 14:15; 요 5:26; 롬 8:2). 그러므로 신약성경은 예수님도 하나님이라고 부르며(요 1:1), 성령님도 하나님이라고 부른다(행 5:3-4). 삼위는 하나의 동일한 본질을 가지고 있기 때문에 서로 완벽하게 교통한다(요 16:14-15; 롬 8:27; 고전 2:10).

삼위일체는 동등위엄(ἰσότης, 이소테스)을 가진다. 세 신격은 공존과 속성에서 동등하다. 삼위는 동일한 형상을 공유하며(빌 2:6) 동일한 성품을 통용한다(요 5:18; 히 1:3). 또한 세 신격은 활동과 위엄에서 동등하다. 성자는 성부의 일을 하고(요 5:19), 성령은 성자의 말을 생각나게 한다(요 14:26). 성부와 성자의 영광이 동등하고(요 8:54; 히 1:3), 성부와 성령의 능력이 일치한다(눅 1:35).

삼위일체는 상호내재하신다.[2] 이것은 삼위일체 안에서 한 신격이 다른 신격과 가지는 완전히 밀접한 연합이다. 그러므로 예수님은 "아버지께서 내 안에 계시고, 내가 아버지 안에 있다"(요 10:38; 14:10-11)고 말씀하신다. 또한 죄와 사망의 법에서 자유하게 하시는 생명의 성령님은 예수님 안에 있다(롬 8:2).

---

2) 삼위의 상호내재는 보통 ἐμπεριχώρησις(엠페리코레시스)라고 불린다(mutua in existentia).

2) 구분되는 신격

그런데 삼위일체에서 통일된 한 본질 안에 구분된 세 신격이 존재한다. 삼위일체는 본질로는 분리되지 않지만 신격으로는 구분된다.

성부는 성자를 낳으신다(행 13:33; 히 1:5; 5:5). 성부와 성자의 관계는 영원한 출생의 관계이다. "낳다"는 성부와 성자 사이에 성립된 영원히 친밀한 관계를 표명한다. 성자는 성부와 신격이 다르다. 그러므로 예수님은 십자가에서 하나님을 부를 수가 있다(마 27:46). 성령님은 성부와 성자에게서 나오신다(요 15:26). 성부와 성자에 대하여 성령님의 관계는 영원한 발출이다. 성령은 성부 및 성자와 신격이 다르다. 그러므로 성령은 성부의 말씀을 운반하시고(벧후 1:21) 성자의 말씀을 생각나게 하신다(요 14:26).

그러므로 삼위는 신격으로 구별되어 서로 타격과 타격이다. 삼위는 타격의 일부가 아닌 각각 개별이다. 성부의 신격이 다르고, 성자의 신격이 다르고, 성령의 신격이 다르다. 세례자 요한이 요단강에서 세례를 베풀 때 삼위의 세 신격이 각각 다르게 역사상에 존재하였다(마 3:16-17). 성자는 세례를 받으시고, 성부는 "이는 내 사랑하는 아들이요 내 기뻐하는 자라"고 말씀하시고, 성령은 비둘기 같이 강림하셨다. 따라서 성부, 성자, 성령 삼위는 서로 다른 신격이다. 삼위는 각각 본질로는 같지만 존재방식으로는 다르다.

삼위일체는 존재가 구분된다. 성부는 스스로 존재하며(계 1:4,8), 성자는 오직 성부로부터 출생하고, 성령은 성부와 성자로부터 발출한다. 이것은 삼위일체의 실제적 본질 내부에서 사람의 이해를 넘어서는 방식으로 일어나는 까닭에 삼위의 내적 활동이라고 불린다.

또한 삼위일체는 관계가 구분된다. 삼위일체의 관계에서 성부에게는 아버지 됨이 있고, 성자에게는 아들 됨 또는 출생됨이 있고, 성령에게는 나오심이 있다. 다시 말하자면, 아버지 됨은 오직 성부께, 아들 됨은 오직 성자께, 발출성은 오직 성령께 속한다.

나아가서 삼위일체는 활동으로 구분된다. 삼위는 활동의 방식에 따라 구별된다. 성부는 성자를 통하여 성령으로 활동하신다. 성자는 성부로부터 성령으로 활동하신다(요 5:19,30; 8:28; 히 9:14). 성령은 두 신격 중 하나로부터 활동하신다(요 16:13). 보통 창조는 성부에게(행 14:15; 17:24), 구속은 성자에게(벧전 1:18), 성화는 성령에게(벧전 1:2) 돌려진다. 이것은 삼위일체 밖의 대상을 향한 활동이기 때문에 외적 활동이라고 불린다. 게다가 삼위의 활동은 서로 독립적이다. 재림의 시점처럼 성자도 모르는 성부의 일이 있고(마 24:36), 십자가의 죽음처럼 성부가 하지 않는 성자의 일이 있고(마 27:46), 오순절 강림처럼 성부와 성자가 하지 않는 성령의 일이 있다(행 2:1-4).

4. 삼위일체론의 적용

삼위일체론을 아는 것은 신자에게 어떤 유익을 주는가? 삼위일체론에 관한 이해는 신학과 가정과 교회와 사회에 영향을 준다.

첫째로, 삼위일체론은 구원관에 확립을 준다. 삼위일체 하나님은 우리를 구원할 문제와 예수님의 십자가의 죽으심과 성령의 약속의 영으로 인 치심을 창조 이전에 논의하셨다. 이 같은 영원한 논의(eternal counsel)로 말미암아 우리의 구원은 시간 속에서 흔들리지 않는다. 사회적 하나님이 영원한 논의를 하셨기 때문에 우리의 구속함에 후회하심이 없다(롬 11:29). 신자는 타락할 수 있으나 구원에는 변화가 없다. 구원받은 사람의 타락은 자신만이 손해를 본다.

둘째로, 삼위일체론은 가정생활에 변화를 준다. 사회적 하나님이 가정에 주신 은혜로 남자와 여자는 한 몸이 된다. 부부가 한 몸이 되는 것은 기독교의 독특한 사상이다. 삼위일체 하나님의 관계가 수평적 관계인 것과 마찬가지로 가정에서 부부의 관계도 수평적 관계이다. 남편의 사랑(엡 5:25)과 아내의 순종(엡 5:22)은 계급적 상하관계를 뜻하는 것이 아니라 상호간의 존경을 의미한다(엡 5:21,33). 삼위일체론에 대한 이해는 가정의 구조를 바꾸며 평화를 이룬다.

셋째로, 삼위일체론은 교회의 가치관을 바꾼다. 삼위일체의 수평적인 관계와 마찬가지로 교회의 모든 지체는 수평적인 관계를 가진다. 또한 삼위일체에서 신격이 구분되며 역할이 다른 것처럼 교회의 모든 직분(목사, 장로, 집사)은 구분되며 역할이 다르다. 이것은 한 몸에 많은 지체가 있는데, 각 지체는 기능이 다른 것과 같다(롬 12:4-8; 고전 12:12-27). 그래서 교회에서 남자의 역할과 여자의 역할을 혼동하면 안 된다.

마지막으로 삼위일체론은 우리의 경건을 자극한다. 우리는 신비한 삼위일체 하나님 앞에서 머리를 숙여 겸손해지며(계 4:8) 깊은 영적인 세계로 들어간다.

제2장

성부 하나님

성경은 하나님을 보여준다. 성경의 최우선 목적은 하나님을 묘사하는 것이다. 하나님에 대한 설명에 관심을 기울이지 않으면서 성경에 접근하는 것은 그 자체가 무의미하다. 성경에서 하나님은 직유나 은유와 같은 여러 가지 방식을 따라 일정한 개념으로 서술된다. 예를 들면 아버지 빛이나 사랑 같은 개념들이다. "하나님은 만유의 아버지시다"(엡 4:6), "하나님은 빛이시다"(요일 1:5), "하나님은 사랑이시다"(요일 4:8,16). 이처럼 성경은 여러 가지 개념을 사용하여 하나님을 설명하려는 의지를 드러낸다. 하나님의 성품을 설명하는 것은 무척 어려운 일이기 때문에 필연적으로 일정한 개념들이 비유의 방식으로 사용될 수밖에 없다. 이런 현상은 하나님의 성품을 묘사하는 것이 얼마나 곤혹스러운 일인지를 입증한다. 이런 개념들이 때로 구체성을 가지는 것은 사실이지만, 그럼에도 불구하고 이런 개념들의 개별적인 사용은 하나님의 속성을 단적으로 설명하려는 시도를 뜻할 뿐이다.

1. 하나님 속성의 분류

하나님께는 여러 가지 속성들이 있다. 하나님의 존재와 활동은 아무것에도 의존하지 않으며, 역으로 하나님 밖의 모든 것이 존재와 활동에서 하나님에게 의존한다(독립성). 비록 하나님에게 많은 속성들이 있다고 말할지라도 합성은 없다(단순성). 하나님은 모든 시간의 제한을 배제하는 영원성을 가지며, 모든 공간의 한계를 배제하는 편재성을 가진다는 점에서 무한하다(무한성). 하나님은 스스로 자기에 의하여 존재하기 때문에 연속과 변화가 없이 영원토록 동일하게 존재하신다(불변성). 또한 하나님께는 생명, 지성, 의지라는 속성들이 있다. 하나님은 생명 그 자체이시다(요 5:26). 하나님은 생명의 원천이시다(행 17:25; 롬 11:36; 고전 8:6; 참조. 시 36:9). 따라서 우리는 하나님과의 관계에서만 살고 움직이며 존재한다(행 17:28). 하나님은 지성 그 자체이시다(롬 11:33; 엡 3:10). 하나님께는 지혜가 풍부하며 헤아릴 수 없는 판단이 있다. 하나님의 의지는 독립적이며("만물이 주의 뜻대로 있었고", 계 4:11), 불변적이며 영원하다(엡 1:4; 참조. 시 33:11).

하나님의 속성에는 비허용성과 허용성이 있다. 하나님이 절대적인 완전성 가운데 소유하고 있는 어떤 속성들이 피조물의 제한성 가운데 발견되는 경우가 있기는 하지만 다른 것들은 그렇지 않다. 하나님은 속성들 가운데 어떤 것은 닫아놓고 어떤 것은 열어두었기 때문이다. 하나님께는 열어놓으신 속성이 있고 열어놓지 않은 속성이 있다(고전 2:11; 참조. 신 29:29). 하나님의 속성의 폐쇄와 개방은 비공유와 공유의 원인이다.

1) 하나님의 감추어진 속성

하나님의 감추어진 속성은 하나님의 본질에 속한다. 하나님의 본질은 불가해이다. 하나님의 본질은 파악하기 극히 어렵고 공유되지 않는다. 또한 하나님은 어떤 사람도 보지 못하였고 또 볼 수 없는 분이시다(요 1:18; 5:37). 하나님께는 불가시성이 있다. 하나님은 심지어 회전하는 그림자도 없으시다(약 1:17). 이것은 하나님께 접근하는 것이 불가능하다는 사실을 알려준다(참조. 전 3:11). 하나님의 본질은 불가접이다. 하나님은 가까이 하지 못할 빛에 거하신다(딤전 6:16). 이 때문에 하나님도 사람이 접근하는 것을 극구 만류하셨던 것이다(히 12:20; 참조. 출 19:12). 성경은 하나님의 본질의 불가해성과 불가시성과 불가접성 때문에 하나님을 설명할 때 어쩔 수 없이 우주의 신묘불측한 현상들을 사용하여 묘사한다.

하나님의 감추어진 속성은 오직 하나님께 속한다. 이것이 하나님의 위대한 면이다. 하나님께는 아무도 접근할 수 없는 은닉성이 있다. 따라서 사람이 하나님의 은닉된 부분을 알려고 시도하는 것 자체가 잘못이다. 그런 시도를 하는 사람은 자신을 손상시키는 결과만을 초래한다. 하나님의 은닉성 앞에서 우리에게 요구되는 것은 단지 경외의 자세이다(빌 2:10-11). 감추어진 것을 가지신 하나님에 대한 떨림과 두려움을 가져야 한다(빌 2:12). 이 떨림은 공포의 떨림이 아니라 감격의 떨림이며, 이 두려움은 무서움에서 나오는 두려움이 아니라 벅참에서 나오는 두려움이다(참조. 시 2:11; 렘 33:9). 또한 하나님은 감추어진 분이기에 우리는 겸허한 자세를 가져야 한다. 우리는 감추어진 하나님 앞에서 스스로 낮아져야 한다. 우리의 모든 것은 하나님 앞에서 벌거벗은 듯이 드러나기 때문이다(히 4:13).

2) 하나님의 드러난 속성

그런데 하나님은 드러내는 것을 적극적으로 허용하셨다. 하나님이 스스로 공유를 허용하신 것이다. 허용을 위한 하나님의 적극적인 시도는 다름 아닌 계시이다(엡 3:9). 계시가 있기 때문에 하나님을 알 수 있는 강한 근거가 주어졌다. 계시로 말미암아 하나님의 본질은 근본적인 은닉을 전제로 하여 제한적으로 공개된다. 다시 말해서 하나님에게는 은닉의 의지와 공개의 의지가 공존한다. 계시를 중심으로 하나님을 알 수 없음과 하나님을 알 수 있음이 만난다. 계시의 저쪽에는 하나님의 감추어짐이 있고, 계시의 이쪽에는 하나님의 드러나심이 있다. 그래서 계시는 한편으로는 감추려는 하나님의 드러나심이며, 다른 한편으로는 드러나려는 하나님의 감추어짐이다(참조. 마 13:11,34-35). 계시는 하나님의 은닉과 공개가 나뉘는 경계이다.

2. 하나님 속성을 드러내는 다양한 표상방식

절대성이나 영원성은 하나님의 감추어진 속성이며, 세밀함이나 웅장함은 하나님의 드러난 속성이다. 하나님은 드러난 속성을 다음과 같이 여러 가지 방식을 통해서 공개하신다. 특히 이런 방식들은 하나님의 공유적 속성을 파악하는 데 효과적이다.

1) 인간

하나님은 자신의 속성을 표상하는 방식에서 무엇보다도 사람을 사용하신다. 하나님의 속성은 사람을 통해서 공개된다. 그 가운데 대표적인 예가 인간창조에 나타난 하나님의 속성이다. 하나님은 사람을 자기의 형상으로 창조하셨는데(고전 11:7; 골 3:10; 약 3:9), 거기에 하나님의 속성이 드러난다. 인간이 하나님의 형상으로 창조되었다는 사실은 하나님의 속성 가운데 많은 부분이 인간에게 반영된다는 것을 의미한다.

예수님은 인간 창조와 관련하여 "창조하신 이가 그들을 남자와 여자로 만드셨다"(마 19:4)고 말씀하셨는데, 이것은 창세기 1:27에서 한 마디를 뽑아내어 인용하신 것이다. 창세기는 하나님의 인간 창조를 세 번 연거푸 기술한다("하나님께서 사람을 자기의 형상으로 창조하셨다. 그분께서 하나님의 형상으로 그를 창조하셨다. 그분께서 그들을 남자와 여자로 창조하셨다"). 이것은 치밀한 병행구이다.

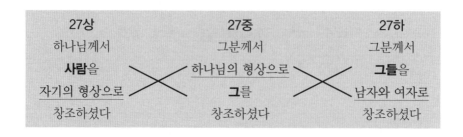

이 말씀은 하나님께서 "자기의 형상으로" 사람을 만드셨는데 "남자와 여자로" 만드셨다는 것을 보여준다. 이렇게 볼 때 하나님이 사람을 "자기의 형상으로" 만들었다는 것은 "남자와 여자로" 만들었다는 것을 의미한다. 하나님의 형상은 남자와 여자에 의하여 표현된다. 하나님 안에는 남자의 모든 것과 여자의 모든 것이 들어있다. 하나님께서는 남자와 여자를 통하여 자신의 형상을 드러내신다. 그래서 남자만으로나 여자만으로는 하나님의 형상이 표현되지 않는다. 남자와 여자가 함께 하나님의 형상을 표현한다. 마치 하나님께서 복수로 표현되듯이("우리", 창 1:26), 인간도 복수("그들", 창 1:27; 마 19:4)로 표현되고 있다. "우리"라고 표현되는 사회적 하나님께서 "남자와 여자"로 표현되는 사회적 인간을 만드셨다. 하나님의 사회성이 인간의 사회성에서 표현된다. 하나님의 형상으로서 인간 창조는 하나님 속성의 표현이다.

2) 사물

하나님은 때때로 사물을 통해서 속성을 표현하신다. 하나님은 자주 사물의 제작을 지시하며 그 설계도를 제시하셨다. 노아의 방주(히 11:7, χρηματισθείς, 크레마티스떼이스)나 모세의 성막(행 7:44; 히 8:5, κεχρημάτισται, 케크레마티스타이)이 그렇다. 사물의 설계도는 하나님의 속성을 드러내는 중요한 방식 가운데 하나이다(히 9:1-5). 여기에 균형과 조화, 세밀함과 자상함 같은 하나님의 성품이 표현된다. 대표적으로 도피성 제도가 그렇다(신 19:1-10). 하나님께서는 이스라엘 백성에게 약속의 땅을 기업으로 주시면서(행 7:45; 13:19) 특이한 제도를 세우셨다. 약속의 땅에 세 성읍을 도피성으로 구별하고, 나라가 안정된 후에는 다시 세 성읍을 도피성으로 추가하라는 명령이다. 도피성 제도의 중요성은 하나님의 성품을 드러낸다는 데 있다. 도피성 제도는 하나님의 성품에서부터 나온 것이기 때문이다. 도피성은 하나님의 성품의 표현이며 실현이다. 그것은 하나님의 성품에 기원을 두고 있으며 하나님의 성품을 표현하는 것을 목적으로 한다. 이 제도를 살펴보면 구원을 이루시는 하나님의 성품(계획성, 세심함, 적극성)이 드러난다.

3) 역사

신약기자들은 역사 속에서 하나님의 속성을 발견하였다. 그들은 창조를 비롯해서 노아의 홍수, 출애굽, 가나안 진입, 바빌론 포로와 귀환 같은 사건들이 모두 하나님의 속성을 드러내는 역할을 하는 것으로 보았다. 히브리서 기자는 창조부터 자신의 시대까지를 진술하며(히 11장), 누가는 아담부터 예수님까지를 말하고(눅 3:29-38), 마태는 아브라함부터 예수님까지 거론하며(마 1:1-17), 스데반은 아브라함부터 솔로몬까지를 언급하고(행 7:2-50), 사도 바울은 출애굽부터 예수님까지 설명한다(행 13:17-41). 신약기자들에게 역사는 하나님의 성품을 표현하는 도구였다. 역사가 하나님의 속성을 드러내는 계시의 수단인 셈이다.

4) 자연현상

자연현상도 하나님의 속성을 드러내는 역할을 한다. 시내 산의 우레와 번개와 빽빽한 구름과 충천한 불과 옹기가마 같은 연기와 지진과 흑암과 폭풍은 율법을 주시는 하나님의 엄위하신 속성을 실제적으로 표상한다(히 12:18-21; 참조. 출 19:16-19; 20:18-21; 신 4:11). 예수 그리스도께서 제자들과 함께 산 위에 올라가 변형되었을 때 빛난 구름이 그들을 덮은 것이나(마 17:5), 예수님이 십자가에서 운명하실 때 흑암이 덮이고 지진이 일어나 바위가 터진 것(마 27:45,51)도 하나님의 속성을 표상하는 것으로 이해할 수 있다.

5) 성경기록

하나님의 속성은 성경기록에서 절정으로 표현된다. 성경의 내용이 하나님의 속성을 보여줄 뿐 아니라 성경의 기록방식이 하나님의 속성을 증언한다.

무엇보다도 성경기록은 하나님의 공유적 속성을 표상한다. 성경기록은 시종일관하는 통일성을 가지고 있다. 이것은 하나님의 지식의 통일성을 나타낸다. 그래서 성경기록은 하나님의 지식과 지혜의 결정체라고 부를 수 있다. 하나님의 전지적인 지식은 모든 성경이 조화를 이루도록 만든다. 성경이 통일성과 포괄성을 가지는 이유는 하나님의 속성에 근거한다. 성경기록은 하나님의 지혜를 설명한다. 성경은 가장 좋은 수단에 의한 가장 좋은 기록인데, 이것은 가장 좋은 목적을 이루기 위하여 가장 좋은 수단을 사용하시는 하나님의 지혜에서 나왔다. 성경기록에는 하나님의 선하심이 작용했다. 이 사실은 성경기록이 사람을 위한 관대함과 친절함을 가지고 있다는 점에서 발견된다. 하나님은 사람이 읽고 알 수 있도록 성경을 기록해주셨다. 또한 성경은 하나님의 거룩하심에 기초하여 모든 거룩한 방식으로 기록되었다. 다시 말해서 하나님은 성경을 기록하는 사람들을 오류에서 보호하시고 하나님의 거룩하심에 거슬리는 일이 없게 하셨다. 성경기록은 하나님 속성의 표현이다.

나아가서 성경기록에서 하나님의 비공유적 속성도 발견할 수 있다. 하나님의 존재와 활동은 어떤 것에도 강요받지 않는 독립적이다. 성경은 이와 같은 하나님의 독립성에 기초하여 기록되었다. 하나님은 자신 외에 어떤 것에도 의존하지 않고 성경을 기록하셨다. 성경기록은 하나님의 필연성에 의한 것이다. 이것은 하나님이 성경을 기록하시면서 자신 외에 어떤 대상과도 상의를 하지 않았다는 것을 보여준다. 하나님의 단일성은 성경의 기록방식에서도 입증된다. 하나님은 많은 시간에 걸쳐 성경을 기록하게 하셨지만 그 동기는 언제나 동일하다. 바로 여기에서 성경의 통일성이 성립된다. 성경에 마찰이 있는 것처럼 보이는 것은 단지 가변적인 인간의 제한적인 이해 때문에 발생하는 것이다. 하나님의 무한성은 성경의 기록방식에도 작용했다. 하나님은 무한하시며 영원하시며 편재하시기 때문에 성경기록에서 역사의 시공간에 제약을 받지 않으신다. 그러므로 하나님은 다양한 인격이 다양한 시간과 다양한 공간에서 성경기록을 수행하게 하신 것이다. 하나님의 단순성은 성경기록과 관련하여 중요한 의미를 가진다. 하나님은 성경기록에서 다양한 문학을 사용하시지만 단순한 통일성을 보유하게 하시며, 다양한 부분이 서로 간에 깊은 연계성을 가지게 하신다.

3. 하나님 속성의 표상방식의 근원

그러면 하나님의 속성이 표상되는 방식의 근원은 무엇인가? 하나님의 속성은 왜 표상되는가? 무엇이 하나님의 속성을 표상하게 만드는가?

하나님의 속성이 표상되는 뿌리에는 하나님의 계시가 있다. 계시는 속성을 표상하려는 신적인 의지의 작용이다. 영원하신 하나님께는 공간성, 시간성, 성품성이 내재하고 있는데 이런 내재적인 요소들 때문에 하나님의 속성이 계시된다. 예를 들면, 천지창조는 하나님의 이런 내재적인 요소들이 구체화된 것이다(롬 1:20). 이런 요소들은 하나님의 속성의 표상을 위한 뿌리이다. 이 때문에 하나님은 표현적이시다.

그런데 더 깊이 살펴보면 하나님은 본유적으로 표현성을 가지고 있다. 하나님의 표현성은 삼위일체 관계에서 출발한다. 하나님의 개방되지 않은 은닉의 속성들이 삼위일체성에 근거하듯이(삼위일체가 신비이기 때문에 하나님의 속성은 근본적으로 신비이다), 하나님의 공개되는 속성들도 삼위일체성에 근거한다(삼위일체는 상호간에 완벽하게 긴밀한 공개를 유지한다). 따라서 신적인 속성의 표상은 삼위일체 관계에서 전제된다. 삼위의 신격 교통이 신적 속성의 개방을 위한 원초적인 조건이다. 삼위가 상호교류를 위하여 개방되어 있다는 점에서 신적 속성의 표상을 위한 제일원인이 발견된다.

제3장

예수 그리스도

예수님은 명칭과 활동으로 이해된다.

예수님의 명칭은 신약성경에서 매우 다양하게 나타난다. 구원자로서의 예수님 (마 1:17)은 그리스도/메시아, 주님(χύριος, 퀴리오스), 구세주(σωτήρ, 소테르), 하나님의 아들, 인자(사람의 아들), 아브라함의 아들, 다윗의 아들, 중보자(μεσίτης, 메시테스), 보증(ἔγγυος, 엥귀오스)이라고 불린다. 특히 사도 요한에 의하면, 예수님은 독생자(μονογενής, 모노게네스)라는 명칭을 가지신다(요 1:14, 18; 3:16, 18; 참조. 요일 4:9). 보통 이 표현은 유일한 자녀(only child)를 가리킬 때 사용된다(눅 7:12 나인 성 과부의 아들; 눅 8:42 야이로의 딸; 눅 9:38 귀신들린 아들; 히 11:17 이삭). 이로부터 예수님이 독생자라는 사실은 그분만이 하나님 아버지와의 관계에서 유일한 아들이심을 유추해낼 수 있다. 예수님은 하나님과 동일한 신성을 가지는 유일한 분이다.

예수님의 활동은 선재, 비하, 승귀(乘貴)로 나누어 생각해볼 수 있다(빌 2:5-11). 비하와 승귀를 말할 때는 "육으로"와 "영으로"를 대조한다(롬 1:3; 벧전 3:18).

1. 선재

　성부 하나님은 창세 전에 예수님 안에서 신자를 선택하셨다(엡 1:4; 참조. 딤후 1:9; 딛 1:2 "영원 전에"). 이 사실은 예수님의 선재 사상을 선명하게 보여준다. 선재 사상에는 예수님의 신분과 모습과 상태와 활동이 포함된다. 신분으로 말하자면, 예수님은 그 자신이 하나님이시다(요 1:1). 그분은 하나님과 동등이시다(빌 2:6). 모습으로 말하자면, 예수님은 "하나님의 형상으로"(μορφὴ θεοῦ, 모르페 떼우, 빌 2:6) 계신다. 그는 "보이지 아니하시는 하나님의 형상"(εἰκὼν τοῦ θεοῦ, 골 1:15)이시다. 상태로 말하자면, 예수님은 태초에 계신다(요 1:1-2). 그분은 하나님과 함께 계신다(요 1:1-2). 그분은 모든 피조물보다 먼저 나신 분이시며(골 1:15) 만물보다 먼저 계신다(골 1:17). 그분은 창세전에 하나님과 함께 영화를 가지셨다(요 17:5). 활동으로 말하자면, 만물이 예수님 안에서 창조되었다(요 1:3; 골 1:15).

2. 비하

　예수님의 비하는 탄생(성육신), 등장, 활동(가르침과 이적), 수난이다. 복음서의 초점은 주로 예수님의 역사상의 활동을 묘사하는 데 치중한다.

1) 탄생(성육신)

　예수님의 비하에서 첫 단계는 육체를 취하신 것이다. 세상이 창조되기 전에 영원한 하나님의 세계에는 하나님의 아들을 구세주로 보내려는 위대한 계획이 있었다. 이 계획을 따라 예수님은 아브라함과 다윗의 혈통에서 탄생하셨다. 동정녀 마리아가 성령의 능력으로 예수님을 낳았다.

우선 예수님의 잉태에는 성령님이 관련된다. 성령님은 예수님 잉태의 주관자이시다. 예수님의 성육신은 성령님에 의하여 시작되었다. 이것은 잉태의 초월성이다. 예수님의 신성을 암시한다. 예수님의 잉태는 사람에 의한 것이 아니다. 이것은 잉태의 무죄성이다. 이로써 예수님은 하나님으로서 구주가 되셨다(요 1:14,18).

또한 예수님의 출생에는 마리아가 관련된다. 마리아는 예수님 출생의 실행자이다. 예수님의 성육신은 마리아에 의하여 실현되었다. 이것은 출생의 역사성이다. 예수님의 인성을 지시한다. 예수님은 마리아와 똑같은 인간(영혼과 육체 소유)이 되셨다. 이로써 예수님은 예언을 성취하는 여자의 후손으로서(창 3:15; 갈 4:4) 죄인의 구주가 되셨다.

예수님이 태어나셨을 때 하늘의 천사들과 땅의 목자들과 동방에서 온 박사들이 기뻐하는 반응을 보인 탄생은 두 가지 의미를 가진다.

첫째로, 성육신(incarnation)이다. 예수님은 "육신이 되었다"(σὰρξ ἐγένετο, 사르크스 에게네토, 요 1:14). 이것은 예수님이 역사적 존재가 되었음을 뜻하기 때문에, 로고스는 "사람"이 되었다고 소개되는 대신에 "육신"이 되었다고 소개된다. 이로써 가현설이 주장하는 것과 달리 예수님의 역사성이 강조된다.

둘째로, 동거(inhabitation)이다. 예수님은 "우리 안에 거주하였다"(ἐσκήνωσεν, 에스케노센, 요 1:14). 예수님의 성육신은 역사적인 동거에 의해 구체적으로 입증된다. 예수님의 거주는 땅(민 35:34), 백성(출 29:45; 레 26:12), 진영(민 5:3), 시온(시 132:13-4; 욜 3:17, 21), 성막/성전(왕상 8:13; 사 6:1-5)에 임재하시는 하나님의 거주(שכינה, 쉐키나)와 연관된다(임마누엘 사상). 그런데 성육신의 예수님은 "우리 안에" 거주하심으로써 사회와 격리된 존재가 아니라 역사적 현장에 동참하였다는 것을 뜻한다.

신약성경에는 예수님의 탄생과 관련하여 두 가지 계보가 나온다(마 1:1-17; 눅 3:23-38).[1] 그런데 문제는 이 두 계보에 조화시키기 어려운 큰 차이점이 있다는

---

1) 이 부분은 나의 글, "누가복음의 예수 계보", 『신약신학 열두 주제』(수원: 합동신학대학원출판부, 2001), 97-125를 손질한 것이다.

것이다. 마태복음은 위 세대로부터 아래 세대로 내려가는 하행적인 방식을 사용하지만, 누가복음은 아래 세대로부터 위 세대로 올라가는 상행적인 방식을 사용한다. 마태복음은 예수님의 계보를 다윗을 넘어 아브라함까지만 기술하지만, 누가복음은 아담을 넘어 하나님까지 언급한다. 예수님의 두 계보에서 결정적인 문제점은 상이한 이름들이 많이 나온다는 것이다. 마태복음과 누가복음이 아브라함부터 다윗까지는 대체로 동일한 예수님의 계보를 말하지만, 다윗부터 예수님의 아버지인 요셉까지는 서로 상당히 다른 이름들을 열거한다. 마태복음의 계보에 나오는 이름들은 우리가 구약성경으로부터 친숙하게 알고 있는 것이지만, 누가복음의 인물들은 매우 낯선 사람들이다. 이런 현상을 보면서 우리가 묻게 되는 것은 왜 누가복음이 마태복음과 다르냐 하는 것이다.

이 질문에 답하기 위해서 마태복음과 누가복음이 각각 예수님의 계보를 어떤 관계로 진술하고 있는 살펴보는 것이 중요하다. 마태복음의 계보는 "출생"이라는 관계로 하향적으로 진술되지만("아브라함이 이삭을 낳고[ἐγέννησεν, 에게네센] ... 야곱은 요셉을 낳았다"), 누가복음에서는 예수님의 계보가 "소유" 관계로 상향적으로 나타난다("헬리의[τοῦ, 투] ... 아담의, 하나님의"). 다시 말하자면, 마태의 관심은 예수님 계보의 혈연관계에 있지만, 누가에게는 예수님의 계보가 반드시 혈연에 의한 출생관계로만 이해되는 것이 아니다. 마태복음은 생물학적 계보이며, 누가복음은 다른 차원의 계보이다. 따라서 누가복음의 계보를 마태복음의 계보처럼 출생 계보로 읽는 것은 정당한 일이 아니다.

그러면 누가복음의 소유 계보는 어떤 의미인가? 누가는 계보를 기록하면서 "사람들이 아는 대로"(ὡς ἐνομίζετο, 호스 에노미제토, 눅 3:23)라는 전제를 달았다. 무엇보다도 이것은 누가복음이 타인의 계보를 사용했다는 것을 보여준다. 게다가 이 표현이 만일에 계보 전체에 관련된다면(단지 예수님과 바로 이어지는 요셉의 관계에만 해당될 수도 있지만), 누가복음의 계보는 상식적인 계보라는 뜻이 된다. 이와 같은 상식 계보를 사용해서 누가복음은 출생 계보를 말하는 마태복음과 다르게 예수님의 계보를 말하려고 했던 것이다. 어쩌면 누가복음은 마치 히브리서 11장에 나오는 인물들이 신앙이라는 주제로 계보를 이루는 것처럼, 어떤 특별한 주제를 따르는 예수님의 계보를 제시하려고 의도했을 가능성이 높다. 사람 사이의 관계는 혈연으로만 맺어지는 것이 아니고, 때로는 완전히 다른 방식으로 맺어지기도 한다(눅 4:25-27에 나오는 엘리야와 엘리사의 선지자 관계).

누가복음이 소유 관계라는 예수님의 상식 계보로 보여주려고 했던 가장 중요한 주제는 중간단락이 어떻든지 간에 최종적으로 예수님이 아담 그리고 하나님과 관계가 있다는 사실이다(눅 3:38). 누가는 자기 나름의 계보를 통해서 예수님이 아담 그리고 하나님과 관계가 있다는 것을 증명하려고 했다. 우선 예수님이 아담과 관련된다면 모든 인류를 위한 한 분으로서 아담으로부터 시작된 모든 인류의 범죄를 해결하실 수 있다. 또한 예수님이 하나님과 관련된다면 하나님으로부터 시작되는 구속을 성취하실 수 있다. 예수님은 새로운 아담이시다. 그래서 첫 아담은 실패했지만 새 아담이신 예수님은 회복하신다. 예수님은 보이는 하나님이시다. 따라서 하나님은 보이지 않지만 예수님은 하나님을 보여주신다.

2) 성장

예수님의 성장에 관해서는 오직 누가복음만이 짧게 언급한다(눅 2:40,52). 예수님은 신체($ἡλικία$, 헬리키아)와 지력($σοφία$, 소피아)과 신앙/은혜($χάρις$, 카리스)가 정상적으로 성장하였다. 예수님은 하나님의 말씀을 배우며 성장해서 열두 살이 되었을 때는(눅 2:41-51) 성전의 율법학자들과 토론을 벌일 정도로(눅 2:46) 성경을 잘 아셨다(눅 2:47).

3) 등장

예수님은 서른 살 쯤 되어 드디어 세상에 공식적으로 등장하셨다(눅 3:23). 예수님은 본격적으로 활동하기 전에 세 가지 준비를 하셨다.

첫째로, 예수님은 세례자 요한에게 세례를 받아 하나님의 일("하나님의 의")을 하러 오신 것을 드러내셨다(마 3:15). 이때 예수님은 성령강림을 받으셨다(눅 4:18). 둘째로, 예수님은 40일 동안 금식하신 후에 마귀에게 시험을 받으심으로써 결국은 마귀에 대하여 승리하실 것을 알려주셨다. 이 시험은 영적 영역에서 벌어진 사건이므로 순서가 중요하지 않다. 이 때문에 마태복음과 누가복음은 상이한 순서를 택한다. 셋째로, 예수님은 갈릴리 어부들을 제자로 삼아 사람들과 함께 일하는 것을 좋아하신다는 것을 보여주셨다.

4) 활동

이런 준비 후에 예수님은 갈릴리에서 사역을 시작해서 유다 지역까지 사역을 넓혀나갔다. 그래서 신약교회는 예수님의 활동을 언제나 이런 도식을 따라 진술하였다(행 10:37). 예수님은 모든 활동에서 하나님 아버지께 철저한 결속을 보여주셨다. 예수님은 오직 하나님의 뜻을 행하는 일념을 가졌다.

(1) 활동의 대상

예수님은 많은 사람들을 만나주셨는데, 때로는 사람들을 찾아가시고, 때로는 사람들이 찾아왔다. 예수님은 사회의 약자들, 부자, 학자, 정치의 중심세력, 가난한 사람들, 여자, 어린이, 노인 등 모든 계층의 사람들을 만나셨다. 세상에는 예수님이 만나지 못할 사람이 아무도 없다는 의미이다.

(2) 활동의 내용

예수님의 역사적 활동은 주로 두 가지로 표현되었다. 말씀과 이적이다(마 4:23; 9:35).

① 말씀

예수님은 사람들에게 많은 말씀을 가르치셨다. 예수님의 말씀은 설교, 대화, 논쟁, 기도이다. 예수님의 설교는 대체로 하나님 나라를 주제로 삼았는데, 쉽게 가르치기 위해서 비유를 사용하셨다. 예수님은 하늘에 나는 새 한 마리, 들에 피는 꽃 한 송이에서도 하나님 아버지의 자비로운 손길을 보셨다. 또한 예수님은 높은 자나 낮은 자나 인간 속에 숨어있는 악한 마음을 지적하셨다. 예수님은 종교와 정치에서 지도자 역할을 하는 사람들일수록 위장을 잘하는 것을 보시고 날카롭게 책망하셨다.

② 이적

예수님은 많은 이적을 베푸셨다. 예수님은 폭풍을 진정시키는 것 같은 기적들로 베푸셨지만 무엇보다도 병자들을 불쌍히 여기시면서 치료의 기적을 자주 베풀어주셨다. 예수님의 이적을 잘 이해할 필요가 있다. 이것은 예수님을 이해하는 데 중요한 눈을 열어주며, 이적의 의미를 이해하는 데 큰 도움을 준다. 이적을 인정하지 못하면 신앙을 가지지 못한다. 역으로 신앙을 가지지 못하면 이적을 인정하지 못한다. 이적과 관련하여 개념, 종류, 의미를 살펴보는 것과 오늘날도 이적이 일어나는지 생각해보는 것이 중요하다.

㉮ 이적의 개념

이적이란 무엇인가? 일반적으로 이적은 자연법칙으로 설명이 불가능한 사건을 가리킨다. 자연법칙 가운데 하나는 반복성이다. 예를 들면 태양의 뜨고 지는 것과 같은 이치이다. 이에 대하여 비반복성은 이적이다(아모리와의 전쟁에서 여호수아의 기도, 태양이 기브온에 머물고 달이 아얄론 골짜기에 머묾, 수 10:12-14). 따라서 이적은 자연법칙의 이탈이며 일상 속의 비상으로 이해된다.

이적은 한편으로는 영역의 차이 개념이고, 다른 한편으로는 차원의상위 개념이다. 영역의 개념으로 말하자면, 얼음에게는 흐르는 물이 이적이고, 흐르는 물에게는 하늘을 나는 수증기가 이적이고, 수증기에게는 땅으로 떨어지는 빗물이 이적이고, 빗물에게는 얼음이 이적이다. 차원의 개념으로 말하자면, 돌에게는 식물이 자라는 것이 이적이고, 식물에게는 동물이 움직이는 것이 이적이고, 동물에게는 사람이 사고하는 것이 이적이고, 사람에게는 하나님께서 죽은 자를 일으키는 것이 이적이다.[2]

그런데 평상이건 이적이건 모든 것이 하나님의 주관 속에서 일어난다. 자연법칙이란 하나님이 만물을 주관하시는 방식 가운데 일부에 지나지 않는다. 평상은 세계에 대한 하나님의 일반적인 운영이고, 이적은 하나님의 특별한 운영이다. 따라서 평상과 마찬가지로 이적도 하나님이 피조 세계 밖에 계심을 증명한다. 전능하신 하나님은 피조 세계 밖에서 만물을 정상대로 운영하실 능력도 있고, 비상하게 운영하실 능력도 있다. 다시 말하자면, 하나님은 우리에게 알려진 방식으로 능력을 발휘하시기도 하고, 우리에게 알려지지 않은 방식으로 능력을 행사하시기도 한다. 모든 것이 하나님의 임의 운영에 달려있다. 그러므로 이적이 의미하는 것은 자연의 이탈이 아니라 하나님의 능력이다.

④ 이적의 종류

복음서에는 예수 그리스도의 이적은 대략 33개 정도 진술된다. 이적에는 다음과 같은 종류가 있다. 치병 이적과 자연 이적이다.

첫째로, 치병 이적을 살펴보자. 치병 이적의 키워드는 치료이다. 이것은 예수

---

2) 참조. 헤르만 바빙크(H. Bavinck), 『하나님의 큰 일』 김영규 역 (서울: 기독교문서선교회, 1999), 60-61.

님이 세례자 요한에게 주신 말에 잘 요약되어 있다. "맹인이 보며 못 걷는 사람이 걸으며 나병환자가 깨끗함을 받으며 못 듣는 자가 들으며 죽은 자가 살아나며"(마 11:5). 우선 치병 이적에는 다양한 질병(문둥병, 간질병, 신체불구 등)을 치료하는 물리적 치병이 있다. 또한 질병 가운데 어떤 것은 귀신의 작용이기 때문에 귀신을 내쫓음으로 치료하는 영적 치병이 있다(귀신은 타락한 천사이다). 이런 경우에는 치병이 영적 싸움을 의미한다. 치병에서 절정은 죽은 자를 다시 살려내는 부활 이적이었다. 야이로의 딸(마 9:18-19,23-25/막 5:22-24,38-42/눅 8:41-42,49-56), 나인성의 청년(눅 7:11-17), 나사로(요 11:1-44)가 살아난 것을 예로 들 수 있다.

둘째로, 자연 이적을 살펴보자. 자연 이적의 키워드는 변화이다. 우선 자연 이적은 상태의 변화이다. 상태의 변화는 보통 이변이라고 불린다. 폭풍진정(마 8:23-27/막 4:37-41/눅 8:22-25), 무화과나무 저주(마 21:18-22/막 11:12-14,20-26) 등이다. 또한 자연 이적은 분량의 변화이다. 분량에 변화가 일어난 이적이 있다. 오병이어(마 14:15-21/막`6:35-44/눅 9:12-17/요 6:5-13), 칠병이어(마 15:32-38/막 8:1-10) 등이다. 이런 이적들은 밀가루와 기름이 마르지 않게 한 엘리야 선지자의 이적(왕상 17:15-16)과 기름병을 채운 엘리사의 이적을 연상시킨다(왕하 4:1-7). 마지막으로 자연 이적은 성질의 변화이다. 물이 포도주로 변함(요 2:1-11). 물이 포도주가 된 이적은 마라의 사건을 연상시킨다(출 15장). 이 외에도 물위를 걸으신 것이나, 배가 순식간에 해안에 도착하게 하신 것이나, 물고기를 많이 잡게 하신 것 등의 이적이 있다.

㉴ 이적의 의미

그러면 예수님이 이적을 베푸신 것은 어떤 의미를 가지는가?

첫째로, 이적은 예수님의 성품을 표현한다. 이적에서 예수님의 인성과 신성이 표현된다. 우선 이적은 예수님의 인성을 표현한다. 치병이적에서 예수님의 인성 가운데 긍휼이 나타난다. 베드로 장모 치병 후에 귀신들린 자들과 병든 자들을 치병한 것을 가리켜 이사야 선지자의 메시아 예언(사 53:4)이 성취된 것으로 알려진다. "우리의 연약한 것을 친히 담당하시고 병을 짊어지셨도다"(마 8:17). 예수님이 치료하시는 주요동기는 사람의 비참함을 긍휼히 여기시기 때문이다(마 9:36). 예수님은 치병 시에 자주 "다윗의 아들"이라고 불린다(마 9:27 등등). 이것은 예수님께서 당시의 유대인들이 기대하던 정치적인 통치자로서의 다윗의 아들인 메시아 상을 깨뜨리고 인간적인 치료자라는 새로운 메시아 상을 설립하는 것을 보여준다. 또한 이적은 예수님의 신성을 표현한다. 폭풍의 갈릴리 바다를 진정시키신 것은 예수님의 신성을 입증한다(마 8:23-27/막 4:37-41/눅 8:22-25). 질병과 죽음이 예수님께 굴복하였다.

둘째로, 예수님의 이적은 구약 예언의 성취이다. 예수님의 이적은 구약의 예언을 성취한다. 예수님의 이적에는 다음과 같이 구약의 이적들과 유사한 것들이 많이 있다. 마라의 단 물 변화는 가나의 포도주 변화와 비슷하다. 엘리야가 사르밧 과부에게 나타낸 밀가루와 기름 이적(왕상 17:8-16)은 오병이어 이적과 유사하다. 엘리사가 나아만의 나병을 치료한 것(왕하 5장)은 예수님의 나병 치료와 같다. 엘리사가 수넴 여인의 아들을 되살린 것(왕하 4:32-37)은 예수님이 회당장의 딸이나 나인 과부의 아들을 일으키신 것과 동일하다.

위에서 말한 것처럼 이사야는 메시야가 치병이적을 베풀 것을 예언하였다(사 53:4). 예수 그리스도께서 이적을 행하시는 것은 구약과의 연계성을 보이려는 의도 때문이다. 예수께서는 치병기적으로써 구약성경을 성취하신다(마 8:17).

셋째로, 예수님의 이적은 하나님의 영광을 드러낸다. 예수님은 38년 병자를 고치신 후에 "내 아버지께서 이제까지 일하시니 나도 일한다"(요 5:17) 말씀하셨다. 죽은 자를 살려내는 일에서도 아버지와 아들은 일치할 것이다. "아버지께서 죽은 자들을 일으켜 살리심 같이 아들도 자기가 원하는 자들을 살리느니라"(요 5:21). 예수님은 실로암 맹인의 치병에서 이적의 목적을 밝혀주셨다. "그에게서 하나님이 하시는 일을 나타내고자 하심이라"(요 9:3). 이적의 주요 목적은 하나님의 영광을 나타내는 것이다.

넷째로, 이적은 예수님의 구속사건을 위한 서론적 역할을 한다. 복음서마다 예수 그리스도의 이적을 기술하는 방식이 조금씩 다르다. 마태와 누가는 예수님의 말씀과 이적을 균등하게 기술한다. 마가는 말씀보다 이적에 많은 비중을 둔다. 요한은 오직 일곱 개의 이적만을 언급한다. 그런데 예수 그리스도의 이적은 공간적으로 보면 주로 갈릴리 활동에 집중되어 있고, 시간적으로는 십자가에서 죽음 당하실 것을 예언하시기 전의 시간에 몰려있다. 물론 십자가에서 당하실 죽음을 예언하신 후에도 병을 고치시기는 하였다(마 17:14; 19:2; 눅 22:51). 그러나 이적의 비중은 십자가 죽음 예언 이전에 무겁게 놓여있다. 이것은 이적이 예수 사건을 구속사의 가장 위대한 사건으로 증명하기 위하여 필연적으로 실현된 동반사항이었다는 것을 보여준다. 말하자면 이적은 구속사건을 위한 서론이었던 것이다. 따라서 예수님의 이적은 활동의 후반으로 갈수록 줄어든다. 왜냐하면 이적은 처음에 사람들이 예수님의 활동에 관심하는 집중효과를 얻기 위한 것이기 때문이다.

복음서마다 예수 그리스도의 이적을 기술하는 방식이 조금씩 다르다. 마태와 누가는 예수 그리스도의 말씀과 이적을 균등하게 기술한다. 마가는 말씀보다 이적에 많은 비중을 둔다. 요한은 오직 일곱 개의 이적만을 언급한다. 공관복음과 공통적으로 가진 것은 신하의 아들 치료(요 4:46-54), 오병이어(요 6:1-13), 바다 위를 걸으심(요 6:16-21)이다. 그 외의 이적들은 요한복음에만 있다. 가나의 혼인잔치 이적(요 2:1-11), 베데스다 연못의 치료(요 5:1-9), 소경의 치료(요 9:1-7), 나사로의 살리심(요 11:1-44), 이적적인 어획(요 21:1-14).

사실상 예수님은 십자가 사건을 통한 구속을 이루시기 위하여 오신 것이지 이적을 행하기 위하여 오신 것이 아니다. 그래서 예수님을 이적을 행하는 능력자로 이해하면 안 되고 생명을 주시는 구속주로 이해해야 한다. 따라서 예수님은 사람들이 자신을 능력자로 오해하지 않도록 십자가의 시간이 가까이 올수록 이적을 행하지 아니하셨던 것이다. 결국 예수님이 오신 목적은 십자가의 죽음에 의한 구원이 목적이었다.

다섯째로, 이적은 구속사의 시각에서 이해해야 한다. 성경은 천지창조부터 예수님의 재림까지 구속사를 진술한다. 그런데 구속사는 결정적인 시기마다 이적이 일어난다. 구속사에서 이적은 성운처럼 모여 있다. 이것은 구속사에 전환이 왔다는 것을 보이기 위함이다. 이런 의미에서 예수님의 이적도 구속사의 전환점을 보여준다. 율법 시대에는 율법이 주어진 것을 입증하기 위하여 모세에게 이적이 많이 나타났다(신 34:9-12 "이적, 기사, 권능, 위엄"; 행 7:36 "기사와 표적"). 신정 시대에는 하나님이 이스라엘을 통치하신다는 것을 보이기 위하여 사사 시대와 선지자 시대에 이적이 주어졌다(눅 4:25-27). 복음 시대에는 복음이 온 것을 증명하기 위하여 예수님이 이적을 행하셨다(행 2:22 "권능, 기사, 표적"). 이방인 복음전파 시대에는 이방인에게도 복음이 전파된다는 것을 보이기 위하여 사도들이 이적을 베풀었다(행 2:43 "기사, 표적"; 행 5:12 "표적, 기사"; 행 15:12; 롬 15:18; 고후 12:12; 히 2:4).

㉑ 오늘날 이적에 대한 견해

오늘날도 이적이 일어나는가? 성경으로 보면 이에 대하여 부정적인 대답이 압도적이다.

첫째로, 구속사 때문이다. 위에서 살펴본 바와 같이 이적은 구속사의 전환점에서 주로 일어났다. 지금은 구속사의 전환점이 아니므로 이적이 나타나기를 기대할 이유가 없다.

둘째로, 하나님의 두 속성(전능과 지혜) 때문이다. 이적이 오늘날에도 일어날 수도 있고 일어나지 않을 수도 있다. 하나님은 전능하신 분이시므로 언제든지 이적을 행하실 수 있다. 그러나 동시에 하나님은 지혜로운 분이시므로 아무 때나 불필요한 이적을 주시지 않는다.

셋째로, 믿음과 관련하여. 이적이 반드시 믿음을 일으키는 것은 아니다. 유대교의 지도자들은 예수 그리스도의 이적을 보고도 예수 그리스도를 죽였다. 예수 그리스도를 따라다닌 많은 사람들이 이적을 보았으나 결국은 예수 그리스도를 죽이는 데 동의했다. 그들은 듣기는 들어도 깨닫지 않으며 보기는 보아도 알지 않는다(마 13:14-15; 막 4:12; 눅 8:10; 요 12:40). 심지어 제자들도 이적을 경험했으나 예수 그리스도를 부인했다. 이런 점에서 부활하신 예수 그리스도께서 도마에게 하신 말씀은 의미심장하다. "너는 나를 본 고로 믿느냐 보지 못하고 믿는 자들은 복되도다"(요 20:29). 믿음은 이적에서 나오는 것이 아니라 하나님의 말씀에서 나오는 것이다. "믿음은 들음에서 나며 들음은 그리스도의 말씀으로 말미암았으니라"(롬 10:17).

5) 죽음

예수님은 베드로가 신앙고백을 한 이후(마 16:21) 자신의 죽음에 관해 여러 차례 예고하셨다. 예수님의 죽음은 인간을 구원하기 위하여 하나님께서 세우신 뜻에 순종하는 것이다(막 8:31 "... 당해야만 한다" 신적 당위성). 복음서들은 예수님의 죽음에 관해서 거의 동일하게 자세한 설명을 제공한다.

(1) 입성

예수님의 죽음은 예루살렘에 입성하시는 것에서부터 시작한다. 예수님은 구약의 예언을 따라(슥 9:9) 어린나귀를 타고 입성하셨다(마 21:1-11 par.). 여기에는 여러 가지 의미가 들어있다. 예수님을 어린나귀를 타심으로써 낮아짐을 드러내시고, 빌린 나귀를 타심으로써 가난함을 보이시고, 예언을 따르심으로써 순종함을 나타내셨다. 예수님은 구세주이심에도 불구하고 낮아지고 가난하고 순종하는 모습을 택하셨다. 예수님은 사람들을 존귀하게 만들기 위하여 낮아지시고, 부요하게 만들기 위하여 가난해지시고, 왕으로 만들기 위하여 종이 되신 것이다.

(2) 만찬

예수님은 예루살렘에서 유월절 만찬을 베푸셨다. 유월절 만찬을 베푸신 곳은 빌린 다락방이었다(막 14:15). 이것도 역시 예수님의 겸손함과 가난함을 보여준다. 이곳에서 예수님은 떡으로는 몸을 상징하시고, 잔으로는 피를 상징하시면서 언약을 제정하셨다. 특히 잔은 언약의 피라고 불린다(막 14:24). 예수님의 언약 만찬은 살과 피를 내놓는 사랑과 은혜의 만찬이기 때문에, 이 만찬에 참여하는 자는 예수님의 사랑과 은혜에 참여하는 것이다. 유월절 만찬에서 열둘 가운데 한 제자가 예수를 배신할 것이 예고되었다(막 14:7-21). 이것은 가장 가깝고 중요한 사람에 의한 배신이었다. 예수님께 가장 가까이 있던 유다가 발꿈치를 들었다(요 13:18). 가장 가까이 있던 자가 가장 무서운 자가 된 것이다.

(3) 수난

예수님이 예고하신 대로 가룟 유다가 예수님을 유대교의 지도자들에게 넘겼다. 예수님은 감람산에서 체포당했다. 예수님은 이 와중에도 무력과 폭력에 대한 경고하셨다(막 14:48-49). 사랑은 폭력에 의해서 횡포를 당하지만, 폭력은 사랑에 의하여 용해된다. 이때 제자들은 모두 도망하였다. 예수님은 홀로 남아 고독한 상태에 놓이셨다. 모든 사람을 위한 한 사람이 되셔야 했기 때문이다(요 11:50). 이렇게 하여 예수님은 한 사람으로서 모든 사람을 대신하셨다(고후 5:14).

(4) 심문

예수님은 헤롯과 빌라도에게 각각 심문을 받고 결국 바라바를 택한 백성에 의하여 버림을 당하셨다. 정치가는 본래 자신의 뜻보다 백성의 뜻에 좌우되는 경향을 지니고 있고, 인간은 원래 의인보다 강도를 좋아하는 성향을 지니고 있다. 예수님은 인간의 본성에 의하여 심문을 당하시고, 인간의 본성에 의하여 버림을 당하신 것이다.

(5) 처형

예수님에게 죄악을 지적받은 사람들은 예수님을 거세게 공격하였고, 모든 힘을 합해서 예수님을 죽이기 위한 악랄한 음모를 짰고, 마지막에 백성들의 심리를 이용해서 예수님을 십자가에 못 박아 죽이는 데 성공하였다. 예수님은 종교와 체제와 정치를 전복한다는 누명으로 처형을 당하셨다. 예수님은 구약의 예언을 따라 십자가에 못 박히는 저주가 되셨다. 구약성경은 나무에 달려 죽는 것은 가장 저주스러운 죽음이라고 말하고 있다(갈 3:13). 찬양과 존귀와 영광가운데 거하시던 하나님의 아들이 멸시를 당하고 모욕을 당하고 버림을 당하였다. 가장 높은 분이 가장 낮은 자가 되었다. 가장 빛나는 자리에 계시던 분이 가장 어두운 자리에 놓였다. 생명을 가지고 있는 분이 죽음에 처하게 되었다. 도무지 일어날 수 없는 일이 벌어졌고, 절대로 일어나서는 안 될 일이 발생한 것이다. 하나님의 아들 예수님이 이와 같이 인간 세상에서 가장 비참하고 저주스러운 죽음에 처하셨다. 예수님의 죽음은 인간의 구속을 위한 것이었다. 인간의 구속은 하나님의 아들이 저주가 되시는 엄청난 희생을 통하여 이루어졌다. 그러므로 이것은 전적으로 하나님의 은혜이다.

(6) 매장

예수님은 십자가에서 다른 두 죄수와 함께 처형을 당하고 몇 시간 만에 절명하여 아리마대 사람 요셉의 무덤에 매장되었다(마 27:57-61). 예수님의 육체는 무덤에 버려지셨고 갇히셨다(고전 15:4). 매장은 다시 살아날 가능이 없다는 것을 확인하는 죽음의 완결이다(요 11:17; 행 2:29). 예수님의 육체에 남은 일은 시신이 부패하는 것뿐이다(행 2:27; 고전 15:42; 참조. 창 3:19; 시 90:3). 육체를 볼 때 예수님은 인간이 최종적으로 맞이할 비참함에 스스로 처하신 것이다. 예수님의 죽음은 사망에 대한 대결이다. 예수님은 죽음으로써 죽음과 싸우신 것이다. 예수님은 죽음으로써 죽음을 철저하게 죽었다.

3. 승귀

예수님의 활동은 비하의 마지막인 죽음으로 끝나지 않는다. 비하에 승귀가 이어지기 때문이다. "하나님이 그를 지극히 높이셨다"(빌 2:9). 예수님의 승귀는 부활과 승천과 좌정이다.

1) 부활

예수님의 사건에서 최고의 절정은 부활이다. 예수님의 부활은 구약의 예언을 성취하기 위하여 하나님의 능력을 실현한 것이다(고전 15:4; 참조. 눅 24:44-49). 신약성경에서 예수님의 부활은 세 가지 방면으로 진술된다.

첫째로, 예수님의 부활에 대한 사실적인 증거이다. 이것은 예수님이 역사적으로 어떻게 부활하셨는지 설명한다. 예수님은 죽은 지 삼일 만에 안식일 첫날 부활하셨다. 이로써 기독교인은 안식일 준수대신에 주일을 성수하게 되었다. 예수님의 부활은 무덤을 비게 만들었다. 여자들이 제자들보다 먼저 빈 무덤을 방문하였다. 부활하신 예수님은 부활의 몸을 가지고 폐쇄적인 제자들에게 찾아오셔서 평강을 전하시며 성령을 주셨다. 또한 예수님은 부활하신 후에 40일 동안 제자들과 함께 계시면서 하나님 나라의 일을 말씀하시고(행 1:3) 선교의 사명을 맡기셨다(마 28:19-20; 행 1:8).

둘째로, 예수님의 부활에 대한 교리적인 진술이다. 이것은 예수님의 부활이 어떤 교리를 성립시키지 설명한다. 하나님은 "예수를 죽은 자 가운데서 살리신 분"(롬 4:24; 8:11; 10:9; 고전 6:14; 15:15; 고후 4:14; 갈 1:1; 살전 1:10)으로 소개된다. 여기에 부활의 신론적인 의미가 성립된다. 예수님은 "나는 부활이며 생명이다"(요 11:25)라고 말씀하신다. 여기에 부활의 기독론적인 의미가 드러난다. 우선 부활의 조건이다. 여기에 예수와 부활의 관계가 드러난다. 예수님 없이는 부활을 생각할 수가 없다. 또한 부활의 내용이다. 여기에 부활과 생명의 관계가 드러난다. 생명 없이는 부활을 생각할 수가 없다. 성령님은 "예수를 죽은 자들로부터 살리신 이의 영"(롬 8:11)이라고 불린다. 여기에 부활의 성령론적인 의미가 나타난다. 성령님은 예수님을 죽은 자들로부터 일으키는 일에 있어서 성부 하나님과 동역하신다. 예수님의 부활은 교회론적인 의미를 가진다. 교회는 부활을 전제하는 공동체이다. 예수님의 부활이 없이는 예수님의 교회도 없다. 교회는 부활주의 영원한 임재의 표시이다(마 28:20). 교회는 부활을 신앙(기대)하는 공동체이다. 교회가 부활을 신앙(기대)하는 공동체라는 사실은 고린도전서 15장에서 잘 입증된다. 또한 교회는 부활을 체험하는 공동체이다. 교회는 세례를 통하여 부활을 체험한다. 부활과 세례의 관계는 로마서 6장에 분명하게 언급된다.

셋째로, 예수님의 부활에 대한 실제적인 적용이다. 이것은 예수님의 부활이 교회와 성도들에게 어떤 의미를 주는지 설명한다. 우선 역사적인 의미이다. 예수님이 실제로 부활하신 것처럼 우리도 부활하게 될 것이다(롬 6:8). 또한 종말론적인 의미이다. 예수님의 부활로 우리는 "생명의 새로움 안에"(롬 6:4) 있게 되었다. 마지막으로 윤리적인 의미이다. 예수님의 부활은 그리스도인에게 질 다른 삶을 요청한다(고전 15:32하-34).

2) 승천

부활 후에 예수님은 승천하셨다(막 16:9; 눅 24:50-53; 행 1:9). 예수님의 승천은 부활에 이어지는 승귀의 두 번째 단계이면서 동시에 부활의 영광에 대한 가장 확실한 증거이다. 만일 예수님이 부활하신 후에 그냥 지상에만 머물러 계셨다면, 예수님의 십자가 죽음 직후 발생했던 일시 부활(마 27:52-53)과 혼동되었을지 모른다. 하지만 예수님은 승천하심으로써 그 부활이 얼마나 다르며 영광스러운 것인지 확실하게 보여주셨다. 마치 예수님의 부활이 죽음에 대비되듯이, 예수님의 승천은 성육신에 대비된다. 성육신이 낮아짐이라면, 승천은 높아짐이다. 승천은 땅에서 육체를 가지고 구속사역을 마치신 예수님이 육체를 가지고 하늘로 올라가신 것이다. 예수님은 승천으로 말미암아 본래의 자리로 돌아가셨다(요 6:62). 하늘에서 내려오셨으니 하늘로 올라가신 것이다. 예수님의 승천은 여러 가지 신학적인 의미를 가진다.

첫째로, 예수님의 승천은 삼위일체론과 관련해서 대단히 중요한 의미를 가진다. 하나님 아버지에 의해서 높아진 예수님은 아버지로부터 성령님을 받아서 부어주셨다(행 2:33). 예수님이 승천하심으로 말미암아 다른 보혜사 성령님이 만백성을 위하여 오시는 사건이 가능하게 되었다(요 16:7). 예수님의 승천으로 성령님이 우리에게 절대로 변하지 않는 보증(담보)로 오신 것이다(고후 1:22; 5:5).

둘째로, 예수님의 승천은 기독론적으로 볼 때도 삼중직의 완성이라는 엄청난 의미를 보여준다. 예수님은 승천하심으로 하늘 성소에 들어가서 참 장막을 섬기는 대제사장의 역할을 영원히 수행하시면서 진정한 중보자가 되신다(히 8:1-2,6). 또한 예수님의 승천은 예수님이 온 우주의 모든 존재들, 보이는 것들과 보이지 않는 것들을 다스리는 보편적인 왕이시며 주이심을 선포한다(행 5:31; 엡 1:20-23; 빌 2:10-11). 그 뿐 아니라 승천하신 예수님은 성령님을 통해서 영원토록 말씀하시는 선지자로 나타난다(요 14:26).

3) 좌정

승천하신 예수님은 하나님의 우편에 앉으셨다(막 16:19; 벧전 3:22). 이것은 높은 곳에 계신 지극히 크신 분의 보좌 우편이다(히 1:3; 8:1). 하나님의 보좌는 영광스러운 모습을 가지고 있다(계 4:2-6). 보좌 우편 좌정은 예수님의 영광스러운 승귀를 한 마디로 묘사한다. 예수님은 모든 천사보다도 뛰어나시고 더욱 아름다운 이름을 가지신다(히 1:4). 하나님께서는 예수님은 보좌의 우편에 앉히시고 모든 능력을 주셨다(엡 1:20). 그래서 예수님은 만유의 주님으로 모든 영적인 존재들을 다 스리시고(엡 1:21; 벧전 3:22), 만물은 예수님께 복종하며(엡 1:22; 빌 2:10), 예수님은 교회의 머리가 되셨다(엡1:22).

보좌 우편에 앉으신 예수님이 교회의 머리가 되신다는 것은 예수님이 교회에 은혜를 베푸시는 것을 의미한다. 무엇보다도 좌정하신 예수님은 성령님을 주신다(행 2:33). 성령님의 수여는 예수님의 천상활동이다. 예수님에게 성령님을 받음으로써 사람은 신자가 되는 완전한 변화를 얻고, 신자로 사는 풍성한 능력을 얻는다. 또한 보좌 우편에 계신 예수님은 신자들을 위하여 중보의 기도를 하신다(롬 8:34). 하나님의 우편에 계신 예수님은 땅에서 고난의 싸움을 겪는 성도들에게 승리할 수 있도록 응원하신다(행 7:55-56). 게다가 신자들은 보좌 우편에 좌정하신 예수님으로부터 적시의 도움을 주신다(히 4:16). 이것은 은혜의 보좌이기 때문에 성도들은 하늘 하나님의 은혜를 맛볼 수 있다. 나아가서 보좌 우편에 계신 예수님은 신자들에게 사명을 맡기신다. 예수님은 지상에 계시는 동안 수많은 사람들을 찾아다니면서 복음을 전하시던 바로 그 사명을 우리에게 맡기신다.

마지막으로 성도들은 하나님의 보좌 우편에 앉으신 예수님 안에서 함께 하늘에 앉은 존재가 되는 유익을 얻는다(엡 2:6). 놀랍게도 하나님 우편에 앉으신 예수님과 함께 우리의 생명이 하나님 안에 감추어져있다(골 3:1-3). 예수님의 좌정이 우리에게 주는 유익은 "우리가 우리의 육체를 하늘에 확실한 담보로 맡기는 것이다"(하이델베르크 교리문답서 49). 우리는 하늘에 우리의 육체를 담보(Pfand)로 내놓고, 예수님은 땅에 자신의 성령님을 대응 담보(Gegenpfand)로 내주신다. 다시 말하자면 예수님의 승천으로 말미암아 지상의 교회와 성도는 예수님 안에서 천국을 소유하게 되었고 천상의 존재들 사이에 자리를 얻게 되었다.

4. 재림

예수님은 세상의 마지막 날에 하늘로부터 다시 오셔서 성도들을 영원한 세계로 이끌어갈 것을 약속하셨다. 재림은 예수님이 지상에 계실 때에 주신 분명한 약속이다(마 16:27). 이 때문에 사도들도 예수님의 재림에 대하여 자주 증거를 하였다(살전 4:16; 벧후 3:10). 재림은 약속을 성취하는 역사적 사실이다. 재림 이전에 자연(지진), 사회(전쟁), 영적 상황(이단들 횡행) 등에 징조가 보이지만, 재림 자체는 번개처럼, 도둑처럼, 출산처럼 갑자기 온다(마 24:27; 살전 5:2-3; 벧후 3:10; 계 3:3; 16:15).

예수님은 호령과 천사장의 소리와 하나님의 나팔로 친히 하늘로부터 강림하신다(살전 4:16). 예수님은 구름을 타고 능력과 큰 영광으로(마 24:30; 행 1:11) 수만의 거룩한 자들과 함께 오신다(유 14). 예수님의 재림은 만인이 보도록 우주적 관찰이 가능하다(마 24:30; 계 1:7). 예수님의 재림은 영적 세력들과의 마지막 전쟁을 의미하며(계 16:12-16), 이 세상의 마지막을 의미한다(벧후 3:10).

예수님의 재림에 대한 신앙은 기독교의 특징가운데 가장 빛나는 것이다. 그러나 재림 신앙이 제대로 정리가 안 되면 이단 사상들이 많이 발생한다. 초대교회에는 예수님이 육체로 오시는 것을 부인하는 이단이 있었고(요이 7), 심지어는 재림 약속 자체를 부인하는 이단도 있었다(벧후 3:3-4). 그러나 신자는 하늘로부터 구원자 예수 그리스도가 다시 오실 것을 굳게 기다려야 한다(빌 3:20; 계 22:20).

재림의 목적은 심판이다. 심판의 주체는 성부 하나님에게서 권한을 이양 받으신 예수님이시다(마 28:18; 요 3:35; 13:3; 17:2; 히 1:2). 그래서 예수님은 산 자와 죽은 자의 심판주가 되신다(행 10:42; 롬 14:9; 딤후 4:1; 벧전 4:5). 예수님의 재림 때 모든 사람이 심판의 대상이 된다. 산 자와 죽은 자가 모두 하나님의 심판대 앞에 선다(롬 4:10; 고후 5:10). 그러므로 예수님의 심판은 과거와 현재와 미래를 포함하는 전 역사에 대한 심판이다. 인생과 역사에는 종점이 있다. 예수님이 심판하시는 내용은 첫째로 언어이다. 모든 자는 자신의 언어를 고백한다(롬 14:10). 둘째로 예수님은 모든 자의 행위를 심판하신다. 모든 자가 자기 행위를 따라 책에 기록된 대로 심판을 받는다(계 20:11-15). 마지막으로 사람들의 모든 은밀한 것도 심판을 받는다(롬 2:16). 심판의 결과는 보상과 보응으로 갈라진다(마 25:14-30 달란트 비유; 눅 16:19-31 부자와 나사로 비유).

제4장

성령 하나님

1. 성령님의 이름

신약성경에서 성령님은 다양한 명칭으로 소개된다. 그 까닭은 성령님이 다양한 면모를 가지고 계시기 때문이다. 성령님의 대표적인 이름 몇 가지를 살펴본다.

1) 영

성령님의 가장 간단한 이름은 "영"($\pi\nu\epsilon\tilde{\upsilon}\mu\alpha$, 프뉴마)이다. 성령님은 "영"이시기에 물질과 육체를 초월하신다. 성령님은 물질이 아니시며 육체가 없으시다. "영"이신 성령님께는 구조가 없고 형체가 없다.[1] 이 때문에 성경은 성령님을 설명하는 가장 유사한 표현으로 바람(루아흐, 프뉴마)을 제시한다. 바람은 형체가 눈에 보이지 않지만 실제로 느껴진다(때로는 강력하게). 이 명칭은 단독으로 사용되는 경우들이 많이 있지만(마 4:1; 요 1:32; 행 2:4; 롬 8:26; 계 2:7), 때로는 여러 가지 수식어와 함께 사용되기도 한다.

---

[1] 예수님께서 요단강에서 세례자 요한에게 세례를 받으실 때 성령님이 내려오신 사건(마 3:16; 막 1:10; 눅 3:22; 요 1:32)에서 강림 방식을 비둘기 "처럼"($\omega\sigma\epsilon\acute{\iota}$, 호세이; $\omega\varsigma$, 호스)이라고 묘사한 것에 주의하라. 오순절의 성령 강림 방식에 관해서는 후론을 참조하라.

첫째로, 성령님께는 삼위일체 관계 속에서 수식어가 붙는다. "하나님의 영"(마 3:16; 12:28; 롬 8:9,14; 고전 2:11; 7:40; 12:3; 고후 3:3; 빌 3:3; 벧전 4:14; 요일 4:2), "하나님으로부터 (나오시는) 영"(고전 2:12), "아버지의 영"(마 10:20), "예수님을 죽은 자들로부터 일으키신 이의 영"(롬 8:11), "예수님의 영"(행 16:7), "그리스도의 영"(롬 8:9; 벧전 1:11), "예수 그리스도의 영"(빌 1:19), "주님의 영"(눅 4:18; 행 5:9; 8:39; 고후 3:17), "주님으로부터 (나오는) 영"(고후 3:18). 다음과 같이 수식어가 겹치는 경우도 있다. "하나님의 거룩한 영"(엡 4:30), "하나님의 일곱 영"(계 3:1; 4:5; 5:6).

둘째로, 성령님은 활동과 관련된 수식어를 가지신다. "진리의 영"(요 14:17; 15:26; 16:13), "성결의 영"(롬 1:4), "생명의 영"(롬 8:2), "양자의 영"(롬 8:15), "은혜의 영"(히 10:29). 성령님은 진리를 가르치시며, 성결을 이루시고, 생명을 수여하시며, 하나님의 자녀를 입양하고, 은혜를 주신다.

2) 성령

"영"을 수식하는 단어 가운데 "거룩하다"(ἅγιος, 하기오스)가 가장 많이 사용되어 성령님은 "거룩한 영"(πνεῦμα ἅγιον, 프뉴마 하기온)이라고 불리신다. 거룩함은 성령님의 가장 중요한 속성으로 두 가지 의미를 가진다. 무엇보다도 성령님은 거룩한 존재라는 사실이다. 성령의 본질은 거룩함이다. 성령은 거룩하시다. 나아가서 성령님은 거룩한 활동을 하시는 분이시다. 성령은 거룩하게 만드신다(살후 2:13; 벧전 1:2; 참조. 롬 1:3). 성령님은 거룩함을 원인으로 하여 거룩함을 진행시키며 거룩함을 목적하신다. 따라서 성령님은 교회의 거룩함과 신자의 거룩함의 원천이시다. 성령님으로부터 교회가 거룩하고 신자가 거룩하다.

3) 보혜사

요한복음에는 성령님께 돌리는 특이한 명칭이 나온다. 요한복음에 의하면 예수님은 세 단락에서 성령님을 보혜사(παράκλητος, 파라클레토스)라고 부르신다(요 14:16,26; 15:26; 16:7). 예수님 자신이 보혜사이시기 때문에(요일 2:1) 성령님은 "다른" 보혜사라고 불린다(요 14:16). 세 단락에서 가장 두드러지는 특징은 공통점이 발견된다는 데 있다.

첫째 공통점은 보혜사 성령님이 삼위일체 관계 속에서 이해된다는 것이다. 보혜사는 성자 예수님의 간구에 응답으로 성부 하나님이 주신다(요 14:16). 보혜사는 성부께서 성자의 이름으로 보내신다(요 14:26). 그런데 역으로 말해서 보혜사는 성자께서 성부로부터 보내신다는 표현도 성립된다(요 15:26). 이것을 달리 말하면 보혜사는 성부로부터 나오시며(요 15:26), 성자가 보내신다(요 16:7). 이렇게 볼 때 성령님을 보혜사라고 부름으로써 성부의 출원과 성자의 파송을 뚜렷하게 천명한다.

둘째 공통점은 보혜사가 "진리의 영"으로 소개된다는 것이다(14:17; 15:26; 16:13). 보혜사라는 명칭에서 가장 중요한 것은 진리를 가르치시는 역할임을 보여준다. 성령님은 보혜사로서 모든 것을 가르치시는데 특히 예수님이 말씀하신 것을 생각나게 하신다(요 14:26). 다시 말하자면 보혜사 성령님의 가장 중요한 사명은 예수님을 증언하는 것이다(요 15:26). 보혜사는 진리의 영으로 교회를 진리 가운데로 인도하시는데, 이를 위해 예수님의 것을 말하며, 장래의 일을 알리시고, 예수님의 영광을 나타내신다(요 16:13-15).

셋째 공통점은 보혜사의 활동에 관한 설명이다. 우선 보혜사 성령님이 세상과 어떤 관계를 가지시는지 진술된다. 세상은 보혜사를 받을 수가 없다. 그분을 알지도 못하고 보지도 못하기 때문이다(요 14:17; 참조. 고전 2:14). 반면에 보혜사 성령님은 세상을 책망한다(요 16:8). 보혜사의 책망은 죄와 의와 심판에 관한 것이다. 성령님은 세상이 예수님을 불신하는 것을 죄로 규정하시고, 세상이 육체로 보이는 예수님을 통해 하나님의 의에 도달할 기회를 거절하는 것을 책망하시며, 세상의 왕(마귀)이 이미 심판을 받았음에도 불구하고 참된 왕을 배척하는 세상을 책망하신다(요 16:9-11).

또한 보혜사 성령님께는 교회를 향한 활동이 있다. 보혜사를 알지도 보지도 못하는 세상과 달리 교회는 영원히 임재하시는 보혜사를 아는데, 교회가 성령님을 아는 까닭은 성령님이 교회에 임재하시기 때문이다(요 14:16-17). 보혜사의 임재는 세 가지 측면으로 설명된다. 성령님은 교회와 "함께"(μετά, 메타) 하시며, 교회 "곁에"(παρά, 파라) 머무시고, 교회 "안에"(ἐν, 엔) 계신다(참조. 딤후 1:14; 약 4:5; 요일 4:13). 보혜사 성령님은 교회를 위한 활동은 공존, 동거, 내주로 표현된다. 임재의 보혜사는 교회에 "모든 것"(πάντα, 판타)을 가르치시며(요 14:26) 심지어 "장래일"(τὰ ἐρχόμενα, 타 에르코메나)을 알리시고(요 16:13), 특히 예수님이 하신 모든 말씀을 상기시키며(요 14:26; 16:14-15) 예수님을 증언한다(요 15:26). 이로 말미암아 교회는 세상이 주는 것과 완전히 다른 평강을 얻고(요 14:27), 진리 가운데 인도함을 받는다(요 16:13).

4) 일곱 영

요한계시록은 성령님을 가리켜 "일곱 영"이라는 특별한 용어를 네 번 사용한다(계 1:4; 3:1; 4:5; 5:6). "일곱 영"이 삼위일체 구도에서 언급되는 것을 볼 때 성령님을 가리킨다는 것은 어렵지 않게 확증된다(1:4-5). 이 구도에서 "일곱 영"은 성부 하나님과 성자 예수님의 중간에 위치하시는데, 이로써 성령님은 성부와 성자를 연결하는 끈 같은 역할을 하신다.

"일곱 영"은 보좌 앞에 컨 일곱 등불로 묘사된다(계 4:5). 요한계시록에서 하나님의 보좌를 중심하는 하늘 세계는 지상 성전의 원형이다. 그래서 하나님의 보좌는 시은소와 연관되고, "일곱 영"은 등불과 연관된다. 성전에서 시은소가 하나의 임재를 의미하듯이, 등불도 하나님의 임재를 의미한다(출 27:20). 따라서 성령님은 "일곱 영"으로 묘사되면서 임재의 영으로 이해된다. "일곱 영"이라는 표현은 성령님의 임재를 강하게 부각시킨다.

첫째로, 성령님은 교회에 임재하신다. "일곱 영"은 예수님의 오른 손에 들려 일곱 교회의 사자를 상징하는 "일곱 별"(계 1:20)과 깊은 관계를 가진다(계 3:1). 따라서 "일곱 영"은 소아시아에 흩어져 있는 일곱 교회(계 1:11)에 임재하시는 성령님이다. 소아시아의 일곱 교회가 모든 공간의 교회를 대표한다는 것을 감안할 때, 성령은 세상의 디아스포라인 모든 교회에 임재하시는 영이심을 알 수 있다. 역으로 말하자면, 세상에 있는 모든 교회는 성령의 임재를 표현한다.

둘째로, "일곱 영"은 세상에 임재하신다. 요한계시록은 "일곱 영"이신 성령님의 활동영역을 교회에만 제한하지 않는다. "일곱 영"은 "일곱 눈"으로 상징되면서 온 땅에 보내심을 받은 성령이라고 불린다(계 5:6). 이렇게 볼 때 요한계시록에서 "일곱 영"이라는 표현은 모든 공간에 임재하시는 성령님을 지시하기 위해서 사용된 특수용어임을 알 수 있다(참조. 대하 16:9; 슥 4:10).

모든 교회와 모든 공간에 임재하시는 성령님을 나타내기 위해서 "일곱 영"이라는 표현이 사용되었다면, "일곱"이라는 숫자의 의미가 어느 정도 드러난다. 모든 공간은 결국 일곱 방면으로 형성된다. 모든 공간은 외면에 사방(동서남북)과 상하(위와 아래)를 가지고 내면에는 중심이 있다. 그러므로 네 개의 사방, 두 개의 상하, 하나의 중심은 모든 공간의 일곱 요소이다. 성령님은 "일곱 영"이라고 불림으로써 성령님이 관여하지 않는 공간은 없다는 사실이 천명된다. "일곱 영"이신 성령님은 모든 교회와 모든 공간의 통치자이시다.

2. 성령님의 신분

신약성경은 성령님의 신분을 설명하기 위해 한편으로는 사람과 유사한 인격을 가지시고, 다른 한편으로는 하나님으로서 특별한 신격을 가지신다고 서술한다.

1) 성령님은 인격체이시다

성령님이 보통 사람에게서 나타나는 것과 같은 인격을 가지고 있다는 사실은 실제로 인격적인 활동을 하신다는 데서 잘 드러난다(마 10:20; 눅 2:26; 12:12; 요 14:16-17; 15:26; 행 8:29; 롬 8:16; 히 10:15). 성령님은 지성을 가지시며(고전 2:10-11), 감정이 있으시고(엡 4:30; 약 4:5), 의지를 표명하신다(행 2:4; 고전 12:11). 또한 성령님은 성부 하나님과 성자 예수님이 보내신 분으로(요 14:16; 15:26; 16:13,27) 성부나 성자와 동등한 능력을 가지신다(마 28:19; 고후 13:13; 벧전 1:2). 예수님은 성령님을 훼방하는 죄를 언급하심으로써 성령님의 인격을 분명하게 증언하신다(마 12:31-32).

2) 성령님은 신격체이시다

그러나 성령님이 인간 차원의 인격이 아니라 하나님으로서의 신격을 가지신다. 성령님이 하나님이심은 다음과 같이 증명된다. 무엇보다도 성령님은 하나님의 이름을 가지신다(행 5:3-4). 또한 성령님께는 영원성(히 9:14), 편재성(계 5:6), 전지성(고전 2:10), 전능성(눅 1:35; 롬 15:13; 고전 2:4) 같은 신적 속성이 돌려진다.

3. 성령님의 활동

성령님의 활동은 역사(이스라엘)와 성경과 예수님과 성도/교회에 관련된다.

1) 역사(이스라엘)의 성령님

구약성경에서 성령님은 만물의 창조주이시며(시 33:6) 만물의 보호자(창 1:2)로 소개된다. 만물의 보호자이신 성령님은 역사를 주관하시는데 그 가운데 특별히 관심하시는 것은 이스라엘의 역사이다. 성령님이 일반 역사도 운행하시지만 특별히 이스라엘의 역사에 관여하셨다. 아브라함의 아들 이삭은 성령님에 의해 출생하셨다. 그래서 이스마엘이 이삭을 희롱한 것은 육체를 따라 난 자가 성령님을 따라 난 자를 박해한 것이다(갈 4:29). 다윗이 시편을 쓴 것은 성령님이 배후에서 활동하신 것이다(막 12:36; 행 1:16; 4:25; 히 3:7+4:7).

또한 성령님은 이사야와 같은 선지자들을 통해서 말씀하셨다(행 28:25; 엡 3:5). 성령님은 선지자의 영이시다(벧전 1:10-11). 그들 속에는 성령님이 계셨다. 선지자들의 역할은 성령님의 지시에 대하여 연구하는 것이었다. 그런데 성령님의 지시를 따라 선지자들이 연구한 가장 중요한 주제는 한 인물과 어떤 시간에 관한 것이었다. 그 인물은 메시아 예수님이시고, 그 시간은 예수님이 오시는 시점이다. 선지자들은 성령님이 지시하시는 예수님과 초림시간을 연구함으로써 예수님의 고난(체포, 심판, 죽음, 장사)과 영광(부활, 승천, 재림, 통치)을 미리 증언하는 결과를 낳았다. 한 마디로 말해서 선지자들의 활동은 전적으로 성령님께 의존하는 활동이었다. 성령님은 예수님의 고난과 영광으로 이루어질 구속의 일을 이미 선지자들을 통하여 보여주셨다.

그러나 이스라엘은 선지자들의 증언을 거절함으로써 성령님의 지시를 거부하는 배역을 일삼았다. 이 때문에 스데반은 공회 앞에서 신앙을 변증하면서 이스라엘의 역사를 요약하였다(행 7:2-53). 이 설교의 끝에 스데반은 당시의 유대인들이 역사의 선조들과 마찬가지로 배역하다고 지적하다. 그 배역은 성령을 거스르는 것이다(행 7:51; 참조. 행 28:25). 스데반의 시각에 따르면, 이스라엘 역사는 성령 배역의 역사인 셈이다. 이 설교에 성령님은 이미 이스라엘의 역사에서 활동하신 것으로 증언된다.

2) 성경의 성령님

구약성경은 하나님의 책이 성령에 의해 모아진 것을 말한다(사 34:16). 성령님이 성경 저술을 주도하셨다는 것은 사도 베드로가 확실하게 증언한다. "예언은 언제든지 사람의 뜻으로 운반되지 않았고, 사람들이 성령님에 의해 운반되어 하나님으로부터 말하였다"(벧후 1:21). 사도 베드로는 "예언"(προφητεία, 프로페테이아)이라는 말로 구약성경을 가리키고 있는 것이 분명하다.

여기에서 첫째로 중요한 것은 성경이 인간의 말이라는 사실이다. "사람들이 말하였다"(ἐλάλησαν ἄνθρωποι, 엘랄레산 안뜨로포이). 성경은 언어이며 기록이다.

둘째로, 베드로는 성경의 기원을 정확하게 밝힌다. 성경은 사람들이 말한 것이라 할지라도 그 기원은 "하나님으로부터"(ἀπὸ θεοῦ, 아포 떼우)이다.

셋째로, 베드로의 진술에서 주목해야 할 것은 성경 기록에 "사람"이 어떤 역할을 하느냐는 것이다. 우선 이 구절에 "운반하다"(φέρω, 페로) 동사가 두 번 사용되고 있는 점을 놓치지 말아야 한다. 이 동사는 변화산 사건을 진술하는 앞의 문맥(16-18절)에서 이미 두 번 더 사용된 적이 있다. 변화산에서 놀라운 소리의 운반과 관련하여 출발과 도착이 명시된다. 도착으로는(17절) "예수님께"(αὐτῷ, 아우토) 소리가 운반되었고(φωνῆς ἐνεχθείσης, 포네스 에네크떼이사스), 출발로는(18절) "하늘로부터"(ἐξ οὐρανοῦ, 엑스 우라누) 소리가 운반되었다(φωνὴν ... ἐνεχθεῖσαν, 포넨 ... 에네크떼이산). 그러므로 이 동사에는 출발점과 도착점이 함께 사용된다는 것을 기억해야 한다.

이제 성경 기록에 "운반하다" 동사가 어떻게 사용되었는지 살펴보자. "운반하다" 동사와 관련해서 사람의 역할은 부정적인 면(21상절)과 긍정적인 면(21하절)이 나누어진다. 먼저 사도 베드로는 부정적인 면으로 성경이 "사람의 뜻으로 운반되지 않았다"(οὐ θελήματι ἀνθρώπου ἠνέχθη, 우 텔레마티 안뜨로푸 에네크떼)고 설명한다. 이 말을 풀어쓰면, 사람의 뜻이 예언을 운반한 것이 아니라는 의미이다. 성경은 이 사람에게서 저 사람에게로 수평 이동한 것이 아니다. 이어 사도 베드로는 긍정적인 면으로 "사람들이 성령님에 의해 운반되어"(ὑπὸ πνεύματος ἁγίου φερόμενοι, 휘포 프뉴마토스 하기우 페로메노이) 성경을 말하였다고 설명한다. 이것은 성경 기록을 위해 성령님이 사람들을 운반하였다는 의미이다. 성령님에 의하여 기록자가 하나님에게 올라가고 다시 사람에게 내려오는 수직 이동이 벌어졌다(계 4:1-2; 17:3; 21:10). 성령님은 기록자들이 하나님에게서 말씀을 수납하여 사람들에게 그 말씀을 전달하게 하신 셈이다.

3) 예수님의 성령님

구약시대에 선지자들을 통해 예수님을 미리 보여주신 성령님은 역사에 오신 예수님을 처음부터 마지막까지 이끌어가신다. 그래서 예수님의 생애를 살펴보면 전적으로 성령님의 인도하심이 있는 것을 발견하게 된다.

가장 먼저 성령님은 예수님의 출생에 역사하셨다. 마리아는 성령님으로 말미암아 예수님을 잉태하였다(마 1:20; 눅 1:35). 예수님이 이 세상에 오시는 첫 단계에 성령님의 활동이 있었던 것이다. 또한 예수님이 요단강에서 세례자 요한에게 세례를 받으셨을 때 성령님은 비둘기처럼 임하셨고(마 3:16; 눅 3:22), 사탄에게 시험을 받으실 때도 성령님께 이끌려 광야로 가셨다(마 4:1; 눅 4:1). 예수님은 나사렛 회당에서 첫 설교를 하시면서 구약성경에 예언된 대로 성령님이 자신에게 임하셨다고 말씀하셨다(눅 4:18; 참조. 사 61:1).

예수님은 지상 활동 중에도 수없이 성령님에 대한 가르침을 주셨다. 예수님은 가르침을 주셨을 뿐 아니라 자신이 성령님으로 충만하셨다. "그때에 예수께서 성령님으로 기뻐하셨다(눅 10:21). 이것은 예수님이 활동하시는 중에 성령님과 어떤 관계가 있는 가를 보여주는 대표적인 구절이다. 자칫하면 예수님에 대한 인상이 고난 때문에 잿빛으로 떠오르기 쉬운데, 사실은 활동 전체를 놓고 보면 햇빛인 것을 알 수 있다. 예수님은 성령님으로 기뻐하셨다. 그 까닭은 예수님이 사탄이 하늘로부터 번개처럼 떨어지고, 제자들에게 영적 권능이 주어지고, 그들의 이름이 하늘에 기록된 것을 보셨기 때문이다. 한 마디로 말해서 예수님은 하나님 나라가 이 땅에 힘차게 펼쳐지는 것을 보시면서 성령님으로 기뻐하셨던 것이다. 성령님으로 활동하신 예수님은 성령님으로 말미암는 기쁨을 가장 완벽하게 맛보셨다. 예수님은 성령님의 기쁨으로 찬란하게 빛나는 모습을 보여주셨다.

예수님께서 지상 활동을 마치시고 부활하신 후에도 성령님에 대한 이야기를 이어나가셨다. 예수님은 부활하셔서 처음으로 대부분의 제자들이 모인 곳에 오셨을 때 숨을 내쉬면서 제자들에게 성령님을 받으라고 이르셨다(요 20:22). 예수님은 승천 직전에도 성령님을 말씀하셨다. "성령이 너희에게 임하시면 너희가 권능을 받고 예루살렘과 온 유대와 사마리아와 땅 끝까지 이르러 내 증인이 되리라"(행 1:8). 그리고 예수님은 승천하신 후에는 직접 성령을 보내주신다. "하나님이 오른손으로 예수를 높이시매 그가 약속하신 성령을 아버지께 받아서 너희가 보고 듣는 이것을 부어 주셨느니라"(행 2:33). 하나님이 오른손으로 예수님을 높이셨다는 것은 승천을 의미하는데, 승천 예수님이 하시는 가장 중요한 일 가운데 하나는 성부로부터 성령님을 받아 부어주시는 것이다.

예수님은 출생, 활동, 부활, 승천 그리고 좌정에 이르기까지 모든 활동에서 성령님과 관련되어 있다. 그러므로 예수님은 성령님의 예수님이시며, 성령님은 예수님의 성령님이시다. 성령님을 떠나서 예수님이 활동하신 것은 없다. 구약에서는 선지자들을 통하여 예수님을 보여주신 성령님(벧전 1:10-11)이 신약에서는 예수님의 사건을 실제로 펼쳐나가신 것이다. 성령님은 삼위일체 관계 속에서 예수님과 항상 결합되어 있다. 이런 의미에서 성령님은 "예수님의 영"(행 16:7), "그리스도의 영"(롬 8:9; 벧전 1:11), "예수 그리스도의 영"(빌 1:19), "주님의 영"(눅 4:18; 행 5:9; 8:39; 고후 3:17)이라고 불리신다.

4) 교회의 성령님

성령님은 교회의 성령님이시다. 앞에서 살펴본 것처럼 성령님은 구약시대에도 교회를 위해 다양한 방식으로 활동하셨다. 그런데 신약시대에 이르러 성령님은 교회가 지금까지 경험한 적이 없는 일을 경험하게 하신다. 그것은 오순절 성령님의 강림 사건이다. 성령 세례에 관한 세례자 요한의 예언(마 3:11; 막 1:8; 눅 3:16; 요 1:33)과 예수님의 예언(행 1:5; 참조. 행 11:16)은 오순절 성령강림으로 실현되었다. 오순절 성령님 강림은 구약시대의 유대인 단독교회에서 신약시대의 이방인 포함교회로 가는 표시이다.

(1) 오순절 성령님 강림의 시초성

교회론에서 보면 오순절 성령님의 강림은 구약시대의 민족교회가 아니라 신약시대의 만민교회로 가는 시작점이다. 이것이 오순절 성령님 강림의 교회론적 의미이다. 교회는 전처럼 국가교회가 아니라 이제는 세계교회이다. 사도 베드로는 이것을 정확하게 증언한다. "내가 말을 시작할 때에 성령이 그들에게 임하시기를 처음 우리에게 하신 것과 같이 하는지라 … 같은 선물을 그들에게도 주셨으니"(행 11:15,17). 사도 베드로는 오순절 성령님 강림을 가리켜 "처음"(ἀρχή, 아르케) 사건이라고 불렀다(행 11:15). 이것은 의도된 신학 용어이다. 사도 베드로는 오순절 성령님 강림이 이스라엘 백성으로 구성된 민족 교회를 넘어 모든 이방 백성으로 구성되는 세계 교회로 나아가는 구속사의 전환임을 가리키기 때문에 "처음"이라는 용어로 정의한 것이다. 따라서 교회론에서 보면 오순절 성령님 강림은 시작으로서의 교회 사건이므로 이후에는 다시 반복되지 않는다. 단지 이후 교회는 지속적으로 오순절 성령님 강림의 효과 아래 놓여있을 뿐이다. 그래서 사도 베드로는 이 사실을 고넬료와 같은 이방인들로 구성된 교회에게 자신이 받은 것과 "같은 선물"(τὴν ἴσην δωρεάν, 텐 이센 도레안)이 주어졌다고 말한다(행 11:17).

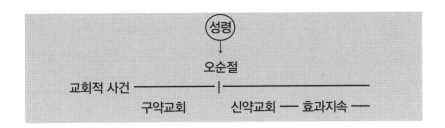

(2) 오순절 성령님 강림의 언어성

성령님의 세례인 오순절 강림은 교회가 민족교회(국가교회)에서 만민교회(세계교회)로 가는 시초적 경험이었다. 이 시초성을 입증하기 위해서 놀라운 현상이 동반되었다(행 2:1-4). 특별한 현상으로 새로운 시대가 도래한 것을 알린 것이다. 그 현상은 두 가지였는데, 하나는 청각 현상으로 바람 같은 소리(ἦχος, 에코스)가 있었고, 다른 하나는 시각 현상으로 불 같이 갈라진 혀들(γλῶσσαι, 글로사이)이 보였다. 이 현상들은 성령님 사건이 실제적으로 어떠할 것인지 미리 암시한다.

첫째 현상은 소리가 온 집에 가득한 것이었다(행 2:2). 여기에서 소리를 수식하는 "급하고 강한 바람의 것 같은"이란 말에 너무 큰 의미를 부여해서는 안 된다. 사실상 이 수식어는 소리가 얼마나 위용이 있었는지를 설명하려는 것이지, 그 소리가 바로 바람소리였다는 것을 나타내려는 것은 아니다. 따라서 지금 성령님을 받는 경우에 무슨 바람소리가 동반되기를 기대하는 따위의 일은 어리석은 것이다.

둘째 현상은 갈라진 혀들이 보인 것이었다(행 2:3). 여기에서도 혀들을 수식하는 "불의 것 같은"이란 말을 너무 의식해서는 안 된다. 이 수식어도 성도들에게 보인 혀들이 대단히 장엄하였다는 것을 묘사하려는 것이다. 다시 말해서 이들에게 불이 임한 것은 아니었다. 그러므로 오늘날 성령님을 경험하는 경우에 무슨 불이 임하기를 바라는 자세는 합당한 것이 아니다(이것을 복음서의 불세례와 동일시해서도 결코 안 된다).

이 현상들은 언어적 의미를 가진다. 이 현상에서 중요한 것은 바람과 불이 아니다. 그것은 비교점에 지나지 않는다. 그러므로 오순절에 바람과 불이 임했다고 말하는 것은 잘못이다. 중요한 것은 "소리"와 "혀들"이다. 이것은 모두 언어와 관련된다. 오순절 성령님 강림으로 말미암아 신자들에게 새로운 언어가 시작되었다. 특히 혀들이 보인 것은 앞으로 신자들이 성령님에 의하여 행할 사역을 암시한다. 이 현상은 신자들이 드디어 말하기를 시작할 것을 보여준다. 성령님은 오순절 신자들에게 다른 혀들로 말함을 주셨다. "다른 혀들로 말하기 시작했다"(행 2:4). 이 사실을 알리기 위해서 동일한 단어가 사용되고 있는 것은 주목할 만한 일이다. "갈라진 혀들"(행 2:3)과 "다른 혀들"(행 2:4, 개역개정에는 "다른 언어"라고 번역)이 그것이다. 오순절 성령님 강림과 함께 신자들은 새로운 혀로 새로운 소리를 내게 되었다. 이것은 발성의 변화가 아니라 내용의 변화를 가리킨다. 이것은 "다른 혀들로 말하기를 시작하였다"는 문장을 꾸미는 말이 "성령이 혀들을 주시는 대로"라고 하지 않고, "성령이 말함(ἀποφθέγγεσθαι)을 주시는 대로"(행 2:4)라고 되어있는 것으로 입증된다. 그러므로 당시 예루살렘에 모인 사람들은 신자들이 "하나님의 큰 일"(행 2:11)을 말하는 것을 들었다.

오순절 성령님 강림에 나타난 두 가지 현상은 민족교회(국가교회)에서 만민교회(세계교회)로 가는 시초적 경험을 입증하기 위해 동반된 것이다. 이 현상들은 오순절 성령님 강림이 유일한 사건임을 효과적으로 보여준다. 오순절 성령님 강림은 교회론으로 볼 때 역사적인 전환점으로 구속사의 새로운 시작을 의미한다.

(3) 오순절 성령님 강림의 효과성

오순절 이후에 성령님의 활동은 교회에 효과적으로 지속된다. 교회는 성령님의 동일한 활동을 효과적으로 계속해서 경험한다. 오순절 성령님 강림은 교회에 다음과 같이 두 가지 결과를 가져다준다.

첫째로, 교회의 모든 신자는 일체가 된다. 교회는 성령으로 말미암아 "한 몸이 된다"(고전 12:13). 우선 이것은 모든 신자가 성령님의 교제에 기초하여 함께 예수님과 연합되어 교제하는 것을 의미한다(빌 2:1,5). 또한 이것은 각각 신자가 성령님이 하나 되게 하심으로 서로 연결되어 상합하는 것을 의미한다(엡 4:3,16).

둘째로, 교회는 확대되고 확산된다(행 1:8). 오순절 성령님 강림이 목적하는 것은 예수님의 증인(μάρτυς, 마르튀스)이 되는 것이다. 오순절 이후 교회는 만민을 향한 예수님의 증인이라는 본격적인 역할을 시작하였다. 교회는 오순절 성령님 강림과 함께 완전히 새로운 상황에 들어선 것이다.

따라서 오순절 성령님 강림은 개인구원보다 교회사명을 위한 것이었다. 이후 교회는 예수 그리스도의 증인이라는 분명한 입장을 표명하였다(행 2:32; 3:15; 5:31; 10:39; 13:31).

5) 신자의 성령님

신자는 처음부터 끝까지 성령님의 활동에 의존한다.

(1) 신자의 구원

성령님은 사람이 신자가 되는 일을 주도하신다. 모든 신자는 성령님으로 시작한다(갈 3:2). 성령님이 사람을 신자로 만든다. 신자가 되는 일은 성령님으로만 가능하다. 누구든지 성령 안에 있지 아니하면 예수님을 주님이라고 말할 수가 없다(고전 12:3). 누구든지 그리스도의 영을 가지고 있지 않으면 그리스도의 사람이 아니다(롬 8:9). 그래서 성령님 체험은 신자의 첫 체험이다. 성령님의 활동은 옛 사람과 새 사람을 나누는 분기점이다. 역사적인 면에서 볼 때, 성령님의 활동은 구원의 서정(ordo salutis)에서 맨 앞자리를 차지한다. 성령님의 활동은 성부의 예정/선택과 성자의 십자가 대속사건을 개인에게 역사적으로 실현시킨다. 모든 신자는 성령님의 활동으로 시작된다. 따라서 성령님이 없는 신자는 없다. 성령님에 의한 구속의 시작은 여러 가지로 설명된다. 그 가운데 대표적인 설명들은 다음과 같다.

① 성령님의 해방

첫째로, 신자의 최초상황을 과거와 관련하여 설명해 볼 수 있다.성령님이 신자를 만드는 구속활동은 죄와 사망으로부터 해방이라고 불린다. "이는 그리스도 예수 안에 있는 생명의 성령의 법이 죄와 사망의 법에서 너를 해방하였음이라 (ἠλευθέρωσεν, 엘류떼로센)"(롬 8:2). 성령님은 해방과 자유의 영이시다. 죄와 사망으로부터 해방과 자유는 신자가 되는 최초의 상황을 의미한다. 신자는 성령님의 해방이 있기 전에는 죄와 사망의 법에 매여 있었다. 그때는 지금도 불순종의 아들들 가운데서 역사하는 영에게 지배를 받고 있었다(엡 2:2). 그러나 이제는 성령님이 신자를 그 악한 영의 지배에서 벗어나게 하셨다.

② 성령님의 입양

둘째로, 신자의 최초상황을 현재와 관련하여 설명하면, 성령님이 신자를 만드는 구속활동은 입양이라고 불린다. "너희는 양자의 영을 받았으므로"(롬 8:15). 이때 성령님은 "양자의 영"(πνεῦμα υἱοθεσίας, 프뉴마 휘오떼시아스)이라는 명칭을 가지신다. 성령은 신자를 하나님의 자녀로 만든다. 성령의 활동으로 말미암아 신자는 하나님의 자녀가 된다. 이 일을 위해서 "하나님이 그 아들의 영을 우리 마음 가운데 보내사"(갈 4:6) 하나님을 아버지라 부르게 하셨다. 신자는 성령님을 받음으로써 새로운 신분을 가진다. 성령님이 없이는 하나님의 자녀라는 새로운 신분이 허락되지 않는다.

③ 성령님의 세례

신자의 최초 상황과 관련하여 성령님의 활동을 가장 잘 묘사하는 것은 "성령으로 세례를 주다/받다"는 표현이다. 이 표현은 신약성경에 모두 일곱 번 나오는데, 세례자 요한(마 3:11; 막 1:8; 눅 3:16; 요 1:33), 예수님(행 1:5), 베드로(행 11:16), 바울(고전 12:13)이 골고루 사용하였다. 앞의 여섯 경우는 미래형이고(오순절 성령님 강림에서 실현된다), 마지막 경우는 과거형이다(모든 신자는 성령님의 세례를 받았다). 성령님의 세례 이해하기 위해서 "세례"라는 말은 언제나 시초의 의미를 가지며 결속의 시작을 가리킨다는 것을 기억해야 한다(마 3:11; 28:19; 행 19:5; 고전10:2).

성령님 세례는 모든 신자들에게 임한다는 점에서는 반복적이지만, 한 신자는 오직 한번 체험한다는 점에서는 단회적이다. 이런 의미에서 오순절 성령님 강림을 개인과 관련하여 이해할 수 있다. 사도 베드로는 고넬료의 성령님 강림을 자신들의 것과 동일한 것임을 밝힌다. "우리에게 하신 것과 같이(ὥσπερ, 호스페르) 하는지라 … 우리가 주 예수 그리스도를 믿을 때와 같이(ὡς, 호스) 같은(ἴσην, 이센) 선물을 그들에게도 주셨으니"(행 11:15,17). 모든 신자는 각각 오직 한번 성령님으로 세례를 받는다. 그리고 그 개인에게 성령님 세례의 효과는 지속된다.

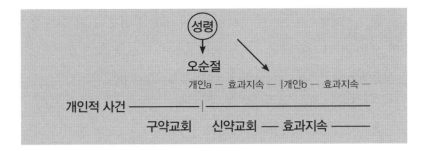

사도 바울은 성령님 세례가 신자의 시초적인 경험이라는 사실을 가장 잘 설명

한다. "우리가 유대인이나 헬라인이나 종이나 자유인이나 다 한 성령으로 세례를 받아 한 몸이 되었고 또 다 한 성령을 마시게 하셨느니라"(고전 12:13).

세례는 이전 삶과 이후 삶을 예리하게 단절시키는 것을 나타낸다(마 28:19; 롬 6:3-4). 세례의 급격한 단절성은 변화된 상태를 나타내는 전치사 "…안으로"(εἰς, 에이스)가 세례 동사와 함께 자주 사용된다는 것에서 쉽게 확인된다. 따라서 성령님으로 세례를 받는다는 것은 그 자체가 이전 상황과 이후 상황 사이에 단절이 있다는 것을 보여준다. 성령님으로 세례를 받음으로써 새로운 삶으로 들어간다.

그런데 성령님 세례는 사람이 수동적으로 수용할 수 있을 뿐이지 능동적으로 얻어낼 수 있는 것이 아니다. "세례를 받았다"(ἐβαπτίσθημεν, 에바프티스떼멘, 수동태)이기 때문이다. 성령 세례에 있어서 사람은 수동적인 입장에 있을 뿐이다. 사마리아 마술사 시몬의 경우처럼(행 8:9) 사람이 원한다고 해서 성령님을 받을 수 있는 것이 아니다.

그럼에도 불구하고 성령님을 받는 데는 믿음이 전제된다(갈 2:16; 3:2). 이것은 칭의가 믿음을 조건으로 하는 것과 같다. 여기에서 주의해야 할 것은 믿음이 말씀에서 나온다는 사실이다. 따라서 성령님 세례의 조건에는 말씀이 있다. 오순절 성령님 강림과 고넬료 성령님 강림이 사도 베드로의 설교 후에 임한 것은 의미심장하다. 성령님은 말씀 없이 역사하지 않는다.

또한 성령님 세례는 인종에도 신분에도 구별이 없이 주어진다. "우리가 다"(ἡμεῖς πάντες, 헤메이스 판테스). 여기에는 민족적인 혈통(유대인이나 헬라인)도 사회적인 신분(종이나 자유자)도 문제가 되지 않는다(참조. 행 2:17; 갈 3:28). 성령의 선물은 시간에도 공간에도 제약을 받지 않는다(행 2:38-39).

성령님 세례의 목적은 예수님의 몸에 속하는 것이다. "한 몸이 되었고"(고전 12:13상). 몸은 보편교회를 가리킨다. 교회는 예수 그리스도의 몸이다. 신자들은 몸의 지체들이다. 성령님 세례는 그리스도의 몸에 속하지 않았던 사람이 그리스도의 몸에 속하는 새로운 상황을 결과시킨다. 성령님으로 세례를 받지 않으면 아무도 그리스도의 몸에 소속될 수 없다. 바로 여기에서 성령론과 교회론이 만난다. 성령님 세례로 사람들은 예수님의 몸인 교회에 속한다(연합, 소속). 성령님 세례 없이는 예수님의 몸에 들어가지 못한다. 역으로 말하면, 보편교회에 속한 사람들은 이미 모두 성령님 세례를 받은 것이다.

사도 바울은 성령님 세례를 다른 표현으로 보충 설명한다. "한 성령을 마셨다"(고전 12:13하)는 것이다. 이것은 두 가지 의미를 가진다. 첫째로, 건강한 사람에게는 물을 마시는 것이 별 느낌 없이 자연스럽고 쉬운 행동이다. 마찬가지로 정상적인 사람에게는 성령님 세례가 마치 물을 마시는 것처럼 느껴지지 않는다. 대체로 성령님 세례는 특별한 경험을 동반하지 않는 평범한 현상이다. 둘째로, 목마른 사람이 물을 마시면 갈증을 해소하며 힘을 얻는다. 마찬가지로 성령님 세례는 영적으로 목마른 사람에게 영적 해갈을 가져다주며 하나님의 생명력을 부여한다.

(2) 신자의 삶

성령님은 신자의 삶을 주도하신다. 신자는 모든 삶에서 성령님의 지도를 받는다. 이를 위해 성령님은 신자를 충만하게 하시며, 은사를 수여하시고, 열매를 맺게 하신다.

① 성령님의 충만

"성령님으로 충만하다"는 표현은 주로 누가에게서 발견된다(누가복음과 사도행전). 누가에 의하면, 성령님 충만은 갑자기 벌어진다(행 9:17). 어떤 특정한 일을 하는 신자에게 성령님 충만이 때로는 사전에 일어나거나(눅 1:67, 사가랴가 예언하기 전) 사후에 일어난다(눅 1:41, 엘리사벳이 마리아를 만난 후). 또한 성령님 충만은 반복되기도 한다. 이미 성령으로 충만해 있는 경우에도 다시 성령으로 충만해지는데(예수님; 행 6:3, 예루살렘 일곱 사람; 행 11:24, 바나바), 특별한 일이 있기 전에도 (행 4:8, 베드로의 공회 변론) 특별한 일이 있은 후에도(행 13:9, 바울의 마술사 엘루마

책망) 일어난다. 성령님 충만에는 특별한 현상이 동반되기도 하고 동반되지 않기도 한다. 성령님 충만은 하나님 편에서 보면 하나님께서(또는 예수께서) 성령님으로 신자를 이끄시거나 성령님 자신이 신자를 이끄는 것이며, 신자 편에서 보면 하나님께 순종하거나 그의 표준대로 사는 것을 의미한다. "충만"이라는 표현은 성도의 삶 가운데 생각, 언어, 행위 등 어느 한 부분도 성령님의 인도하심이 없는 부분이 없다는 것을 가리킨다. 성령님 충만이란 성령님께서 신자를 전적으로 인도하시는 것이며, 신자는 성령님에 의하여 전적으로 인도를 받는 것이다.

누가의 설명 외에 사도 바울이 오직 한번 더 성령님의 충만에 관해서 말한다. 사도 바울은 "성령으로 충만함을 받으라"(엡 5:18하)고 권면하는데, 여기에는 성령님 충만에 관한 아주 중요한 교훈이 들어있다.

우선 문법을 볼 때, 바울의 권면은 수동태로 되어 있어서 성령님 충만이 하나님의 능동적인 수여이며 우리의 수동적인 수용이라는 것을 가르치고 있다. 따라서 성령님 충만은 겸손과 감사를 일으키지 교만과 자랑을 낳지 않는다. 또한 이 권면은 명령형이므로 성령님 충만을 위해 우리가 하나님께 절대 의존해야 하며 하나님께 우리를 맞추어야 한다는 것을 가르친다. 마지막으로 이 권면은 현재시제이기 때문에 성령님 충만은 계속해서 반복해야 하는 경험임을 가르친다. 성령님으로 충만한 것은 신자에게 특별한 상태가 아니라 평상적인 상태이다.

또한 앞 문맥을 볼 때(엡 5:18상), "성령님 충만"은 "술 취함"과 예리한 대조를 이룬다. 언뜻 보면 술 취함을 들어 성령님 충만을 설명하려는 것 같다. 둘 사이의 영향력의 유사성 때문에 이런 오해가 생길 수 있다(행 2:13). 하지만 사도 바울이 둘의 유사성이 아니라 대조성을 말하고 있다는 점을 놓치면 안 된다("술 취하지 말라 그러나 성령으로 충만을 받으라"). 이 대조는 성령님 충만의 필요성을 말하기 위함이다. 신자들은 방탕으로 요약되는 이방인 세계에 살고 있고, 방탕의 대표적인 예는 술 취함이다. 신자들이 이런 악한 현실을 가장 능력 있게 극복할 수 있는 길은 오직 성령님 충만 뿐이다.

게다가 뒤 문맥을 볼 때(엡 5:19-21), "성령님 충만"은 네 가지 현상을 동반시킨다. 사도 바울은 네 개의 현재분사를 덧붙여 이것을 설명한다.[2] "말하다"(19상), "노래하며 시를 부르다"(19하), "감사하다"(20), "순종하다"(21).

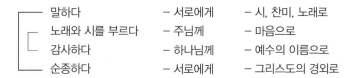

성령님 충만은 사람과 하나님께 표현된다. 성령님으로 충만한 신자는 서로 간에 표현하는 것이 있고 하나님께 표현하는 것이 있다. 말과 순종은 "서로"가 대상이 되며, 노래(시)와 감사는 "주님"과 "하나님"이 대상이 된다.

② 성령님의 은사

은사는 초대교회로부터 지금까지 신자들에게 지대한 관심의 대상이다. 하지만 관심이 큰 만큼 혼란도 크다. 은사와 관련하여 혼란을 겪는 이유는 무엇보다도 은사의 성격 때문이다. 신약성경에 나오는 네 가지 은사 목록(롬 12:6-13; 고전 12:7-11; 엡 4:7-12; 벧전 4:10-11)을 보면, 은사에는 특별한 것도 있고 평범한 것도 있다. 그러나 많은 사람들이 은사의 성격을 오해하고 있다. 은사를 항상 어떤 특별한 현상으로 생각한다는 것이다. 예를 들면, 언어에 희한한 변화가 발생한다거나, 병을 치료한다거나, 미래를 예측하는 것과 같은 현상들이다. 그러나 은사를 이렇게 기적적인 것으로만 생각하는 것은 아주 큰 잘못이다.

우리는 재능과 결부된 예술적인 은사도 있다는 것을 알아야 한다. 물론 미술이나 음악과 같은 예술적인 은사들은 하나님께서 주시는 선물임에도 불구하고 때때

---

2) 아래의 도표는 조병수, 『성령으로 사는 그리스도인』, 서울: 여수룬, 1996, 114에서 가져왔다.

로 많은 연습과 노력을 필요로 한다. 게다가 어떤 은사들은 상당히 일상적인 성격을 가지고 있다. 이러한 일상적인 은사들의 특징은 소유자의 성품과 어울린다는 것이다. 하나님께서는 은사를 주시되 때때로 사람의 성품을 고려하여 그에게 맞는 은사를 주시며, 그렇게 하여 일상적인 모든 일을 충실하게 감당하게 하신다.

은사와 관련하여 혼란이 일어나는 또 다른 이유는 은사의 종류가 매우 다양한데도 불구하고 몇 가지 은사만을 지나치게 선호하며 강조하는 경향 때문이다. 은사에는 그 성격을 따라 여러 가지 종류가 있다. 그러나 은사를 사모하는 사람들은 대체적으로 신유나 방언이나 예언 같은 기적적인 은사를 좋아하는 경향을 나타낸다. 이런 경향으로 말미암아 기독교 교회는 특정한 은사에 편중되고 결국은 획일화되어 건조하고 단조로운 집단으로 전락한다.

더 나아가서 은사의 의미를 분명하고 정확하게 알지 못한다는 사실도 혼란을 가중시킨다. 우리는 기적적인 은사들은 물론이고 예술적이며 일상적인 은사들에 있어서도 그것들이 무엇을 의미하는지 잘 모른다. 따라서 우리는 은사를 현상적으로만 감지하며 체험할 뿐이지 은사가 본래 목적하는 내용에 대하여는 매우 무지하다. 이로 말미암아 교회 안에 통일성이 상실되고 갈등과 마찰이 일어나는 것이다.

은사와 관련하여 가장 중대한 혼란은 바로 이것이다. 사람들은 은사를 개인에게 독립적으로 주어지는 사적인 체험으로 생각한다. 그래서 은사는 그것 자체가 일종의 표준이 되어버리고 만다. 은사를 개인적인 체험으로 생각하는 이상, 어떤 표준으로도 그것을 평가할 수가 없다. 개인적인 체험으로서의 은사를 강조하는 사람들은 그것이 모든 객관적인 평가와 표준을 넘어서는 것으로 생각한다.

여기에서 두 가지 문제가 파생된다. 첫째 문제점은 개인적인 체험으로서의 은사 앞에서 교회의 평가는 아무런 기능을 하지 못한다는 것이다. 교회는 개인적인 체험으로서의 은사에 대하여 어떤 제재도 가할 수가 없다. 둘째 문제점은 개인적인 체험으로서의 은사에 대하여 심지어 성경의 평가도 아무런 역할을 하지 못한다는 것이다. 은사를 개인적인 체험이라고 믿는 사람은 성경의 제한마저 무시한다.

이렇게 개인에게 주어지는 은사가 어떤 것에도 평가를 받지 않는 독특한 위치를 차지하고 있다고 여겨지는 순간, 은사는 스스로 표준이 되고 만다.

그 결과 은사는 오히려 교회를 평가하게 되고, 심지어는 성경을 평가하게 된다. 이때 성경으로 현상(은사)을 이해하지 않고, 현상(은사)로 성경을 판단하는 무서운 오류가 발생한다. 성경진술이 은사체험을 평가하는 것이 아니라, 은사체험이 성경진술을 평가하는 오류이다. 표준이 뒤바뀐 것이다. 성경진술이 표준이 아니라, 은사체험이 표준이 된 것이다. 바로 여기에 현상(은사)이 표준이 되면 사실은 항상 변한다는 치명적인 문제가 벌어진다. 따라서 변함없는 사실을 얻기 위해서는 언제나 성경이 표준이 되어야 한다.

은사와 관련하여 특별히 살펴보아야 할 것은 방언이다. 신약성경이 말하는 방언은 크게 두 종류로 나누어진다. 천사의 방언과 사람의 방언이다(고전 13:1). 천사의 방언($\gamma\lambda\tilde{\omega}\sigma\sigma\alpha$, 글로사, "혀")은 사도 바울 자신이 "사람에게 허락되지 않는, 말로 표현할 수 없는 말"(고후 12:4)이라고 정의했기 때문에 우리의 몫으로 더 이상 논의할 것이 없는 듯이 보인다. 사람의 말은 순수한 외국어와 종교적인 성격을 띤 언어로 구분할 수 있다. 잔소리를 늘어놓을 것 없이 외국어란 문법으로 정리하는 것이 가능한 언어이다. 이런 의미에서 사도 바울은 헬라 말과 히브리 말($\delta\iota\acute{\alpha}\lambda\epsilon\kappa\tau o\varsigma$, 디알렉토스, "지역어")을 구사하였다(행 21:40). 그는 당연히 로마 말을 할 줄 알았을 것이며, 이 외에도 여러 차례에 걸쳐 수많은 나라들을 여행했기 때문에 다양한 외국어를 구사할 수 있었을 것이다.

사람의 말 가운데 종교적인 성격을 띤 언어(글로사)는 타의적 방언과 자의적 방언으로 나누어진다. 타의적 방언은 오순절 날 초대교회에 발생했던 것처럼 전적으로 하나님께서 은혜로 주시는 언어이다(행 2:4). 그런데 타의적 방언은 말함으로서의 방언일 가능성도 있고, 들음으로서의 방언일 가능성도 있다. 이 두 가지 가능성은 제자들이 여러 지방 사람들의 방언(디알렉토스)으로 말했다(행 2:6)는 표현과 여러 지방 사람들이 자신들의 방언(디알렉토스)으로 들었다(행 2:8)는 표현 때문에 모두 정당한 것으로 받아들여진다. 아무튼지 여기에서 중요한 것은 말하는 사람들과 듣는 사람들 사이에 상호이해가 성립되었다는 점에서 이것은 문법이 있는 방언이라는 사실이다. 이런 의미에서 방언을 통역한다는 것은 문법이 있다는 것을 의미한다(고전 12:10; 14:13,26-28).

자의적 방언은 사람이 의도적으로 만들어낸 조어(造語)이다. 기도자가 때때로 다른 사람들이 자신의 기도내용을 듣는 것을 방지하기 위해서 자기만 사용하는 기도 말을 만들 수 있다. 또 어떤 경우에 기도자는 기도할 내용이 산더미처럼 많은데 마음은 바쁘고 시간이 부족할 때 앞뒤 말들이나 가운데 말들을 생략하고 압축해서 자신만의 특유한 어법으로 기도할 수 있다. 이런 자의적 방언에는 문법이 없다. 엄격히 말하자면 이것은 하나님께서 은혜로 주시는 방언이 아니라 사람이 자기의 필요에 따라 만들어낸 조어이다. 따라서 자의적 방언을 가리켜 구태여 방언의 은사를 받았다고 강변하는 것은 별 의미가 없는 억지이다. 그것은 기도를 돕는데 어느 정도 유익하다는 점에서 이미 충분한 가치를 가진다. 따라서 자의적 방언이 다른 사람들에게 피해를 주지 않는다면 굳이 제재할 필요는 없을 것 같다.

방언에 관해서 논의할 때 반드시 기억해야 할 것은 방식보다도 내용과 목적이 중요하다는 사실이다. 하나님이 은혜로 주시는 방언이라면 그 내용은 하나님의 큰일을 말하는 것이어야 하며(행 2:11), 그 목적은 자기를 세울 뿐 아니라(고전 14:4) 교회를 건설적으로 만들며(고전 14:5) 심지어 불신자에게도 유익을 주는 것이어야 한다(고전 14:22). 이런 내용과 목적에 맞지 않는 것은 하나님이 주신 방언이라고 말하기 어렵다. 살아계신 하나님은 전능하시기 때문에 지금도 은사를 주시지만 동시에 살아계신 하나님은 지혜로시기 때문에 함부로 은사를 주시지 않는다. 모든 은사와 관련하여 하나님의 두 속성은 사람이 감지하거나 인식할 수 없는 방식으로 오묘하게 조화를 이룬다.

③ 성령님의 열매

사도 바울은 갈라디아서의 마지막 부분에서 성령님에 대하여 많이 말하면서, 신자는 성령님의 사람이 되어야 할 것을 가르친다. 사도 바울은 성령님의 사람이 되는 것을 말하기 위해 육체를 따르는 길과 성령님을 따르는 길이 있다고 알려준다.

첫째로, 사도 바울은 육체를 따르는 삶을 지적한다(갈 5:19-21). 사실 성경은 피와 살과 뼈로 이루어진 육체를 말할 때 어느 정도 중립적인 견해를 피력한다. 문제는 인간이 육체를 가진다는 데 있는 것이 아니라, 육체만을 추구한다는 데 있다. 사도 바울은 이런 현상을 "육체의 일들"이라고 부르며 자세히 설명한다. 하나님과 관계에서는 우상숭배와 이단을 따르는 것이며, 이웃과 관계에서는 음행, 더러운 것, 호색, 술수, 원수, 분쟁, 시기, 당 짓는 것, 분리이며, 자기와 관계에서는 투기, 분노, 술 취함, 방탕함이다. 이 모든 것을 정리해보면 육체의 일은 종교와 윤리에서 잘못된 것이다. 육체의 일에 매여 있는 사람은 성령님의 일에 관심이 없다. 그러면 어떻게 육체의 일을 극복할 수가 있는가. 오직 성령님의 인도하심가운데서 가능하다. 그러므로 사도 바울은 말한다. "너희는 성령을 따라 행하라 그리하면 육체의 욕심을 이루지 아니하리라"(갈 5:16).

둘째로, 사도 바울은 성령님을 따르는 삶을 소개한다. 무엇보다도 성령님으로 사는 것은 육체와 싸움을 의미한다(갈 5:17,24). 육체의 소욕은 성령님을 거스르고, 성령님의 소욕은 육체를 거스른다. 이 둘은 서로 대적하기 때문에 성령님의 뜻과 육체의 뜻은 결코 양립할 수가 없다. 성령님의 뜻은 철저하게 하나님을 위하며, 육체의 뜻은 철저하게 인간을 위하기 때문이다. 따라서 성령님으로 사는 것은 육체의 욕심과 치열한 전투를 벌이는 것이다. 육체의 소욕을 날마다 십자가에 못박는 생활을 해야 한다(갈 5:24). 이것은 오직 성령님에의하여 가능하다. 이렇게 성령님의 인도를 받는 신자에게 비로소 참된 도덕과 윤리가 형성된다. 나아가서 성령님을 따라 사는 것은 하나님 나라를 유업으로 받는 것이다(갈 5:21). 육체를 따라 사는 사람은 오직 땅을 목적으로 하여 땅에 매여 산다. 따라서 그는 하나님의 나라에 아무런 관심이 없다. 사도 바울은 "이런 일을 하는 자들은 하나님의 나라를 유업으로 받지 못할 것이요"라고 분명하게 말한다. 이 진술을 바꾸어 말하면, 성령님으로 사는 사람은 하나님의 나라를 유업으로 받는다는 뜻이다. 그는 하나님의 나라를 유업으로 받을 자이기에 세상의 유업에 연연하지 않는다. 성령님으로 사는 사람이 이 세상에서 윤리적일 수밖에 없는 것은 성령님 안에서 하나님의 나라를 유업으로 받을 것을 확신하기 때문인 것이다.

성령님을 따라 사는 사람의 윤리성은 "성령님의 열매"라는 표현에 명확하게 나타난다. 성령님을 따라 사는 사람은 성령의 열매를 맺는다. "자기의 육체를 위하여 심는 자는 육체로부터 썩어질 것을 거두고 성령을 위하여 심는 자는 성령으로부터 영생을 거두리라"(갈 6:8). 성령님을 따라 산다는 것이 매우 일상적이며 정상적인 삶이다(갈 5:16,25). 성령님을 따라 사는 사람은 성령의 열매를 맺는다. 성령님의 열매는 사랑, 희락, 화평, 오래 참음, 자비, 양선, 충성, 온유, 절제로 소개된다(갈 5:22-23). 성령님의 열매는 모든 신자게 반드시 요구되는 귀중한 것이다.

"성령님의 열매"라는 표현에서 가장 중요한 것은 이 열매가 성령님이 주시는 열매라는 사실이다. 포도는 포도나무가 산출하는 열매이듯이(요 15:4), 성령님의 열매는 성령님이 산출하는 열매이다. 따라서 이 열매는 인간의 노력이나 결심이나 각오로 맺히지 않고, 오직 성령님께 붙어있을 때만 맺힌다. 성령님께 의존할 때 신자는 비로소 성령님의 열매를 맺는다. 이런 의미에서 성령님의 열매는 초자연적이라고 부를 수 있다. 이와 더불어 "성령님의 열매"라는 표현은 자연적인 성장이 요구된다는 것을 알려준다. 모든 열매가 갑자기 열리지 않고 시간이 필요하듯이(막 4:28), 성령님의 열매도 점진적인 과정을 거친다. 따라서 성령님의 열매를 성숙하게 맺으려면 많은 시간과 인내가 필요하다(약 5:7). 이런 의미에서 성령님의 열매는 자연적이라고 부를 수 있다. 마지막으로 성령님의 열매는 맛을 가지고 있다. 맛을 내지 않는 것은 진정한 열매가 아니다. 성령님의 열매는 하나이면서(단수), 아홉 가지 맛을 낸다(복수). 성령님의 열매에서 어느 하나의 맛이라도 빠지면 안 된다. 성령님의 열매를 맺는 진정한 신자는 모든 성품이 총체적으로 표현한다. 성령님의 열매는 하나님과 이웃과 자신에게 골고루 맛을 뿜어낸다. 다시 말해서 성령님의 열매를 맺는 신자는 하나님과 이웃과 자신에게 언제나 성숙한 모습을 보인다. 그런데 성령님 열매의 아홉 가지 맛의 총화는 다름 아닌 하나님의 성품이다. 따라서 성령님의 열매를 맺는 사람은 "신적인 성품에 참여하는 자들"(θείας κοινωνοὶ φύσεως, 떼이아스 코이노노이 퓌세오스)이 된다(벧후 1:4). 이 사람은 마침내 하나님의 나라를 유업으로 받는다. 성령의 열매를 맺는 사람은 육체의 일을 하는 사람이 결코 받지 못할 하나님의 나라를 유업으로 받는 하나님의 자녀가 된다(갈 5:21).

6) 종말의 성령님

말세에 성령님의 강림은 하나님의 약속이다. 예수님은 승천하시기 전에 제자들에게 성령님을 보내시겠다는 하나님의 약속을 기다리라고 말씀하셨다(행 1:4-5). 그런데 하나님의 약속은 이미 구약시대에 선지자들을 통하여 알려주신 위대한 내용이다(사 32:15). 오순절 성령님 강림을 경험한 사도 베드로는 특히 요엘 선지자가 말세에 하나님께서 성령을 부어주신다고 예언한 것을 기억했다(욜 2:28-32).

말세에 관한 요엘의 예언은 단순하지 않다. 요엘 선지자는 종말을 바라보면서 우선 일반적인 "말세"에 관해서 예언했는데, 하나님께서 사람들에게 성령을 부어주실 때에 관한 것이었다(행 2:17-18). 또한 요엘은 어떤 특정한 날("주의 크고 영화로운 날")을 바라보면서 우주에 놀라운 일이 벌어질 것임을 예언했다(행 2:19-20). 마지막으로 요엘이 일반 말세와 특정 말세에 공통적으로 예언한 것은 구원("누구든지 주의 이름을 부르는 자는 구원을 받으리라")에 관한 것이었다(행 2:21).

오순절 성령님 강림을 경험한 베드로는 요엘 선지자의 예언을 해석하면서 우주적인 현상이 일어날 특정 말세에 더 이상 관심하지 않고, 성령님 강림과 구원에 관한 관심에 한정한다. 그래서 베드로는 오순절 설교 중에 "하나님이 오른손으로 예수를 높이시매 그가 약속하신 성령을 아버지께 받아서 너희가 보고 듣는 이것을 부어 주셨느니라"(행 2:33)고 말했고, "너희가 이 패역한 세대에서 구원을 받으라"(행 2:40)고 말했던 것이다. 베드로는 신약교회가 요엘의 예언대로 성령 부음을 받았다고 믿었다. 요엘의 성령님 강림 예언은 신약교회에 여러 의미를 부여한다.

① 평등한 공동체

첫째로, 요엘이 예언한 성령님 강림은 교회에 평등성이 형성되는 것을 의미한다. 왜냐하면 성령님이 "모든 육체"($πᾶσα σάρξ$, 파스 사릌스)에 부어지기 때문이다(행 2:17). 말세에는 하나님이 신자에게 누구나 성령님을 부어주신다. 이런 평등성을 확신시키기 위해서 요엘은 뒤이어 아들들과 딸들, 청년들과 노인들, 남종들과 여종들이 모두 성령님을 체험하게 될 것이라고 예언하였다. 성령님 체험은 남녀노소와 상하좌우를 가리지 않는다. 베드로는 이 약속을 다음과 같이 다시 설명하였다. "이 약속은 너희와 너희 자녀와 모든 먼 데 사람 곧 주 우리 하나님이 얼마든지 부르시는 자들에게 하신 것이라"(행 2:39). 성령님 강림을 받은 교회는 어떤 사람들이 있든지 평등한 공동체가 된다(고전 12:13; 갈 3:23).

② 선지자 공동체

둘째로, 요엘이 예언한 성령님 강림 예언이 오순절에 실현됨으로써 신약교회는 선지자 공동체가 되었다. 성령님 강림과 함께 신약교회의 신자들은 구약 선지자들과 동일한 신분을 가진다. 요엘은 이것을 확증하기 위해 "예언하다", "환상을 보다", "꿈을 꾸다" 같은 용어들을 사용하였다. 여기에서 주의해야 할 것은 요엘이 이 용어들로 나타내려고 했던 의미이다. 이 단어들이 신비한 현상을 가리키는 것은 사실이다. 실제로 사도행전을 읽어보면 흉년에 관한 아가보의 예언(행 11:27-30)과 고넬료와 관련된 베드로의 환상(행 10:9-16) 같은 신비한 사건들이 몇 번 일어났다. "꿈"(ἐνύπνιον, 에뉘프니온)도 예언이나 환상과 마찬가지로 영적 은사를 가리키는 것이지만 실제로 사도행전에서는 발견되지 않는다. 꿈을 비전이나 계획이라는 의미로 이해하려는 시도는 옳지 않다.

요엘이 말세에 성령님 강림을 경험한 신자들이 예언하고 환상을 보고 꿈을 꿀 것이라고 말한 것은 교회가 선지자 공동체가 될 것을 내다본 것이다. "예언하다", "환상을 보다", "꿈을 꾸다" 이런 용어들은 개별적인 의미를 가지고 있는 것이 아니다. 요엘은 하나의 동일한 의미를 단지 여러 용어로 진술한 것이다. 다시 말해서 "예언하다", "환상을 보다", "꿈을 꾸다"는 모두 같은 뜻을 담고 있다. 요엘은 같은 내용을 여러 가지 말로 표현함으로써 말세에 성령님 강림을 경험한 교회가 선지자의 특성을 가질 것을 강력하게 예언했던 것이다.

신약교회는 성령님 강림을 경험함으로써 요엘이 예언한 대로 선지자 공동체가 되었다. 구약시대에는 선지자의 특성이 소수의 사람에게만 허용되었지만, 말세에는 성령님의 강림과 함께 모든 신자가 선지자의 특성을 지니게 되었다. 신약의 신자들은 구약의 선지자들과 동일한 신분을 가진다. 따라서 신약교회는 선지자 공동체이다.

선지자 신분을 가진 신자와 선지자 공동체를 이룬 교회는 미래를 사는 자들이 되었다는 영광을 얻었다. 구약시대에 선지자들의 영광은 현재에서 미래를 살았다는 데 있다. 구약 선지자들은 하나님의 말씀을 받으면서 미래를 앞당겨 살았다(렘 29:11). 마찬가지로 성령님이 강림하신 신약교회는 선지자 공동체를 이루면서 현재에서 미래를 사는 법을 배웠다. 베드로는 이 사실을 분명하게 드러낸다(행 2:39). 교회는 시간적으로나("너희와 너희 자녀") 공간적으로나("모든 먼 데 사람") 미래를 미리 누렸던 것이다. 성령님이 강림하신 신약교회는 현재에서 미래를 살았다. 비록 작은 공동체였지만 예루살렘과 유다와 사마리아를 넘어 땅 끝까지 포괄하는 공동체였다(행 1:8). 신약교회는 현재에서 미래를 경험했고, 현지에서 세계를 경험하였다.

ΕΝ ΑΡΧΗ ΗΝ Ο ΛΟΓΟΣ · ΚΑΙ Ο ΛΟΓΟΣ
ΚΑΙ ΘΕ ΗΝ Ο ΛΟΓΟΣ · ΟΥΤΟΣ ΗΝ ΓΟΣ · Ο
ΠΑΝΤΑ ΔΙ ΑΥΤΟΥ ΕΓΕΝΕΤΟ ΟΤΕ
ΕΓΕΝΕΤΟ ΟΥΔΕΝ Ο ΓΕΓΟ ΔΕΝ
ΚΑΙ Η ΖΩΗ ΗΝ ΤΟ ΦΩΣ ΤΙ ΝΤΟ
ΚΑΙ ΤΟ ΦΩΣ ΕΝ ΤΗ ΣΚΟΤ ΕΝ ΤΙ
ΣΚΟΤΙΑ ΑΥΤΟ ΟΥ ΚΑΤΕΛΑ ΟΥΚ
ΓΕΝΕΤΟ ΑΝΘΡΩΠΟΣ ΑΠΕΣΤ
ΡΑΘ ΟΝΟΜΑ ΑΥΤΩ ΙΩ ΑΙΑΤ
ΘΕΝ ΕΙΣ ΜΑΡΤΥΡΙΑΝ ΙΝ ΗΡ ΤΥΡ
ΠΕΡΙ ΤΟΥ ΦΩΤΟΣ · ΙΝΑ ΤΟΝ ΤΕΣ
ΩΣΙΝ ΔΙ ΑΥΤΟΥ · ΟΥΚ ΗΝ ΤΟΥ
ΦΩΣ ΑΛΛΑ ΙΝΑ ΜΑΡΤΥΡ ΝΑ
ΦΩΤΟΣ ΗΝ ΤΟ ΦΩΣ ΤΟ ΑΛ ΦΩ
ΤΙ ΖΕΙ ΠΑΝΤΑ ΑΝΘΡΩΠ
Η ΟΤΟ ΙΝ ΚΟΣΜΟΝ · ΕΝ ΤΩ ΛΟΝ ·
Ο ΚΟΣΜΟΣ ΔΙ ΑΥΤΟΥ ΕΓΕ ΑΥΤΟ
ΜΟΣ ΑΥΤΟ ΝΟΥΚ ΕΓΝ Α ΟΥΚΟ
ΧΑΙ ΟΙ ΙΔΙΟΙ ΑΥΤΟΝ Ο ΠΑ ΑΥΤΟ
ΔΕ ΕΛΑΒΟΝ ΑΥΤΟΝ ΕΔΩ ΑΥΤΟ
ΞΟΥΣΙΑΝ ΤΕΚΝΑ ΘΥ ΓΕ ΚΝΑ
ΠΙΣΤΕΥΟΥΣΙΝ ΕΙΣ ΤΟ ΟΝΟ Ν ΟΙ
ΚΑΙ ΑΙΜΑΤΩΝ ΟΥΔΕ ΤΩΝ
ΣΑΡΚΟΣ ΟΥΔΕ ΕΚ ΘΕΛΗ ΕΚ
ΑΛΛ ΑΛΛ ΑΙΚ ΘΥ ΕΓΕΝΝΗΘΕ ΓΕ

제4부

|

세계

제4부 세계

제1장

세계 창조

세계 창조는 구약성경을 비롯하여(창 1:1) 신약성경 전체가 유독이 강조하는 내용이다(행 14:15; 17:24; 엡 3:9; 히 4:3; 9:26; 계 4:11; 10:6). 기독교의 독특성은 세계 창조를 믿는 데 있다.

창조에서 중심은 창조주 하나님이시다. 하나님을 말하지 않고는 창조도 말할 수가 없다. 성경에서는 인간이나 자연이 중심이 아니다. 인간과 자연은 창조주이신 하나님으로부터 가치가 성립되고 의미가 형성된다(행 17:28). 따라서 하나님 없이 인간의 가치를 주장하거나 하나님 없이 자연의 의미를 주장하는 것은 매우 위험하다.

하나님은 창조 이전에 이미 존재하셨다. 하나님은 그 자체로 자존이시다(출 3:14). 그런데 하나님은 영원히 계신다. 하나님은 영원부터 영원까지 존재하신다. 하나님은 시작도 없고 끝도 없으시다. 하나님 자신이 시작이며 끝이다(계 1:8; 21:6; 22:13). 그래서 하나님의 존재는 가장 큰 비밀이다. 이것은 하나님께서 끝끝내 감추시는 비밀이다(롬 11:33). 하나님의 존재는 그 자체로 독립이므로 아무것에도 의존하지 아니하신다(롬 11:34; 고전 2:16. 참조. 사 40:13-14; 욥 3:22-23). 하나님의 존재는 그 자체로 충만이므로 어떤 것에 의해서도 보충을 받지 아니하신다(요 17:5). 하나님의 존재는 그 자체로 절대이므로 하나님과 비견될 자가 없다(살후

2:4; 사 14:12-15). 이렇게 충분하시고 완전하시고 절대적으로 존재하시는 하나님께서 활동을 시작하신 것이 창조이다. 하나님은 존재의 하나님에서 활동의 하나님이 되셨다.

창조에서 두 번째로 화두가 되는 것은 시간이다. 시간은 창조와 함께 시작되었다. 영원하신 하나님이 창조의 시작점에서 시간을 만드셨다(막 13:19). 영원에서 시간으로 넘어오는 경계선에 "태초"(ἀρχή, 아르케)가 있다(요 1:1-2; 벧후 3:4; 요일 1:1; 참조. 창 1:1). 태초는 영원과 시간의 분기점이다. 이것은 시간이 영원과 분리되거나 상반된다는 의미가 아니다. 영원과 비교할 때 시간이 제한적인 미소한 것임은 사실이며(벧후 3:8; 시 90:4), 또한 시간은 어떤 방식으로든지 계산할 수 있지만 영원은 계산할 수 없다는 것도 사실이다. 하지만 시간은 영원의 영향권에 머물기 때문에 영원의 특별 부분이라고 부를 수 있다. 시간은 하나님께서 영원 속에 만들어놓으신 특별작품이다. 하나님은 영원의 세계에 시간의 세계를 형성해주셨다. 그리고 영원하신 하나님께서 스스로 시간 안으로 입장하셨다. 이렇게 하여 영원의 하나님이 시간의 하나님이 되셨다.

창조에서 세 번째로 화두가 되는 것은 공간이다. 하나님은 영이시기 때문에(요 4:24) 하나님께는 공간이 필요 없다. 하나님은 공간을 초월해 계신 분이시다. 그런데 영이신 하나님이 세계를 만드셨다(히 1:2; 11:3). 세계는 영원토록 존재하는 것이 아니라, 마치 정해진 시간 동안만 박물관에 전시되는 작품처럼, 단지 한시적인 성격을 띠고 존재한다(벧후 3:10; 계 6:14; 20:11; 21:1). 그럼에도 불구하고 공간은 하나님께서 영의 세계에 만드신 하나님의 특별작품이다. 그래서 물질적인 세계는 영적인 세계의 구상물(具象物)로서 하나님의 신엉을 표현한다(롬 1:20). 여기에는 광음이 존재하고 유체가 움직이고 고체가 머물면서 하나님의 영적인 능력을 드러낸다. 그리고 세계를 넘어계시는 영원하신 하나님, 공간을 창조하신 능력의 하나님, 천지를 다스리시는 영광의 하나님이 스스로 제한된 공간에 참여하셨다. 이렇게 하여 영원의 하나님이 공간의 하나님이 되셨다.

하나님은 시간과 공간을 창조하심으로써 장차 창조하실 인간에게 벌써 하나님을 만날 수 있는 시간적인 환경과 공간적인 환경을 제공하셨다. 만일에 하나님이 영원에만 계시다면 아무도 하나님을 만날 가능성이 없을 것이다. 그러나 하나님은 시간과 공간을 창조하심으로써 역사상에 하나님을 만날 수 있는 최초의 위대한 은혜를 시작하신 셈이다.

제2장

영적 존재

1. 천사

천사는 하나님의 피조물로 영적 세계에 속하는 인격적인 존재이다.[1] 그래서 어떻게 보면 사람은 물론이고 심지어 고난당하시는 그리스도까지도 천사보다 못한 것처럼 보인다(히 2:6-8; 참조. 시 8:4-6). 천사들 가운데 하나님께 선택받은 천사들도 있지만(딤전 5:21), 어떤 천사들은 하나님께 범죄하여 타락하였다(벧후 2:4; 유 6). 타락한 천사들은 하나님의 심판을 받아 하늘로부터 번개처럼 떨어지고 결국은 영원한 흑암 가운데 빠지게 된다.

선한 천사들이 하는 가장 중요한 일은 하나님과 관련된다. 천사들은 보좌에 앉으신 하나님을 모신다(눅 1:19; 계 5:11; 7:11; 참조. 왕상 22:19; 욥 1:6; 2:1; 슥 3:1-10). 하나님을 모시는 천사들은 종종 천상회의에 동참한다. 또한 천사들은 거룩하시고 거룩하신 하나님을 찬송한다(계 5:11; 참조. 사 6:2-3). 하나님은 천군천사의 찬송 가운데 계신다(계 5:11; 7:11; 참조. 시 103:20-21; 148:2). 나아가서 천사들은 섬기는 영이며(막 1:13; 히 1:14) 하나님의 사역자들로(히 1:7) 하나님의 명령을 수

---

1) 천사에 대한 개괄적인 설명은 앤드류 J. 밴스트라, 『천사에 대해 얼마나 알고 계십니까』, 류호영 역 (서울: 은성, 1996) (A. J. Bandstra, *In the Company of Angels: What the Bible Teaches What You Need to Know*, Ann Arbor, Michigan: Vine Books, 1995)를 보라.

행하는 역할을 한다. 그래서 천사들은 본래 영적 세계에 속하는 존재들이지만 역사상에 자주 나타났다(마 1:20; 2:13,19; 28:2-3; 눅 1:11,26; 행 5:19; 8:26; 10:3; 11:13; 12:7,23; 27:23).

천사들 가운데는 가브리엘(눅 1:19,26)이나 미가엘(유 9)처럼 이름으로 알려진 천사들이 있다. 비록 희미한 증거이지만 "천사장"(ἀρχάγγελος, 아르캉겔로스)라고 불리는 천사가 있는 것으로 보아 천사들에게 계급이 있는 것처럼 생각된다(살전 4:16; 유 9). 천사들이 역사에 출현할 때는 자주 사람의 모양으로 나타나는데(막 16:5; 창 18:2; 수 5:13-15; 민 22:22-23), 때때로 날개를 가진 신비한 모습으로 나타나는 경우도 없지 않다(계 4:8; 14:6; 사 6:2). 천사들은 실제로 사람들 앞에 그 모습을 드러내기도 하지만 간혹 꿈을 통해서 현현하기도 했다(마 1:20; 2:13,19). 역사상에 나타나는 천사들의 사명은 하나님의 성도들을 섬기는 것이다(히 1:14). 천사들은 죄인이 돌아오는 회개에 기쁨으로 참여하며(눅 15:10), 신자를 지키고 보호하며(마 18:10), 성도를 위험에서 구원하며(행 5:19), 하나님의 백성에게 좋은 소식을 알려주기도 한다(눅 1:19).

천사는 하나님의 말씀을 사람들에게 알려주는 역할을 한다. 역사상에서 천사들에게 맡겨졌던 가장 중대한 일은 하나님의 계시를 사람들에게 전달하는 것이었다. 천사는 시내 산에서 모세에게 율법을 말했다(행 7:38). 그래서 율법은 천사들을 통하여 중보자의 손으로 베풀어진 것이라고 설명된다(갈 3:19). 한 마디로 말해서 이것은 천사들을 통하여 하신 말씀이다(히 2:2). 이렇게 볼 때 천사는 하나님의 계시를 중계하는 존재라고 부를 수 있다. 하지만 천사에 의한 계시전달은 이제는 더 이상 없다.

그런데 선한 천사들의 사명 가운데 간과해서 안 될 것은 사탄과 그의 일꾼들에 대한 싸움이다. 놀랍게도 악한 천사들은 성도들을 미혹에 빠뜨리기 위하여 거짓 복음을 유발하며(갈 1:8) 때때로는 광명의 천사와 의의 일군으로 가장하고 온다(고후 11:14-15). 이때 하나님의 천사들은 성도를 섬기는 사명을 가지고 있기 때문에

제4부 세계

예나 지금이나 타락한 악한 천사들과 맹렬하게 싸운다(유 9; 계 19:14). 마지막 날에 천사들은 예수 그리스도의 재림에 동행하며(마 16:27; 25:31), 악인에 대한 하나님의 심판 집행을 돕는 일을 한다(마 13:41).

위에서 열거한 천사들의 활동에서 천사들은 그리스도 안에서만 우리에게 우호적이라는 것과 주님과 온 교회를 섬기기 때문에 개인을 위한 수호천사 개념이 없다는 것을 잊어서는 안 된다. 궁극적으로 우리를 보호하는 것은 천사가 아니라 삼위일체 하나님이시다. 하나님은 장차 올 세상을 천사들에게 복종하게 하지 아니하신다(히 2:5). 또한 하나님이 결국 붙들어주려는 대상도 천사들이 아니라 성도들이다(히 2:16). 이 때문에 신자들은 이 세상에 사는 동안에 잠시 천사들보다 못한 것처럼 보일지라도 천사를 숭배하는 것이 절대로 금지된다(골 2:18). 그러므로 사도 요한이 계시의 중계자로 나타난 천사에게 엎드려 경배하려 했을 때 천사는 오직 하나님께 경배하라고 만류했던 것이다(계 19:10; 22:8-9).

2. 범죄한 천사

범죄한 천사들은 베드로후서 2:4와 유다서 1:6에 언급되어 있다.[2] 베드로후서가 천사들이 범죄했다고 간단히 말하는 데 비해서, 유다서는 조금 더 자세하게 설명한다. 천사들의 범죄는 "자기 지위를 지키지 아니하고 자기 처소를 떠난"(유 1:6) 것이다. 이것은 천사들의 타락을 두 단계로 보여준다. 먼저 그들은 자기 지위를 지키지 않았다. 본래 천사들은 예배하는 영들이었지만(히 1:14) 그 사명을 지키지 않았다는 것이다. 또한 그들은 자기 처소를 떠났다. 모든 천사는 하나님을 둘

---

2) 사탄과 악귀에 대한 개괄적인 설명은 그린, 마이클,『나는 사탄의 멸망을 믿는다』, 오성춘 역 (서울: 장로회신학대학교출판부, 1994), 45-78과 108-153 (Michael Green, *I Believe in Satan's Downfall*, Grand Rapids: Eerdmans, 1981, 33-57 and 78-111)과 클린톤 E. 아놀드,『바울이 분석한 사탄과 악한 영들』, 길성남 역 (고양: 이레서원, 2005) (Clinton E. Arnold, *Powers of Darkness. Principalities and Powers in Paul's Letters*, IVP, 1992)을 보라.

러싸는 존재이지만(계 5:11) 다른 자리를 탐하게 되었다는 것이다.

범죄한 천사들의 형벌은 하나님이 그들을 "지옥에 던져 어두운 구덩이에 두어 심판 때까지 지키게 하셨으며"(벧후 2:4), "큰 날의 심판까지 영원한 결박으로 흑암에 가두셨다"(유 1:6)는 것이다. 여기에 타락한 천사들에 대하여 공통적으로 두 가지 형벌을 말한다. 하나는 현재적 형벌이며, 다른 하나는 미래적 형벌이다. 미래적 형벌부터 살펴보자면, 이것은 최후의 심판을 가리킨다("심판 때까지," "큰 날의 심판까지"). 범죄한 천사들은 궁극적인 심판을 받는다. 범죄한 천사들에 대한 현재적 형벌은 흑암의 구덩이에 가둔 것이며(벧후 2:4), 영원한 결박으로 흑암 아래 가둔 것이다(유 1:6).

흑암의 구덩이 또는 흑암은 이 세상을 가리킨다. 이 세상은 흑암이다. 그래서 빛이 와도 깨닫지 못하며(요 1:5), 빛이 와도 사람들은 자기 행위가 악하므로 빛보다 어둠을 더 사랑한다(요 3:19). 모든 범죄한 천사들은 두목 사탄과 함께 광명한 영광의 나라에서 어두운 이 세상으로 쫓겨났다(계 12:7-9). 그들은 마치 하늘로부터 번개 같이 떨어졌고(눅 10:18 참조), 하늘에서 땅에 떨어진 별과 같다(계 9:1 참조). 따라서 하나님께서 범죄한 천사들 가운데 일부는 지옥에 가두고 일부는 이 세상에서 자유롭게 활동하도록 허용하셨다고 해석하는 것은 옳지 않다.

악한 천사들은 범죄하기 전에 하나님의 나라에서 영광의 빛을 누리던 자들이었지만, 범죄함으로 말미암아 그곳에서 영원히 축출을 당하였다. 그들은 아직 최후의 심판은 받지 않았으나 지금 영광의 세계가 아닌 이 세상에 머물고 있다. 그래서 그들은 "이 어둠의 세상 주관자들"(엡 6:12)이라고 불리며, 그들의 수령인 사탄은 "이 세상의 통치자"(요 12:31; 14:30; 16:11) 또는 "이 세상의 신"(고후 4:4)이라고 불린다. 타락한 천사의 대표인 사탄은 이 밖에도 마귀(마 4:1; 요 8:44; 행 10:38; 엡 4:27; 딤전 3:6; 히 2:14; 요일 3:8; 유 9; 벧전 5:8; 계 2:10), 불법의 사람과 멸망의 아들(살후 2:3), 대적자(살후 2:4; 딤전 5:14; 딛 2:8; 벧전 5:8), 거짓말쟁이와 거짓의 아비(요 8:44), 꾀는 자(계 12:9), 미혹자(딤전 4:1; 요일 4:6; 요이 7; 계 20:10), 적그리스도(요일 2:22; 4:3; 요이 7), 죽음의 세력을 잡은 자(히 2:14), 큰 용과 옛 뱀(계 12:9), 처음부터 살인한 자(요 8:44)라고 불린다.

범죄한 천사들은 이 세상을 자기의 무대로 삼아 활개치고 있다. 신약성경에서 주로 악귀(귀신)이라는 명칭을 받고 있는(죽은 자의 혼령이 아님) 타락 천사들은 온갖 악한 방법들을 동원하여 사람들을 죽음으로 위협하고(히 2:14), 죄인들에게 범죄를 조장하고, 성도와 교회를 미혹하고, 하나님의 일을 파괴하고, 하나님을 대적하기 위해서 애쓴다. 따라서 성도와 교회는 마귀의 궤계를 능히 대적하기 위하여 하나님의 전신갑주를 입어야 한다(엡 6:10-20; 벧전 5:8-11).[3]

---

3) 참조. 박윤선, 『개혁주의 교리학』 142.

제3장

인간

1. 인간의 본질

신약성경은 창조, 타락, 구속이라는 전망으로 인간의 모습을 제시한다. 그래서 신약성경에서 인간의 모습은 창조된 인간, 타락한 인간, 구속된 인간으로 나누어 살펴볼 수 있다.

1) 창조된 인간

인간은 하나님의 피조물이다. 하나님은 사람을 하나님의 형상대로 남자와 여자로 창조하셨다(마 19:5; 고전 11:7; 약 3:9).

(1) 인간의 위치

창조에서 인간은 중간자의 위치에 선다(하나님 – 인간 – 피조물). 그는 하나님과 만물 사이에 존재한다. 하나님은 인간을 만드셨고, 인간은 만물을 다스린다(약 3:7). 인간은 하나님과 피조물 사이에 자리 잡고 있기 때문에 두 가지 가능한 지향성을 가진다. 인간은 아벨이나 에녹처럼 하나님 쪽으로 갈 가능성이 있다(히 11:4-

6). 그러면 그에게 하나님과 교제하는 영광이 주어진다. 반면에 인간은 피조물 쪽으로 기울어질 가능성도 있다. 그러면 그는 새와 짐승과 벌레를 섬기는 비참한 존재가 된다(롬 1:23).

(2) 인간의 신분

창조된 인간은 하나님으로부터 세 가지 영광의 신분을 받았다.

첫째로, 인간은 하나님과의 관계에서 볼 때 "하나님의 형상"이라는 신분을 가진다(약 3:9; 참조. 창 1:26-27). "형상"(ὁμοίωσις, 호모이오시스)[1]이란 용어는 사람과 관련해서는 외형을 가리키는 것으로 사용되지만(마 22:20; 참조. 창 5:3, 아담의 형상과 모양인 셋), 하나님과 관련해서는 성품을 가리킨다(갈 4:19; 골 3:10). 하나님의 형상은 충만함, 거룩함, 의로움 같은 하나님의 성품이다(엡 4:24; 약 3:17-18). 인간은 하나님의 성품이라는 신분을 가지고 하나님을 지향하고 순종하며 영광을 누리도록 창조되었다. 그러므로 하나님의 형상이라는 신분을 가진 인간에게는 본래 타인을 저주하거나(약 3:9) 분노하거나 살인하는 잔인함(마 5:21-22)이 불허되었다(참조. 창 9:6).

둘째로, 인간은 다른 사람과의 관계에서 보면 "사람"(ἄνθρωπος, 안뜨로포스)이라는 신분을 가진다. 하나님은 사람을 창조하시면서 남자와 여자를 만드셨다(마 19:4). 이것은 여러 가지 의미를 시사한다. 먼저 남자와 여자의 창조는 인간이 사람 대 사람으로 존재한다는 것을 가르쳐준다. 인간은 서로 평등하다(고전 11:11). 인간의 평등은 예수님 안에서 구속받을 때 가장 안전하게 확보된다(고전 12:13; 갈 3:28; 엡 6:8; 골 3:11). 예수님 안에서는 모든 차별이 사라진다. 민족, 성별, 신분에 차별이 없다. 또한 남자와 여자의 창조는 인간이 신뢰관계로 존재한다는 것을 가르쳐준다. 남자와 여자는 결혼을 통해 둘이 한 몸(육체)이 된다(마 19:5; 막 10:8; 고전 6:16; 엡 5:31; 참조. 창 2:24). 부부관계에서 창조주 하나님이 인간에게 요구하신

---

1) 신약성경에서는 동의어로 호모이오마(ὁμοίωμα), 에이콘(εἰκών) 등이 사용된다.

신뢰관계가 가장 확실하게 증명된다. 남편은 아내에게 헌신으로서의 사랑을 실천하고, 아내는 남편에게 존경으로서의 복종을 표현하여 둘 사이에 전적 신뢰가 형성된다(엡 5:22-33).

셋째로, 인간은 생물과의 관계에서 볼 때 보호자라는 신분을 가진다. 하나님은 사람을 창조하시어 한편으로는 바다의 물고기와 하늘의 새와 땅에 움직이는 모든 생물(가축과 땅에 기는 것)을 다스리게 하시고(창 1:26,28), 다른 한편으로는 에덴동산을 관리하면서(창 2:15) 들짐승(가축)과 공중의 새에게 이름을 주게 하셨다(창 2:19-20). 하나님은 인간을 생물의 보호자로 세우신 것이다. 그러므로 사람은 짐승과 새와 벌레와 바다의 생물을 길들이는(δαμάζω, 다마조) 자가 되었다(약 3:7). 이것은 사람이 생물을 상대할 때 착취와 약탈과 파괴를 일삼는 잔인한 폭군이 아님을 보여준다. 사람은 만물 앞에서 품위 있는 성군으로 위엄을 갖추고 만물을 아름답게 가꾸어 질서를 잡아 하나님의 영광을 드러내도록 변화하고 발전시켜야 한다. 이때 만물은 하나님의 영광스런 극장에서 훌륭한 조역을 감당하게 된다.

2) 타락한 인간

인간은 범죄하였다. 아담의 범죄로 말미암아 죄가 세상에 들어왔고 인류는 정죄에 이르렀다(롬 5:12-21). 타락은 창조의 영광을 송두리째 앗아갔다. 인간의 타락은 하나님 외의 말에 마음을 빼앗김으로써 하나님의 말씀에 불순종하고 하나님을 신뢰하지 않은 것이다. 타락으로 말미암아 인간은 위치 상실(중간자), 관계 상실(신뢰), 신분 상실(영광)이라는 결과를 맞이하였다.

(1) 위치 상실

타락한 인간이 중간자의 위치를 상실한 결과로 모든 질서가 혼란에 빠졌다. 한편으로는 하나님의 자리를 탐내는 자가 생기고(살후 2:4; 참조. 창 11:4, 바벨탑; 사

14:14, 계명성), 다른 한편으로는 짐승의 자리로 떨어지는 자가 생겼다(벧후 2:12; 유 10).

(2) 신분 상실

타락한 인간은 세 가지 신분을 상실하였다.

첫째로, 인간은 타락함으로써 "하나님의 형상"이라는 신분을 상실하였다. 그는 하나님 관계가 단절되었다. 타락한 인간은 하나님 없는 인간이 되어(엡 2:12) 하나님의 영광에 이르지 못하였고(롬 3:23) 하나님과 원수가 되었다(롬 5:10). 그는 끊임없이 하나님으로부터 자유하려 하며, 하나님으로부터 자유한 것을 자랑으로 여긴다.[2] 그러나 인간은 하나님을 떠나는 순간 사람, 짐승, 사물을 신으로 삼아 섬긴다(롬 1:23). 사도 바울이 아테네 아레오바고에서 설교한 것처럼 인간에게 종교성이 남아있기 때문이다(행 17:22).

둘째로, 타락한 인간은 "사람"이라는 신분을 상실하였다. 이로 말미암아 인간에게 두 가지 큰 문제가 벌어졌다. 먼저 타락한 인간은 자아의 문제에서 영적으로 죽어(엡 2:1) 성령의 일을 어리석게 여기며 이해하지 못하고 알 수도 없다(고전 2:14). 그는 지성이 마비되고 왜곡되어 생각이 허망하여지고 미련한 마음이 어두워지고 스스로 지혜있다 하지만 어리석게 되었다(롬 1:21-22). 그는 총명이 어두워지고 무지함과 마음의 굳어짐으로 말미암아 하나님의 생명에서 떠났다(엡 4:18). 그는 도덕적 타락에 빠져 여러 악덕목록이 지적하는 것처럼(마 15:19; 롬 1:29-31; 갈 5:19-21; 골 3:5,8; 계 9:21) 음행과 살인과 술 취함 등등에 사로잡혔다. 그는 더 이상 존엄하지 않다. 또한 타락한 인간은 타인 관계에서 평등을 파괴하고 정치, 경제, 사회 등을 이용하여 노예제도를 도입하고 상하관계를 강요한다. 이와 더불어 타락한 인간사회에는 갈등과 증오와 살인과 전쟁이 벌어진다(요일 3:12).

---

2) 의심을 사유의 기초로 여기는 데카르트(1596-1650)는 최후 결론으로 "나는 생각한다. 그러므로 나는 존재한다"(*Cogito ergo sum*)고 말한다. 이 말에는 계몽주의의 요약이 들어있다: 자아중심(하나님이 아니라 "나"), 사고의존(계시가 아니라 사색), 결과론(하나님의 뜻이 아니라 자신에게서 결과가 나옴), 존재론(신 없는 존재).

셋째로, 타락한 인간은 만물의 "보호자"라는 신분을 상실하였다. 창조주 하나님이 인간을 만물의 보호자(머리)로 세우셨지만 인간은 그 역할을 잃어버렸다. 따라서 세상은 보호자(머리)를 상실하여 죄 가운데 혼돈에 빠졌고(롬 5:12), 이로 말미암아 세상은 어둠이 되었다(요 1:5).

3) 구속된 인간

인류에서 일부가 구속을 받는데, 구속된 인간에게는 다음과 같은 사건이 일어난다.

(1) 위치 회복

첫째로, 구속된 인간은 중간자 위치를 회복한다. 구속된 사람은 다시 하나님과 만물 사이에 선다. 그는 하나님을 지향하는 위치에서 하나님을 찬송한다(엡 5:19; 골 3:16; 히 13:15). 그는 만물을 맡은 위치에서 만물에 존귀를 수여한다(마 24:47; 고전 3:21). 이러한 중간자의 역할은 특히 구속받은 자들의 공동체인 교회에게 주어진다. 교회는 하나님(또는 만물의 머리이신 그리스도)과 만물 사이에서 중간자의 사명을 담당한다(엡 1:22-23).

(2) 신분 회복

둘째로, 구속된 인간은 신분을 회복한다.

구속받은 사람에게 가장 먼저 회복되는 신분은 "하나님의 형상"이다. 그는 하늘에 속한 자의 형상을 입어(고전 15:49) 그와 같은 형상으로 변화함으로써 영광에서 영광에 이른다(고후 3:18). 그는 창조주의 형상을 따라 지식에까지 새롭게 하심을 얻는다(골 3:10). 그가 회복하는 하나님의 형상은 의로움과 거룩함이다(엡 4:24). 구속된 인간은 하나님의 형상을 회복하여 하나님과 화평(롬 5:1)과 화목(엡

2:16)의 관계에 들어간다. 이제 그는 새 피조물이라고 불리며(고후 5:17), 하나님의 백성과 성도와 자녀라는 명칭을 받으며(벧전 2:9-10), 신적 성품에 참여하고(벧후 1:4; 참조. 요 10:35; 시 82:6), 하나님과 영원한 교제를 나눈다(계 7:13-17).

또한 구속된 인간은 "사람"이라는 신분을 회복한다. 그는 "새 사람"이라고 불린다(엡 2:15; 4:24; 골 3:10). 그는 새 사람으로서 모든 인간관계를 회복하여 자아의 존엄을 되찾고 가정(부부와 부모자녀)과 사회에서 관계가 개선된다. 인종과 신분과 성별에 차별 없는 평등이 성립되고(갈 3:28; 골 3:11), 사랑과 존중을 바탕으로 상호 신뢰가 형성된다(요 13:34-35). 이것을 가장 잘 보여주는 것이 미덕목록이다(갈 5:22-23; 엡 4:1-3,32; 골 3:12-17).

마지막으로 구속받은 인간은 만물의 "보호자"라는 신분을 회복한다. 만물은 썩어짐의 종노릇에서 해방되어 신자들의 영광의 자유에 이르기를 고대하고 있다(롬 8:19-22). 사도 바울은 만물이 드디어 예수님 안에서 다시 머리를 회복한다 (ἀνακεφαλαιώσασθαι, 아나케팔라이오사스따이)고 선언한다(엡 1:10). 만물의 보호자 (머리)로 세움 받은 아담이 그 역할을 상실하여 혼돈에 빠졌던 만물은 예수님 안에서 다시 보호자(머리)를 얻어 질서를 잡는다(계 4-5장; 참조. 사 35장과 65장). 그런데 구속받은 인간은 머리이신 예수님 안에서 충만하여졌다(골 2:10). 그는 "왕 같은 제사장"(벧전 2:9)이 되어 왕으로서 만물을 통치하며, 제사장으로서 만물을 하나님께 인도한다.

2. 인간의 실존

모든 인간은 두 부분으로 구성된다(삼분설 반대). 비가시적 부분과 가시적 부분이다.

인간의 구성(이분설)		
인간 *ἄνθρωπος*	비가시 부분	**영혼** πνεῦμα 영적 관계 하나님, 영의 세계
		생명 ψυχή 중립적 관계 목숨, 인생 네페쉬(נֶפֶשׁ) 생물, 생령
	가시 부분	**몸** σῶμα 육체 수족, 이목구비
		육 σάρξ 감정 욕구, 열망

비가시 부분은 때로 영혼(πνεῦμα, 프뉴마) 또는 생명(ψυχή, 프쉬케)이라고 불리며, 가시 부분은 때로 몸(σῶμα, 소마) 또는 육신(σάρξ, 사륵스)이라고 불린다.

> **영혼(프뉴마) – 몸(소마)(고전 5:3)**
> **영혼(프뉴마) – 육신(사륵스)(롬 8:4-6)**
> **생명(프쉬케) – 몸(소마)(마 10:28)**

비가시적 부분에서 영혼(프뉴마)이라고 할 때는 주로 하나님에 대하여 또는 영적인 사안에 대하여 영적 관계를 표현한다. 생명(프쉬케)이라고 할 때는 주로 중립적 관계를 표현한다. 이것은 구약에서 네페쉬(נֶפֶשׁ)에 해당하는 것으로 목숨, 인생, 생명체 등을 나타낸다.

가시적 부분에서 몸(소마)라고 할 때는 팔, 다리, 이목구비 등 사람의 외적 구조물을 가리키는 것으로 육체를 말한다. 육신(사륵스)이라고 할 때는 욕구, 갈망 등 사람의 내적 상태를 가리키는 것으로 감정을 말한다.

1) 인간의 현생

현생을 사는 인간은 모두 비가시적 부분과 가시적 부분을 가진다. 이것은 신자와 불신자를 가리지 않고 동일하다. 현생을 사는 인간은 아담과 같은 모습이다. 그는 목숨에 속한 육체를 가지고 있으며($\sigma\tilde{\omega}\mu\alpha$ $\psi\upsilon\chi\iota\varkappa\acute{o}\nu$, 소마 프쉬키콘)(고전 15:44) 살아있는 목숨이다($\psi\upsilon\chi\grave{\eta}$ $\zeta\tilde{\omega}\sigma\alpha$, 프쉬케 조사)(고전 15:45). 그런데 현생의 인간은 오직 신자와 불신자 두 부류로 나누어진다(고전 2:14-3:3). 불신자는 구원을 받아 신자에 포함되지만(점선), 신자는 타락하여도 불신자에 포함되지 않는다(실선).

현생		
아담 $\psi\upsilon\chi\grave{\eta}$ $\zeta\tilde{\omega}\sigma\alpha$, $\sigma\tilde{\omega}\mu\alpha$ $\psi\upsilon\chi\iota\varkappa\acute{o}\nu$		
신자	영속인 $\pi\nu\epsilon\upsilon\mu\alpha\tau\iota\varkappa o\acute{\iota}$	(영적)성인
	지향성 (고전 10:31)	
	육속인 $\sigma\alpha\rho\varkappa\iota\varkappa o\acute{\iota}$ $\sigma\acute{\alpha}\rho\iota\varkappa\iota\nu o\iota$	(영적)유아
불신자	현생인 $\psi\upsilon\chi\iota\varkappa o\acute{\iota}$	범인

첫째로, 불신자는 예수님 밖에 있는 사람들이다(엡 2:12). 그들은 목숨을 위해서 사는 보통 사람들이다. 그들은 비가시적 부분인 영혼에 대하여 별 관심이 없고, 가시적 부분인 육체에 주로 관심한다(먹는 것, 마시는 것, 입는 것). 이것은 이방인들이 구하는 것들이다(마 6:25-34). 불신자는 성령의 일을 받지 아니하며, 미련하게 보이며, 깨닫지 못한다(고전 2:14).

둘째로, 신자는 예수님 안에 있는 사람들이다(엡 2:13). 신자는 다시 육에 속한 사람과 영에 속한 사람 둘로 나누어진다. 구분은 지향성에서 나타난다. 지향성은 하나님의 영광을 구하느냐 아니면 자신의 인생을 사느냐 이다(고전 10:31). 이 둘을 구분하는 데 은사가 상관이 없다.

우선 육에 속한 사람은 예수님 안에 있지만 그 지향성이 자기중심적으로 사람을 따라 행하는 것이기 때문에(고전 3:3) 어린 아이이며(고전 3:1) 밥을 먹이지 못하고 젖을 먹이며(고전 3:2) 시기와 분쟁을 일삼는다(고전 3:3).

이와 달리 영에 속한 사람은 예수님의 마음을 가지고 성령님을 따라 살기 때문에 하나님 중심적이다(고전 2:15-16; 갈 5:16). 그는 성령님으로 충만하며(엡 5:18), 성령님의 열매를 맺는다(갈 5:22-23). 그는 성숙한 신자로서 하나님의 지혜를 안다(고전 2:6).

2) 인간의 죽음과 사후

죽음과 함께 모든 인간(신자와 불신자)은 현생과 단절되며 영혼과 육체가 분리된다. 인간의 육체는 사후에 장례를 치러 바로 흙으로 돌아가 썩는다(눅 16:22; 행 2:27,31; 13:36; 참조. 창 3:19). 반면에 인간의 영혼은 불멸의 실체로 멸절하지 않는다. 몸에서 떠난 영혼들의 가는 곳에 대하여 성경은 위의 다음과 같이 두 가지 밖에 말하지 않는다.

현생	사후				심판
⇐	신자	영혼	↗	천국, 낙원, 삼층천	⇒
귀환 불가		육체	↘	장례	필연
⇐	불신자	육체	↗	장례	⇒
		영혼	↘	스올, 지옥, 음부	

첫째로, 신자의 영혼은 하나님께로 돌아간다(눅 16:22; 23:43; 참조. 전 12:7). 하나님의 세계는 천국, 하나님 나라, 낙원, 삼층천, 아브라함의 품, 빛의 세계 등으로 불린다. 현생 후 신자의 영혼이 곧바로 머리이신 예수님께 받아들여진다(눅 23:43; 빌 1:21-23). 신자의 영혼은 별세하는 즉시 완전히 거룩해지고, 지극히 높은 하늘에 영접되어 영광 가운데 계시는 하나님의 얼굴을 뵙는다. 그들은 그 곳에서 몸의 완전한 구속(救贖)을 기다린다(고후 5:1; 행 3:21; 고후 5:6,8; 엡 1:23. 4:10; 빌 1:23; 히 12:23).

둘째로, 불신자의 영혼은 지옥에 던져진다(눅 16:23). 이것은 스올, 음부, 어둠의 세계 등으로 불린다. 불신자의 영혼은 사망 후에 지옥에 던져지고 그 곳에서 고통을 받으며, 아주 어두운 데 머물러 큰 날의 심판을 기다린다(마 25:41; 눅 16:23-24; 행 1:25; 벧전 3:19; 유 1:6-7).

사후에 영혼의 회개는 가능하지 않다. 사후 영혼은 천국에서 지옥으로도, 지옥에서 천국으로도 오가지 못하며(눅 16:26) 현생을 방문하지도 못한다(삼하 12:23; 욥 7:9-10; 10:21). 따라서 인간의 혼령을 악귀(귀신)로 여기는 것은 잘못된 이론이다. 앞에서 살펴본 바와 같이 악귀는 타락한 천사들이다.

3) 인간의 부활과 영생

부활			
부활 예수님 $\pi\nu\epsilon\tilde{\upsilon}\mu\alpha$ $\zeta\omega\sigma\pi\sigma\iota\sigma\tilde{\upsilon}\nu$ $\sigma\tilde{\omega}\mu\alpha$ $\pi\nu\epsilon\upsilon\mu\alpha\tau\iota\chi\acute{\sigma}\nu$			
신자	영혼 + 육체	생명 부활 ⇨	영생 영체
불신자	육체 + 영혼	심판 부활 ⇨	영멸 둘째 사망 불못

모든 인생(신자와 불신자)은 부활한다(요 5:29). 부활 때에 영혼과 육체가 다시 결합한다. 불신자의 부활과 신자의 부활은 판이하게 다른 모습을 가진다.

첫째로, 불신자의 부활이란 지옥에 있던 영혼이 부활육체와 만나 영원한 멸망에 들어가는 것이다. 그래서 이것은 심판의 부활이라고 불린다(요 5:29). 마지막 심판 날에 불의한 자들의 몸은 예수님의 권능에 의하여 욕된 것으로 부활한다. 이것은 둘째 사망이며 불못이다(계 20:14).

둘째로, 신자의 부활이란 천국에 있던 영혼이 부활육체와 만나 영원한 생명에 들어가는 것이다(요 11:25-26). 그래서 이것은 생명의 부활이라고 불린다(요 5:29). 그는 부활하신 예수님의 모습을 가진다. 부활하신 예수님은 영에 속한 육체를 가지고 있으며(σῶμα πνευματικόν, 소마 프뉴마티콘)(고전 15:44) 살려내는 영혼이다(σῶμα ζῳοποιοῦν, 소마 조오포이운)(고전 15:45). 예수님이 재림하실 때에 살아남아 있는 신자들은 죽지 않고 그 몸이 변화를 받으며(살전 4:17), 죽었던 신자들은 몸으로 부활하여 다시 영혼과 영원히 결합될 것이다(빌 3:21; 참고. 욥 19:26-27).

부활 때에 신자는 마치 부활 예수님이 그러하셨듯이 시공간에 제약을 받지 않으며(요 20:19)[3] 최종적 모습으로 부활하여 그 모습을 알아볼 수 있다(눅 24:31,39; 요 20:20,27; 행 1:3; 고전 15:5-8). 부활 신자는 성령님으로 말미암아 예수님의 영광스러운 형상으로 변화하여(요 5:28,29; 행 24:15; 고전 15:20,43,54; 빌 3:21; 요일 3:2) 역할과 기능이 정상으로 회복된 가장 아름다운 모습을 가진다(참조. 마 11:4-5; 사 35:5-6). 부활 신자에게는 현생에서처럼 장가가고 시집감 없다(마 22:30; 막 12:25; 눅 20:35). 부활 신자는 개별적으로 하나님과 직접 연결된다(참조. 마 22:32; 막 12:26; 눅 20:37). 부활 후에 신자는 현생에서는 누리지 못했던 완전한 영광에 참여한다(요 17:5; 롬 14:17; 고후 5:2).

---

3) 참조. Joseph F. Kelly, 『초대 기독교인들의 세계』, 방성규 역 (고양: 이레서원, 2002), 107. 터툴리안의 견해 (On the Shows, 30; ANF 3, 91).

3. 인간의 자아정체성

신약성경은 자아정체성 논의에 중요한 견해를 제공한다. 수많은 문제들이 자아정체성을 확립하지 못하기 때문에 야기된다. "나는 누구인가"라는 질문에 대하여 올바른 대답을 하지 못하면 자아를 의식하기 시작한 나이로부터 생애를 마칠 때까지 엄청나게 많은 혼란이 빚어진다. 비근한 예로, 자아를 규정하지 못하는 청소년들은 탈선에 빠질 수 있는 가능성이 매우 높다. 그런데 이런 경우는 비단 나이 어린 사람들에게만 나타나는 것이 아니다. 우리는 심지어 노인들에게서도 자아에 대한 정의가 부재하므로 가정과 사회에 불안한 존재가 되는 현상을 자주 본다. 이런 자아정립의 부재현상에서 수많은 사회적인 문제가 발생한다. 이렇게 볼 때, 자아정체성의 회복을 논의하는 것은 모든 문제의 근본적인 해결책을 다루는 것이라고 말할 수 있다.

1) 자아의 현실

자아정체성의 회복을 논의하려면 가장 먼저 자아가 무엇인지 살펴보아야 한다. 이것은 다시 말하자면 인간이 어떤 존재인지에 대한 질문이다. "인간이란 무엇인가?" 신약성경에 의하면, 인간은 왜곡된 존재이다. 인간의 왜곡성은 주로 세 방향으로 표현된다.

첫째로, 인간에게는 영적인 면에서 뒤틀림이 있다. 그래서 인간은 불건전한 영적인 존재들을 숭배하려는 의지를 가진다(롬 1:23). 사람들에게는 물질로 우상을 만들어 섬기는 자들로부터 시작해서, 악귀(귀신)를 섬기는 자들, 그리고 사탄숭배자들에 이르기까지 괴이한 영적 존재들에 대한 강렬한 추구가 있다.

둘째로, 사회적 왜곡도 무시할 수 없는 큰 문제꺼리이다. 사람들은 대체로 자신을 중심에 놓고 사고하기 때문에 타인에 대하여 비뚤어진 시각을 가진다(마 7:1-

5). 아마도 이런 자기중심적인 시각을 가진 대표적인 사람들은 유대인이었을 것이다(롬 2:1). 이런 사람들에게는 긍정보다는 부정이 앞서고, 칭찬보다는 비판이 강하다. 그들은 나 외의 모든 사람들은 잘못되었다는 생각이 지배적이다. 바로 이 때문에 인간사회에는 갈등과 분쟁이 그치지 않는다(약 4:1).

셋째로, 인간의 왜곡성 가운데 자연과의 관계에서 나타나는 현상을 놓쳐서는 안 될 것이다. 이것은 파괴, 착취, 훼손 등으로 하나님의 피조물을 잘못 사용하는 것이다.

인간에게는 이와 같이 여러 가지 경향이 항상 도사리고 있기 때문에, 인간은 언제나 뒤틀린 존재로 나타난다.[4] 인간의 왜곡성 한가운데는 자기중심주의가 자리 잡고 있다. 자아중심은 탐욕, 교만, 시기, 자기방어와 타인공격 등으로 변형되어 나타난다. 이로부터 모든 악한 것이 방사선처럼 사방으로 뻗쳐 나온다(마 15:18-20). 하지만 인간은 이런 자기모습을 위장하려고 한다. 신약성경은 보통 이런 현상을 가리켜 외식이라고 부른다(마 6:2,5,16).

그러면 인간에게 이런 자기중심적 태도가 생긴 이유는 무엇인가? 그것은 인간이 하나님의 영광스러운 피조물이라는 상태에서 타락한 데 원인이 있다. 인간의 근본문제는 범죄와 타락이다. 모든 사람이 죄를 범하여 하나님의 영광에 이르지 못하게 되었다(롬 3:23). 범죄는 하나님과 관계가 단절된 것을 가리킨다. 영광은 하나님에게 있는 것이 참된 영광인데, 타락으로 말미암아 인간은 이런 진정한 영광을 상실하고 말았다. 하나님과 관계가 단절되자 인간은 자기를 중심에 놓는 결과를 일으키고 말았다. 하나님의 영광대신 자기의 영광을 추구하게 된 것이다. 이 때부터 인간은 불안, 소외, 불만, 공포에 사로잡혔다(엡 4:17-19). 신약성경은 이런 현상을 가리켜 죄와 허물로 죽은 상태라고 설명한다(엡 2:1).

---

4) 이런 의미에서 아우구스티누스(Augustinus)가 "나는 나 자신에게 질문거리가 되었다"(*mihi quaestio factus sum*)고 말한 것은 전적으로 옳은 표현이다(『고백록』 10권 33장). 인간은 스스로 질문거리일 뿐이다.

2) 자아의 회복

그러면 이런 자아는 어떻게 회복될 수 있는가? 아마도 이 질문처럼 많은 사람들이 해결하려고 매달렸던 것도 없을 것이다. 그만큼 이 질문은 어려운 것이며 또한 대답이 다양할 수 없다.

(1) 자아회복의 여러 가지 시도들

때때로 자아 왜곡이 문학이나 예술, 교육, 철학에 의해서 변화되는 것은 사실이다. 그러나 이런 방식으로 자아를 발견하고 자아정체성을 회복하는 것은 매우 부분적이며 불완전하다. 이런 변화는 인생 안에서 소진화라고 부를 수는 있겠으나 근본적인 변화는 아니다. 왜냐하면 이런 모든 방식에서도 인간은 여전히 중심의 위치에 놓여있기 때문이다. 시간과 공간에서 상대적이며 제한적인 인간은 주관적인 입장에 처하면 계속 왜곡이 생긴다. 상황이 바뀌면 다시 옛 모습으로 돌아갈 확률이 높다. 인간이 판단의 주체가 되어 하나님을 비롯하여 영적인 세력들과 인간사회와 자연세계를 평가하는 것은 바른 결과를 가져다주지 못하고 언제나 삐뚤어짐이 발생한다.

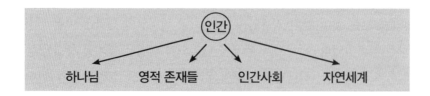

(2) 자아회복의 진정한 길

그래서 인간에게 자아정체성의 회복이 가능하려면 그 위치를 재조정하는 것이 급선무이다. 인간은 하나님 아래 놓이면서 다른 모든 것과 관계할 때 비로소 자기의 정체성을 회복하는 서론을 맞이하게 된다. 이런 의미에서 사도 바울은 "바울이

나 아볼로나 게바나 세계나 생명이나 사망이나 지금 것이나 장래 것이나 다 너희의 것이요 너희는 그리스도의 것이요 그리스도는 하나님의 것이니라"(고전 3:22-23; 참조. 엡 1:22-23)고 말했던 것이다. 여기에 분명한 상하 질서가 발견된다(하나님 - 그리스도 - 너희 - 만물). 이런 질서가 확립될 때 인간은 자신이 어떤 존재인지 말할 수 있다.

이 구조가 보여주는 가장 중요한 의미는 하나님과 인간의 관계이다. 인간이 하나님과의 관계에서 어떤 위치를 점유하느냐는 것이다. 인간은 하나님 아래 놓여 있을 때 가장 안전하다.[5] 따라서 인간의 변화는 근본적으로 하나님과의 관계를 재설정하는 데서 시작된다. 인간은 스스로 자신을 알 수 있는 존재가 아니다. 그 생각이 허망하여 지고 미련한 마음이 어두워졌으며 스스로 지혜 있다고 하지만 어리석게 된 것이 인간이며(롬 1:21), 총명은 어두워지고 무지함과 굳어진 마음이 지배하고 있는 것이 인간이기 때문이다(엡 4:18). 그래서 인간은 그보다 상위한 하나님에게 도움을 받지 않으면 그 자체로 무지이며 암흑이며 상실이다. 이렇게 볼 때, 신약성경이 가르치는 인간론은 신론적 인간론이다.

신론적 인간론을 조금 더 설명하면, 인간은 하나님에 의하여 해석될 때만 가장 분명하게 자기를 안다는 것이다. 인간의 안전한 자아발견은 신에 의한 인간해석에서 가능하다. 이것은 마치 제 얼굴을 만져보고는 그 생김새를 제대로 알 수 없고, 좋은 거울에 비추어 보아야만 올바로 파악할 수 있는 것과 같다. 얼굴이 거울에 의하여 파악되듯이, 사람은 하나님에 의하여 파악된다.[6] 한 마디로 말해서, 인간이 신에 의하여 해석되는 것이 자아정체성 회복의 제일보이다. 하나님 안에서 나를 이해하는 것, 하나님을 통하여 나를 주시하는 것, 하나님으로부터 나를 파악

---

5) 이런 점에서 아우구스티누스(Augustinus)가 고백했던 말을 기억할 필요가 있다(『고백록』 1권 1장). "내 마음은 당신 안에서 안식을 발견할 때까지는 안식하지 못한다"(*inquietum est cor nostrum, donec requiescat in te*).

6) 이런 의미에서 칼빈이 "하나님을 응시하지 않고는 아무도 자신을 살펴볼 수가 없다"(『기독교강요』 1권 1장 1절), "인간은 분명히 먼저 하나님의 얼굴을 응시하고 나서, 다음으로 자신을 세밀하게 검토하지 않는 한, 결단코 자신에 대한 참된 지식에 도달하지 못한다"(『기독교강요』 1권 1장 2절)고 말한 것은 정당성을 가진다.

하는 것, 하나님에 의하여 나를 조망하는 것, 여기에서부터 복잡하게 꼬여있던 다른 모든 문제들이 풀려나간다. 왜냐하면 하나님에 의하여 해석된 인간이 비로소 영적 존재들, 인간사회, 자연세계라는 여러 대상을 안전하게 파악하며 그들과 안전한 관계를 유지할 수 있기 때문이다.

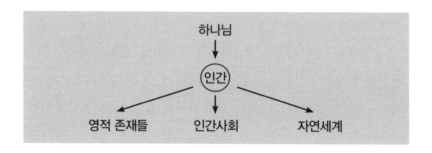

이렇게 볼 때 영적 존재들, 인간사회, 자연세계에 대한 근본적인 대척점은 인간이 아니라 하나님이다. 인간은 하나님과 그들 사이에 위치한다. 인간은 세 꼭지와 상대하는데, 하나님과의 관계를 상실하면, 언제나 불안한 상황을 연출한다. 따라서 인간은 하나님과의 관계를 확립해야 한다. 인간의 정체성회복은 하나님과의 만남에 기초한다. 인간은 하나님과의 만남(소명) 속에서 근본적인 변화와 가치를 얻는다. 이것을 잘 보여주는 것이 아브라함의 소명이다(히 11:8; 참조. 창 12:1-4). 사도 바울의 회심도 이런 맥락에 자리 잡는다. 바울은 자아정체성의 회복과 관련하여 가장 중요한 예가 될 수 있다.왜냐하면 그는 회심 전에 하나님의 교회를 심각하게 핍박했던 사람이기 때문이다. 그러나 사도 바울은 다메섹 길에서 받은 소명으로 말미암아 급격한 변화를 체험하게 되었고 자신이 어떤 존재인지 선명하게 인식하게 되었다. 한 마디로 말해서 그는 예수님 안에서 발견되었다(빌 3:8-9). 그런데 바울의 경우를 보면 자아정체성의 회복이란 것이 최소한 세 단계를 거쳐야 하는 것임을 확인하게 된다.

첫째로 자아정체성의 회복은 죄에 대한 인식을 전제로 한다. 사도 바울은 다메

섹으로 가는 길에서 부르심을 받은 후에 기도를 시작했는데(행 9:11), 이것은 회개기도를 가리키는 것으로 바꾸어 읽어도 무리가 없을 것이다. 왜냐하면 이후에 그는 이 소명을 염두에 두고 말하면서 자신을 "비방자요 박해자요 폭행자"(딤전 1:13), "죄인 중에 괴수"(딤전 1:15)라고 고백하기 때문이다. 죄의 회개 없이는 자아정체성의 회복도 없다. 죄를 그대로 간직하고 자아정체성의 회복을 기대하는 것은 더러운 내복 위에 깨끗한 겉옷을 입으려는 것과 별반 다를 바가 없다. 이것은 아주 기괴한 현상을 자아낸다. 이런 경우는 고린도교회의 성도들에게서 발견된다. 그래서 사도 바울은 육에 속한 어린아이 같은 모습을 가진 고린도교회를 신랄하게 비판했던 것이다(고전 3:1-3).

둘째로, 자아정체성의 회복은 은혜에 대한 확신을 전제로 한다. 사도 바울은 죄의 인식에서 은혜의 확신으로 전진했다. 만일에 그가 죄의 인식에만 머물러 있었다면 자아정체를 회복하는 것은 불가능했을 것이다. 왜냐하면 죄의 인식은 사람을 단지 절망시키고 말기 때문이다. 바울은 하나님의 교회를 핍박한 죄인이었으나 사도로 부름을 받은 것이 은혜인 줄 알았다(고전 15:10; 딤전 1:12). 그는 하나님의 은혜로 지금까지와는 전혀 다른 새로운 인생을 맞이하였다. 바울은 하나님의 은혜로 말미암아 자신이 누구인지 알았고, 자신이 무엇을 해야 하는지 확실하게 알았다. 이로 말미암아 그의 인생은 폭발적인 효과를 내었다. 자아정체성을 회복하기를 원한다면 하나님께서 베푸신 은혜를 깊이 인식해야 한다.

셋째로, 사도 바울은 자아정체의 회복이 단회로 끝나는 것이 아니라 일생동안 계속되는 것임을 말한다. 새사람이란 "자기를 창조하신 이의 형상을 따라 지식에까지 새롭게 하심을 입는 자"(골 3:10; 개역개정은 "입은"으로 번역함)이다. 여기에서 중요한 것은 새롭게 하심이 계속적으로 일어나야 한다는 것이다. 예수님 안에서 자아를 발견하고 회복한 사람은 매일같이 자아를 발견하고 회복해야 한다. 이것은 성령님의 소욕을 따르며 육체의 소욕과 싸우는 것이다(갈 5:16-17). 이것은 예수님이 하나님 우편에 앉아계신 위의 것을 찾으며 땅의 것을 생각하지 않고 죽이는 것이다(골 3:1-2). 이것은 먼저 하나님의 나라와 그 의를 구하는 것이다(마 6:33). 자아정체의 회복은 단회적이 아니라 지속적이며 반복적인 것이다.

자아정체성의 계속적인 회복은 매우 적극적인 현상을 나타낸다. 한편으로는 하나님께 영광을 돌린다. 먹든지 마시든지 무엇을 하든지 하나님의 영광을 위하여 한다(고전 10:30). 다른 한편으로는 사람에게 유익을 준다. 많은 사람을 부요하게 만든다(고후 6:10). 그러므로 자아정체성의 계속적인 회복은 이기주의(egoism)에서 이타주의(altruism)로 나아가게 한다. 그 이타주의는 하나님의 영광을 이루는 신익(神益)이며, 사람들을 부요하게 만드는 타익(他益)이라고 요약할 수 있다.

4. 사회적 약자

신약성경 시대에는 사회적 약자가 어느 정도 분명하게 규정되어 있었다. 노인, 여자, 아이, 병자, 천직, 이방인 등은 사회적 약자에 속하였다. 사도 바울은 특히 교회 안에서 약자가 어떤 의미를 가지는지 설파한다(고전 12:22-24). 더 약하게 보이는 몸의 지체가 도리어 요긴하고(22절), 몸의 덜 귀히 여기는 그것들을 더욱 귀한 것들로 입혀주며, 아름답지 못한 지체는 더욱 아름다운 것을 얻으며(23절), 하나님이 몸을 고르게 하여 부족한 지체에게 귀중함을 더하신다(24절).

1) 노인

신약성경에는 여러 용어를 사용하여 "노인"을 가리킨다(πρεσβύτερος, πρεσβύτης/πρεσβύτις, γέρων, προβαίνω ἐν ταῖς ἡμέραις). 이때 "프레스뷔테로스"(πρεσβύτερος)는 교회의 직분이 아니라 다른 연령과 비교하여 실제로 나이가 많은 사람을 가리킬 때도 사용되는 것에 주의할 필요가 있다(요 8:9; 행 2:17; 벧전 5:1). 신약성경에서 대표적인 노인들은 사가랴와 엘리사벳(προβαίνω ἐν ταῖς ἡμέραις, 눅 1:7,18; πρεσβύτης, 프레스뷔테스, 눅 1:18)이다. 바울도 빌레몬에게 보내는 편지에서 자신을 가리켜 노인이라고 불렀다(πρεσβύτης, 프레스뷔테스, 몬 9).

사도 바울에 의하면, 노인의 위치는 부모와 같다(딤전 5:1-2). 노인에게도 사명이 있다. 말세에 아이나 청년에게처럼 노인에게도 사명이 있다(행 2:17). 젊은이의 사명과 늙은이의 사명이 동일하다.

남성 노인(πρεσβύτης, 프레스뷔테스, 딛 2:2)은 절제, 경건, 신중, 믿음과 사랑과 인내함에 온전함을 보여야 한다. 이에 대한 대표적인 인물은 예루살렘의 시므온이다(눅 2:25-35). 그는 의롭고 경건하여 이스라엘의 위로를 기다리는 자로 성령이 그 위에 계셨다(25절). 그의 사명 가운데 중요한 것 한 가지는 다음 세대를 축복하는 것이었다(34절). 이삭(창 27:4), 야곱(창 49:1-28), 모세(신 32장)가 이 일을 하였다. 노인은 생애가 끝나는 마지막 순간까지 믿음을 지킨 것을 보여주면서 그 후손에게 하나님의 복을 구하는 특권을 행사한다. 따라서 노인은 가정과 교회와 사회에 부담스런 존재가 아니라 가정과 교회와 사회가 복을 받게 하는 매체이다.

이에 비하여 여성 노인(πρεσβύτις, 프레스뷔티스, 딛 2:3-5)은 행실이 거룩하고, 모함하지 말며, 많은 술의 종이 되지 않아야 하고, 선한 것을 가르쳐야 한다. 여성 노인이 이런 사명을 잘 감당할 때 주어지는 결과는 젊은 여자들에게 경각심을 일으킨다는 것이다. 이때 젊은 여자는 남편과 자녀를 사랑하고, 신중하며, 순전하고, 집안일을 잘하고, 선하고, 자기 남편에게 복종하게 된다. 이로 말미암아 하나님의 말씀이 비방을 받지 않는다. 이에 대한 대표적인 인물은 예루살렘의 안나(아셀 지파 바누엘의 딸)이다(눅 2:36-38). 그녀는 나이가 매우 많았는데도(προβαίνω ἐν ταῖς ἡμέραις, 36절) 성전을 떠나지 아니하고 주야로 금식하며 기도함으로 섬기며 감사하는 생활을 하였다. 그녀의 사명 가운데 한 가지 중요한 것은 사람들에게 예루살렘의 속량을 가르치는 것이었다(37-38절). 노인에게는 하나님의 은혜를 증언하는 사명과 믿음의 삶에서 얻은 지혜를 전수하는 사명이 있다(신 32:7). 이것은 노인의 놀라운 가치이다. 성경은 노인을 가정과 교회와 사회의 재화로 본다.

외면으로 볼 때 노인은 육체로나 정신으로나 약하다(벧전 1:24 "모든 육체는 풀과 같고"). 그러나 위의 경우들은 노인도 다른 모든 사람과 마찬가지로 영혼과 육체로 형성된 동일한 인간임을 보여준다. 또한 노인도 다른 어떤 연령의 사람들과 마찬가지로 하나님의 형상을 지니고 있는 존엄한 존재이다. 하나님은 사람의 외모가 아니라 중심을 보시므로(행 10:34; 롬 2:11; 엡 6:9; 골 3:25; 벧전 1:17) 노인도 그런 시각으로 바라보신다. 노인은 겉으로 늙어도 속사람은 날로 새로울 수 있다(고후 4:16). 노인은 은총의 성취이다. 노인은 믿음으로 산 일생의 수고를 끝내고 하나님의 영원한 위로를 기다리는 사람이다(고후 5:1). 이런 의미에서 노년은 복된 시기이다. 그러므로 노인은 문젯거리가 아니라 하나님의 존귀한 형상이다.

2) 여자

신약성경에는 여자에 대한 진술이 많다. 많은 여자들이 중요한 인물로 등장한다. 예를 들면, 예수님의 모친 마리아, 엘리사벳, 마르다와 마리아, 사마리아 여자, 열 드라크마 비유 여자(눅 15:8-10), 누룩 비유 여자(마 13:33)이다. 신약성경은 여자에 대한 견해를 특히 남자와의 관계에서 다음과 같이 보여준다.[7]

(1) 창조의 원리

첫째로, 신약성경은 남자와 여자의 관계를 창조의 원리로 설명한다. 창조의 원리에서 여자는 남자와 마찬가지로 다음과 같은 존재성을 가진다. 여자는 하나님의 피조물이며, 하나님의 형상을 지니며, 사람이다. "창조하신 이가 그들을 남자와 여자로 만드셨다"(마 19:4; 창 1:27)[8]는 예수님의 말씀에는 남자와 여자의 결속

---

7) 이에 관한 여러 설명은 조병수, 『신약성경 총론』(수원: 합동신학대학원출판부, 2006, 개정판 2007)에서 고린도전서와 디모데전서를 참조하라.

8) 이에 관해서는 앞에서 설명한 것을 참조하라.

("그들을", αὐτούς, 아우투스) 그리고 남자와 여자의 평등("남자와 여자", καί, 카이)이 분명하게 드러난다. 사도 바울은 남자와 여자의 상호 원인관계를 강조한다. 여자는 남자에게서(ἐκ, 에크) 났고(고전 11:8,9,12상), 남자는 여자로 말미암아(διά, 디아) 난다(고전 11:12중). 그런데 남자와 여자를 비롯하여 모든 것은 하나님에게서 났다(고전 11:12하).

(2) 타락의 원리

둘째로, 사도 바울은 타락의 원리를 가지고 여자의 존엄성과 귀중성을 교훈한다(딤전 2:9-15).

먼저, 사도 바울은 여자의 단장에 관해 일반적인 권면을 주면서(딤전 2:9-10) 여자는 아름답게(특히 선행으로!) 단장해야 한다고 가르친다. 여자의 단장 가운데 한 가지 중요한 것은 배움이다. 그래서 사도 바울은 여자의 배움에 관해 특별한 권면을 준다(딤전 2:11-12). 당시 여자의 문맹 상황에 비추어 볼 때 배움에 대한 권면은 여자를 매우 존중하게 여긴다는 의미를 가진다. 남자와 마찬가지로(딤후 3:14 디모데에게 권면) 여자도 배움을 갖추어야 한다. 이런 갖춤은 여자가 일꾼으로 섬기기 위해 당연히 필요한 일이다(딤전 3:11). 하지만 사도 바울은 여자가 가르치는 행위(διδάσκω, 디다스코)를 제한한다. 이것은 무조건 가르치는 행위를 금지하는 것이 아니라 남편을 주관하는(αὐθεντέω, 아우뗀테오) 결과를 일으키는 경우이다(딤전 2:12). 이 때문에 평등의 원리가 깨질 수 있기 때문이다.

이쯤에서 사도 바울은 아담과 하와의 관계를 예로 들어 남편과 아내의 관계를 설명한다(딤전 2:13-14). 이때 아담과 하와에게 일어난 창조의 순서와 미혹의 순서가 중요하다. 여기에서 기억하고 있어야 할 것은 창조에는 하나님의 계획이 있고, 타락에는 마귀의 계략이 있다는 것이다.

첫째로, 창조의 순서를 살펴보자(참조. 창 2:18-25). 동사 "짓다"(πλάσσω, 플라쏘)는 어떤 작품을 만들 때 사용하는 단어이다(참조. 롬 9:20). 이 단어의 사용은 아담과 하와가 하나님의 작품임을 보여준다. 그런데 하나님께서 작품을 만드신 순서가 중요하다. "아담이 먼저 지음을 받고 하와가 그 후이다"(딤전 2:13). 창조의 순서에는 하나님의 계획이 들어있다. 창세기 1장에 의하면, 하나님은 인간을 창조하시기에 앞서 만물을 먼저 창조하셨다. 이것은 하나님께서 인간이 존재하기에 가장 적절한 환경을 먼저 조성해주신 것을 의미한다. 인간 창조에서는 여자를 창조하시기에 앞서 남자를 먼저 창조하셨다. 이것은 하나님께서 더 연약한 그릇으로 귀히 여겨야 할(벧전 3:7) 여자를 보호하기에 가장 적절한 인물을 먼저 지으신 것을 의미한다. 그러므로 하나님은 만물을 먼저 만들어 인간(남자와 여자)을 보호하셨고, 남자를 먼저 만들어 여자를 보호하셨다. 하나님의 창조 계획 속에서 여자는 소중한 보물이고, 남자는 확실한 보호자이며, 만물은 안전한 전시관 같은 모양을 띠고 있는 것이다.

여자는 소중한 존재이기 때문에 하나님은 여자에게 중노동이 되는 임무를 맡기지 않으셨다(제사장, 사도 등). 단지 특별한 경우에만 가끔 사사(드보라, 삿 4:4)와 선지자(훌다, 왕하 22:14; 대하 34:22) 역할을 부여하셨다(이것을 일반화시키면 안 된다). 여아 출산 후에는 남아 출산보다 두 배나 되는 66일 동안 가료하라고 말씀하신 것도 여자의 소중함을 드러낸다(레 12:5).

둘째로, 미혹의 순서를 살펴보자(참조. 창 3:1-7). 미혹에는 마귀의 공작이 전제된다. 디모데전서에 여러 차례 마귀가 다양한 명칭으로 언급되는 것에 주의할 필요가 있다(딤전 3:6,7 마귀; 4:1 미혹의 영; 5:14 대적; 5:15 사탄). 마귀가 미혹한 순서가 중요하다. 마귀는 먼저 아담을 속인 것이 아니라 하와를 속였다. 아담이 속은 것이 아니고 여자가 속아 죄에 빠졌다(딤전 2:14). 여기에서 주목해야 할 것은 하와의 미혹과 관련된 동사이다. 아담에게는 단순히 "미혹하다"(ἀπατάω, 아파타오) 동사를 사용되는데, 하와에게는 "밖으로 미혹하다"(ἐξαπατάω) 동사가 사용된다. 사도 바울은 이 단어를 뱀이 하와를 미혹한 것을 설명할 때 다시 사용한다(고후 11:3; 참조. 롬 16:18). 마귀는 미혹으로 하와를 존귀한 자리에서 빼내어/도적질하여 죄(παράβασις, 파라바시스)라는 다른 자리에 처박았다. 결국 하와는 죄에 빠졌다. 다시 말하자면 마귀는 하나님의 존귀한 작품을 무용한 폐품으로 던져버린 것이다. 하나님께서 여자를 소중하게 보존하신 것과 달리, 마귀는 여자를 쓸모없는 존재로 폐기하였다. 이렇게 함으로써 사탄은 보물 없는 보호자나 전시관이 자동적으로 무의미해지듯이 하와 없는 아담이나 만물을 무의미하게 만들었다.

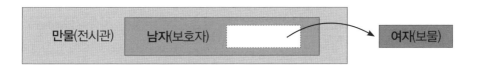

하나님께서 여자를 보호하신 이유는 "자녀 생산"(τεκνογονία, 테크노고니아)이 중요하기 때문이다(딤전 2:15). 이것은 단순히 해산을 말하는 것이 아니다. 자녀 생산은 넓게 보면 인류 역사의 존속을 위한 것이며(창 1:28; 3:16), 좁게 보면 언약 자손의 계승을 위한 것이다(딤전 5:14, τεκνογονέω, 테크노고네오; 참조. 말 2:15 "경건한 자손을 얻고자"). 이때 대적에게 비방할 기회를 주지 않는다. 그런데 자녀 생산은 특수하게 보면 메시아와 관련된다. 하나님은 인간 타락 후의 사태를 조치하시기 위해 비밀스런 계획을 세우셨다. 그것은 메시아의 출생이라는 하나님의 절대 해결책이었다. 따라서 여자는 자녀 생산으로 구속사의 진행을 보장하는 것이다.

그러므로 여자의 자녀 생산은 매우 중요하다. 사도 바울이 여자는 자녀 생산으로 "구원을 얻으리라"(σωθήσεται, 소떼세타이)라고 말했을 때, 개인구원 문제를 다루는 것이 아니라 하나님의 구원계획 실현을 다루는 것이다. 이것은 여자 일개인의 구원을 말하는 것이 아니라 인류와 교회가 구속사에 계속 머물 수 있다는 것을 말하는 것이다. 여자는 자녀 생산으로 하나님의 구원의 뜻을 이룬다. 구원의 도리를 이어간다. 사탄은 여자를 미혹함으로써 하나님의 창조계획을 파괴하려고 시도했지만, 하나님은 여자의 처벌(자녀 생산)을 통해(창 3:16) 구원계획을 실현하심으로써 마귀의 시도를 무산시키실 뿐 아니라 하나님의 구원은혜를 인류에게 실현하셨다.

이런 점에서 자녀와 아이는 소중한 존재이다. 그들은 언약 자손으로 하나님 나라를 이어가기 때문이다. 또한 이런 의미에서 자녀 교육의 중요성이 드러난다. 신약성경에는 아이들이 자주 언급된다(τέκνον, 테크논; παιδίον, 파이디온; παῖς, 파이스).[9] 예를 들면 모세(히 11:23), 세례자 요한, 예수님, 사도 바울(고전 13:11, νήπιος, 네피오스) 등이다. 특히 요한의 성장(눅 1:80)과 예수님의 성장(눅 2:21,40,42,52)가 주의 깊게 묘사되었다. 예수님은 아이가 오는 것을 거절하지 않고 용납하셨다(마 19:13-14; 막 10:13-16; 눅 18:16-17). 아이는 낮은 자의 표상으로 순수함과 겸손함을 보여준다(마 18:2-5; 막 9:37; 10:15; 눅 9:47-48) 마 11:25; 눅 10:21; 고전 14:20; 참조. 엡 4:14). 어린 아기와 젖먹이들의 찬송은 온전하다(마 21:16). 아이는 하나님의 말씀을 사모하는 일에 도전이 된다(벧전 2:2). 심지어 아이들은 세례자 요한과 예수님의 활동을 묘사하는 데도 유용하다(마 11:16; 눅 7:32). 정해진 시간이 되었을 때(갈 4:4) 메시아 예수님은 여자에게서 어린 아기로 출생하셔서(마 2:16; 눅 1:31; 2:7) 하와를 미혹했던 마귀의 계획을 무산시키셨다(계 12:2,5). 예수님 안에서 자녀는 언약의 자손이므로 부모는 자녀들을 주님의 교훈과 훈계로 양육해서 구속사를 이어가야 한다(엡 6:4; 골 3:21; 딤후 1:5; 3:15).

---

9) 신약성경의 어린이에 관해서는 다음의 저술을 참조하라. C. B. Horn / J. W. Martens, *"Let the Little Children Come to Me": Childhood and Children in Early Christianity* (Washington: Catholic University of America Press, 2009).

오늘날 분주하고 복잡한 사회생활에 찌든 사람들에게 휴식은 매우 긴박한 주제로 부상하고 있다. 성경은 안식이라는 근본적인 의미에서 휴식에 관한 가르침을 제시한다. 그것은 창조와 종말 그리고 구속과 관련된 안식이다. 안식은 현생을 살고 있는 우리에게 휴식에 관해 이해하는 데 도움을 준다.

1) 창조의 안식

창세기의 처음 몇 장에는 인생에 관한 모든 것이 요약적으로 들어있는 것처럼 보인다. 여기에서 가장 인상적인 장면 가운데 하나는 아담과 하와가 선악을 알게 하는 나무의 열매를 따먹고 타락하던 바로 그 날도 하나님은 날이 시원해지자 에덴 동산을 거니셨다는 것이다(창 3:8). 하나님은 산보하시는 하나님이시다. 창세기의 초두에서 인간의 불안과 하나님의 휴식이 기가 막힐 정도로 대조를 이루고 있다. 사실상 산보하시는 하나님의 모습은 창조를 마치시면서 일곱째 날에 스스로 안식하신 것에 대한 실제적인 예라고 볼 수가 있다(창 2:2). 이렇게 하여 창조의 하나님은 안식의 하나님이심을 증명하신 것이다. 이런 점에서 성경은 처음부터 휴식에 대하여 신학적인 정당성을 제공하고 있다고 보아야 한다. 따지고 보면 휴식은 인간에게서가 아니라 하나님에게서 시작되었다는 말이다. 그런데 휴식은 하나님에게서 시작점 뿐 아니라 종결점도 발견한다. 성경은 하나님에 의한 창조의 안식과 더불어 하나님에 의한 종말의 안식도 가르치고 있기 때문이다. 아마도 이에 대한 가장 대표적인 증거는 요한계시록에서 찾을 수 있겠지만(계 14:13), 이에 못지않게 히브리서도 종말의 안식에 관하여 진술하는 것을 볼 수 있다.

2) 종말의 안식

히브리서는 안식에 대한 신자들의 믿음을 확립시키기 위하여 시편 95:7-11을 인용하며 해석한다. 여기에서 중요한 것은 "그들은 내 안식에 들어오지 못하리라"(시 95:11; 히 3:11)는 구절이다. 이스라엘 백성은 광야에서 하나님을 시험하여 불순종함으로써(히 3:18; 4:6,11) 하나님께서 약속하신 가나안의 안식에 들어가지 못하였다. 바로 이 점을 중심으로 히브리서는 세 가지 안식에 관하여 소개한다. 첫째로 창조시의 안식이다. 하나님께서는 세상을 창조하실 때 만물을 완성하시고는 일곱째 날에 안식하셨다(히 4:4; 창 2:2). 그런데 히브리서는 신자들 가운데 이미 이와 같은 의미의 안식에 참여하는 자들이 있다고 말한다(히 4:10). 둘째로 역사상의 안식이다. 이것은 이스라엘 백성이 하나님으로부터 약속 받았던 가나안에서의 안식을 가리킨다. 그런데 히브리서는 모세의 인도를 받은 출애굽의 첫째 세대가 광야에서 이동하는 동안 하나님께 불순종함으로 말미암아 이 안식에 참여할 수가 없었던 것은 물론이고(히 3:18; 4:6,11), 여호수아의 지도 아래 가나안에 도착한 출애굽의 둘째 세대도 안식을 얻지 못하였다고 설명한다(히 4:8). 이러한 문맥에서 셋째로 히브리서는 종말시의 안식("그 후에 다른 날", 히 4:8)을 소개한다. 종말의 안식은 하나님의 백성에게 남아있다(히 4:9). 하지만 신자들은 믿음을 가지고 있을 때 이미 종말의 안식에 참여하게 된다(히 4:3). 그런데 히브리서에 의하면 이 믿음은 예수 그리스도에게서 시작되며 종결된다. 왜냐하면 예수 그리스도는 믿음의 시작자이시며 종결자이기 때문이다(히 12:2).

3) 구속의 안식

예수님은 창조의 안식과 종말의 안식 사이에서 사람들을 휴식으로 초청하신다 (마 11:28-30). 예수님은 모든 것을 가지신 분으로서, 하나님께서 아시는 분이며,

하나님을 아시는 분이다(마 11:27). 이런 의미에서 볼 때 "수고하고 무거운 짐 진 자들아 다 내게로 오라 내가 너희를 쉬게 하리라(마 11:25)는 예수님의 휴식 초청은 신의 초청이라고 볼 수 있다. 이로 말미암아 참된 휴식이 주어진다. 그런데 예수님은 우리에게 쉼을 주시기 위하여 예수님의 멍에를 메라고 말씀하신다(마 11:29). 이것은 언뜻 보면 매우 이상하게 들리는 말이다. 그냥 수고와 부담을 제거하는 것으로 끝나지 않고, 또 다른 멍에를 메라고 하기 때문이다. 그러나 이 말씀은 잘 생각해보면 깊은 진리를 발견한다. 휴식이란 것은 아무것도 하지 않는 것이 아니다. 휴식이란 것은 종래 하던 것과 다른 것을 할 때 생긴다. 바로 이런 의미에서 예수께서는 배우는 것과 쉬는 것을 연결시킨다. "내게 배우라 그러면 너희 마음이 쉼을 얻으리라"(마 11:29). 이 말씀도 역시 언뜻 보면 이해가 잘 되지 않는다. 쉬는 것과 배우는 것은 서로 반대가 되는 것이 아닌가? 도대체 쉬는 것과 배우는 것이 어떻게 연결될 수 있는가? 그러나 참된 휴식을 얻기 위해서는 배워야 한다. 배움은 휴식을 준다(렘 6:16). 왜냐하면 배움은 새로운 사실과 새로운 세계를 알게 하기 때문이다. 배움으로써 새로운 사실이 다가오고, 새로운 세계가 열린다. 배움은 사람을 끊임없이 새롭게 만들고 신선하게 만들고 재미있게 만들고 열정적으로 만든다. 바로 여기에 휴식이 있다.

휴식은 신성한 것이다. 왜냐하면 휴식은 창조와 구속 그리고 종말에서 하나님에서 시도하신 가장 거룩한 사항 가운데 하나이기 때문이다. 이런 점에서 휴식의 신학을 정립해야 할 필요가 있다. 여기에서 결코 잊어서는 안 될 것이 있다. 그것은 휴식은 휴식만을 목적으로 삼지 않는다는 것이다. 휴식은 결국 작업을 위한 것이다. 규칙적이며 적절한 노동은 휴식이며, 일하지 않는 것은 최악의 노동이다. 그러므로 우리는 예수 그리스도께서 하신 말씀을 곰곰이 묵상해야 한다. "아버지께서 이제까지 일하시니 나도 일한다"(요 5:17).

ΕΝ ΑΡΧΗ ΗΝ Ο ΛΟΓΟϹ · ΚΑΙ Ο ΛΟΓΟϹ
ΚΑΙ ΘϹ ΗΝ Ο ΛΟΓΟϹ · ΟΥΤΟϹ ΗΝ ΠΡΟϹ · ΟΥ
ΠΑΝΤΑ ΔΙ ΑΥΤΟΥ ΕΓΕΝΕΤΟ ΟΤΕ ΓΕ
ΕΓΕΝΕΤΟ ΟΥΔΕΝ Ο ΓΕΓΟΝΕΝ Ο
ΚΑΙ Η ΖΩΗ ΗΝ ΤΟ ΦΩϹ ΤΗΝ ΤΟ
ΚΑΙ ΤΟ ΦΩϹ ΕΝ ΤΗ ϹΚΟΤ ΕΝ ΤΗ
ϹΚΟΤΙΑ ΑΥΤΟ ΟΥ ΚΑΤΕΛΑ Ο ΟΥ ΚΑ
ΓΕΝΕΤΟ ΑΝΘΡΩΠΟϹ ΑΠ ΕϹΤΑΛΜ
ΡΑ ΘΥ ΟΝΟΜΑ ΑΥΤΩ ΙΩΑ ΑΥΤ
ΟΥΤΟϹ ΗΛΘΕΝ ΕΙϹ ΜΑΡΤΥΡΙΑΝ ΙΝ ΗΡ ΤΥΡ
ΠΕΡΙ ΤΟΥ ΦΩΤΟϹ · ΙΝΑ ΤΩ ΤΕϹ
ΟΥϹΙΝ ΔΙ ΑΥΤΟΥ · ΟΥΚ ΗΝ ΤΟΥ
ΦΩϹ ΑΛΛ ΙΝΑ ΜΑΡΤΥΡΗϹΗ ΑΜ
ΦΩΤΟϹ ΗΝ ΤΟ ΦΩϹ ΤΟ ΑΛΟ ΦΩ
Τ ΙΖΕΙ ΠΑΝΤΑ ΑΝΘΡΩΠ ΑΠ
ΗϹ ΤΟΝ ΚΟϹΜΟΝ · ΕΝ ΤΩ ΛΟΝ Ε
Ο ΚΟϹΜΟϹ ΔΙ ΑΥΤΟΥ ΕΓΕ ΑΥΤΟ
ΜΟϹ ΑΥΤΟΝ ΟΥΚ ΕΓΝΩ ΟΥΚ Ε
ΚΑΙ ΟΙ ΙΔΙΟΙ ΑΥΤΟΝ ΟΥ ΠΑ ΑΥΤΟΝ
ΔΕ ΕΛΑΒΟΝ ΑΥΤΟΝ ΕΔΩ ΑΥΤΟ
ΕΞΟΥϹΙΑΝ ΤΕΚΝΑ ΘΥ ΓΕ ΚΝΑ
ΠΙϹΤΕΥΟΥϹΙΝ ΕΙϹ ΤΟ ΟΝΟ Ν ΕΙϹ
ΚΕ ΞΑΙΜΑΤΩΝ ΟΥΔΕ ΤΩΝ
ϹΑΡΚΟϹ ΟΥΔΕ ΕΚ ΘΕΛΗΜ ΕΚ
ΑΛΛ ΑΙ ΚΟΥ ΕΓΕΝΝΗΘΗ ΓΕ

제5부

—

구원

제5부 구원

제1장

구원

1. 구원의 원인

역사에서 펠라기우스(Pelagius, 약 354-418)는 죽지 않는다. 그는 인간정신의 최후의 배후로서 역사에 거듭해서 부활한다. 그의 정신은 인간에게 항상 무엇인가 능력을 남겨두려는 정신이다. 그의 신학은 선하신 하나님에 출발점을 두고 있는 것처럼 보이지만 사실은 인간이 선하다는 것을 말하려는 데 전력을 다한다. 펠라기우스의 생각에 의하면 선한 하나님에게서 기인한 인간은 본성적으로 선하기 때문에 결코 악한 본성으로 바뀔 수 없고, 의도한 대로 행하는 것은 그 자신의 능력에 의한 것이며, 여전히 선을 행할 수 있는 능력을 가지고 있다. 이런 생각으로 펠라기우스는 하나님이 인류의 일부를 선택했다 할지라도 인류의 나머지는 자력으로 구원에 이를 수 있다고 주장하게 되었다. 이것은 가장 명확한 성경구절까지도 제거하려는 또는 재해석하려는 시도이다. 이런 점에서 펠라기우스는 과거적으로 마르시온(Marcion of Sinope, c.85-c.160)에게로 귀환하며, 미래적으로 역사비평학자들과 연결된다. 펠라기우스는 마르시온의 후속이며, 역사비평학자들의 예고이다.

펠라기우스에게 나타나는 문제점은 인간능력에 대한 확신이 너무 강하다는 것이다. 이것은 구원을 하나님이 배제된 인간의 자유로 이해한 것으로 하나님으로부터 인간의 독립 또는 하나님에 대한 인간의 저항을 의미한다. 따라서 구원과 관련하여 펠라기우스에게 하나님이란 인간의 들러리일 뿐 아니라 심지어는 있으나 마나 한 존재에 지나지 않는다. 더 나아가서 어떻게 보면 하나님은 인간의 자기실현을 망치는 방해자인 것이다. 그가 하나님을 언급하는 것은 단지 시대적인 분위기 때문이라고 보는 것이 옳다. 만일 그가 오늘날 우리와 같은 자유로운 시대에 살았더라면 솔직하게 바로 무신론자가 되었을 것이다. 이렇게 볼 때 펠라기우스에게 하나님에 대한 언급은 단지 당대인들의 눈을 가리기 위한 포장일 뿐이었다. 그에게 하나님은 인간이 자기를 구원할 능력을 가지고 있다는 논리를 펼치기 위한 도구에 불과했다. 그는 하나님을 말함으로써 자신의 논리를 수용시킬 분위기를 절묘하게 연출했던 것이다. 그의 하나님은 단지 "거기에 그냥 함께 있어주는 존재"였다. 펠라기우스가 진정으로 말하고 싶은 것은 오직 인간이었다. 하나님은 수동적이며 사람이 결정한다는 것이다. 그래서 펠라기우스주의란 한 마디로 말해서 하나님의 최소화와 인간의 최대화 또는 하나님의 종말과 인간의 개시라고 부를 수 있다. 그러므로 그는 인간의 능력을 옹호하지만 단지 자신에게 해당되는 시대의 분위기 때문에 은닉되어 있는 역사상의 모든 무신론자(a-theist)와 반反신론자(anti-theist)를 대표하는 가장 선명한 모습이다.

그러나 펠라기우스가 깨닫지 못한 것은 인간은 하나님을 배제하고는 자신의 문제를 해결할 수 없는 영원한 수수께끼라는 사실이다.[1] 펠라기우스의 실패는 바로 여기에 있다. 인간은 스스로 길을 찾을 수 있는 존재가 아니다. 그의 구원여정은 늘 좌초한다. 그 이유는 인간이 항상 한계적인 실존이기 때문이다. 그의 실존은 언제나 불안전하며 불완전하다. 인간의 모든 시도는 이미 실패의 싹을 안고 있다. 인간의 시도는 처음부터 실패와 함께 한다. 그래서 인간과 실패는 분리된 적

---

1) 이 때문에 펠라기우스와 격렬하게 논쟁한 아우구스티누스(Augustinus)는 "나는 나 자신에게 질문거리가 되었다"(*mihi quaestio factus sum*)고 말했던 것이다(『고백록』 10권 33장).

이 없다. 혹시 인간에게 어떤 성공이 있다고 하더라도, 그것은 큰 것이 아님은 물론이고 심지어 매우 부분적인 것도 아니다. 왜냐하면 그것은 표면에 놓인 작은 점처럼 실패 속의 성공이기 때문이다. 게다가 인간자신의 구원이란 것이 있다 할지라도 그것은 곧바로 부패하는 것에 지나지 않는다. 인간의 자력구원의 순간은 그 자체가 멸망의 시작이다. 인간은 멸망하기 위해서 성공한다. 인간에게 가장 친숙한 것은 성공이 아니라 실패이다. 그렇기 때문에 인간이 자기를 인식하는 것은 자주 성공에서가 아니라 실패에서이다. 이렇게 인간의 내재적 가능성은 절대로 불안하다. 따라서 구원이 인간 밖에서(*extra nos*) 오는 것이 아니면 그 자체로 의미가 없다.

하지만 인간 밖의 하위존재는 구원의 보장이 되지 않는다. 목석으로부터 구원이 나오지 못한다. 이것은 우상에 대한 강렬한 비판의 근거가 된다. 우상으로 표현되는 이방신들은 구원의 원인이 아니다. 이와 마찬가지로 동물에게서도 구원의 원인을 찾을 수가 없다. 동물은 본래부터 인간의 보호와 통치를 받도록 창조되었기 때문이다. 심지어 천사도 그 자체로 인간의 구원에 근원적 원인이 아니다. 인간구원과 관련하여 천사에게 어떤 보조적인 역할이 있다는 것은 사실이다. 천사는 천상의 은혜를 나르는 일을 하며(요 1:51), 신자들의 천사가 하나님 아버지의 얼굴을 항상 뵈며(마 18:10), 율법이 천사들을 통하여 수여되었으며(갈 3:19), 천사들은 재림시에서 그리스도와 동반하며(살후 1:7), 종말의 전투를 수행한다(요한계시록). 때때로 천사는 비정통적인 사람들에게 숭배의 대상으로 간주된다. 그래서 예를 들어 천사장 미가엘 숭배사상은 역사에서 꾸준히 나타난다. 그러나 성경은 천사숭배를 통렬하게 비판한다(골 2:18). 천사도 단지 구원의 대상이기 때문이다. 천사들에게도 이중적 예정이 있다(딤전 5:21 선택; 벧후 2:4/유 6/마 25:41 심판).

구원이 인간 내재적인 능력으로는 불가능하기 때문에 성경은 행위에 의한 구원 사상을 전체적으로 거절한다. 이것은 무엇보다도 인간 자체에 대한 부정적인 정의로 확실하게 입증된다(롬 3:23). 더 나아가서 행위구원사상이 거절되는 이유는 인간이란 범죄를 방지하고 구원으로 인도하기 위하여 은혜로 받은 율법까지도 도리어 죄를 깨닫는 도구로 전용(轉用)하는 존재이기 때문이다(롬 7:8-11). 율법은 분명히 인간의 밖에서 온 것이다. 그러나 인간이 내적인 변화를 겪지 않은 상태에서는 심지어 자신의 밖에서 온 것까지도 악화시킨다. 밖에서 온 율법은 선하고 거룩하고 신령하지만(롬 7:12,14), 인간의 손에 들려질 때 구원을 주시려는 하나님의 목적은 희미해지고 오직 죄의 즐거움이 무엇인지 환하게 각인된다. 따라서 인간에게 율법을 지키는 것은 구원을 성취하는 것을 의미하지 않고 단지 죄를 인식하는 것을 의미한다. 인간은 율법을 통해서 하나님께 가까이 가기보다는 죄에 대한 율법의 지적을 반복해서 듣는 동안 죄의 두려움에 차츰 무디어지고 도리어 죄에 점점 더 친숙하게 된다. 이 때문에 선지자들과 사도들은 율법의 행위로는 구원을 이루지 못한다고 단언했던 것이다. 구원의 원인은 오직 삼위일체 하나님께 귀속된다.

1) 구원의 원인: 성령님의 인증(엡 1:13-14)

구원의 역사적인 시작은 인간의 내적인 변화에서 비롯된다. 내적 변화는 옛 사람과 새 사람의 분기로서(요 3:3; 고후 5:17; 벧전 1:23) 때때로 "이전"과 "지금"이라는 시간적 표현에 의하여 구체적으로 묘사된다(엡 2:11-13; 골 1:21-22; 3:7-8). 이것은 종말론적인 존재의 변화를 가리킨다. 따라서 인간은 이런 내적인 변화를 옛 창조의 질서를 떠나서 경험하는 것이 아니다. 새 사람의 형성은 옛 창조의 질서 안에 그대로 머물러 있으면서 발생한다. 이런 내적인 변화의 동인을 가리켜 믿음이라고 부를 수 있다. 믿음은 일종의 단절이다. 믿음이란 불신과의 단절이다. 그러나 이것은 불신의 영역에서 끊어지되 대책 없는 단절이 아니다. 믿음은 불신의 영역에서 새로운 차원으로 넘어간 것을 의미하기 때문이다. 믿음은 하나님으로의 전향을 지시하는 것이다.

그런데 믿음은 하나님의 선물이다(엡 2:8). 선물이라는 말은 믿음이 인간 자발적인 것이 아님을 의미한다. 이 때문에 신앙도 구원의 원인으로 고려되지 않는다. 자주 믿음은 중간 원인이라고 묘사된다. 믿음은 하나님께서 결정하신 것들의 발생을 결정하는 한 가지 방편이기 때문이다. 이런 의미에서 믿음은 중간 원인이라고 부를 수 있다. 그러나 인간이 자기 일을 자기의 내적 힘으로 실행한 것처럼 보이지만 실제로는 하나님이 그를 통하여 하나님의 결정을 시행한 것이라면 그것은 인간의 일이 아니라 하나님의 일로 간주해야 한다. 그것은 궁극적으로 볼 때 하나님의 의지이다. 그러므로 믿음은 구원의 조건이나 기초가 되지 않는다. 그것은 하나님의 선택의 결과와 열매이다.

그런데 믿음은 성령님의 효과적 소명에 근거를 둔다. 구원이 성령님의 적용하시는 활동으로 말미암아 일어나는 것은 창조가 성령님 안에서 이루어지는 것과 같다. 약속대로 보내심을 받아 예수님을 증거하고 중생을 이루시는 성령님은 양자로의 선택, 새롭게 하심, 구원의 날까지 인 치심을 수행하시는 분이다. 사도 바울은 이런 성령의 역할을 가리켜 선택의 인증이라고 부른다(엡 1:13-14).

(1) 성령님의 인침

성령님은 구속을 확정하시기 위하여 인치셨다(엡 1:13). "너희가 인 치심을 받았다"($\dot{\epsilon}\sigma\phi\rho\alpha\gamma\acute{\iota}\sigma\theta\eta\tau\epsilon$, 에스프라기스떼테). 인 치심은 구속의 일에 나타나는 성령님의 결정적인 사역이다. 사도 바울은 성령님이 인을 치는 대상을 아주 분명하게 알려 준다. "진리의 말씀, 구원의 복음을 듣고 믿는"(엡 1:13) 사람들이다. 그런데 여기에서 주의해야 할 것은 이 인은 사람이 스스로 찍을 수 있는 것이 아니라는 점이다(동사의 수동태에 주의하라!) 인을 치는 분은 성령님이시고(dativus auctoris), 사람은 단지 인침을 받을 따름이다. 성령님은 진리의 말씀, 구원의 복음을 듣고 믿는 사람들에게 인을 치심으로써 그들이 하나님의 소유가 된 것을 확인한다. 성령님은 하나님의 소유라는 것을 표시하는 인을 치며, 그로써 사람은 완전히 하나님의 소유가 된다. 하나님은 성령님의 인증으로 우리에 대한 소유권과 주장권을 밝히신다. 성령님의 인 치심은 하나님의 구원을 확증하여 우리를 하나님의 소유로 만든다. 성령님의 인증은 온 천하에 성도가 하나님의 소유임을 공개하는 것이다. 성령님은 세상의 영(엡 2:1-2)이 성도에게 소유권을 주장하지 못하도록 분명하게 인을 친다. 이와 더불어 성령님은 인 치심으로 성도의 구속이 변함이 없다는 것임을 확증하신다. 성령님의 인 치심은 "구속의 날까지"(엡 4:30) 이르는 불변의 확인이다.

(2) 성령님의 약속

또한 성령님의 구원 인증은 약속이라고 불린다. 이 때문에 성령님은 약속의 성령님(πνεῦμα τῆς ἐπαγγελίας, 프뉴마 테스 에팡겔리아스)이시다(엡 1:13). 성령님은 구원이 시작되면 그것은 반드시 완성될 것임을 약속하신다. 따라서 성령님의 약속은 신자에게 소망을 허락한다. 성령님의 약속이 없으면 우리의 구원은 모호할 수밖에 없다. 성령님께서 우리의 구원이 성취될 것을 약속하시기에, 그에 대한 소망도 든든하다(롬 15:13). 성령님은 성도에게 미래의 완성될 구원을 약속하심으로 그들이 세상에서 변함없는 소망으로 견고히 서게 하신다. 이를 위해 성령님은 우리의 연약함을 도우신다. 심지어 우리가 빌 바를 알지 못하여 탄식할 때 성령님도 말할 수 없는 탄식으로 우리를 위하여 친히 간구하신다(롬 8:26).

(3) 성령님의 보증

마지막으로 성령님이 구원의 인증인 까닭은 성령님이 기업의 보증(ἀρραβὼν τῆς κληρονομίας, 아라본 테스 클레로노미아스)이시기 때문이다(엡 1:14; 고후 1:22; 5:5). 하나님은 성도들에게 풍성한 영광스런 기업을 준비해두셨고, 성도들은 하나님으로부터 풍성한 영광스런 기업을 받는다(벧전 1:4). 그런데 성도들에게 기업이 주어질 것을 확실하게 만들기 위해서 하나님은 성령님을 보증으로 주셨다. 본래 이 "보증"(아라본)이란 단어는 히브리어(אֵרָבוֹן, 아라본)에서 온 것으로 선금이나 계약금 등을 의미한다. 하나님께서 우리에게 기업이 있다는 것을 확신시키기 위하여 선금 또는 계약금으로 성령을 주셨다. 이것은 조금 이상한 말이다. 사실상은 물건을 사는 사람이 물건을 파는 사람에게 선금이나 계약금을 주어 물건을 살 것을 보증한다. 그런데 거꾸로 하나님께서는 사람들에게 구속의 기업을 주시면서 성령을 선금으로 주신다. 이것은 물건도 주고 선금도 주는 것과 똑같다. 이것이 바로 하나님께서 우리에게 구원의 기업을 확신시키시는 방법이다. 성령께서는 기업 받을 자가 된 성도들에게 하나님의 소유임을 도장찍고, 더 나아가서 이 도장 찍힌 하나님의 기업인 성도에 대하여 보증으로 서신다. 성령은 성도를 인칠 뿐 아니라, 그 자신이 보증이 되신다. 성도에게 주어지는 성령의 은혜는 엄청나다. 성령의 보증은 성령의 성부에 대한 자세이다. 성령은 성도를 위하여 하나님께 보증이 되신다. 사람들은 성령으로 일깨워져서 그리스도의 의와 거룩한 삶에 생명력 있게 참여하게 된다.

2) 구원의 원인: 예수님의 대속(엡 1:7-12)

성령님의 효과적인 활동으로 말미암아 확인되는 것은 신자들이 "그리스도 안에서"(엡 1:4) 선택되었다는 사실이다.

(1) 속죄

"그리스도 안에서"라는 표현은 사람들이 구속에 들어가는 것이 삼위일체 하나님의 영원한 논의에 근거하여 성자 예수님이 인류의 일부를 위한 대속 죽음을 이루기로(엡 1:7) 서약한 덕분이라는 것을 알려준다(롬 3:25; 요일 2:2). 예수님 안에서의 선택은 하나님이 신자를 창세 전 예수님과의 깊고 오묘한 논의 가운데 선택하신 것을 의미한다. 하나님의 선택에 예수님이 동역하셨다. 하나님은 예수님의 십자가 구속을 내다보며 그것을 믿을 이들을 선택하셨다. 하나님의 영원한 선택은 예수님의 십자가 사건에 의하여 실현되며, 이 사건을 믿는 자들에게 효력을 발휘한다. 영원의 선택이 시간의 사건에 의해 실현된 것이다. 따라서 시간 안에 있는 우리에게 하나님의 선택은 효력을 나타낸다. 예수님의 대속 죽음이 없이는 하나님의 영원한 선택은 시간 안에서 일어나지 않는다. 예수님의 구속은 영원하신 하나님의 구속계획을 역사적으로 실현하는 것이다. 예수님 안에서 영원이 역사화된다. 예수님은 하나님의 역사화이다. 구속은 영원을 시간으로 변환시킨 것이다. 따라서 예수님 밖에서는 구속실현이 불가능하다. 예수님 안에서만 하나님의 구속실현이 가능하다. 이 때문에 하나님은 이미 영원에서 예수님 안에서 신자를 선택하셨다. 이처럼 성도의 선택은 대단히 고귀한 것이다.

(2) 중보

"그리스도 안에서"라는 표현은 예수님 밖에는 구원이 존재할 수가 없다는 것을 천명한다. 예수님은 구원을 위하여 창세전에 구원의 중보자(μεσίτης, 메시테스로 세움을 받으셨고(히 8:6; 9:15; 12:24), 역사에서 구원의 창시자(ἀρχηγός, 아르케고스)로 오셨고(히 2:10; 12:2), 교회의 머리(κεφαλή, 케팔레)가 되셨다(엡 1:22). 예수님은 창조의 중보자이셨던 것처럼 구원의 중보자가 되신다. 예수님은 구원의 한계이며 범위이다. 여기에서 여러 가지 의미를 발견하게 된다. 첫째로 예수님이 우리에게 구원을 실현하셨다는 의미이다. 둘째로 이것은 예수님이 확고하신 것처럼 구원도 확고하다는 의미이다. 셋째로 구원은 예수님을 중심으로 하는 구원이다. 그러므로 심지어 그리스도가 구원이라고 말할 수도 있다(마 1:21). 구원을 얻는 것은 그리스도를 얻는 것이다(빌 3:8).

(3) 보증

"그리스도 안에서"라는 표현은 예수님이 구원의 보증(ἔγγυος, 엥구오스)이심을 의미한다(히 7:22). 보증은 계약의 두 당사자를 가깝게 만드는 것을 가리킨다. 보증 사상은 중보자 사상에서 발전된 것이다. 하나님과 신자 사이에 확실한 중보자가 있기 때문에 구원은 확실하게 보증된다. 그래서 신자는 예수님 안에서 견고한 소망을 가지며(히 6:19) 하나님께 나아가는 담대함을 가진다(히 3:6; 4:16; 10:19,35). 예수님 구원의 보증이시기 때문에 자기를 힘입어 하나님께 나아가는 자들을 위하여 끊임없이 간구하신다(롬 8:34; 히 7:25).

3) 구원의 원인: 하나님의 뜻(엡 1:3-6)

하나님은 신자를 선택하시고 예정하셨다(롬 8:29; 엡 1:3-4). 인류의 일부를 영원한 생명으로 선택하신 분은 성부 하나님이시다. 구원의 궁극적인 원인은 하나님께 있다. 구원은 하나님의 "뜻의 기뻐하심을 따라" 된 것이다(엡 1:5,9,11). 하나님은 구원을 위하여 뜻(θέλημα, 뗄레마)을 세우고, 그 뜻을 기뻐하셨으며(εὐδοκία, 유도키아), 이 뜻을 행하셨다. 하나님은 세우신 뜻을 기뻐하시기에 구원을 반드시 이루신다. 하나님의 구원은 하나님의 뜻으로 되었기에 누구의 간섭도 받지 아니하며, 이 뜻을 기뻐하시기에 구원은 순조롭게 진행된다. 구원에 참여하게 된 것은 우연히 생긴 일이 결코 아니다. 이것은 "모든 일을 그 뜻의 결정대로 일하시는 이의 계획을 따라" 된 일이다(엡 1:11). 뜻만 세우면 세상을 창조하기도 하고, 폐하기도 하실 하나님이 예정을 위한 뜻(θέλημα, 뗄레마)을 가지셨다. 하나님은 이미 오래 전에 예정을 위한 결정(βουλή, 불레)을 세우셨다. 신자를 구원하시는 하나님의 은혜는 완전한 계획(πρόθεσις, 프로떼시스) 가운데서 실행되었다. 그러므로 하나님의 구원은 완전히 보장된 일이다. 이것은 무너질 수 없으며, 누구도 이 계획의 실행을 방해할 수 없다. 하나님의 뜻과 기뻐하심과 계획은 영원하고 변개할 수 없는 결의이다. 하나님의 구원 사역은 영원한 성격을 가진다. 선택받은 자가 멸망할 수 없는 것은 이런 불변적 원인 때문이다. 구원의 가장 깊은 원인에는 하나님의 작정이 있다.

그러므로 신약성경에 의하면 구원은 삼위일체적 원인을 가진다. 성부 하나님은 선택하시고, 예수님은 대속하시고, 성령님은 인증하신다(엡 1:3-14). 삼위일체 하나님은 구원을 위하여 영원한 논의를 나누셨다. 구원의 모든 것은 삼위일체 하나님의 영원한 의논에 의존한다. 구원의 논의에서 성부 하나님은 미리 아신 자들로 그의 아들의 형상을 본받도록 미리 예정하신다(롬 8:29). 구원의 논의 안에 예수님은 구원을 성취할 중보자로 포함된다. 구원의 논의 가운데는 성령님이 예수님에 의해 성취된 구원의 결과와 적용을 효과 있게 만드는 것이 들어있다. 구원의 원인은 우리 밖에 있으며, 하나님 밖에는 없다. 하나님의 구원 원인은 하나님을 찬양하게 만들며(엡 1:6,12,14), 신자에게 구원의 확신과 겸손을 불러일으킨다.

2. 구원의 방식

구원에서 칭의와 성화라는 두 가지 방식이 중요하다. 사도 바울은 칭의와 성화를 로마서에서 선명하게 제시한다.

1) 칭의(롬 3:19-31)

사도 바울은 로마서 3:19-31에서 칭의의 의미를 잘 설명해준다. 이 단락에 나오는 몇 가지 개념들을 정리함으로써 칭의론을 점검해 본다.

(1) 사람(만인)

사도 바울은 로마서에서 처음부터 격렬하게 전개했던 하나님의 진노에 관한 진술을 매듭짓고 새로운 단락으로 들어선다(3:9). 유대인들과 헬라인들 "모두"(πάντας, 판타스) 죄 아래 있다는 것이다. 바울은 이것을 증명하기 위해서 "의인은 하나도 없다"(롬 3:10; 시 14:1,3; 53:2,4)는 구절과 함께 긴 인용을 말한다(롬 3:10-18). 인용 끝에 바울은 율법의 역할이란 "율법 안에 있는 자들"에게 말하는 것이지만, 그 최종적 결과는 "모든 입"(πᾶν στόμα, 판 스토마)이 막히고, "모든 세상"(πᾶς ὁ κόσμος, 파스 호 코스모스)이 하나님의 정죄에 놓이는 것이고 말한다(3:19). 이렇게 하여 바울은 결국 율법이 모든 사람을 상대하는 것으로 이해한다. 이로부터 바울이 내리는 결론("그러므로")은 "모든 육체"(πᾶσα σάρξ, 파사 사릌스)가 율법의 행위로부터는 하나님 앞에서 의롭다 함을 얻지 못한다는 사실이다(롬 3:20). 사도 바울은 만인범죄의 사실을 다시 한 번 반복하여 진술한다. "모든 사람"(πάντες, 판테스)이 죄를 범하였고 하나님의 영광에 미치지 못하였다(롬 3:23).

사도 바울이 만인범죄 진술에 힘을 쏟는 것은 칭의를 말함에 있어서 구원론에 치중하고 있다는 것을 분명하게 보여주기 위함이다. 만인범죄가 보여주는 중요한 점은 유대인이건 헬라인이건 인종에 차별이 없다는 것이다(롬 3:9). 그런데 놀라운 것은 이런 무차별이 칭의에도 해당되는 사실이라는 것이다. "차별이 없느니라"(롬 3:22). 칭의의 대상에 인종의 차별이 없다. 바울은 후에 이 사실을 어휘를 바꿔가면서 여러 차례 설명한다(유대인이건 이방인이건, 3:29; 할례자건 무할례자건, 3:30).

이것은 사도 바울이 칭의 개념을 고안해서 교회론을 설명하려는 것이 아니라,[2] 구원론을 말하기 위해서 칭의 개념을 사용하고 있으며, 구원론의 결과로 교회론이 성립되었다는 것을 의미한다.

---

2) "바울 새 관점"(New Perspective on Paul) 학파는 사도 바울이 유대인과 이방인의 갈등이라는 교회론 문제를 해결하기 위해서 칭의 개념을 고안해냈다고 주장한다.

(2) **하나님**(하나님의 의)

사도 바울에게 칭의는 처음부터 하나님과 관련된 문제이다. 인종에 차별 없는 만인범죄의 주체는 인간이지만, 인종에 차별 없는 칭의의 주체는 하나님이시다(롬 3:29-30). 이로써 하나님이 한 분이라는 사실이 입증된다(롬 3:30). 만인범죄에서 "하나님의 영광"에 도달하지 못한 것이 관건이다(롬 3:23). 모든 세상이 "하나님 께"(τῷ θεῷ, 토 떼오) 정죄의 대상이 된다(롬 3:19). 그래서 칭의도 "하나님 앞에 서"(ἐνώπιον αὐτοῦ, 에노피온 아우투)의 사안이다(롬 3:20). 따라서 칭의는 오직 하나 님에 의한 결과이다. 사도 바울은 하나님이 사람들을 의롭게 만드신다(ὃς δικαιώσει, 호스 디카이오세이)고 말한다(롬 3:30). 인종에 차별 없이 사람들을 의롭 게 만드는 분은 하나님이시다. 그래서 바울은 칭의와 관련된 모든 사항을 한 마디 로 말하면 "하나님의 의"(δικαιοσύνη θεοῦ, 디카이오쉬네 떼우)라고 부른다(롬 1:17; 3:21).

그런데 "하나님의 의"라는 말에는 두 가지 사실이 중요하다. 첫째로 하나님이 의롭다는 사실이며, 둘째로 하나님이 의롭게 만든다는 사실이다. 사실 칭의는 이 두 가지 사실을 결과 시키기 위한 목적을 가진다. 하나님이 자기의 의를 나타내신 것은 "자기도 의로우시며(δίκαιον, 디카이온) 또한 예수 믿는 자를 의롭다 하려 (δικαιοῦντα, 디카이운타) 하심이라"(롬 3:26). 하나님이 자기가 의로우심을 나타내는 것과 신자를 의롭다고 하시는 것, 이 두 가지 사실은 칭의의 궁극적 목적이다. 따 라서 칭의의 목적은 사람이 아니라 하나님에게 있다.

그런데 하나님의 의는 이제 나타났다(롬 3:21). 사도 바울은 하나님의 의가 나 타난 시점을 "이제"(νυνί, 뉘니)라고 부른다. 물론 이것은 하나님의 의가 전에는 존 재하지 않았는데 비로소 이제 존재하게 되었다는 의미가 아니다. 하나님의 의는 이미 영원한 세계에서 존재했고 구약시대에도 분명하게 언급된다(신 32:4; 시 11:7; 습 3:5). 그래서 사도 바울은 하나님의 의가 율법과 선지자들에 의해서 지금도 증 거를 받고 있다(μαρτυρουμέμη, 마르튀루메네, 현재분사를 주목하라)고 말한다(롬

3:21). 하나님의 의는 영원에도 과거에도 존재했는데 단지 어떤 관련 조건에서 이제 나타난 것이다.

그 관련 조건은 "율법 없이"(χωρὶς νόμου, 코리스 노무)이다. 언뜻 보면 하나님의 의가 율법(과 선지자들)에 의해 증거를 받고 있다는 것과 율법 없이 나타났다는 것은 서로 충돌하는 진술들처럼 보인다. 그러나 아래에서 살펴보겠지만 "율법 없이"는 사실 "율법의 행위 없이"를 뜻한다는 것을 감안하면 문제는 쉽게 풀린다(21절의 "율법"은 20절의 "율법의 행위들"을 받는다. 또한 21절의 "율법 없이"는 28절의 "율법의 행위들 없이"와 상응한다). 하나님의 의의 나타남은 사람에 의한 율법의 행위가 조건이 아니다. 율법의 행위가 하나님의 의를 나타내지 못한다. 사람이 행하는 율법의 행위 때문에 하나님의 의가 나타난 것이 아니다. 사람은 철저히 배제된다. 하나님의 의는 오직 하나님이 나타내는 것이다. 바로 여기에서 바울은 칭의와 관련된 총체로서 하나님의 의가 율법과 믿음에 대하여 각각 어떤 관계성을 가지고 있는지 밝힐 수밖에 없다.

(3) 율법(율법의 행위들)

먼저 칭의와 관련된 총체로서 하나님의 의가 율법과 어떤 관계성을 가지는지 살펴보자.

사도 바울은 "율법"(νόμος, 노모스)라는 용어를 다양한 의미로 사용한다(롬 3:19,21에는 정관사와 함께 사용되고, 그 외에는 모두 정관사 없이). 여기에서 바울은 율법의 두 가지 기능을 말한다. 첫째로 "율법은 말한다"(롬 3:19). 이것은 율법의 부정적인 역할을 보여준다. 율법이 말하는 대상은 "율법 안에 있는 자들"이다(롬 3:19). 이때 그들은 율법의 말함으로 정죄를 당한다. 율법을 통해서는 죄의 인식이 주어진다(롬 3:20). 둘째로 율법은 증언한다(롬 3:21). 율법은 선지자들과 함께 이미 하나님의 의를 증언한다. 이것은 율법의 긍정적인 역할을 가리킨다.

그런데 사람은 율법의 긍정적인 역할보다는 부정적인 역할에 영향을 받는다.

사람은 율법을 통해서 하나님의 의에 대한 증언을 얻기보다는 정죄를 받고 죄 인식에 도달한다. 이렇게 율법이 사람을 정죄와 죄 인식으로 몰고 가기 때문에 사람은 율법을 행함으로써 의를 얻을 가능성이 없다. "율법의 행위자들(οἱ ποιηταὶ νόμου, 호이 포이에타이 노무)이 의롭다 함을 얻는다"(롬 2:13)는 것은 이상적인 원리일 뿐이지 역사적인 실제가 아니다. 그래서 사도 바울은 "모든 육체가 율법의 행위로는(ἐξ ἔργων νόμου, 엑스 에르곤 노무) 하나님 앞에서 의롭다 함을 얻지 못한다"(롬 3:20)고 단언한다. 바로 이것이 사도 바울이 율법을 말할 때 율법 자체의 본질보다 사람에 의한 율법의 행위에 초점을 두는 이유이다.

사도 바울은 칭의를 논하면서 "율법의 행위들"을 중요한 주제로 간주한다. 위에서 본 것처럼 어떤 사람도 율법의 행위로는 의롭다 함을 얻지 못한다. 그렇다면 율법으로든지 행위들로든지(또는 행위들의 율법으로든지 자랑하지 못한다(롬 3:27). 이 때문에 바울은 "우리는 사람이 율법의 행위들 없이(χωρὶς ἔργων νόμου, 호리스 에르곤 노무) 의롭게 된다고 생각한다"(3:28)고 단언한다. 이렇게 사도 바울은 칭의와 관련해서 율법을 말할 때 특히 "율법의 행위들"에 집착한다.

(4) 믿음

이제 칭의와 관련된 총체로서 하나님의 의가 믿음에 대하여 어떤 관계성을 가지고 있는지 살펴보자.

사도 바울은 우선 하나님의 의가 율법(의 행위들) 없이 나타났다고 말하고는(롬 3:21) 바로 이어서 하나님의 의가 가지는 몇 가지 조건/관련성을 자세히 설명한다(롬 3:22).

첫째로, 하나님의 의와 관련된 것은 예수님에 대한 믿음이다(3:22).

이다. 이것은 하나님의 의가 예수님에 대한 "믿음으로 말미암아"(διὰ πίστεως), 디아 피스테오스) 나타난다는 것을 의미한다. 이 믿음은 예수님에 대한 믿음이다(목적의 소유격). 이 때문에 바울은 아래에서 칭의와 관련하여 예수 그리스도를 자세히 설명한다. 어떤 사람들은 이 믿음을 예수님의 신실함이라는 뜻으로 읽으려고 시도한다(주어의 소유격).[3] 그러나 본문의 문맥뿐 아니라 용례들을 고려할 때 이런 시도는 성립되지 않는다. 바울은 "믿음으로 말미암아"에 바로 이어 "모든 믿는 자들"이라는 말을 사용함으로써 이 믿음의 주체가 사람임을 분명하게 보여준다. 게다가 바울은 이 단락에서 믿음과 예수님이 결합된 형태(ἐκ πίστεως Ἰησοῦ, 에크 피스테오스 예수)를 애매하게 한 번 더 사용한 것을 제외하면(롬 3:26), 나머지는 언제나 믿음만을 독립적으로 사용한다(롬 3:25,27,28,30bis,31). 이것은 믿음의 주체를 예수님이 아니라 사람에게 두고 있다는 것을 의미한다. 같은 용례가 갈라디아서에 여러 차례 등장하는데 동일한 의미를 가진다. 예를 들어, 바울은 갈라디아서 2:16에서 믿음과 예수님의 결합 형태를 두 번 연거푸 사용하면서, 믿음의 주체가 예수님이 아니라 사람이라는 것을 명시하기 위해서 구태여 "우리가 그리스도 예수를 믿었다"는 말을 삽입한다. 바울은 갈라디아서 3:22에서도 이 결합 형태에 바로 이어서 "믿는 자들"이라는 표현을 사용하여 오해를 방지한다. 바울은 빌립보서 3:9에서도 비슷한 방식으로 결합 형태를 사용하여 "내가 가진 의는 오직 그리스도를 믿음으로 말미암은(διὰ πίστεως Χριστοῦ) 것"이라고 말한 다음에, 오해를 방지하기 위해서 단지 믿음만을 다시 한 번 더 사용하여 "믿음으로(ἐπὶ τῇ πίστει) 하나님께로부터 난 의"를 언급한다. 믿음의 주체가 사람이라는 칭의론은 심지어 야고보서에서도 선명하게 반영된다는 것은 매우 의미심장하다(약 2:24).

둘째로, 하나님의 의와 관련된 것은 모든 신자이다(3:22). 하나님의 의는 "모든 믿는 자들을 위하여"(εἰς πάντας τοὺς πιστεύοντας, 에이스 판타스 투스 피스튜온타스) 나타났다. 이것은 무엇보다도 하나님의 의가 어떤 대상에게 나타난 것인지 보여준다(참조. 롬 1:17). 하나님의 의는 믿는 자를 대상한다. 하나님의 의는 믿는 자라면 누구나 대상으로 삼는다(참조. 롬 3:29-30). 나아가서 이것은 하나님의 의가 나타난 목적이 무엇인지를 보여준다. 하나님의 의는 믿는 자를 위한 것이다. 하나님

---

3) 로마서에서 믿음 뒤에 어떤 인격이 소유격으로 결합될 때 주어 소유격(gen. subj.)으로 사용되는 경우가 없는 것은 아니다. 예를 들면, 하나님(3:3), 아브라함(4:16)이다.

의 의는 믿는 자에게 의롭다 함을 가져다주는 효력을 발한다(그러나 칭의의 궁극적 목적은 하나님 자신에게 있다. 하나님은 칭으로 자신의 의를 증명하신다, 롬 3:25-26).

사도 바울은 하나님의 의가 믿는 자에게 가져다주는 효력이 의롭다 함을 얻는 것(칭의)이라는 사실을 온 힘을 다해 진술한다. 그 요약이 다음 한 마디 말에 들어 있다. "우리는 사람이 율법의 행위들 없이 믿음으로 의롭게 된다(δικαιοῦσθαι πίστει, 디카이우스따이 피스테이)고 생각한다"(롬 3:28). 이것이 바로 이신칭의이다. 이신칭의를 말하기 위해서 사도 바울은 믿음을 단순히 여격으로(πίστει, 피스테이) 사용하거나(롬 3:28) 또는 전치사와 함께(ἐκ πίστεως, διὰ [τῆς] πίστεως, 에크 피스테오스, 디아 [테스] 피스테오스) 사용한다(롬 3:30).

사도 바울에 의하면 이신칭의는 몇 가지 놀라운 면을 가져다준다. 첫째로, 칭의는 믿음으로 되는 것이기 때문에 행위는 조건이 되지 않는다(롬 3:28). 행위는 단지 칭의의 열매일 뿐이다. 둘째로, 의롭다 함은 믿음으로 되는 것이기 때문에 인종에 차별이 사라진다(롬 3:29-30). 칭의의 결과로 교회는 하나가 된다. 셋째로, 믿음으로 의롭다 함을 얻기 때문에 사람에게는 자랑할 것이 없다(롬 3:27). 칭의를 받은 사람은 겸손해진다. 자랑하는 자는 오직 예수님을 자랑할 뿐이다(고전 1:31; 고후 10:17; 렘 9:23-24).

(5) 칭의

사도 바울은 칭의와 관련하여 두 가지 사실을 극명하게 대조한다. 하나는 율법에 의한 칭의에 대한 부정이다. "모든 육체가 율법의 행위로는 하나님 앞에서 의롭다 함(δικαιωθήσεται, 디카이오떼세타이)을 얻지 못한다"(롬 3:20). 다른 하나는 믿음에 의한 칭의에 대한 긍정이다. "우리는 사람이 율법의 행위들 없이 믿음으로 의롭게 된다(δικαιοῦσθαι, 디카이우스따이)고 생각한다"(롬 3:28). 그런데 이신칭의에서 중요한 것은 사람의 역할이 수동적일 뿐이라는 것이다. 이신칭의에서 하나님만이 능동적이다. "하나님은 한 분이시니, 그가 할례자도 믿음으로 무할례자도 믿음으로 의롭다 하실 것이다(δικαιώσει, 디카이오세이)"(롬 3:30). 칭의는 하나님이 의를 부어주는 물리적 행위가 아니라, 하나님이 인간을 의롭다고 선포하는 법정적 행위이다. 그러면 칭의는 어떤 방식으로 이루어지는가? 사도 바울은 이에 관해 세밀하게 설명한다(롬 3:24-26). 의롭게 된다(δικαιούμενοι, 디카이우메노이)는 것은 다음과 같은 방식을 따른다(롬 3:24).

칭의는 첫째로 "값없이"(δωρεάν, 도레안) 수여되며, 둘째로 하나님의 "은혜로"(τῇ χάριτι, 테 카리티) 부가되며, 셋째로 그리스도 예수 안에 있는 "속량으로 말미암아"(διὰ τῆς ἀπολυτρώσεως, 디아 테스 아포뤼트로세오스) 선언된다. 여기에서 중요한 것은 하나님이 예수님을 화목제물로 삼았다는 사실이다(롬 3:25). 칭의에는 예수님의 죽음이 전제된다. 칭의는 예수님의 "피로"(ἐν τῷ αἵματι, 엔 토 하이마티)[4] 성취된다는 것이다. 넷째로 칭의는 "믿음으로 말미암아"(διὰ [τῆς] πίστεως), 디아 [테스] 피스테오스) 획득된다(롬 3:25,28-30). 이것이 믿음의 법이다(롬 3:27). 다섯째로 칭의는 하나님의 의(τῆς δικαιοσύνης αὐτοῦ, 테스 디카이오쉬네스 아우투)를 나타내기 위해서(εἰς ἔνδειξιν, 에이스 엔데익신, 25절; πρὸς τὴν ἔνδειξιν, 프로스 텐 엔데익신, 26절) 수여된다. 한 마디로 말해서, 칭의의 목적은 일차로 하나님의 의를 나타내어 하나님 자신이 의롭다는 것을 보이는 것이며, 이차로 예수님에 대한 믿음을 가진 자를 의롭다 하시는 것이다(롬 3:26).

2) 성화(롬 6:15-23)

사도 바울은 로마서 6:15-23에서 성화의 의미를 잘 설명해준다.

---

4) 읽기에 따라서 예수님의 "피를 믿음으로 말미암아"라고 읽을 수도 있다. 그렇다면 예수님의 피는 믿음의 대상으로 여겨진다. 믿음에 전치사 "엔"(ἐν)을 결합하는 경우들은 갈 3:26; 골 1:4; 딤전 3:13; 딤후 3:15를 보라.

(1) 구원의 서정

먼저 구원의 서정(*ordo salutis*)과 관련해서 오해를 피해야 한다. 첫째로, 구원의 서정에 들어있는 항목들(소명, 중생, 회심, 신앙, 칭의, 성화/견인, 영화)은 서로 유기적으로 결합되어 있다. 특히 소명, 중생, 회심, 신앙은 동의어적인 개념들이다. 그래서 이 항목들은 모두 한꺼번에 일어나는 것처럼 보인다. 둘째로, 구원의 서정은 역사적 순서가 아니라 논리적 순서이다. 그래서 관심을 가져야 할 것은 이 경험들의 연대기적 순서가 아니라 신학적 또는 구원론적인 결속이다. 이 모든 항목은 단회와 지속을 포함한다. 칭의는 단회 사건이며 성화/인은 지속 사건이다. 영화는 현세에서 시작하여(고후 3:18) 내세에서 완성된다(롬 8:17).

(2) 성화의 개념

"성화"(sanctification)라는 용어와 관련해서 오해를 피해야 한다. "화"(化)는 된다는 뜻으로, 마치 성화는 저절로 된다는 뜻인 것처럼 생각하게 만든다. 그러나 성화는 되는 것이 아니다. 성화란 인간에게 자연적 필연성에서 주어지는 것이 아니다. 성화는 하나님의 행위이다. 성화는 하나님의 은혜로운 행위이다. 성화는 하나님이 사람을 대상으로 하시는 일이다. 구원의 모든 것은 하나님이 행하시는 변화/갱신라고 부를 수 있다(골 1:13). 소명은 상태/영역의 이전이다(벧전 2:9). 죄의 상태에서 은혜의 상태로 이전된다. 중생은 생명의 변화이다. 옛 사람에서 새 사람이 된 것이며, 옛 생명에서 새 생명으로 변화된 것이다. 회심은 방향의 변화이다. 마음/생각의 방향이 변한 것이다. 믿음은 대상의 변화이다. 신뢰의 대상이 변한 것이다. 칭의는 관계의 변화이다. 성화는 주권의 변화이다. 영화는 품위의 변화이다. 구원은 하나님에 의한 방향의 전환이며, 영역의 변화이며, 생명의 이동이며, 관계의 갱신이며, 주권의 전이이다. 사도 바울에 의하면 이것은 죄에 대하여 죽고 하나님에 대하여 사는 것이며, 죄로부터 자유하여 하나님께 종속되는 것이다(롬 6:15-23).

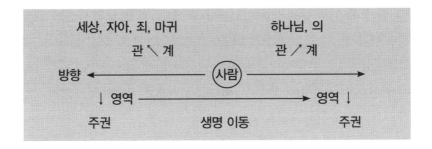

세상, 자아, 죄, 마귀　　　　　　하나님, 의

관 ＼ 계　　　　　　　　관 ／ 계

방향 ←――――――(사람)――――――→

↓ 영역 ――――――――――→ 영역 ↓

주권　　　　　　생명 이동　　　　　　주권

(3) 칭의와 성화의 관계

칭의와 성화는 구분되지만 분리되지 않는다. 칭의는 성화의 시작이기 때문에 성화는 칭의로 시작된다. 칭의는 성화를 시작하기 때문에 성화는 칭의의 수반이다. 따라서 칭의와 성화는 구분되지만 분리되지 않는다. 그러면 하나님은 의로움을 주시고야 비로소 거룩함을 주시는가? 하나님의 성품에서 의로움과 거룩함은 공존한다. 하나님은 거룩하시며(벧전 1:16) 동시에 의로우시다(롬 3:26). 이것은 그리스도에게도 해당되는 말이다. "예수는 하나님으로부터 나와서 우리에게 지혜와 의로움과 거룩함과 구원함이 되셨으니"(고전 1:30). "너희가 거룩하고 의로운 이를 거부하고"(행 3:14). 하나님의 성품에서 "의롭다"와 "거룩하다"는 동의어이다. 하나님은 자신의 성품들을 따로 따로 표현하는 것이 아니다. 하나님은 자신을 계시하실 때 그 성품을 총체적으로 계시하신다. 따라서 의로움과 거룩함이 함께 표현된다. 이 둘은 서로 동반되는 개념들이다. 하나님은 의롭기 때문에 거룩하시며, 거룩하기 때문에 의로우시다. 하나님께 두 성품은 상호배타적이지 않다. 의롭지 않으면 거룩할 수 없고, 거룩하지 않으면 의로울 수 없다. 이것은 계명의 경우에도 그렇고("거룩하고 의로우며 선하도다", 롬 7:12), 사역자의 경우에도 그렇다("우리가 너희 믿는 자들을 향하여 어떻게 거룩하고 옳고 흠 없이 행하였는지", 살전 2:10).

이렇게 볼 때 하나님의 구원 은혜는 하나인데 의로움과 거룩함이라는 두 측면을 가지는 것이다. 그래서 과거에 대한 신자의 대비는 칭의와 성화로 동시에 묘사된다. "너희 중에 이와 같은 자들이 있더니 주 예수 그리스도의 이름과 우리 하나님의 성령 안에서 씻음과 거룩함과 의롭다 하심을 받았느니라"(고전 6:11). 칭의와 성화는 분리되지 않는다. "하나님을 따라 의와 진리의 거룩함으로 지으심을 받은 새 사람을 입으라"(엡 4:24). 신약성경에서는 의로움과 거룩함이 동일한 개념으로 사용된다. 그래서 칭의와 성화는 서로 다른 말이 아니다.

(4) 성화의 측면

성화에는 두 가지 측면이 있다. 하나는 거룩하게 하시는 하나님의 측면이며, 다른 하나는 거룩하게 되는 신자의 측면이다. "거룩하게 하는 이와 거룩하게 되는 이들"(히 2:11).

① 하나님의 측면

첫째로 성화에서 하나님의 측면을 살펴보자. 이것은 성화의 주체가 하나님이심을 말하는 것이다. 성화는 하나님의 은혜 행위이다. 여기에서 하나님이라고 할 때 삼위일체를 염두에 둔다. 그런데 성화에서 특히 중요한 것은 성령님의 작용이다. 성화는 성령님의 강력한 작용을 통해서 또는 거룩하게 하시는 성령님으로부터 나오는 계속적인 힘의 공급을 통해서 이루어진다. 성화에서 성령님이 중요한 까닭은 성령님의 가장 중요한 속성이 거룩함이기 때문이다. 성령님은 거룩한 영이시다. 그런데 성령님의 작용에서 가장 중요한 것은 말씀의 역사이다. 성화는 성령님의 작용과 말씀의 작용으로 결과된다.

② 사람의 측면

성화에서 사람은 수동적 입장에 놓인다(고전 1:2; 6:11). 성화에서 인간은 수동적임에도 불구하고 거룩한 삶을 적극적으로 추구해야 한다. "육과 영의 온갖 더러운 것에서 자신을 깨끗하게 하여, 하나님을 두려워하는 가운데서 거룩함을 온전히 이루자"(고후 7:1). 성화의 실현을 더욱 적극적으로 표현하기 위해서 무흠, 무결 등의 단어들이 함께 사용된다(살전 3:23; 5:23). 성화는 신자가 자신의 모든 지체를 거룩함에 이르도록 의에게 종으로 내주는 것이다(롬 6:19). 사도 바울에 의하면 성화는 죄로부터 자유이며 의(또는 하나님)에게 예종이다(롬 6:18,22).

㉮ 성화와 회개

여기에서 주목해야 할 것 성화에서 회개의 역할이다. 성화에서 회개는 매우 중요한 역할을 한다. 회개는 사람이 자신의 죄의 위험함과 더러움과 추함을 알고 느끼는 것이며, 예수님 안에서 하나님의 은혜를 인식하는 것에서 시작한다. 성화는 죄에 대한 철저한 회개와 하나님에 대한 철저한 회귀에 기초를 둔다. 이 두 가지가 없이는 성화가 절대로 옳게 이해되지 않는다.

㉯ 성화와 인식변화

회개와 관련해서 볼 때, 성화는 사람의 죄악과 하나님의 은혜에 대한 두 가지 인식의 변화이다. 성화에서 하나님 인식과 자아 인식 사이에 상관관계가 성립한다. 성화는 한편으로는 하나님의 의로움을 더욱 철저하게 인식하는 것이며, 다른 한편으로는 자신의 죄인 됨을 더욱 철저하게 인식하는 것이다. 신자는 하나님의 은혜에 대하여 풍성하게 알수록 자신의 죄악에 대하여 더욱 통탄한다. 하나님의 은혜를 가장 크게 인식하는 순간에 자신의 죄악을 가장 크게 인식한다. 다시 말하자면 신자는 하나님과의 관계가 깊어질수록 자아인식에 큰 변화가 생기며, 시간이 지날수록 하나님 앞에서 죄인임을 점점 더 깊이 인식한다. 이것은 성화에서 자의식의 변화이다. 이에 대한 대표적인 예가 사도 바울이다. 그는 하나님의 은혜를 알수록 자신이 죄인 괴수임을 인식하였고(딤전 1:14-15), 시간이 흐를수록 사도 가운데 가장 작은 자(고전 15:9), 모든 성도 중에 지극히 작은 자(엡 3:8), 죄인 괴수(딤전 1:15)라는 인식을 가졌다.

성화는 하나님 앞에서 자신이 죄인이라는 사실을 더욱 분명하게 인식하는 것이다. 이런 의미에서 성화는 인간의 힘 빼기라고 부를 수가 있다. 철저하게 주님의 힘만을 의존하고 사람에게서 모든 힘이 사라질 때가 가장 거룩한 상태이다. 그러므로 성화는 얼마나 인간의 힘을 포기했느냐 하는 것이며, 정확하게 말해서 얼마나 주님의 힘을 의지하느냐 하는 것이다.

따라서 구원받은 인간은 하나님과의 관계에서 두 가지 현상을 일으킨다. 첫째로 그는 하나님 앞에서 자신이 얼마나 불의한 존재인가를 더욱 더 인식한다. 둘째로 그는 자신의 불의를 이기는 하나님의 의가 얼마나 놀라운 것인지 인식한다. 이두 가지 인식으로 말미암아 구원의 과정에 있는 신자는 두렵고 떨림을 가진다. 이두려움과 떨림은 한편으로 자신에 불의에 대한 깊은 탄식에서 나오는 것이며, 다른 한편으로 하나님의 의에 대한 높은 경탄에서 나오는 것이다(마치 예수님의 비하와 승귀를 깨달은 신자가 두렵고 떨림으로 구원을 이루듯이, 빌 2:12-13). 바로 이것이 성화이다.

㉯ 성화와 열매

성화에는 열매가 있다. 그것은 "거룩함에 이르는 열매"(롬 6:22)라고 불린다. 성화는 내적으로 영적인(신비한) 열매를 맺으며, 외적으로 윤리의(실천적) 열매를 맺는다. 이와 같은 열매를 맺는 것을 볼 때 구원 받은 것이 명확하게 확인된다.

제2장
언약

1. 신약성경에 나오는 언약들

신약성경에는 구약성경과 마찬가지로 전체를 관통하는 여러 가지 사상들이 있다. 창조는 세계창조, 구원으로서의 창조, 그리고 새 창조에 이르기까지 신구약성경에서 주류를 차지하고 있는 중요한 사상이다. 물론 창조 사상은 구원과 밀접하게 관계되어 있다. 그래서 창조와 더불어 구원 사상은 성경의 처음부터 마지막까지 빈틈없이 언급된다. 타락한 아담의 구원으로부터 시작해서 출애굽, 열강세력으로부터의 구원, 그리고 영혼구원은 구원 사상이 성경에서 얼마나 일관된 것인지 잘 보여준다.

그런데 구원에 관한 교훈의 중심부에는 하나님의 언약이 있다. 하나님께서 구원을 시행하시는 근본적인 동기는 언약 때문이다. 타락한 인간에게 주신 구원의 약속은 점차 하나님의 백성을 향한 언약으로 명료화되었다. 그래서 성경은 왕이신 하나님께서 그의 백성에게 은혜 가운데 확립하신 언약을 설명하는 데 많은 지면을 할애하였다.

신약성경에서 언약(διαθήκη)이 복수로 표현되는 경우가 있다. "그들은 이스라엘 사람이라 그들에게는 양자 됨과 영광과 언약들(διαθῆκαι)과 율법을 세우신 것과 예배와 약속들이 있고"(롬 9:4). 우선 이 구절에서 발견되는 것은 언약의 의미이다. 언약은 이스라엘 사람이 되는 것, 양자 됨(υἱοθεσία), 영광(δόξα), 율법수여(νομοθεσία), 예배(λατρεία), 약속들(ἐπαγγελίαι)과 동일한 의미를 가진다. 이와 유사한 예가 에베소서에도 나온다. "그때에 너희는 그리스도 밖에 있었고 이스라엘 나라 밖의 사람이라 약속의 언약들(τῶν διαθηκῶν) 관하여는 외인이요 세상에서는 소망이 없고 하나님도 없는 자이더니"(엡 2:12). 여기에 여러 가지 언약들이 요약적으로 언급된다. 이 구절도 언약의 의미가 무엇인지 보여준다. 언약은 그리스도와 관련되는 것, 이스라엘의 시민권을 소유하는 것(πολιτεία τοῦ Ἰσραήλ), 소망을 가지는 것, 하나님을 섬기는 것과 동일한 의미를 가진다. 그런데 여기에서 잊어서 안될 사실은 언약이 복수형으로 사용되고 있다는 것이다. 이것은 언약의 다양성을 보여준다. 신약성경은 구약에 여러 가지 언약이 있었다는 것을 인식하고 있다. 이 때문에 신약성경이 구약에 언급된 언약들을 어떻게 이해했는지 살펴보는 것은 매우 중요한 일이다. 신약성경은 구약의 역사에 있었던 다음과 같은 언약들에 대하여 관심을 기울이는 것으로 나타난다.

1) 아담 언약

신약성경에 나타난 구약성경의 언약들 가운데 가장 먼저 살펴보아야 할 것은 아담 언약이다. 신약성경에서는 아담과 관련해서 언약이라는 표현이 직접적으로 발견되지 않는다. 사실 아담과 관련해서 언약이라는 표현은 구약성경도 아주 드물게 언급한다. 예를 들면, 호세아 선지자는 이스라엘 백성이 패역을 행하는 것을 보면서 아담이 언약을 어긴 것과 같다고 말했다: "그들은 아담처럼 언약을 어기고 거기서 내게 패역을 행하였느니라"(호 6:7[1]; 참조. 욥 31:33). 하지만 우리는 신약성

---

1) 오늘날 대부분의 연구가들은 אָדָם을 일반적인 사람으로("어떤 사람처럼"), 지명으로("아담에서" - 이 경우는 바로 다음에 나오는 שָׁם과 아담이라는 지명을 말하는 여호수아 3:16에서 힌트를 받아 전치사 בְּ를 ב

경에서 아담 언약에 관해서 간접적인 암시를 발견할 수 있다.

아담은 신약성경에서 희소하게 언급된다. 아담의 이름은 예수 그리스도의 계보와 관련하여(눅 3:38) 또는 후손과 관련하여(유 14) 나온다. 아담과 관련하여 중요한 것은 사도 바울의 설명이다. 언뜻 보기에 사도 바울은 아담의 범죄에 대하여 큰 관심을 기울이는 것처럼 나타난다(롬 5:14bis; 고전 15:22,45; 딤전 2:13,14). 이것은 아담의 범죄를 매우 애석하게 생각하는 것을 의미한다. 아담의 범죄에 대한 신약성경의 반복적인 언급은 창세기의 사건을 염두에 둔 것이다. 하나님께서는 하나님의 형상으로 창조하신 아담에게 모든 생물을 다스리는 권세를 주시고 모든 열매를 먹을 수 있는 자유를 허락하셨다. 하나님께서는 아담에게 단지 선악을 알게 하는 나무의 열매를 먹지 말라고 말씀하셨다(창 2:17). 창세기적인 의미에서 아담의 범죄는 하나님의 말씀을 어긴 것을 가리킨다. 아담이 하나님의 말씀을 어긴 것은 하나님의 언약을 어겼다는 뜻 외에 다른 것이 아니다. 선악을 알게 하는 나무의 열매에 대한 말씀은 하나님이 아담에게 주신 언약이었기 때문이다.

그런데 아담에 대한 신약성경의 진술에서 또 한 가지 중요한 것은 예수님과의 모형론적인 관계에서 생명과 사망의 문제를 다루고 있다는 사실이다. 아담은 후에 모든 인간에게 죽음의 원인을 제공하는 사람이 되었다(롬 5:12-21; 고전 15:21-22). 아담의 범죄로 말미암아 죄가 세상에 들어오고 죄로 말미암아 사망이 왔다(롬 5:12). 아담 안에서 모든 사람이 죽었다(고전 15:22). 이것은 죄가 간접적으로 유전되는 것이 아니라, 죄에 있어서 모든 사람이 아담과 직접적으로 연결된다는 것을 말해준다. 아담이 범죄하였을 때 모든 인류가 범죄한 것이다. 이렇게 볼 때 아담 안에 모든 인간이 이미 실질적으로 존재하였다. 아담은 인류를 대표하는 공인(persona publica, corporate personality)이었다.

그런데 아담은 죽음의 원인자가 되기 전에 본래는 생명을 가지고 있는 존재였

로 바꾸어 읽는다), 부사구로("먼지처럼") 해석하려고 시도함으로써 아담 언약에 대한 생각을 버린다. "그러나 호세아의 아담은 창세기의 아담을 가리킨다", 참조. 김진수, 『아담은 역사적 인물이 아닌가』(수원: 합신대학원출판부, 2018), 84-87, 특히 87.

다(고전 15:45). "살아있는 혼"(ψυχὴ ζῶσα, 프쉬케 조사)이라는 말은 창세기 2:7에서 빌려온 것이다(חַיָּה נֶפֶשׁ, 네페쉬 하야).[2] 아담은 생명을 표현하는 존재로 창조되었다. 여기에서 중요한 것은 수식어("살아있는")이다. 왜냐하면 이 수식어로 말미암아 아담은 죽은 자와 대조를 이루기 때문이다. 아담이 살아있는 존재라는 사실은 하나님과의 철저한 관계에서만 성립된다.[3] 그 관계는 하나님이 아담에게 영을 불어넣으시고 에덴 동산에 두시어 다스리게 하실 뿐 아니라, 하나님의 말씀을 주신 것으로 표현되었다. 하나님은 선악을 알게 하는 나무의 열매를 먹지 말라고 말씀하심으로써 아담에게 살아있는 존재임을 가장 확실하게 증명하는 방법을 제공하신 것이다. 다시 말해서 선악을 알게 하는 나무에 관한 말씀은 아담이 살아있는 존재임을 표시하기 위한 언약이었다. 아담은 이 언약으로 자신이 살아있는 존재임을 가장 분명하게 보여줄 수 있는 방법을 얻었다. 이 언약은 하나님의 은혜에서 시작되었고 아담의 행위로 실현될 것이었다. 그러므로 이 언약은 실현성에서는 행위언약이라고 부를 수 있지만 시발성에서는 은혜언약이라고 부를 수밖에 없다.

아담 언약은 하나님의 은혜에서 출발한다. 이 언약은 아담을 괴롭히기 위한 명령이 아니라 아담의 고귀한 신분을 입증하는 명령이었다. 하나님은 아담에게 모든 것을 허락하시고 오직 하나를 제한하신 것이다. 이런 제한으로 아담은 하나님의 형상으로 창조된 살아있는 존재임을 증명할 수 있는 길을 얻은 것이다. 만일에 선악과 명령이 없다면 아담이 영광을 가장 분명하게 드러내는 방법을 가지지 못한 것이 되고 말았을 것이다. 아담은 이 명령에 순종함으로써 하나님과의 관계에 있다는 영광을 증명할 수 있게 되었다. 그것은 하나님은 말씀하시고, 아담은 듣는다는 영광이다. 선악과 금지명령은 아담이 하나님과의 관계 그 자체를 증명하는 영광이다. 게다가 하나님의 가장 고귀한 피조물인 아담은 선악을 알게 하는 나무에

---

2) 이 용어는 사람 외에도 여러 동물들에게 사용되었다(창 1:20; 2:19; 9:9).

3) 하나님과 아담의 생명적 관계는 누가복음에 의하면 소유격 관계에 의해서 분명하게 입증된다(눅 3:38). 누가복음의 예수님 계보에 나타난 아담의 의미에 관해서는 나의 논문을 보라. 조병수, "누가복음의 예수 계보" (『신약신학 열두 주제』 수원: 합동신학대학원출판부, 2001), 97-125, 특히 107.

관한 하나님의 말씀에 순응함으로써 하나님과의 관계를 지속하는 효과를 얻을 수 있었다. 하나님의 말씀에 대한 순종은 아담이 하나님의 형상을 지닌 살아있는 사람임을 입증하는 가장 고상한 방식이었다.

2) 노아 언약

노아 언약은 구약성경에서 중대한 위치를 점유하고 있다.[4] 하나님은 홍수와 관련하여 노아에게 물리적인 구원과 더불어 언약을 세우실 것이라고 말씀하셨다. "너와는 내가 내 언약을 세우리라"(창 6:18). 이 언약의 내용은 비로소 홍수가 끝난 뒤에 언급된다(창 9:8-17). 언약의 대상은 노아와 노아의 후손과 노아의 모든 생물이었다(창 9:8-10). 하나님께서 언약하신 내용은 다시는 물로 땅을 심판하지 아니하실 것이라는 것이었다(창 9:11). 하나님께서는 이 언약을 위한 증거로 무지개를 세우셨다(창 9:12-13,17). 무지개 언약의 기능은 하나님께서 언약을 기억하시겠다는 것이다(창 9:14-16). 이 언약은 하나님의 엄중한 약속이다. 언약은 하나님 자신이 보증이 되시는 약속이다. 이 언약에서 가장 중요한 것은 하나님과 노아 사이의 관계설정이다. 하나님께서는 무지개 언약으로 하나님과 노아(의 가족) 및 모든 생물 "사이에" 중대한 관계를 설정하셨다(창 9:12,15,16). 노아 언약의 의미는 하나님께서 기억하신다는 데 주안점이 있다(זכר, 창 9:15,16). 하나님께서는 노아와 언약을 맺으심으로써 스스로 그 언약에 얽히셨던 것이다. 하나님께서는 노아의 언약으로 자발적인 의무를 자초하셨다. 이것이 하나님의 은혜이다. 노아(의 가족) 및 모든 생물은 항상 하나님의 기억 속에 머물게 된 것이다. 노아에게 물리적이며 육체적인 구원보다도 더 중요한 것은 하나님의 기억 속에 영원히 남게 되었다는 사실이다("영원한 언약", ברית עולם, 베리트 올람, 창 9:16). 하나님과의 관계설정은 육체가 멸망의 세상으로부터 구원받았다는 것보다 더 큰 은혜였던 것이다. 하나님께

---

4) 노아 언약의 일반적인 내용에 관해서는 W .J. Dumbrell, *Covenant and Creation: A Theology of the Old Testament Covenants* (Carlisle: Paternoster, 1984), 11-46을 보라.

서는 노아에게 영원한 왕이 되어주시고, 노아는 하나님께 영원한 백성이 된 것이다. 하나님께서는 홍수심판 전에 이미 노아로 하여금 장차 세울 언약을 기대하게 하셨다. 하나님께서는 일시적이며 물질적인 구원의 도구인 방주와 더불어 영원하며 영적인 구원의 도구인 언약을 곁들이신 것이다. 이후에 노아 언약은 화평의 언약(בְּרִית שָׁלוֹם, 베리트 샬롬)이라고 명명됨으로써(사 54:9f.) 그 중요성이 다시 한번 표현되었다.

그런데 신약성경은 노아 언약에 주의를 기울이지 않는 것처럼 보인다. 신약성경은 노아를 언급하면서(마 24:37-39; 눅 17:26-27; 히 11:7; 벧전 3:20; 벧후 2:5) 어디에서도 언약에 대하여 직접적으로 말하지 않기 때문이다. 단지 한 곳에서 노아 언약의 의미가 넌지시 암시된다. 베드로전서에 의하면 노아의 가족 여덟 명은 방주에서 물로 말미암아 구원을 받았다(벧전 3:20). 노아 가족의 구원을 위한 매체가 된 물은 구원의 표로서 세례를 상징하는데, 세례는 하나님을 향한 선한 양심의 찾아감(ἐπερώτημα, 에페로테마)이다(벧전 3:21). 이 단어는 계약을 맺는 것을 가리키는 전문용어이다.[5] 다른 말로 하면 이 단어에는 언약적인 의미가 들어있다. "에페로테마(ἐπερώτημα)는 언약 책임에 대한 반응 또는 동의로 해석될 것이다."[6] 이것은 베드로전서가 세례를 노아 언약과 연결되는 것으로 생각한다는 것을 의미한다. 세례는 노아 언약을 회상시킨다는 것이다. 세례의 구약적인 유비는 노아의 언약이다(할례 이전에!). 노아가 홍수 후에 하나님과 언약을 체결한 것처럼 세례는 물로 하나님과 언약을 체결하는 것이다. "이 경우에 세례는 언약적 책임에 대한 인식으로 간주된다."[7] 이렇게 베드로전서는 세례가 언약적인 성격을 가지고 있다는 것을 노아 언약으로부터 도출하였다. 그러므로 노아 언약이 화평의 언약이라면 세례도 화평의 언약이다. 세례는 하나님과 원수 되었던 사람이 하나님의 백성이 되

---

5) Cf. Dumbrell, *Covenant and Creation*, 40.

6) D. Hill, "On Suffering and Baptism in 1 Peter", *NovT* 18 (1976), 181-189, esp. 188.

7) Dumbrell, *Covenant and Creation*, 41.

었다는 것을 보여주는 화평의 언약이다.

3) 아브라함 언약

아브라함 언약은 신약성경에서 자주 언급된다. 아브라함 언약은 무엇보다도 인류의 복과 관련이 있다("아브라함이나 그 후손에게 [τῷ σπέρματι αὐτοῦ, 토 스페르마티 아우투]) 세상의 후사가 되라고 하신 언약", 롬 4:13; 참조. 창 12:2; 18:18; 22:17f.). 아브라함 언약은 세상(κόσμος, 코스모스)을 대상으로 삼는 폭넓은 것이었다. 이것은 조금 더 분명하게 말하자면 "아브라함에게 이르기를 땅 위의 모든 족속이 너의 씨를 인하여(ἐν τῷ σπέρματι σου, 엔 토 스페르마티 수) 복을 받으리라"(행 3:25)고 하신 언약이다. 이것은 시간으로 말하자면 율법이 오기 전에 "하나님에 의해 미리 정해진 언약"(갈 3:17)으로서 결국 이방인들이 받을 복을 가리킨다(갈 3:8,14). 하나님은 이것을 성취하기 위한 방식으로 아브라함에게 할례와 관련된 약속을 주셨는데(행 7:8, "할례의 언약을 아브라함에게 주셨더니"; 참조. 창 17:9-12), 이 약속의 목적은 하나님을 경배하는 백성이 되는 것이었다(행 7:7, "이곳에서 나를 섬기리라"). 하나님께서 이 약속에 기초하여 구원을 실행하신다("우리 조상을 긍휼히 여기시며 그 거룩한 언약을 기억하셨으니 곧 우리 조상 아브라함에게 하신 맹세라 우리가 원수의 손에서 건지심을 받고"(눅 1:72f.). 그런데 아브라함 언약에는 몇 가지 매우 중요한 사상이 숨어있다.

그 가운데 첫째는 메시아에 대한 약속이다. 인류에 복을 전달할 인물은 아브라함의 후손(문자적으로는 "씨", σπέρμα, 스페르마)인데(행 3:25; 롬 4:13), 그는 그리스도를 가리킨다(갈 3:17, "이 약속들은 아브라함과 그 자손에게 말씀하신 것인데 여럿을 가리켜 네 자손들이라 하지 아니하시고 오직 한 사람을 가리켜 네 자손이라 하셨으니 곧 그리스도라"). 아브라함 언약은 명백하게 그리스도를 바라보게 하는 것이었다.[8] 아

---

8) 조병수, 『갈라디아서』 말씀풀이 9 (서울: 도서출판 가르침 2005), 142.

브라함 언약에서 그리스도는 이미 세상의 구주로 예견되었다. 그러므로 세례자 요한의 부친 사가랴는 메시아의 오심과 관련하여 아브라함의 언약을 언급했던 것이다(눅 1:69, 72f., "우리를 위하여 구원의 뿔을 그 종 다윗의 집에 일으키셨으니 ... 우리 조상을 긍휼히 여기시며 그 거룩한 언약을 기억하셨으니 곧 우리 조상 아브라함에게 하신 맹세라").[9] 그러므로 아브라함 언약은 메시아 예언이었다.

둘째로, 아브라함 언약은 아브라함의 육신적 자손의 구원 뿐 아니라 이방인의 구원을 포함하고 있다(이신칭의). 혈통적으로 아브라함의 자손은 "언약의 자손"(οἱ υἱοὶ τῆς διαθήκης, 호이 휘오이 테스 디아떼케스)이다(행 3:25). 그래서 그들에게는 언약이 있다고 선언된다(롬 9:4). 그런데 아브라함의 언약은 이방인에게도 효력이 있다. 이방인이 율법의 행위가 아니라 믿음으로 구원에 이르는 것은 아브라함 언약에 근거한다. "또 하나님이 이방인을 믿음으로 말미암아 의로 정하실 것을 성경이 미리 알고 먼저 아브라함에게 복음을 전하되(προευηγγελίσατο, 프로유엥겔리사토) 모든 이방인이 너로 말미암아 복을 받으리라 하였느니라"(갈 3:8). "이는 그리스도 예수 안에서(ἐν, 엔) 아브라함의 복이 이방인에게 미치게 하고"(갈 3:14). 아브라함 언약은 이방인을 대상으로 하며 그리스도를 통로로 한다. 이런 의미에서 아브라함 언약은 선복음(protoevangelium)이었다.

셋째로, 아브라함 언약은 신적 은혜라는 언약의 성격을 밝혀준다. 하나님께서 아브라함에게 주신 할례의 언약은 하나님께서 왕이 되어주시겠다는 분명한 관계 설정이다(행 7:8; 창 17:1-14). 무엇보다도 할례 언약에서 언약의 당사자들은 하나님과 아브라함 및 아브라함의 자손으로 나타난다. 여기에서 중요한 것은 아브라함 언약이 일방적인 언약이라는 사실이다: "하나님에 의해"(ὑπὸ τοῦ θεοῦ, 휘포 투 떼우, 갈 3:17[10]; 참조. 창 17:2, "내가"). 하나님이 언약의 주체이다(행 3:25, "하나님이 너희 조상과 더불어 세우신 언약"; 행 7:8, "[하나님이] 할례의 언약을 아브라함에게 주셨

---

9) 이 구절은 시편 105:8 또는 106:45를 연상시키며, 미가 7:20과 관련이 있다.

10) 조병수, 『갈라디아서』, 143.

더니"). 하나님과 아브라함 사이에 체결된 언약은 전적으로 하나님의 주권에 의한 것이다. 이것은 아브라함의 의지나 의견이나 노력에 따라서 이루어진 언약이 아니다. 하나님의 언약은 하나님의 주권에 의한 것이다. 따라서 언약은 은혜이다. 하나님의 언약은 아브라함의 공로를 조건으로 삼지 않는다. 사람들의 언약에서는 공로를 따지지만 하나님의 언약은 인간의 공로를 따지지 않는 하나님의 은혜이다. 이것은 마치 자녀가 아무 공로 없이 부모의 유산을 얻는 것과 같다. 언약의 조건은 하나님 앞에서 완전하라는 것이다(창 17:1). 시간적으로 볼 때 이 언약은 노아 언약과 마찬가지로 영원한 언약(בְּרִית עוֹלָם, 베리트 올람)이다(창 17:7,13). 언약의 표징은 피의 의식인 할례로 표시되었다(창 17:10). 그런데 아브라함 언약에서 가장 중요한 것은 언약의 내용이다. 그것은 하나님이 아브라함과 그 자손의 하나님이 되어주시겠다는 것이다(창 17:7,8). 하나님은 영존하시는 분이기 때문에 아브라함의 자손 대대로 하나님이 되어주실 수 있다.

4) 모세 언약

신약성경은 모세의 언약을 성격으로 보면 "첫 언약"(ἡ πρώτη διαθήκη, 헤 프로테 디아떼케)으로 간주한다(히 8:7; 9:15; 참조. 히 8:13; 9:1,18). 이것은 하나님께서 이스라엘을 이집트 땅에서 인도하여 내던 날에 그들과 맺은 언약이다(히 8:9). 여기에는 제사에 관한 여러 가지 예법들도 들어있다(히 9:1). 그래서 이것은 다르게 말하자면 제사장과 관련된 생명과 화평 언약이다. "나의 언약은 그(= 레위)와 함께 생명과 화평이 되었다"(בְּרִיתִי הָיְתָה אִתּוֹ הַחַיִּים וְהַשָּׁלוֹם, 말 2:5 직역; 참조. 민 25:12).

모세 언약이 첫 언약이라고 불리는 이유는 위에 언급한 여러 언약들과 달리 문자로 기록이 되었기 때문이다(히 9:4, "언약의 판들", ; 고후 3:7, "돌에 써서 새긴 조문"). 모세의 언약은 기록 언약이다. 이런 의미에서 사도 바울은 옛 언약(구약)과 모세의 글을 나란히 언급한다(고후 3:14f., "너희가 구약 [옛 언약]을 읽을 때에", "너희가 모세의 글을 읽을 때에"). 따라서 옛 언약은 모세의 율법을 지시하는 말이다. 그런데 사도 바울에 의하면 이것은 새 언약과 대조가 된다(고후 3:6). 그런데 조금 더 좁혀서 말하자면 모세의 글은 특히 십계명을 고려한 말처럼 보인다. 그러나 전체적으로 보면 이 언약은 시내 산 언약(출 19장 이하)을 가리킨다. 왜냐하면 사도 바울은 모세의 얼굴에 영광이 서려 수건을 쓴 사건을 지시하고 있기 때문이다(고후 3:7,13; 참조. 출 34:29-35). 다시 말하자면 여기에서 사도 바울은 시내 산 언약을 염두에 두고 있는 것이 분명하다.

시내 산 언약이 체결되는 상황(출 19:3-6)을 살펴보면 다음과 같은 대전제로 시작되는 것을 발견할 수 있다. "너희가 내 말을 잘 듣고 내 언약을 지키면 세계가 다 내게 속하였나니 너희는 모든 민족 중에서 내 소유가 되겠고 너희가 내게 대하여 제사장 나라가 되며 거룩한 백성이 되리라"(출 19:5f.). 여기에 약속된 것은 언약준수로 말미암아 이스라엘이 하나님의 소유, 제사장 나라, 거룩한 백성이 될 것이라는 내용이다. 이것은 신약시대에서 완성된다(벧전 2:9f. 참조).

모세 언약은 내용으로 보면 사실상 하나님께서 출애굽을 앞두고 모세를 통하여 이스라엘 백성에게 말씀하셨던 내용을 반복적으로 확인하는 것에 지나지 않는다(출 6:2-9). "너희를 내 백성으로 삼고 나는 너희의 하나님이 되리라"(출 6:7). 여기에 분명하게 언약의 내용이 표현되어 있다. 이것은 모세 언약의 요점으로서 신약성경에서 매우 중요한 것으로 부각된다(히 8:10, "나는 그들에게 하나님이 되고 그들은 내게 백성이 되리라"). 하나님의 언약은 두 가지 내용을 담고 있다. 첫째로 하나님이 이스라엘의 하나님이 되신다는 것이다. 이것은 다시 말하면 하나님께서 이스라엘의 왕이 되신다는 의미이다. 왕이신 하나님께는 언약을 통하여 이스라엘 백성을 향한 심정과 의무를 가진다. 이스라엘을 향한 하나님의 의무는 하나님께서 왕으로서 이스라엘 백성을 사랑하고 보호하는 것이다. 이스라엘을 향한 하나님의 심정은 이스라엘에 대한 기쁨과 만족이다. 둘째로 이스라엘이 하나님의 백성이 된다는 것이다. 백성인 이스라엘은 언약을 통하여 하나님을 향한 의무와 심정을 가진다. 하나님을 향한 이스라엘의 의무는 이스라엘이 백성으로서 하나님을 신뢰하고 경배하는 것이다. 하나님으로부터 받는 이스라엘의 심정은 안전과 평안이다.

그런데 모세 언약의 전제는 아브라함 언약이다. "내가 … 그들과 언약하였더니 … 나의 언약을 기억하노라"(출 6:4f.; 참조. 레 26:42,45). 언약과 관련하여 하나님은 족장 시대에는 약속하셨고 모세 시대에는 성취하셨다. 하나님은 족장들의 언약을 모세 언약으로 성취하신 것이다. 하나님은 언약과 관련하여 족장시대에는 약속하시는 하나님이었고, 모세 시대에는 성취하시는 하나님이었다. 하나님은 언약을 기억하셨다. 하나님은 그의 백성과 맺으신 언약을 기억하시는 분이시다. 이것은 이미 하나님께서 노아 언약에서 제시하셨던 사실이다. "내가 구름으로 땅을 덮을 때에 무지개가 구름 속에 나타나면 내가 너희와 및 혈기 있는 모든 생물 사이의 내 언약을 기억하리니 다시는 물이 모든 혈기 있는 자를 멸하는 홍수가 되지 아니할지라 무지개가 구름사이에 있으리니 내가 보고 나 하나님과 땅의 무릇 혈기 있는 모든 생물 사이에 된 영원한 언약을 기억하리라"(창 9:15-16). 하나님은 약속하신 것을 반드시 이루신다. 하나님은 약속을 성취하시는 신실한 하나님이시다.

모세 언약의 중점은 이스라엘의 신분확인에 있다. 하나님께서 언약을 기억하시는 이스라엘 백성은 어떤 상황에 있었는가? 이스라엘 백성은 이집트 사람의 종이라는 신분에 처해 있었다. 이집트 사람은 이스라엘 백성을 종으로 삼았다(출 6:5). 이스라엘 백성은 정상적인 상태에 있지 못하였다. 그들은 이집트에 거주하는 동안 사람 취급을 받지 못하였다. 하나님의 언약백성이 세상에서 가장 비참한 수준에 놓이게 되었다. 이스라엘은 이집트사람의 무거운 짐 아래 놓여 있었다(출 6:6,7). 이런 비참한 상태에서 이스라엘 백성은 조금의 즐거움도 얻지 못하였다. 이스라엘은 이런 비참한 자리에서 고난이 지나쳐 고통의 신음을 발하였다(출 6:5). 이런 상황에서 하나님은 족장들의 언약에 기초하여 모세 언약을 세우시면서 이스라엘에게 하나님의 소유, 제사장 나라, 거룩한 백성이 될 것을 약속하신 것이다.

모세의 언약으로 확인된 것은 하나님이 이스라엘의 왕이며 이스라엘은 하나님의 백성이라는 사실이다.

5) 다윗 언약

신약성경에는 다윗 언약이 용어로 명시되지는 않았다. 그러나 신약성경은 다윗 언약을 알고 있다는 증거를 여러 모로 많이 제시한다.

무엇보다도 다윗 언약은 메시아 언약이다. 다윗 언약은 신약성경에서 메시아와 관련해서 고려된다. 예수님의 탄생에 관해서 천사가 마리아에게 전달한 내용은 이것을 충분하게 증명한다. "주 하나님께서 그 조상 다윗의 왕위를 그(= 예수님)에게 주시리니 영원히 야곱의 집을 왕으로 다스릴 것이며 그 나라가 무궁하리라"(눅 1:32-33). 이것은 하나님께서 다윗에게 주신 언약의 일부가 성취된 것이다. "내가 네 몸에서 날 네 씨(זֶרַע)를 네 뒤에 세워 그의 나라를 견고하게 하리라 … 나는 그의 나라 왕위를 영원히 견고하게 하리라"(삼하 7:12-13). 다윗은 하나님께서 자신의 집을 위하여 세우신 언약을 영원한 언약이라고 불렀다. "내 집이 하나님 앞에 이 같지 아니하냐 하나님이 나와 더불어 영원한 언약(בְּרִית עוֹלָם)을 세우사 만사에 구비하고 견고하게 하셨으니 마의 모든 구원과 나의 모든 소원을 어찌 이루지 아니하시랴"(삼하 23:5). 다윗 언약에 따라서 예수님은 다윗의 자손으로 오셨다(마 1:1). "다윗을 왕으로 세우시고 증거하여 가라사대 내가 이새의 아들을 다윗을 만나니 내가 마음에 합한 사람이라 내 뜻을 다 이루게 하리라 하시더니 하나님이 약속하신 대로 이 사람의 씨(σπέρμα)에서 이스라엘을 위하여 구주를 세우셨으니 곧 예수라"(행 13:22-23). 그런데 메시아에 대한 다윗 언약은 이사야 선지자에 의하여 예언되었고(사 59:20f.), 사도 바울에 의하여 확증되었다(롬 11:26f., "구원자가 시온에서 오사 야곱에게 경건치 않은 것을 돌이키시겠고 내가 저희 죄를 없이 할 때에 저희에게 이루어질 내 언약이 이것이라").

또한 신약성경은 다윗 언약을 이스라엘 언약으로 이해한다. 다윗 언약에 메시아 약속과 더불어 하나님과 이스라엘의 관계에 대한 내용이 들어있는 것으로 간주된다. 조금 더 정확하게 말하자면 신약성경은 다윗 언약은 메시아 약속과 하나님 백성 개념을 결합시킨다. 이것은 세례자 요한의 부친 사가랴의 노래에서 분명하게 입증된다. "찬송하리로다 주 이스라엘의 하나님이여 그 백성을 돌보사 속량하시며 우리를 위하여 구원의 뿔을 그 종 다윗의 집에 일으키셨으니"(눅 1:68-69). 하나님께서 다윗의 집에 메시아를 일으키신 것은 결국 그 백성을 돌보시며 속량하시기 위함이었던 것이다. 하나님은 다윗 언약을 성취하심으로써 하나님과 백성의 관계를 단단하게 결합시키셨다. 하나님은 그들에게 하나님이 되시고, 그들은 하나님에게 백성이 된다. 이것은 다윗 언약의 성취이다. "나는 그 아비가 되고 그는 내 아들이 되리니"(삼하 7:14). 이런 의미에서 다윗 언약은 모세 언약의 연장이다. 이 사상은 이후에도 선지자들에게서 다시 나타나면서 화평의 언약(בְּרִית שָׁלוֹם) 또는 영원한 언약(בְּרִית עוֹלָם)이라고 불린다(겔 34:23f.; 37:26f.).

나아가서 신약성경은 다윗 언약을 이방인 언약으로 소개한다. 하나님 백성을 위한 다윗 언약은 또한 이방인의 구원과 관련되는 것으로 이해된다. 사도 회의에서 야고보는 아모스의 예언을 따라 다윗의 무너진 장막을 다시 짓는 것은 이방인의 구원과 직결된다는 것을 명시하였다.[11] "이후에 내가 돌아와서 다윗의 무너진 장막을 다시 지으며 또 그 허물어진 것을 다시 지어 일으키리니 이는 그 남은 사람들과 내 이름으로 일컬음을 받는 모든 이방인들로 주를 찾게 하려 함이라"(행 15:16-17; 참조. 암 9:11-12). 신약성경에 의하면 다윗 언약은 종말사건을 지향하면서 "남은 사람들"(하나님의 백성) 뿐 아니라 "모든 이방인들"의 구원을 예시하는 것이었다. 이런 의미에서 다윗 언약은 종말적 언약이라고 볼 수 있다.

---

11) B. R. Moulton, *The Use of the Davidic Covenant in Acts 15*. A Dissertation Presented to the Faculty of the Department of Bible Exposition Dallas Theological Seminary, 1999는 점진적 세대주의(progressive dispensationalism)를 반대하고 고전적인 세대주의(classic dispensationalism)을 주장하기 위해서 쓴 박사학위논문이기는 하지만 어쨌든 야고보의 아모스 인용에 나타난 이방인 구원 사상을 적절하게 보여준다(213-254).

6) 예레미야의 새언약 예언 (렘 31:31-34)

하나님께서 모세에게 확증하신 아브라함 언약은 역사 대대로 이스라엘 백성에 의하여 파기되었다. 히브리서는 예레미야 선지자를 인용하면서 이 사실을 분명하게 지적하였다. "그들은 내 언약 안에 머물러 있지 아니하므로 내가 그들을 돌보지 아니하였노라"(히 8:9). 예레미야 선지자의 말대로 하자면 다음과 같다: "내가 그들의 남편이 되었어도 그들이 내 언약을 파하였음이니라"(렘 31:32; 참조. 겔 16:59). 언약은 두 당사자 사이의 동의이므로 각 당사자는 서로 간에 동의한 조항에 따라서 행동해야 할 의무 아래 있다. 이 때문에 어떤 쪽에서든지 한 당사자가 약속한 조항을 지키지 않으면 언약은 자동적으로 파기된다. 하나님과 이스라엘 사이의 언약에서도 언약의 당사자인 이스라엘이 조항을 지키지 않음으로써 언약은 깨지고 말았다.

이 때문에 히브리서는 하나님께서 예레미야 선지자를 통하여 새 언약을 주시겠다고 말씀하신 것을 상기시킨다(히 8:8-12; 렘 31:31-34). 히브리서가 예레미야를 통하여 이해한 새 언약이란 무엇인가? 새 언약은 언약의 당사자인 이스라엘의 마음을 치료하는 것이다.[12] 그것은 하나님의 법을 이스라엘 백성의 생각에 두는 것이며 그들의 마음에 기록하는 것이다(히 8:10; 렘 31:33). 다시 말하자면 하나님께서 그들의 죄를 용서하시는 것이다. "내가 그들의 불의를 긍휼히 여기고 그들의 죄를 다시 기억하지 아니하리라"(히 8:12; 렘 31:34). 새 언약은 언약을 파괴한 백성의 죄악을 용서하는 것이다. "내가 그들의 죄를 없이 할 때에 그들에게 이루어질 내 언약이 이것이라"(롬 11:27; 사 59:21). 이사야 선지자에 의하면 이 언약은 성령과 말씀으로 실현될 것이다(사 59:21).

따라서 새 언약이란 언약의 내용을 변경하는 것이 아니라 언약의 대상을 치료하는 것을 의미한다. 실제로 언약의 내용에는 변화가 없다. 히브리서는 하나님께

---

12) 조병수, 『히브리서 신학』 (수원: 합신대학원출판부, 2007, 개정판 2012), 43-44.

서 예레미야 선지자를 통해 주시는 새 언약의 내용이 아브라함과 모세에게 주셨던 옛 언약의 내용과 다를 바가 없다는 것을 알고 있었다. 옛 언약의 내용과 새 언약의 내용은 동일하다. "나는 그들에게 하나님의 되고 그들은 내게 백성이 되리라"(히 8:10; 렘 31:33). 이와 같은 내용은 이미 모세를 통하여 주어진 옛 언약에도 언급되었다(참조. 출 6:7; 레 26:12). 또한 모세의 언약은 아브라함이 받은 언약에 뿌리를 두고 있다("나는 그들 [= 아브라함의 자손]의 하나님이 되리라", 창 17:1-8, 특히 8절).

7) 새 언약의 중보자(예수 그리스도)

그런데 하나님께서 예레미야를 통해 말씀하신 새 언약은 그 당시에 이루어지지 않았다. 왜냐하면 언약의 당사자인 이스라엘은 멸망하기까지 계속해서 마음에 변화가 없었기 때문이다. 이스라엘 백성은 하나님 대신에 이방신과 우상신을 섬겼다. 남쪽 유다는 하나님 대신에 이집트나 앗시리아 같은 이방나라를 의지했고, 북쪽 이스라엘은 하나님 대신에 금송아지를 섬겼다. 이렇게 해서 하나님과 백성 사이에 계속해서 언약이 깨지고 말았다. 하나님이 언약을 깨뜨린 것이 아니라 백성이 깨뜨린 것이다. 그래서 언약에 어떤 변화가 필요하였다. 이런 식으로 약속관계가 계속되어서는 안 될 상황에 이르렀다. 백성이 언약을 잘 깨뜨리기 때문에 그들을 믿을 수가 없으므로, 언약을 깨뜨리는 백성을 대신하여 책임질 보증인이 필요하였다. 이 때문에 예수님은 언약의 중보자로 등장하셨다. "이와 같이 예수는 더 좋은 언약의 보증(ἔγγυος, 엥귀오스)이 되셨느니라"(히 7:22). "그는 더 좋은 약속으로 세우신 더 좋은 언약의 중보자(μεσίτης, 메시테스)시라"(히 8:6). 이렇게 해서 언약에 변화가 생겼다. 언약의 내용이 달라진 것이 아니라 언약의 방식이 달라졌다. 보증인이 나서게 되었다는 것이다. 이것은 새 언약을 이루기 위하여 마지막에 도입된 특단의 조치였다.

하나님과 백성 사이에 맺어진 언약은 하나님 때문이 아니라 백성 때문에 자주 깨어진다. 그래서 하나님의 아들이신 예수님은 이 언약에 보증인이 되셨다(히 7:22; 8:6). 예수님이 보증인이 되셔서 하나님의 진노를 가라앉히게 되었다. 그래서 이제 이 언약은 더 좋은 언약 또는 새 언약이라고 불린다(히 8:8,13). 이것은 이미 예레미야 선지자가 약속했던 것이다(렘 33:31-34). 더 좋은 언약 또는 새 언약이라는 명칭은 언약에 변화가 생겼기 때문이다. 언약의 변화는 언약의 내용에 변화가 아니라 언약의 방식에 변화이다. 언약의 내용은 언제나 동일하다. "나는 그들에게 하나님이 되고 그들은 내게 백성이 되리라"(히 8:10). 하나님은 아버지가 되고 우리는 자녀가 된다. 하나님은 왕이 되고 우리는 백성이 된다.

여기에서 중요한 것은 전에는 언약에 하나님과 백성만이 당사자였는데, 이제는 예수님이 보증인으로 등장(개입)하셨다는 사실이다. 그래서 이것은 더 좋은 언약이며 새 언약이다. 예수님이 백성을 대신해서 하나님께 언약을 책임진다. 하나님께서 자주 언약을 깨뜨리는 백성을 용납하시는 까닭은 언약의 보증과 중보자이신 예수님 때문이다. 그런데 하나님께서 구약성도들에게처럼 그렇게 진노를 내리시는 것처럼 보이지 않는다. 그 까닭은 신약성도들이 구약성도들보다 더 낫기 때문이 아니다. 하나님께서는 언약의 보증과 중보자이신 예수님을 보시고 백성을 받아들인다. 하나님께서 언약을 지키시는 것은 백성 때문이 아니라 예수님 때문이다. 백성이 언약을 지키지 않아도 하나님께서 참는 것은 예수님이 보증하시기 때문이다.

그러면 예수님은 하나님과 백성 사이에 어떤 방식으로 보증과 중보자가 되셨는가? 예수님은 자기의 피로 언약의 보증과 중보자가 되셨다(히 9:12,14; 10:19; 13:12). 예수님은 우리의 죄를 대신해서 십자가에서 피를 흘려 죽으셨다. 그래서 이것은 언약의 피라고 일컬어진다(히 9:20 [출 24:8]; 10:29; 13:20). 언약의 피 사상은 멀리는 모세(출 24:8)와 스가랴 선지자(슥 9:11)에게 기초하고 있으며, 가깝게는 예수님의 마지막 만찬에 기초하고 있다. 예수님은 마지막 만찬에서 대속적인 죽음을 위하여 흘리는 피를 가리켜 언약의 피라고 불렀다(마 26:28; 막 14:24). 예수님은 이것을 새 언약으로 이해했다(눅 22:20; 고전 11:25). 예수님의 죽음은 언약을 성취하는 방식에 변화를 일으켰다는 점에서 새 언약을 의미한다. 예수님의 언약의 피로 실현된 새 언약은 하나님의 나라를 바라보게 하는 것이었다. "그러나 내가 너희에게 이르노니 내가 포도나무에서 난 것을 이제부터 내 아버지의 나라에서 새것으로 너희와 함께 마시는 날까지 마시지 아니하리라 하시니라"(마 26:29; 막 14:25와 눅 22:18에서는 "하나님 나라"). 예수님이 흘리는 언약의 피가 하나님 나라와 연관된다는 점에서 새 언약은 옛 언약과 내용에 있어서 차이가 없다는 사실이 드러난다. 옛 언약은 하나님이 왕이 되시며 이스라엘이 백성이 된다는 요점을 가지고 있었다. 이것은 그 자체로 하나님 나라의 기본골격을 보여주는 것이었다. 예수님의 언약의 피로 실현된 새 언약이 하나님 나라와 관련된 것이라면, 거기에도 하나님의 왕 되심과 신자의 백성 됨이 요점을 이룬다. 그러므로 예수님의 새 언약은 방식에 있어서는 변화가 있지만 내용에 있어서는 변화가 없다.

마치 땅에 있는 성소에 언약의 법궤가 있었듯이(히 9:4), 하늘에 있는 성전에도 언약의 법궤가 있다(계 11:19). 이것은 언약이 영원히 존재하며 효력을 발휘한다는 것을 의미한다. 게다가 언약의 내용에는 마지막까지 변화가 없다. "나는 그의 하나님이 되고 그는 내 아들이 되리라"(계 21:7; 참조. 21:3). 이런 점에서 볼 때 옛 언약은 이미 종말론적인 성격을 지니고 있었다고 말해도 과언이 아니다.

예수님은 백성을 위해서 하나님께 언약의 보증과 중보자가 되셨다. 예수님은 언약의 중보자가 되심으로써 언약의 당사자인 하나님과 백성 사이에 화평이 이루어졌다(참조. 엡 2:14). 이런 의미에서 예수님의 언약의 피로 이루어진 새 언약은 화평의 언약이었던 노아 언약(사 54:9f.), 모세 언약(민 25:12; 말 2:5), 다윗 언약(겔 34:25; 37:26)의 성취라고 부를 수 있다. 또한 예수님은 죽을 수밖에 없는 인간들을 위해서 십자가 위에서 자기의 피를 흘리시고 자기의 살을 찢으심으로 말미암아 하나님께서 심판을 하지 않도록 보증이 되셨다. 예수님의 피는 언약을 위한 가장 확실한 보증이다. 그러나 다른 한편으로 생각해보면 이것은 가장 "어리석은"($\mu\omega\rho\acute{o}\varsigma$, 모로스) 보증이다.[13] 하나님과의 약속을 밥 먹듯이 깨뜨리는 백성을 위하여 예수님이 하나님께 보증이 되신 것은 정말 어리석은 일이다. 예수님이 백성을 위한 보증이 되기 위해서 피와 살을 내주신 것은 어리석은 일이다. 유한하고 일시적인 인간을 위하여 무한하고 영원하신 예수님이 보증이 되신 것이기 때문이다. 부정하고 불결한 사람을 위해서 깨끗하고 순결하신 예수께서 보증이 되신 것은 어리석은 일이다. 먼지보다도 못한 인간을 위하여 하늘보다 높으신 자가 보증되신 것은 어리석은 일이다. 벌레와 같은 존재인 사람을 위하여 하나님의 아들이 보증이 되신 것은 어리석은 일이다.

그러나 예수님 스스로 이런 어리석은 보증인이 되셨다. 우리의 구원은 이렇게 놀라운 것이다. 우리의 구원은 예수님이 어리석은 보증이 되어주심으로써 너무나도 안전하며 확실하다. 비록 우리가 연약해서 자주 넘어지고 실패하고 좌절해도 우리의 구원은 안전하고 확실하다. 영원하시며 순결하신 예수님이 우리의 구원을 위한 보장이시기 때문이다. "자기를 힘입어 하나님께 나아가는 자들을 온전히 구원하실 수 있느니라"(히 7:25). "그가 자기를 순종하는 모든 자에게 영원한 구원의 근원이 되셨느니라"(히 5:9).

2. 언약의 삶

하나님과 백성 사이에 맺어진 언약에서 백성에게 요구되는 의무는 언약의인 삶이다. 언약의 삶은 대신관계와 대인관계로 구성된다.

---

13) "어리석음"($\mu\omega\rho\acute{\iota}\alpha$, 모리아)에 대한 신학은 무엇보다도 사도 바울에게서 발견된다. 비록 문맥은 다르지만 가장 먼저 사도 바울이 하나님께 이 단어를 사용했다(고전 2:19-25).

1) 조화와 순위

언약 백성의 대신관계와 대인관계에서 조화와 순위가 중요하다.

(1) 조화

첫째로, 언약의 삶에서 대신관계와 대인관계는 조화를 이룬다. 언약의 삶은 하나님에 대한 삶만이거나 사람에 대한 삶만이 아니다. 만일 그렇다면 언약의 삶은 균형을 잃고 말 것이다. 언약의 삶에는 하나님에 대한 삶과 사람에 대한 삶이 항상 같이 간다(마 22:37-39; 막 12:29-31; 눅 10:27). 그래서 언약의 삶에서 하나님만 강조해도 안 되고, 사람만 강조해도 안 된다. 하나님을 강조하다가 사람을 간과하는 것도 옳지 않으며, 사람을 강조하다가 하나님을 간과하는 것도 옳지 않다. 사람 없이 하나님만 내세우면 신비주의가 되고, 하나님 없이 사람만 내세우면 세속주의가 된다. 이것은 둘 다 잘못이다. 그래서 언약의 삶은 하나님도 강조하며 사람도 강조한다. 언약의 삶에서 하나님만큼 사람에 대한 관계가 중요하고, 사람만큼 하나님에 대한 관계가 중요하다. 이렇게 언약의 삶은 하나님에 대한 신앙과 사람에 대한 사랑을 조화시킨다. 언약 백성은 이와 같은 언약의 삶으로 종교와 사회에 균형을 잡는다. 언약 백성에게 종교와 사회는 서로 아무런 관계가 없는 별개의 사안이 아니다. 언약 백성에게는 이 두 가지가 항상 조화를 이룬다. 하나님을 잘 신앙하기에 사람을 잘 사랑하고, 사람을 잘 사랑하는 것처럼 하나님을 잘 신앙한다. 이것이 예수님의 교훈이며("이 두 계명이 온 율법과 선지자의 강령이니라," 마 22:40) 또한 사도 바울의 교훈이다(롬 13:8-10; 갈 5:14).

(2) 순위

그러나 언약의 삶에서 하나님에 대한 삶과 사람에 대한 삶은 반드시 논리적 순위를 지킨다. 이 두 내용이 조화를 이룬다고 해서 아무렇게나 순위를 이루는 것이 아니다. 이 두 내용은 조화 중에도 순위가 있다. 이 두 가지 내용에는 반드시 논리적 선후가 있다. 하나님에 대한 삶이 앞서고, 사람에 대한 삶이 뒤선다(마 22:38-39; 막 12:29,31; 눅 10:27). 언약의 삶에서 앞뒤의 순서가 결코 흐트러지지 않는다. 이것은 하나님과의 관계가 잘 정립되어야 사람과의 관계도 잘 정립된다는 사실을 보여준다. 하나님으로부터 사람의 문제가 해결된다. 하나님을 잘 신앙해야 사람을 잘 사랑하는 것이 가능하다. 하나님을 신앙하는 것은 사람을 사랑하는 것에 대한 기준이 된다. 언약 백성에게 종교는 언제나 윤리적 종교이다. 그래서 하나님에 대한 신앙이 사람에 대한 사랑보다 항상 우선한다. 언약 백성은 하나님에 대한 신앙으로 사람을 사랑하는 자의 모습을 정리한다. 또한 언약 백성은 사람을 사랑함으로써 하나님을 신앙하는 것을 증명한다. 언약 백성에게 윤리는 언제나 종교적 윤리이다. 그래서 사람에 대한 사랑은 하나님에 대한 신앙보다 항상 차선한다. 언약 백성은 사람에 대한 사랑으로 하나님을 믿는 자의 모습을 보인다(마 5:16; 벧전 2:9).

이와 같은 논리적 순위는 하나님을 알아야 사람을 안다는 것을 교훈한다. 하나님을 알지 못하면 사람을 알 수가 없다. 하나님에 대한 지식에서 사람의 정체가 드러난다. 따라서 신 인식이 인간 인식보다 앞서야 한다. 하나님 앞에 설 때 비로소 인간이 발견되기 때문이다. 인간은 언제나 타락하는 존재이다. 인간은 눈에 보이지 않는 것보다는 눈에 보이는 것을 좋아하고, 만져지지 않는 것보다는 만져지는 것을 좋아한다. 인간은 남보다는 나를 중히 여기고, 나를 위해서 남을 해치는 존재이다. 인간은 스스로는 물질과 자기에 갇힌 존재이다. 그러므로 인간은 스스로 자신의 정체를 파악하지 못하며, 스스로 자기의 정체로부터 탈출하지 못한다. 하나님을 앞에 두고 사람을 뒤에 두는 순위는 바로 이런 인간의 정신을 깨뜨린다. 인간은 오직 하나님을 알 때 자신을 알 수 있다는 것이다.

2) 대신관계와 대인관계

언약 백성은 하나님과 사람에게 다음과 같은 관계를 유지한다.

(1) 대신관계

언약의 삶에서 가장 먼저 관심을 기울여야 할 것은 언약 백성의 대신관계이다. 하나님은 언약으로 자신을 최대한 분명하게 표현하신다. 하나님은 가능한 한 명확하게 자신을 드러내신다. 이렇게 하여 하나님은 언약 백성이 하나님을 최고로 존중할 것을 요청하신다. 하나님에 대한 언약의 요점은 하나님을 존중하라는 것이다. 하나님께서 이처럼 강력하고 뚜렷하게 자신을 표현하는 이유는 단순히 배타성이나 편집성 때문이 아니다. 오히려 하나님의 분명하고 확실한 자기표현은 언약 백성을 유익하게 하고 풍성하게 만들기 위함이다. 하나님을 최대한 존중할 때 언약 백성은 최대한 은혜를 얻는다. 언약 백성을 향한 유익성과 포괄성이 하나님의 자기표현을 위한 이유이다. 언약 백성은 하나님과 수직적인 관계를 형성할 때 가장 복이 있다(약 4:8; 참조. 신 33:29; 시 73:28). 언약 백성에게 하나님이 표준이다. 그러므로 하나님이 자신을 분명하게 표현하실수록 언약 백성에게 유익하다. 반대로 하나님이 얼굴을 감추시면 언약 백성은 위험해진다. 그래서 언약 백성은 하나님의 나라와 그 의를 구하기에 힘써야 한다(마 6:33).

(2) 대인관계

하나님은 언약 백성에게 사회적인 자세를 최대한 고무시키신다. 이렇게 하여 하나님은 하나님의 백성에게 이웃을 최대한 존중할 것을 요구하신다. 사람을 존중히 여기는 것이 언약 백성의 중대한 의무이다. 하나님께서는 언약 백성에게 하나님의 형상으로 창조된 인간(이웃)을 존중하라고 요청하신다(약 3:9). 창조주 하나님을 존중한다면 하나님의 형상으로 창조된 인간도 존중해야 한다. 이때 가족과 이웃에 안정과 번영이 형성된다. 하나님은 언약 백성에게 이웃관계를 적극적으로 실천할 것을 요구하신다(마 22:39; 막 12:31,33; 눅 10:27). 그것은 이웃을 배려하고 보호하고 유익하게 하라는 것이다.

하나님은 언약 백성에게 언약의 삶을 요구하신다. 언약의 삶은 언약 백성이 하나님께 이행해야 하는 의무이다. 언약의 삶을 수행하는 것은 언약 백성의 영광이다. 언약의 삶은 언약 백성의 영광을 드러낸다. 언약 백성은 언약의 삶을 지킴으로써 가장 신앙적인 백성이며 가장 사회적인 백성인 것을 표시한다. 따라서 언약적 삶의 실천은 언약 백성의 존귀함을 드러낸다. 언약의 삶의 실천을 통해서 언약 백성은 세상에서 가장 존귀한 법을 가진 백성이라는 신분을 입증한다.

언약 백성은 언약의 삶을 실행할 때 존귀하다. 이렇게 하여 하나님을 자랑하게 되고, 하나님의 나라를 자랑하게 되고, 하나님 백성의 신분을 자랑하게 된다(벧전 2:9). 언약의 삶을 실행함으로써 언약 백성은 하나님을 왕으로 모시고 산다는 것을 보여준다. 언약의 삶을 실행할 때 언약 백성은 하나님이 자신의 하나님 되신다는 것을 입증한다. 그러므로 언약적 삶의 실행은 하나님이 언약 백성의 왕이시며, 언약 백성은 하나님의 백성인 것을 드러내는 지표이다.

제6부

―

교회

제1장
교회의 본질

　신약성경은 교회를 삼위일체와 관련해서 설명한다. 교회는 삼위일체적 교회이다. 교회는 삼위일체 하나님에게서 기원한다. 교회는 "하나님의 교회"(고전 1:2; 10:32; 11:22; 15:9; 고후 1:1; 갈 1:13; 살전 2:14; 딤전 3:5,15)이다. 여기에서 교회의 본질과 사명이 형성된다. 교회는 하나님을 아버지로 섬긴다. 하나님은 교회의 유일한 아버지이시다(보살핌). 언약관계에서 하나님은 교회의 아버지이시고 교회는 자녀이다. 하나님은 예수님의 피로 교회를 사셨고(행 20:28) 은혜로 교회를 백성으로 삼으셨다(벧전 2:10). 그래서 교회는 은혜의 기관이다. 예수님은 교회의 머리이시다(통치, 지도). 그리스도는 교회의 머리이시고(엡 1:22; 골 1:18) 교회는 그의 몸이다(연합). 예수님은 자기의 피로 교회를 사셨다(엡 1:7; 히 9:12,14; 벧전 1:18,19; 요일 1:7; 계 5:9). 교회에는 성령님의 능력이 임한다. 성령님은 교회의 보혜사이시고 교회는 그의 수혜자이다. 성령님은 교회의 영이시다(계 2:7 등등). 교회는 성령님의 전이다(고전 3:16). 성령님은 사역자들을 세워 하나님이 피로 사신 교회를 목양하게 한다(행 20:28). 성령님은 교회가 사명을 감당할 수 있도록 은사를 주신다. 그래서 교회는 성령 공동체이며, 은사 공동체이며, 능력 공동체이다.

　삼위일체적 교회는 하나님, 성도, 세상이라는 세 가지 관계에서 이해된다. 이것은 믿음, 사랑, 소망의 관계이다(고전 13:13; 골 1:4-5; 살전 1:3). 이때 주목해야 할 것은 이 세 가지 관계는 삼위일체 관계에서처럼 구분과 비분리라는 사실이다. 삼위일체는 삼위이기 때문에 구분되지만 일체이기 때문에 분리되지 않는 것처럼, 교회는 하나님, 성도들, 세상과의 관계에서 구분과 비분리의 관계를 가진다.

1. 하나님과의 관계

교회에서 가장 중요한 관계는 삼위일체 하나님과의 관계이다. 이것은 영적 수직적 관계이면서 교회를 믿음의 공동체로 드러낸다. 교회의 기원은 하나님이시기에 살아계신 하나님의 집이라고 불린다(딤전 3:15). 하나님에 대한 교회의 관계는 예배로 실천된다. 하나님과의 관계에서 가장 중요한 것은 예배이다. 교회는 예배 공동체이다. 예배에는 드림의 의미만 아니라 받음의 의미가 있다. 예배는 하나님께 내어드림이면서 동시에 하나님에게서 받아들임이다. 드림에는 기도와 찬송과 예물 같은 물질적 드림과 영적 드림이 있다. 받음에는 말씀과 성례와 권징이 있다. 특히 말씀에는 해석이 필요하다. 성경해석에는 신학노선과 지식이 전제된다("누구에게서 배운 것을 알며", 딤후 3:14). 그래서 신학교육을 전문으로 받은 목사가 필요하다. 이런 점에서 교회는 진리의 기둥과 터라고 불린다(딤전 3:15). 교회가 없으면 진리가 서지 못하고 진리를 펴지 못한다. 교회는 진리의 공동체이다. 교회는 진리 공동체로서 하나님처럼 거룩하기를 추구하는 거룩한 공동체이다(벧전 1:15-16).

2. 성도와의 관계

교회는 내적 관계를 가진다. 이것은 성도 사이의 교제라는 수평적 관계이다. 교회는 성도의 교회이며 신자의 교회이다. 이런 점에서 교회는 사랑의 공동체라고 불린다. 성도와의 관계에서 중요한 것은 교제이다. 교회는 그리스도의 몸이며 성도들은 지체이다(롬 12:4-5; 고전 12:12,27). 교회에서 성도들은 존재/신분의 가치는 같으나 활동의 방식이 다르다. 그래서 교회 안에서 존재/신분의 차등화를 시도하는 것도 잘못이고 활동의 단일화를 추구하는 것도 잘못이다. 교회의 교제는 세워줌(고전 12:25; 골 1:28), 연합(빌 2:1-4), 사랑 실현(롬 12:9-10), 봉사/구제(롬 12:13), 헌신(빌 2:30) 등으로 이루어진다. 이때 식탁교제가 매우 중요하다. 식탁교제는 두 가지 차원으로 실행된다. 하나는 성찬으로("주님의 식탁", 고전 10:21) 예수님의 몸에 참여함과 성도의 하나 됨을 표현한다(고전 10:16-17). 다른 하나는 "애찬"(ἀγάπη, 아가페)으로(유 12) 성도의 사랑을 나눈다. 이와 같은 사랑의 관계를 원활하게 하도록 장로와 집사라는 두 직원을 세운다(빌 1:1). 장로는 교회의 대표로서(행 20:17) 신앙과 사랑과 헌신의 모범을 보이며(딛 1:5-6), 집사는 교회의 경제를 담당하여(딤전 3:8-10) 대내적 안정을 꾀하고 대외적 구제를 시행한다. 교회는 교제를 나눔으로써 강하고 존귀하다.

3. 세상과의 관계

교회는 세상에 대하여 외향적 적극적 태도를 가진다. 교회는 세상에 존재하며 세상을 대상으로 삼는 관통적 관계이다. 교회는 세상의 빛과 소금이므로(마 5:13-

14) 세상에 소망을 주는 공동체이다. 교회와 세상은 변증법적 관계에 놓인다. 세상은 교회를 미워하고(요 17:14), 교회는 세상을 사랑하지 않는다(요일 2:15). 세상에게 교회를 미워하도록 조장하는 것은 악한 영적 존재들이다. 그것들은 온갖 악영향을 끼치는데, 거짓 그리스도와 선지자와 교사를 일으켜 복음(진리)를 변질시키고, 악덕과 세속화를 부추겨 생활(윤리)를 부패시키고, 폭력과 혼란을 야기하여 질서(규범)을 파괴한다. 따라서 교회는 교회를 파괴하려는 영적 존재들과 전투를 벌이며 마침내 지옥(음부)의 권세에 승리한다(마 16:18). 교회는 세상에게 영향 받지 않도록 멀리하지만, 세상에게 영향을 주기 위해서 가까이한다. 그래서 교회는 세상과 구분되지만 분리되지는 않는다. 세상에 영향을 주는 것은 전도와 생활이다. 교회는 전도 공동체이다. 예수님은 교회를 세상에 보낸다(요 17:18). 또한 교회는 세상에 섬김과 나눔을 표현한다. 전도는 영적 나눔이며, 구제는 물질적 나눔이다. 교회는 이런 삶으로 세상을 변화시키기 때문에 영광스런 공동체이다.

제2장

신앙고백

　　신약성경에서 신앙고백(*ὁμολογία*, 호몰로기아)은 매우 중요하다. 호몰로기아란 "공통된 고백"(*ὁμολογία* = *ὁμο-*("same") + *λογία*("word"))을 의미한다. 이 말은 신약성경에서 여섯 번 나온다(고후 9:13; 딤전 6:12,13; 히 3:1; 4:14; 10:23). 사도 바울은 신자들이 그리스도의 복음에 대하여 신앙고백을 하면서 복종하는 것을 보고 하나님께 영광을 돌렸다(고후 9:13). 왜냐하면 신자들이 선한 신앙고백을 말하는 것은 영생을 얻는 효과를 가져다주기 때문이다(딤전 6:12). 그런데 신자들의 신앙고백은 사실상 예수님에게서부터 시작된 것이다. 예수님은 신자들에게 신앙고백을 위한 모범이시다. 왜냐하면 예수님도 본디오 빌라도 앞에서 신앙고백을 하셨기 때문이다(딤전 6:13). 이런 까닭에 예수님 신앙고백의 사도이며 대제사장이라고 일컬어진다(히 3:1). 신앙고백이 예수님에게서 시작된 것이라면 신자들이 신앙고백을 굳게 잡아야 한다고 권면하는 것은 당연한 일이다(히 4:14; 히 10:23).

1. 신앙고백의 형성

　　그러면 초대교회에서 어떻게 신앙고백이 형성되었는가? 호몰로기아가 초대교회 내에 자리를 잡게 된 이유는 두 가지로 나누어 생각할 수 있다. 첫째는 내적 원인으로서 예배, 교회의 일치와 교제, 선포와 관련된 이유이다. 둘째는 외적 원인으로서 이단의 침입방어, 교회의 분열방지, 그리고 교회에 대한 세속적(이방적) 비판을 극복하는 문제와 관련된 이유이다.

1) 신앙고백 형성의 내적 원인

신앙고백이 신약교회에서 굳건한 자리를 확보하게 된 데는 다음과 같은 이유들이 있다.

(1) 예배

신약교회는 예배에 힘썼다. 예배는 설교, 찬양, 기도 등으로 이루어져 있었다(행 2:42; 고전 14:26). 그런데 예배를 구성하는 모든 요소는 신앙고백을 바탕으로 하였다. 설교, 찬양, 기도 등은 신앙고백을 표현하는 것이었다. 찬양은 성령님으로 충만한 가운데 시와 찬미와 영적인 노래들(엡 5:19; 골 3:16)라는 방식을 가지면서 경우에 따라 현악기를 사용한 것처럼 보이는데(계 5:8; 14:2; 15:2 "하나님의 거문고"(κιθάρα, 키타라) 내용은 "그리스도 찬양시"(빌 2:6-11) 같은 신앙고백이었다. 신앙고백은 성례에서도 결정적으로 작용하였다. 성찬은 신앙고백을 하는 사람들에게 허락되는 것이었으며, 세례는 신앙고백을 전제로 하는 것이었다(행 8:37). 초대교회는 세례를 베풀기 전에 세례교육(catechism)을 행했다. 세례교육을 통해 신자는 자신의 신앙을 고백하고 교리를 굳게 잡게 되었다. 호몰로기아(ὁμολογία)는 예배(λειτυργία, 레이튀르기아)의 중추 역할을 하였다.

(2) 교제

신앙고백은 신자의 교제와 연합 그리고 교회의 일치에 중요한 역할을 하였다.

신약교회는 신앙고백을 통하여 교회의 일치를 지켜나갔다(빌 2:1-4). 신앙고백의 문구는 대체적으로 사도신경과 같이 아주 짧은 것이 특징이다. 그러나 아무리 짧은 말이라도 거기에는 예수 그리스도의 복음의 요체를 담았다.[1] 따라서 짧은 문구는 중요했고 이 말 자체가 없으면 신앙고백을 유지할 수 없었다. 공통된 고백이 없고 동일한 고백을 하지 않으면 그 안에서 다툼이 일어나기 때문에, 교회는 일치와 교제와 연합을 위해 신앙고백을 가르칠 수밖에 없었다. 이러한 방향성은 초기 기독교에 한동안 매우 강하게 유지되었다. 또한 신앙고백은 교회의 교육을 위한 내용을 이루었다(행 5:42). 이로써 호몰로기아(ὁμολογία)는 교제(κοινωνία, 코이노니아)의 바탕을 이루었다.

(3) 선포

신앙고백은 초대교회가 자신들이 믿는 바를 외부에 선포할 때도 중요한 역할을 했다(행 5:42; 9:19,22). 신앙고백은 선포내용이 되었다. 이렇게 하여 호몰로기아(ὁμολογία)가 선포(κήρυγμα, 케뤼그마)로 사용되었다.

2) 신앙고백 형성의 외적 원인

신약교회에서 신앙고백이 확고한 위치를 얻게 된 데는 내적 원인과 더불어 다음과 같은 외적 원인이 있다.

(1) **이단 방어**(논박)

첫째로, 초대교회는 이단에 관한 경계를 분명히 하고 그것을 정확히 분별하기 위해서 신앙고백을 공고히 하였다(요일 4:1-3). 신앙고백은 이단을 가려낼 뿐 아니

---

1) Ph. Schaff, *The Creeds of Christendom*. vol. 2 (Grand Rapids: Baker Book House, 1983): "regula fidei" 참조.

라 이단과 논쟁하는 무기였다. 따라서 호몰로기아(ὁμολογία)는 무기(πανοπλία, 파노플리아)의 역할을 하였다.

(2) 세속 비판(변증)

신약교회는 이단의 공격을 받는 교회였고 동시에 핍박받는 교회였다. 그들이 걸어가는 길에는 고난이 많았고 시시로 죽음의 위협이 있었다. 따라서 그들은 신앙고백을 굳게 붙잡을 필요가 있었다(히 10:23). 신약교회는 복음을 전할 때 자주 맹렬한 비난을 받았다(롬 14:16; 고전 4:13; 히 10:33; 벧전 3:15; 4:4). 이 때문에 신앙고백은 변증을 위해서도 결코 가볍지 않은 비중을 차지하고 있었다. 이로써 호몰로기아(ὁμολογία)는 변증(ἀπολογία, 아폴로기아)의 역할을 하였다.

(3) 분열 방지(교훈)

신약교회의 신앙고백은 곧 그들의 신학의 표출이었다. 따라서 만일 그들 사이에 일치된 신학이 부재한다면 교회 분열의 위험성이 있었으므로 초대교회는 신앙고백을 위해 힘썼다. 사도 바울이 "같은 말"과 "같은 마음"과 "같은 뜻"을 가지라고 요구했던 고린도 교회가 이러한 예라고 볼 수 있다(고전 1:10-13). 이렇게 하여 호몰로기아(ὁμολογία)는 교훈(διδασκαλία, 디다스칼리아)의 역할을 하였다.

이상의 내적인 원인과 외적인 원인은 서로 짝을 이루고 있다. 그 내용을 정리하면 다음과 같다:

내적 원인		외적 원인
예배 –	대신적 관계	– 이단침입
교회의 일치와 교제 –	대공동체적 관계	– 교회의 분열방지
선포 –	대사회적 관계	– 세속적 비판 극복

3) 신앙고백의 전승

신약교회의 신앙고백은 사도들이 모두 만든 것이 아니었다. 사도 바울 자신도 "받은 것"을 "전한다"(고전 15:1; 11:23)고 말한다. "받은 것"은 전승을 의미한다. 예수님은 구약성경을 가르치셨고, 사도들은 예수님의 가르침을 받아 교회에 가르쳤다. 이것이 정경(canon)의 모든 것이다. 정경의 요소는 선지자들의 예언 말씀과 예수님의 명령과 사도들의 교훈이다(벧후 3:2). 신약교회는 정경을 전승 받아 자신들의 신앙고백으로 만들었을 것이다.

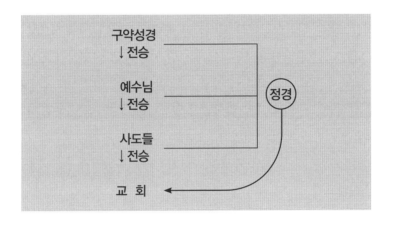

2. 신앙고백의 형태

이와 같이 신앙고백은 오랜 과정을 거쳐 형성되었다. 때로는 더 넣기도 하고 빼기도 하였다. 그러다가 주후 2세기경에는 "신앙의 규칙"(regula fidei)이 확립된다. "신앙의 규칙"은 1항으로 된 것과 2항으로 이루어진 것도 있는데 대부분은 3항이다. 즉 삼위일체적 신앙고백 형태가 주종을 이루었다. 아마도 1항 고백과 2항 고백이 함께 사용되다가 전승을 통하여 3항 고백으로 발전되었을 것이다.

1) 1항 신앙고백

1항 신앙고백은 주로 기독론 신앙고백이다. 기독론 신앙고백은 신약성경에서 가장 많이 나오는 신앙고백의 형태이다. 예를 들면, 시몬 베드로가 가이사랴 빌립보에서 예수님께 드렸던 고백이다(마 16:16). 1항 신앙고백은 요한복음 1:1-18, 빌립보서 2:5-11, 골로새서 1:15-20 등에 나온다.

2) 2항 신앙고백

2항 신앙고백은 신약성경에서 지배적인 형태는 아니다. 대표적으로 고린도전서 8:6은 다음과 같이 말한다. "우리에게는 한 하나님 곧 아버지가 계시니 만물이 그에게서 났고 우리도 그를 위하여 있고 또한 한 주 예수 그리스도께서 계시니 만물이 그로 말미암고 우리도 그로 말미암아 있느니라." 여기에는 성부 하나님과 예수 그리스도에 대한 고백이 들어있다.

3) 3항 신앙고백

3항 신앙고백은 삼위일체 신앙고백의 형태이다. 이것은 신약성경에서 자주 등장하는 고백 형태이다(마 28:19; 고전 12:4-6; 고후 13:13; 엡 1:3-14; 벧전 1:3-12; 계 1:4-5). 그런데 여기에는 주목해야 할 특징이 있다. 앞에서 살펴본 것처럼, 3항 신앙고백에는 삼위 하나님의 순서가 정해 있지 않다는 것이다. 또한 삼위 하나님께 각각 다른 내용을 고백한다는 점도 주목할 만하다. 예를 들면, 고린도전서 12:4-6은 성령님의 은사($\chi\acute{\alpha}\rho\iota\sigma\mu\alpha$, 카리스마), 예수님(주님)의 봉사($\delta\iota\alpha\varkappa o\nu\acute{\iota}\alpha$, 디아코니아), 하나님의 역사($\grave{\epsilon}\nu\acute{\epsilon}\rho\gamma\eta\mu\alpha$, 에네르게마)를 진술한다. 고린도후서 13:13은 예수님의 은혜($\chi\acute{\alpha}\rho\iota\varsigma$, 카리스), 하나님 아버지의 사랑($\grave{\alpha}\gamma\acute{\alpha}\pi\eta$, 아가페), 성령님의 교제

(χοινωνία, 코이노니아)를 말한다. 에베소서 1:3-14는 하나님 아버지의 선택과 예정, 예수님의 속량, 성령님의 인 치심을 고백한다.

이러한 삼위일체 신앙고백은 신약교회의 근간을 이룬다. 신약교회는 교육, 설교, 가르침의 어떤 부분에도 신앙고백이 다 들어가도록 하였다. 이런 점에서 볼 때 신앙고백은 "신약교회의 누룩"이라고 부를 수 있다. 따라서 당시 신자들은 설교를 하거나 찬양을 할 때 결국 신앙고백을 하는 것이 되었다. 신약성경은 초기부터 지금까지 교회에게 신앙고백을 요구한다. 신앙고백을 얼마나 충실히 하느냐는 교회의 사활과 직결된 문제이다[2].

---

2) K. Barth는 히틀러가 교회를 정부에 예속시키려고 "독일 기독인"(Deutsche Christen)을 만들었을 때, 그것이 우상숭배와 다름없다는 것을 인식하고 그것을 거부하는 운동을 했다. 그는 1934년 바르멘(Barmen) 선언을 통해 교회의 주인은 예수 그리스도라고 외쳤다: 최덕성,『장로교인 언약과 바르멘 신학선언』(서울: 본문과 현장 사이, 2000), 55. 바르트와 본훼퍼의 뒤를 따르는 교회를 고백교회(Bekenntnis Gemeinde), 그 운동을 신앙고백 운동(Bekenntnis Bewegung)이라고 부른다.

가이사랴 빌립보 지방에서 예수님과 제자들 사이의 대화는 인자가 누구냐 하는 것이 주제였다. 먼저 제자들은 인자에 대한 사람들의 견해를 물으시는 예수님께 상세한 대답을 드렸다. 이어서 예수님이 제자들의 견해를 물으시자 시몬 베드로가 "그리스도이시며 살아계신 하나님의 아들이시라"고 대답하였다다(마 16:16). 예수님은 이 대답을 듣고 몇 마디를 말씀하신 다음, "내가 이 반석 위에 나의 교회를 세우리라"(마 16:18)고 말씀하셨다. 여기에서 궁금한 것은 도대체 예수님께서 반석이라는 말로 무엇을 의도하셨을까 하는 점이다.

반석은 일차적으로 베드로의 신앙고백이라고 볼 수 있다. 왜냐하면 베드로의 신앙고백에 이어 예님께서 이 말씀을 하셨기 때문이다. 교회는 예수를 그리스도라고 고백하는 신앙고백 위에 선다. 신앙고백이 없으면 교회도 없다. 교회가 서는 반석은 신앙고백이다. 그러면 베드로의 신앙고백은 어디에서 나왔는가? 그것은 하나님의 계시에서 나왔다. 예수님은 베드로의 신앙고백을 들으시고 "하늘에 계신 내 아버지가 계시하셨다"(마 16:17)고 말씀하셨다. 이렇게 볼 때 신앙고백의 뿌리는 계시이다. 계시가 없으면 교회도 없다. 그러므로 교회의 기초가 되는 반석 하나님의 계시이다. 그러면 계시의 원인은 누구인가? 계시의 원인은 하나님이시다. 하나님이 계시의 주체이시다. 하나님이 베드로에게 신앙고백을 계시하셨다. 따라서 궁극적으로 볼 때, 교회의 기초가 되는 반석은 하나님이시다. 우리는 아마도 주님께서 하나님이 반석이라는 생각을 구약성경에서 가져온 것으로 추측할 수 있다(신 32:4). 그러므로 하나님이 없는 교회는 없다. 이 모든 것을 종합하면 교회는 신앙고백, 계시, 하나님이라는 세 겹의 반석을 가지고 있다.

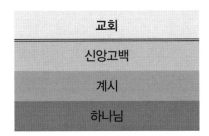

| 교회 |
| 신앙고백 |
| 계시 |
| 하나님 |

교회는 세 겹의 반석 위에 서 있기 때문에 비가 내리고 창수가 나고 바람이 부는 것 같은 공격이 와도 무너지지 않는다(참조. 마 7:25). 반석 위에 선 교회는 도리어 두 가지 능력을 가진다. 첫째는 지옥의 문들을 깨뜨리는 능력이다(마 16:18). 반석 위에 선 교회는 지옥의 문들을 깨고 들어가 그 심장부까지 장악하는 놀라운 세력을 발휘한다. 둘째로 반석 위에 선 교회에게는 천국의 문을 여는 열쇠들이 주어진다(마 16:19). 그러므로 교회는 천국을 여는 열쇠들을 적극적으로 활용해야 한다.

제3장

예배

예배가 신약교회에서 가장 중요한 행사임을 아무도 부인할 수 없을 것이다.[1] 신약의 예배는 형식은 다르지만 구약 시대에 이스라엘 사람(유대인)이 드렸던 제사의 정신을 그대로 이어받는다. 신약 예배와 구약 예배 사이에는 단절과 연속이 있다. 신약교회 예배는 다음과 같이 여러 가지 중요한 요소들을 가지고 있었는데 기본요소, 확장 요소, 추가 요소로 구분해 볼 수 있다.

1. 기본 요소: 설교와 기도

구약의 예배는 여러 가지 의미를 가지고 있는 것은 사실이지만 무엇보다도 하나님이 성도를 받으시고 성도가 하나님께 소속되어 있다는 언약의 표시였다. 기독교도 이 정신을 답습하면서 언약의 표현인 예배가 언제나 하나님을 중심해야 한다는 것을 강조한다. 그래서 예배는 하나님으로부터 성도에게 오는 요소와 성도로부터 하나님께 가는 요소로 구성된다.

---

1) 초기 기독교의 예배에 관한 간략한 진술은 래리 허타도, 『아들을 경배함. 초창기 기독교 예배 의식 속의 예수』 송동민 역, 고양: 이레서원, 2019, 99-120을 보라 (= L. W. Hurtado, *Honoring the Son: Jesus in the Earliest Christian Devotional Practice* [Bellingham: Lexham Press, 2018]).

이런 예배의 두 요소를 가장 간명하게 알려주는 것이 사도행전 2:42이다. 초기 기독교의 예배 현장을 보여주는 이 구절은 사도들의 가르침을 선두에 세운다. 예배에서 가르침이 첫째 자리를 차지한다는 것을 말하기 위함이다. 사도들의 가르침이란 (구약)성경을 해설하여 구원을 위한 하나님의 뜻을 알려주는 설교를 가리키는 것이다. 이후에 사도행전에 여러 차례 나오는 사도들의 설교는 이에 대한 좋은 예를 보여준다(예를 들면, 베드로의 설교 15:7-11; 바울의 설교 20:18-35). 이것은 예배에서 하나님으로부터 성도에게 오는 요소이다. 반면에 이 구절은 맨 끝에 기도를 언급한다. 기도는 예배에서 성도로부터 하나님께 가는 요소이다. 기도는 성도들이 처해 있는 상황을 하나님께 아뢰면서 그런 상황 가운데서도 하나님의 뜻을 이룰 수 있기를 간구하는 것이다. 사도행전에서 헤롯과 빌라도의 박해에 직면한 교회가 하나님께 소리 높여 드린 기도는 이에 대한 대표적인 예로 여겨진다(행 4:24-30).

2. 확장 요소: 성찬과 교제

위에 언급한 사도행전 2:42에서 특이한 것은 예배와 관련하여 교제와 떡을 뗌을 말한다는 것이다. 떡을 뗌은 성찬을 의미하는 것이 맞다. 성찬은 수직적으로는 지체인 성도들이 몸이신 그리스도께 참여하는 것을 표현하며(고전 10:16), 수평적으로는 지체인 성도들이 서로 참여하는 것을 표현한다(고전 10:17). 교제(코이노니아)는 성도 사이에 나누는 것(행 2:44)뿐 아니라 세상을 향해 호의를 베푸는 것(ἔχοντες χάριν πρὸς ὅλον τὸν λαόν, 행 2:47)을 말한다. 교제는 성도를 향한 교회 내향성과 세상을 향한 교회 외향성을 가진다. 한 마디로 말해서, 성찬은 예배의 영적 강화이며 교제는 예배의 사회적 확장이다.

3. 추가 요소: 찬송

여기에 더해진 것이 하나님께 드리는 찬송이다(행 2:47). 초기 기독교는 처음부터 찬송의 중요성을 잘 인식하였다. 그래서 찬송의 제사라는 표현을 사용하면서 찬송을 가리켜 입술의 열매라고 불렀다(히 13:15). 또한 "시와 찬미와 신령한 노래"(엡 5:19; 골 3:16; 참조. 고전 14:26)라는 용어를 사용하여 하나님을 찬송하는 데 여러 가지 방식이 있다는 것을 보여주었다. 신약의 찬송에서 곡조가 어떤 것이었는지는 확실하게 알 수 없지만 확실하게 중요한 것은 가사였다. 대표적인 찬송의 가사로 "그리스도 찬양시" 같은 것을 들 수 있는데(빌 2:6-11), 이것은 교회가 예수 그리스도께 드리는 너무나도 정교하고 심오한 신앙고백을 담고 있다.

정리하면, 신약의 예배에서 가르침(설교)은 하나님으로부터 성도에게 오는 요소이며, 기도와 찬송은 성도로부터 하나님께 가는 요소이다. 하나님은 설교를 통해 성도에게 하나님의 뜻을 가르치신다. 성도는 기도를 통해 하나님의 뜻에 자신을 합치하며, 찬송을 통해 하나님께 신앙을 고백한다. 설교든 기도든 찬송이든 성경이 가르쳐주는 모범을 따라 형식에는 짜임새를 갖추고 내용에는 올바름을 갖추어야 한다.

신약의 예배와 비교해 볼 때, 오늘날 예배에는 수없는 문제점이 발견된다. 근본적으로 예배의 중심점이 하나님에게서 회중에게로 이동한 것이 문제이다. 회중 중심의 예배는 필연적으로 성도가 자기만족을 추구하는 현장으로 전락한다. 그러다 보면 예배는 자연스럽게 쇼(show)가 된다. 여기에는 사람을 즐겁게 하는 눈요기가 많아지고, 장기를 뽐내는 사람들이 늘어난다. 설교는 설교자가 자기를 자랑하는 시간이 되고, 기도는 기도자가 불만을 성토하는 통로가 되고, 찬송은 성도의 자아도취를 위한 수단이 된다.

정말로 기독교가 예배를 가장 중요한 행사로 여긴다면, 예배가 하나님께로부터 오는 요소와 하나님께로 가는 요소가 균형을 잡아야 한다는 것은 물론이고, 이 두 방향성에서 중심은 하나님께 있다는 것을 잊으면 안 된다. 설교자가 자기의 설교에 성취감을 느끼고, 기도자가 공간에 울려 퍼지는 제 목소리에 속이 시원해지고, 회중이 자기가 부르는 노래 속에 함몰되는 순간, 예배는 이미 예배가 아님을 명심해야 한다.

제4장
성례

신약교회에서는 세례와 성찬이라는 두 가지 예식이 중요하였다.

1. 세례

물 세례는 세례자 요한에게서 시작되었다(마 3:1-12 par.; 요 1:19-28). 예수님의 제자들도 이와 비슷하게 세례를 베풀었다(요 4:1-2). 그러나 물 세례가 신약교회에서 자리를 잡게 된 것은 예수님이 부활 후에 제자들을 만민에게 파송하시면서 삼위일체 하나님의 이름으로 세례를 주라고 명령하신 다음 부터였다(마 28:19). 그후 신약교회는 물 세례를 중요한 예식으로 시행하였다. 그 실례들은 사도행전에 여러 차례 진술된다. 예루살렘 사람들(행 2:38,41), 사마리아 사람들(행 8:12-13,16), 이디오피아 내시(행 8:36,38); 사울(바울)(행 9:18; 22:16), 고넬료(행 10:47-48), 루디아(행 16:15), 빌립보 간수(행 16:33), 고린도 회당장 그리스도(행 18:8), 에베소 제자들(행 19:5). 사도 바울은 자신이 그리스도와 가이오 그리고 스데바바의 집에 세례를 베푼 것을 기억한다(고전 1:14,16). 루디아는 "그녀의 집"(οἶκος, 오이코스)이 세례를 받았고, 빌립보 간수는 "그 온 가족"(οἱ αὐτοῦ πάντες, 오이 아우투 판테스)이 세례를 받았고, 회당장 그리스보의 경우에는 "온 집안이 더불어"(σὺν ὅλῳ τῷ οἴκῳ αὐτοῦ, 쉰 홀로 토 오이코 아우투) 세례를 받은 것을 미루어볼 때 유아세례의 정당성이 자연히 확보된다(이런 점에서 세례는 구약의 할례와 관계성을 가진다). 그러면 세례는 어떤 신학적 의미를 가지는가? 사도 바울과 사도 베드로는 세례의 의미에 관해 잘 설명해준다.

1) 바울의 세례 설명

사도 바울은 로마서 6:1-5에서 세례의 의미를 소개준다.

(1) 예수님과 연합(롬 6:3)

세례는 예수님과 합하는 것이다. "우리는 그리스도 예수 안으로 세례를 받았다"(ἐβαπτίσθημεν εἰς Χριστὸν Ἰησοῦν). 세례는 예수님 안으로 세례를 받는 것이다. 여기에 두 가지 의미가 있다.

첫째로, 세례는 영역의 변화이다. 신자는 세례 받아 예수 안으로 들어간다. 이것은 새 영역으로 진입하는 것이다. 신자는 예수님 안으로 영입된다. 또한 세례는 소속의 변화이다. 세례는 예수님에게 속하는 것이다. 신자는 세례를 받아 예수님에게 속한다. 세례는 예수님의 사람이 되는 것을 의미한다. 예수님의 사람이 되었다는 것을 세례로 분명하게 표현한다. 따라서 세례는 영역과 소속의 변화에 대한 표시(sign)이다. 따라서 세례를 받은 사람은 예수님의 인격과 성품을 가지는 품위와 격조를 지닌다.

(2) 예수님의 죽음과 연합(롬 6:3-4)

세례는 예수의 죽음과 합하는 것이다. 이것은 두 단계로 설명된다.

첫째로, 세례는 예수님과 함께 죽는 것이다(롬 6:3). "우리는 그의 죽음 안으로

제6부 교회

세례를 받았다"(εἰς τὸν θάνατον αὐτοῦ ἐβαπτίσθημεν). 세례는 예수님의 죽음 안으로 세례를 받는 것이다. 신자는 세례를 받아 예수님의 죽음 안으로 들어간다. 세례는 신자를 예수님의 죽음에 들어가게 만든다. 죽음은 삶의 정지이다. 그러므로 세례를 받는 사람은 옛 생활이 정지된다.

둘째로, 세례는 예수님과 함께 매장되는 것이다(롬 6:4). "우리는 그의 죽음 안으로 세례를 받음으로 그와 함께 장사되었다"(συνετάφημεν αὐτῷ, 쉬네타페멘 아우토). 신자는 세례를 받음으로 예수님의 무덤에 동참한다.

이와 같이 죽음과 매장으로 예수님은 모든 것과 단절되었다. 생명, 일상, 사회, 관계, 모든 것이 무의미하게 되었다. 죽은 자에게는 음식, 기호, 명예, 신분, 재산 등 모든 것이 무의미하다. 매장은 이에 대한 가장 분명한 증거이다. 신자는 세례를 받음으로 예수님의 죽음과 무덤을 경험한다. 신자는 세례로 옛 생활과 단절된다. 세례는 옛 생활과 절대적인 단절이다. 신자의 세례는 옛 생활에 대한 죽음을 의미한다(롬 6:6).

(3) 예수님의 부활과 연합(롬 6:4)

그런데 세례의 의미는 죽음으로 끝나지 않는다. 세례에는 또 하나 결정적으로 중요한 의미가 있다. 그것은 새 생명과 부활의 의미이다. 예수님은 하나님 "아버지의 영광으로 말미암아"(διὰ τῆς δόξης τοῦ πατρός, 디아 테스 독세스 투 파트로스) 죽은 자들 가운데서 일어나셨다(롬 6:4). 예수님의 부활에는 하나님 아버지의 영광이 동반되었다. 그런데 세례의 결과로 예수님의 부활 사건이 신자에게 반복된다. "... 같이 우리도 또한"(ὥσπερ ... οὕτως, 호스페르 ... 후토스). 신자는 "생명의 새로운 가운데 행한다"(ἐν καινότητι ζωῆς περιπατήσωμεν). 세례는 죽음으로 끝나지 않고 영광으로 이어진다. 세례는 영광에의 참여이다. 세례는 하나님의 영광을 표현한다. 그래서 세례는 암울한 것이 아니라 찬란한 것이며, 비참한 것이 아니라 영광스런 것이며, 부정적인 것이 아니라 긍정적인 것이다. 세례는 하나님의 영광에 참여하는 것이다. 하나님의 영광은 두 가지이다.

첫째로, 하나님의 영광은 부활이다. 예수님은 하나님의 영광으로 말미암아 죽은 자들 가운데서 일어나셨다. 하나님의 영광은 예수님의 부활에서 절정에 달했다. 신자는 세례를 받음으로 부활이라는 하나님의 영광에 참여한다. 그러므로 세례는 하나님의 영광을 드러내는 활동이다. 하나님의 영광을 뿜어내는 적극적이며 능동적인 삶이다.

둘째로, 하나님의 영광은 생명의 새로움이다. 생명의 새로움은 완전히 다른 생명, 다른 가치의 생명을 말한다. 세례를 받은 사람은 생명의 새로움을 실천한다(롬 6:11). 그는 스스로 새로운 가치의 생명을 추구하며, 스스로 자신의 삶을 새롭게 만든다. 그는 날로 새로워진다(고후 4:16; 엡 4:23-24). 또한 세례를 받은 사람은 다른 사람들의 생명을 새롭게 만든다. 그는 주변과 사회와 세상에 생명을 전달하고 새롭게 만든다(고후 6:10).

2) 베드로의 세례 설명

사도 베드로는 베드로전서 3:20-21에서 세례의 의미를 설명한다.

(1) 세례의 관련성

이미 앞에서 살펴본 것처럼 사도 베드로는 노아 가족의 구원을 위한 매체가 된 물이 구원의 표로서 세례를 상징한다고 말한다(벧전 3:20-21). 여기에 세례에 관한 몇 가지 정보가 들어있다. 첫째로 세례는 "물"(ὕδωρ, 휘도르)과 관련된다. 둘째로 세례의 "원형"(ἀντίτυπον, 안티튀폰)은 노아의 홍수이다. 셋째로 세례는 현재의 구원(νῦν σῴζει, 뉜 소제이)을 의미한다. 넷째로 세례는 단순히 "육체의 더러운 것을 제하여 버림"(σαρκὸς ἀπόθεσις ῥύπου)이 아니다. 이와 달리 세례는 "선한 양심"(συνειδήσεως ἀγαθῆς, 쉬네이데세오스 아가떼스)과 관련된다. 세례는 육체의 사안이 아니라 양심의 사안이다.

(2) 언약으로서의 세례

그런데 여기에서 베드로는 세례를 가리켜 하나님을 향한 선한 양심의 "찾아감"(ἐπερώτημα, 에페로테마)이라고 규정한다. 이 용어는 언약과 연관성을 가지는 말로 언약적인 의미를 내포하고 있다. 베드로는 세례를 노아 언약과 연결되는 것으로 생각하고 있는 것이다. 베드로에 의하면, 세례는 노아의 언약을 회상시킨다. 마치 노아가 홍수 후에 하나님과 언약을 체결한 것처럼, 신자는 물 세례로 하나님과 언약을 체결하는 것이다. 베드로는 세례와 관련된 구약의 유비는 노아의 언약이라고 본다. 베드로는 노아 언약으로부터 세례의 언약 성격을 끌어내었다.

(3) 예수님의 부활과 세례

세례는 언약이다. 세례는 하나님의 백성이 아니던 사람을 하나님의 백성으로 만드는 표이다(벧전 2:10). 그러므로 세례로 말미암아 이전과 이후과 명확하게 갈린다. 이에 더하여 베드로는 언약적 찾아감으로서의 세례가 어떻게 가능한지 설명한다. 언약적 찾아감이라는 세례를 가능하게 하는 것은 다름 아닌 예수님의 부활이다. 예수님의 "부활로 말미암아"(δι' ἀναστάσεως, 디 아나스타세오스) 세례가 언약적 찾아감이라는 기능을 수행한다는 것이다. 물론 세례가 언약의 성격을 가진다면 거기에는 당연히 언약적 책임도 따른다는 것은 두말할 나위가 없다.

2. 성찬

1) 성찬의 구약 배경

성찬은 실제로 예수님이 십자가의 죽음을 앞에 두고 제자들과 나누신 마지막 만찬에서 시작되었지만 그 뿌리는 이미 구약에 깊이 내리고 있다고 보아야 한다. 특히 창조와 구속이라는 두 가지 기본적인 틀에서 이런 면모는 잘 나타난다. 하나님은 아담과 하와를 창조하신 후에 온 지면의 씨 맺는 모든 채소와 씨 가진 열매 맺는 모든 나무를 먹을거리로 주신 것은 어떤 식으로든지 절대로 성찬의 기원과 무관하지 않다(창 1:29). 이것은 마침내 성찬을 거쳐 하나님 나라에서 실현될 종말 만찬을 예상하게 만들기 때문이다(눅 22:30; 계 19:9). 구약에서 구속의 대표적인 사건은 출애굽인데, 사도 바울이 해석한 대로 이스라엘이 이집트에서 나와 광야에서 생활할 때 하늘의 떡을 먹고 반석의 물을 마신 사건(출 16:15; 17:6)은 성찬에 대한 구약의 중대한 예표였다(고전 10:3-4).

창조와 구속의 기본 틀에서 엿보이는 성찬의 예표들은 잔치라는 특성과 매우 큰 연관성을 가진다. 창조사건을 가장 잘 보여주는 에덴에서 먹는 행위와 구속사건을 가장 잘 보여주는 광야에서 먹는 행위는 모두 일종의 잔치였다. 그 이후 구약시대에 하나님은 이스라엘 백성이 창조와 구속을 표현하는 잔치를 실행하도록 두 가지 장치를 주셨다. 공간으로는 성소였고, 시간으로는 절기였다. 하나님이 성막 또는 성전에 상을 설치하고 진설병을 진열하게 하신 까닭은 성소예배가 다름 아닌 바로 잔치라는 사실을 완벽하게 보여주시기 위함이었다. 절기와 관련해서는 하나님이 매우 섬세한 방식으로 잔치의 방식을 제시하셨다. 무엇보다도 안식일은 하나님의 창조와 구원을 즐거워하는 잔치이다(출 20:8-11; 신 5:12-15). 더 나아가서 하나님은 이스라엘(남자)이 일 년에 세 차례(유월절, 칠칠절, 초막절) 성전에 올 것을 명하셨는데(신 16:16) 이 모든 절기는 잔치라는 성격을 분명하게 가지고 있었다.

2) 예수님의 성찬 제정

예수님은 구약에 이렇게 창조와 구속이라는 두 가지 기본적인 틀에서 나타나는 잔치로서의 성찬의 예표들을 늘 마음에 품고 계셨던 것 같다. 이것은 예수님이 평소에 잔치를 매우 즐겼다는 사실에서 어렵지 않게 이해할 수 있다. 예수님의 길을 준비했던 세례자 요한은 먹지도 않고 마시지도 않았다. 이 때문에 유대교의 지도자들은 요한을 비판하면서 귀신이 들렸다는 험담을 하였다(마 11:18). 이에 비해서 예수님은 때로 세리들이나 죄인들과 함께 식사를 하고(마 9:9-13), 때로 일반인들과 식사를 하고(눅 10:38-42), 때로 바리새인들과도 식사를 하셨다(눅 7:36-50; 11:37-41; 14:1-6). 이런 이유로 예수님은 유대교의 지도자들로부터 먹기를 탐하고 포도주를 즐기는 사람이라는 말도 안 되는 별명을 얻으셨다(마 11:19). 이렇게 예수님은 항상 잔치로서의 성찬에 대한 예표들을 염두에 두고 계셨기 때문에 가르침을 주실 때에 자주 잔치 비유를 사용하신 것으로 생각할 수 있다(마 22:1-14, 왕의 아들의 혼인잔치 비유; 눅 15:1-32, 잃은 것을 되찾은 비유들).

(1) 성찬을 예상하는 말씀

예수님은 세례자 요한과 달리 식탁교제(table fellowship)를 중요시하셨던 것이 사실이다. 요한의 공동체가 금식 공동체였던 반면에 예수님의 공동체는 식사 공동체였던 것이다. 이런 점을 미루어 볼 때 예님이 하나님 나라를 식사 공동체로 설명한 것은 전혀 이상한 일이 아니다. 한 사람이 "하나님의 나라에서 떡을 먹는 자는 복 되도다"(눅 14:15)라고 말하자 예수님은 천국을 큰 잔치로 비유하셨다(눅 14:16-24). 예수님의 눈에 하나님 나라는 분명히 잔치를 베푼 식탁 공동체의 모습으로 보였기 때문에 하나님 나라가 자주 분명하게 잔치와 관련해서 설명된다. "사람들이 동서남북으로부터 와서 하나님의 나라 잔치에 참여하리라"(눅 13:29. 문자적으로는 "하나님의 나라에서 먹으리라" 또는 "식사하리라"; 참조. 마 8:11). "내 아버지께서 나라를 내게 맡기신 것 같이 나도 너희에게 맡겨 너희로 내 나라에 있어 내 상에서 먹고 마시며 또는 보좌에 앉아 이스라엘 열두 지파를 다스리게 하려 하노라"(눅 22:29-30).

예수님은 오병이어 이적 후에 아주 확실하게 성찬을 예상하게 하는 설교를 말씀하셨다. 예수님은 이스라엘이 광야에서 먹었던 만나와 자신을 비교하면서 앞으로 십자가 죽음 직전에 제자들과 마지막으로 나누실 만찬을 내다보게 하는 말씀을 주셨다. 만나는 모세를 통해서 주어진 과거의 떡으로서 일시적으로 사람의 생명을 유지시켰을 뿐이다(요 6:32). 그러나 예수님은 영원한 하나님의 참된 떡으로서 사람들에게 영원한 생명을 수여한다(요 6:32-33). 그러므로 예수님은 이에 대한 가장 간명한 선언으로 자기 자신에 대하여 완전히 계시하신다. "나는 생명의 떡이다"(요 6:35,48). 생명의 떡은 영원히 주리지 않게 하며 영생하게 한다(요 6:35,51).

그런데 오병이어 설교에서 예수님은 자신을 가리켜 생명의 떡이라고 소개하면서 음식과 음료에 관한 것으로 이야기를 확장시킨다. 그의 살은 참된 양식이며 그의 피는 참된 음료라는 것이다(요 6:55). 이것은 이후에 십자가의 죽음을 앞두고 제자들과 마지막으로 나누실 만찬에서 언급될 말씀이다. 예수님은 마지막 만찬을 내다보시면서 이미 오병이어 이적에서 생명의 떡이신 자신과 관계를 맺는 것은 그의 살을 먹는 것이며 그의 피를 마시는 것이라고 설명하셨던 것이다(요 6:53-54). 예수님은 그의 살을 먹고 그의 피를 마시는 자에게 세 가지 약속을 주신다. 그것은 부활을 약속받는 것이며, 완벽한 상호내주가 가능하게 되는 것이며, 영생을 얻는 것이다(요 6:54,56,57-58).

(2) 마지막 만찬

이와 같이 기회가 될 때마다 성찬을 예상하게 하는 말씀을 주시던 예수님은 십자가의 죽음을 앞에 두고 제자들과 마지막으로 만찬을 나누시는 자리에서 드디어 가장 분명하게 성찬을 제정하셨다. 여기에서 먼저 확인해야 할 사항은 예수님의

만찬은 유월절 당일 만찬(요 18:28)이 아니라 유월절을 준비하는 전날(준비일) 만찬
이었다는 사실이다(마 26:17-19; 요 19:14,31,42). 그러므로 예수님의 마지막 만찬
에는 양고기가 차려지지 않았다. 예수님은 유월절 당일에 십자가에서 내려져 아
리마대 요셉의 무덤에 안치되었다(요 19:31).

유월절 전날(준비일)					유월절 당일
저녁	늦은 저녁	밤	새벽	오후	저녁
예수님 만찬 (떡/포도주)	감람산 기도	체포	심문	죽음	유대인 만찬 (양고기)

　　예수님이 제자들과 나누신 마지막 만찬에서 성찬을 행하신 장면을 살펴보면
성찬이 어떤 의미를 가지고 있는지 명확하게 알 수 있다.

마태복음26장	마가복음14장	누가복음22장	
26그들이 먹을 때에 예수께서	22그들이 먹을 때에 예수께서	14때가 이르매 예수께서 사도들과 함께 앉으사 15이르시되 내가 고난을 받기 전에 너희와 함께 이 유월절 먹기를 원하고 원하였노라 16내가 너희에게 이르노니 이 유월절이 하나님의 나라에서 이루기까지 다시 먹지 아니하리라 하시고	
떡을 가지사 축복하시고 떼어 제자들에게 주시며 이르시되 받아서 먹으라	떡을 가지사 축복하시고 떼어 제자들에게 주시며 이르시되 받으라		19또 떡을 가져 감사기도 하시고 떼어 그들에게 주시며 이르시되
이것은 내 몸이니라 하시고	이것은 내 몸이니라 하시고		이것은 너희를 위하여 주는 내 몸이라 너희가 이를 행하여 나를 기념하라 하시고
			20저녁 먹은 후에
27또 잔을 가지사 감사기도 하시고 그들에게 주시며	23또 잔을 가지사 감사기도 하시고 그들에게 주시니 다 이를 마시매	17이에 잔을 받으사 감사기도 하시고 이르시되 이것을 갖다가 너희끼리 나누라	잔도 그와 같이 하여
이르시되 너희가 다 이것을 마시라 28이것은 죄 사함을 얻게 하려고 많은 사람을 위하여 흘리는 바 나의 피 곧 언약의 피니라	24이르시되 이것은 많은 사람을 위하여 흘리는 나의 피 곧 언약의 피니라		이르시되 이 잔은 내 피로 세우는 새 언약이니 곧 너희를 위하여 붓는 것이라
29그러나 너희에게 이르노니 내가 포도나무에서 난 것을 이제부터 내 아버지의 나라에서 새것으로 너희와 함께 마시는 날까지 마시지 아니하리라	25진실로 너희에게 이르노니 내가 포도나무에서 난 것을 하나님 나라에서 새 것으로 마시는 날까지 다시 마시지 아니하리라 하시니라	18내가 너희에게 이르노니 내가 이제부터 하나님의 나라가 임할 때까지 포도나무에서 난 것을 다시 마시지 아니하리라 하시고	

제6장 교회

① 공동체 행사

무엇보다 성찬은 공동체 행사이다. 예수님은 제자들과 함께 앉아 그들이 먹을 때에 성찬을 행하셨다(마 26:26; 막 14:22; 눅 22:14). 성찬은 식탁 공동체(table community)를 전제로 한다. 이렇게 볼 때 성찬은 개인이 할 일이 아니다. 개인 성찬은 의미가 없다. 그래서 심지어 병중에 있는 사람을 위해서 성찬을 행할 때에도 병자, 참석자, 집례자가 다 같이 성찬을 먹는 것이 옳다. 이렇게 함으로써 한 편으로는 성찬에 참여하는 모든 성도는 한 떡과 한 잔에 속한다는 연합을 나타내며(마 26:26; 막 14:22; 눅 22:19 "떡을 가져"), 다른 한 편으로는 한 떡에서 떼고(마 26:26; 막 14:22) 한 잔에서 나눈다(눅 22:17)는 교제를 보여준다. 성찬은 성도들의 연합과 교제를 확인하는 것이다. 그러므로 성찬에 참여하는 모든 성도는 평등하다.

② 고난에 대한 기억

둘째로, 성찬은 예수님의 고난의 절정을 의미한다. 성찬은 예수님을 기억(기념)하는 것인데(눅 22:19), 그 중에 특별히 그분의 고난을 기억하는 것이다. 그래서 예수님은 "내가 고난을 받기 전에 너희와 함께 이 유월절 먹기를 원하고 원하였노라"(눅 22:15)고 말씀하셨다. 만일에 성찬을 행하면서 예수님의 고난을 기억하지 못하면 성찬은 그 자체가 무의미한 행사가 되고 만다. 신자들은 성찬에 참여함으로써 그들을 대신하여 고난당하신 예수님의 고난에 참여하는 것이다. 그 뿐 아니라 성찬은 예수님이 고난을 통해 이루신 구속의 은총에 참여하는 것을 의미한다.

③ 감사예식

나아가서 성찬은 감사와 축복의 사건이다. 성찬이 고난을 의미하는 것은 사실이지만 그렇다고 해서 절망적인 성격은 아니다. 성찬은 그 자체가 소망이다. 왜냐하면 신자들은 성찬을 통해 놀라운 복에 참여하기 때문이다. 그래서 예수님은 성찬을 행하시면서 떡을 위해서는 축복을 하셨고(마 26:26; 막 14:22), 잔을 위해서는 감사기도를 하셨다(마 26:27; 막 14:23; 눅 22:17,20). 이런 점에서 성찬은 감사예식(eucharist)이라고 불린다. 어떤 사람들은 성찬을 예수님이 반복적으로 희생제물(sacrament)이 되는 것으로 이해한다. 이것은 사람들이 성찬을 받을 때(특히 떡을 먹을 때) 마치 예수님의 몸이 사람들의 입 속에서 다시 부서지는 고난을 당하는 것처럼 생각하는 견해인데 아주 잘못된 생각이다. 성찬은 예수님이 반복적으로 희생제물이 되는 것을 의미하지 않는다. 그것은 예수님의 단번 희생을 통해서 성찬에 참여하는 사람들이 영원한 구속을 얻은 것에 감격하는 감사예식이다.

④ 떡과 포도주의 사용

넷째로, 성찬에서는 반드시 떡과 포도주가 함께 사용되어야 한다. 예수님은 제자들에게 떡(마 26:26; 막 14:22; 눅 22:19)과 포도주(마 26:27; 막 14:23; 눅 22:17,20)를 모두 주셨기 때문이다. 특히 누가복음은 예수님이 제자들에게 잔을 두 번이나 주셨다고 말함으로써 성찬 참여자가 잔을 받는 것이 얼마나 중요한지 강하게 보여주고 있다. 그러므로 떡이나 잔 가운데 어느 하나를 빼놓고 성찬을 행하는 것은 결코 허용될 수 없는 일이다. 성찬에서 떡과 포도주는 신자의 영원한 영적인 양식을 상징하는 것으로 예수님과 영원한 교제를 가능하게 만들기 때문이다. 이런 점에서 성찬에는 오직 구속 받은 신자들만이 참여한다는 사실을 잊으면 안 된다.

그런데 떡과 포도주는 각각 성례적으로 예수님의 살과 피를 의미한다. 떡은 예수님의 몸이다(마 26:26; 막 14:22; 눅 22:19). 포도주는 예수님의 피이다(마 26:28; 막 14:24; 눅 22:20). 이것은 모두 성례적인 의미를 가진다. 떡과 포도주는 예수님의 실제적인 임재의 사본이자 보증으로 역할한다. 그러므로 성찬을 통해서 신자들은 예수님을 기억한다(눅 22:19). 특히 포도주에 강조점이 주어진다. 이것은 예수님의 피로 세우신(새) 언약을 가리킨다(마 26:28; 막 14:24; 눅 22:20). 그래서 이것은 "언약의 피"(마 26:28; 막 14:24)라고 불린다. 이것은 좁게는 제자들을 위해 붓는 것이며(눅 22:20), 넓게는 "많은 사람을 위하여"(마 26:28; 막 14:24) 흘리는 것이다. 성찬에서 잔이 가져다주는 효력은 놀라운 것이다. 그것은 "죄 사함을 얻게"(마 26:28) 하는 놀라운 은혜의 방편이다.

⑤ 천국 대망

다섯째로, 성찬은 천국을 대망하는 것이다. 예수님은 성찬을 행하시면서 하나님의 나라를 바라보셨다. "내 아버지/하나님의 나라에서 새것으로 너희와 함께 마시는 날까지"(마 26:29; 막 14:25), "이 유월절이 하나님의 나라에서 이루기까지"(눅 22:16), "하나님의 나라가 임할 때까지"(눅 22:18). 그러므로 성찬은 현실의 사건에 그치지 않고 종말의 사건으로 확장된다. 성찬은 인간 나라의 행사가 아니라 하나님 나라의 행사이다. 바로 이것이 성찬에 참여하는 사람들에게 주어지는 가장 큰 영광이다. 신자들은 성찬에 참여함으로써 자신들이 하나님 나라의 백성인 것을 확인하며 공포하는 것이다. 성찬 참여자는 현재에 속한 자로만 사는 것이 아니라 영원에 속한 자로 산다는 것을 보여주는 것이다.

⑥ 말씀의 동반

마지막으로, 성찬에는 반드시 말씀이 동반되어야 한다. 예수님은 성찬을 하나의 행사로 치루고 마신 것이 아니다. 예수님은 성찬을 시행하시면서 말씀을 곁들이셨다. 이것은 항상 말씀이 동반될 때 성찬에 진정한 가치가 있다는 것을 보여준다. 말씀이 동반되지 않는 성찬은 잘못된 방식, 잘못된 내용, 잘못된 목적으로 시행될 가능성이 높다. 말씀이 동반될 때 성찬은 비로소 바른 성례로 시행된다.

3) 초대교회의 성찬 시행

초대교회는 예수님의 성찬 신학을 그대로 받아들여 식탁 공동체의 이상을 실현했다. "그들이 사도의 가르침을 받아 서로 교제하고 떡을 떼며 오로지 기도하기를 힘쓰니라"(행 2:42). 그런데 초대교회의 식탁 교제에 두드러지게 나타나는 특징은 공간과 시간에 관한 것이다. "날마다 마음을 같이 하여 성전에 모이기를 힘쓰고 집에서 떡을 떼며 기쁨과 순전한 마음으로 음식을 먹고 하나님을 찬미하며"(행 2:46). 초기 예루살렘 공동체는 식탁 교제를 "날마다" 행함으로써 예수님의 이상을 철저하게 실현했다. 그러다가 시간이 지나면서 식탁 교제가 주일 모임으로 고정된 것처럼 보인다. "그 주간의 첫날에 우리가 떡을 떼려 하여 모였더니"(행 20:7,11).

나아가서 초대교회는 식탁 교제를 가옥에서 실행했다. 처음에는 그리스도인들의 가옥집회가 성전회집과는 상이한 성격을 가지고 있었던 것으로 생각된다. 신약 신자들이 성전에서 행한 일과 가옥에서 행한 일이 선명하게 구별되어 진술되고 있기 때문이다. 성전에서와 달리 가옥에서는 주로 식사교제가 이루어졌던 것 같다(행 2:46f.). 신약교회의 집회가 사도들의 가르침, 교제, 떡을 뗌, 기도 같은 네 가지 요소를 가지고 있었다는 것을 고려할 때 처음 두 가지(기도와 사도들의 가르침)를 성전집회에 돌린다면, 나머지 두 가지(교제와 떡을 떼는 것)는 가옥집회로 돌릴 수 있을 것이다. 이것은 신자들이 성전에서 한 일과 가옥에서 한 일이 달랐다는 것을 입증한다. 성전에서의 집회는 모든 신자의 공개적인 모임인 반면에 가옥에서의 집회는 식사교제에 치중해있었다. 신약 신자들에게는 공동식사가 매우 중요한 것으로 나타나는데, 이 공동식사는 주로 집에서 떡을 떼는 일로 시행되었던 것이다. 초기 예루살렘 공동체에서는 성찬과 애찬이 아직 한 가지 행사로 진행되었던 것처럼 보인다. 후에 성찬 신학이 정립되면서 애찬은 독립적으로 시행되기 시작하였다(유 12).

4) 사도 바울의 성찬 신학

성찬 신학은 사도 바울에게서 정교하게 나타난다. 특히 바울은 고린도교회에 편지를 쓰면서 성찬 신학을 세밀하게 다루었다. 고린도교회는 분쟁, 음행, 소송,

우상제물, 은사, 부활에 관한 문제들과 더불어 예배에서도 상당한 문제점을 보이고 있었다. 예배의 문제 중에서 크게 드러난 것이 성찬에 관한 것이었다.

(1) 혼돈 교정

사도 바울은 성찬과 관련해서 먼저 두 가지 혼돈을 교정한다.

① 우상제물과 관련된 혼돈

첫째로, 우상제물과의 관계에서 일어나는 혼돈이다. 애초부터 사도 바울은 고린도교회가 질문한 우상제물에 관해서 분명한 입장을 밝혔다. 바울은 우상의 본질(고전 8:4 "우상은 아무 것도 아니다"), 우상제물의 효력(고전 8:8 "음식은 우리를 하나님 앞에 세우지 못한다"), 믿음이 약한 자들의 양심을 위한 보류(고전 8:9-13; 10:23-33)에 관해서 차례대로 말한다. 이런 설명과 함께 바울은 신자들에게 우상숭배를 피하라고 권면한다(고전 10:14). 우상숭배를 하는 것은 악귀에게 하는 것으로서 악귀의 잔을 마시는 것이며 악귀의 상에 참여하는 것이다(고전 10:19-21). 그러므로 우상숭배는 신자들에게 허락되지 않는다. 신자들은 "주님의 잔"(ποτήριον κυρίου, 포테리온 퀴리우)을 마시고 "주님의 식탁"(τράπεζα κυρίου, 트라페자 퀴리우)에 참여하는 자들이기 때문이다(고전 10:21). 바로 여기에서 바울은 성찬 신학을 전개한다(고전 10:16-17). 그는 주님의 상에서 먹는 잔과 떡이 어떤 성격을 가지고 있는지 정확하게 밝힌다.

우선 잔의 성격이다(고전 10:16상). 이것은 "축복의 잔"(ποτήριον εὐλογίας, 포테리온 율로기아스)이다. 사도 바울은 "우리가 축복하는 축복의 잔"이라고 말함으로써 예수 그리스도께서 알려주신 것처럼 성찬은 희생제물(sacrament)이 아니라 감사예식(eucharist)이라는 사실을 분명히 한다. 또한 이 잔은 그리스도의 피에 참여함을 가리킨다. 신자들은 성찬에서 잔을 마심으로써 그리스도의 피와 교제를 나누는 것이다.

또한 떡의 성격이다(고전 10:16하-17). 먼저 사도 바울은 떡은 그리스도의 몸에 참여함을 가리킨다고 말한다. 이것은 두 가지 의미를 가진다. 무엇보다도 떡을 떼는 것은 그리스도와의 교제를 가리킨다. 신자들은 성찬에서 떡을 뗌으로써 그리스도의 몸과 교제를 나누는 것이다. 나아가서 떡을 떼는 것은 신자들 사이의 상호 교제를 가리킨다. 그래서 바울은 떡에 관해서는 조금 더 이야기를 길게 한다. "떡이 하나요 많은 우리가 한 몸이니 이는 우리가 다 한 떡에 참여함이라"(고전 10:17). 이것은 성찬이 신자들과 그리스도 사이의 수직적인 교제를 의미할 뿐 아니라 신자들 상호간에 수평적인 교제도 의미한다는 것을 보여준다.

② 애찬과 관련된 혼돈

둘째로, 사도 바울은 애찬과의 관계에서 일어나는 혼돈을 해결한다. 고린도교회에서는 신자들 가운데 부유한 사람들이 떡과 포도주를 가져와 성찬을 준비했던 것처럼 보인다(고전 11:21). 그런데 이 사람들은 일단 떡과 포도주를 성찬을 위한 헌물로 내놓으면 더 이상 자신들의 것이 아니라는 사실을 망각했던 것 같다. 그래서 이 사람들은 성찬을 행하기도 전에 각각 자기의 만찬을 먼저 가져다 먹음으로써 어떤 사람은(떡이 부족하여) 시장하고 어떤 사람은(포도주를 많이 마셔) 취하는 사태가 벌어졌다(고전 11:21). 이것은 하나님의 교회를 업신여기는 악한 행위이며, 가지지 못한 사람들을 부끄럽게 만드는 나쁜 행위였다(고전 11:22). 그래서 바울은 이런 상태로는 집회에서 성찬을 행할 수 없다고 단언한다(고전 11:20). 여기에서 특히 돋보이는 것은 "주님의 만찬"(κυριακὸν δεῖπνον, 퀴리아콘 데이프논)이라는 표현이다.

이런 문제를 해결하기 위해서 사도 바울은 두 가지를 제안하였다. 첫째는 먹고 마실 집이 있는 사람은 시장하지 않도록 미리 집에서 먹고 올 것이며(고전 11:22,34), 둘째로 일단 모임이 시작되면 시장하더라도 서로 기다리라는 것이다(고전 11:33). 바울은 고린도교회에 이런 혼돈이 발생한 것은 성도들이 성찬을 겨우 애찬 정도로 간주했기 때문이라고 생각한다.

(2) 성찬 신학

바로 여기에서 사도 바울은 성찬 신학을 전개한다(고전 11:23-29). 예수님의 성찬제정과 바울의 성찬진술을 비교해보면 다음과 같이 몇 가지 중요한 사실들이 발견된다.

마태복음 26장	마가복음 14장	누가복음 22장	고린도전서 11장
26떡을 가지사 축복하시고 떼어 제자들에게 주시며 이르시되 받아서 먹으라 이것은 내 몸이니라 하시고	22떡을 가지사 축복하시고 떼어 제자들에게 주시며 이르시되 받으라 이것은 내 몸이니라 하시고	19또 떡을 가져 감사기도 하시고 떼어 그들에게 주시며 이르시되 이것은 너희를 위하여 주는 내 몸이라 너희가 이를 행하여 나를 기념하라 하시고 20저녁 먹은 후에 잔도 그와 같이 하여	23떡을 가지사 24축사하시고 떼어 이르시되 이것은 너희를 위하는 내 몸이니 이것을 행하여 나를 기념하라 하시고 25 식후에 또한 그와 같이 잔을 가지시고
27또 잔을 가지사 감사기도 하시고 그들에게 주시며 이르시되 너희가 다 이것을 마시라 28이것은 죄 사함을 얻게 하려고 많은 사람을 위하여 흘리는 바 나의 피 곧 언약의 피니라	23또 잔을 가지사 감사기도 하시고 그들에게 주시니 다 이를 마시매 24이르시되 이것은 많은 사람을 위하여 흘리는 나의 피 곧 언약의 피니라	이르시되 이 잔은 내 피로 세우는 새 언약이니 곧 너희를 위하여 붓는 것이라	이르시되 이 잔은 내 피로 세운 새 언약이니 이것을 행하여 마실 때마다 나를 기념하라

① 전승으로서의 성찬

사도 바울은 예수님이 제정하신 성찬을 전달한다(고전 11:23-25). 성찬의 기원은 예수님이시다("주께 받은 것", 23상). 성찬은 사람이 개발한 행사가 아니다. 성찬은 신적인 기원을 가지고 있는 것이지, 사람이 창작한 것이 아니다. 심지어 바울도 그것을 전승할 뿐이다("내가 너희에게 전한 것은", 23상). 그는 전승으로서의 성찬을 강조한다. 이런 점에서 성찬은 반드시 전승되어야 한다. 이런 이유로 바울은 예수님이 성찬을 제정하시던 장면을 정확하게 서술한다. 성찬제정은 역사적인 사건이었다. 왜냐하면 성찬은 "주 예수께서 잡히시던 밤에"(23하) 되었기 때문이다.

바울도 예수님과 마찬가지로 성찬을 희생제물(sacrament)보다는 감사예식(eucharist)으로 생각한다(23-24: "떡을 가지사 축사하시고", 25: "그와 같이 잔을 가지시고"). 성찬에서 떡과 잔이 다함께 베풀어져야 한다. 먼저 떡의 말씀(23하-24상)에서 중요하게 나타나는 내용은 이것이 신자들을 위한 예수님의 몸이라는 사실이다(24: "이것은 너희를 위하는 내 몸이니"). 또한 잔의 말씀(25)에서 중요한 것은 이것이 예수님의 피를 가리키면서, 새 언약이라는 확장된 의미를 가진다는 것이다(25: "이 잔은 내 피로 세운 새 언약이니"). 바울은 성찬에서 떡과 잔은 모두 예수님을 기억하는 장치가 된다고 설파한다(24: 이것은 너희를 위한 내 몸이라 이것을 행하여 나를 기념하라", 25: "이 잔은 내 피로 세운 새 언약이니 이것을 행하여 마실 때마다 나를 기념하라"). 성찬은 언제나 예수님에게로 돌아가야 한다는 것이다. 그러므로 예수님과 연결되지 않는 성찬은 아무리 화려하게 시행되어도 의미가 없다. 바울은 성찬에 반드시 말씀이 동반되어야 한다는 것을 강조한다.

② 신학으로서의 성찬

성찬에 말씀이 동반되어야 한다는 사실은 예수님이 성찬을 제정하시던 장면에서도 분명하게 드러난다. 그런데 사도 바울은 바로 이 장면에 자신의 해석을 첨부함으로써 성찬과 설교의 동반이라는 사실을 더욱 분명하게 보여준다(고전 11:26-

31). 여기에서 바울은 "떡"과 "잔"을 반복하여 언급하며(26,27,28), 또는 "먹는다"와 "마신다"를 반복해서 언급함으로써(26,27,28,29) 성찬신학을 명시한다. 성찬은 신학이다. 무엇보다도 성찬은 예수님의 대속적 죽음을 보여주는 것이다(26). 그러나 성찬은 예수님의 대속 사역은 죽음으로 끝난 것이 아니라는 것을 확신하게 한다. 왜냐하면 예수님은 다시 오시기 때문이다(26). 그러므로 성찬은 수난과 재림을 아울러 포함하는 신학적 의미를 가진다. 성찬은 역사적이며 종말론적이다. 또한 바울은 떡과 잔을 "주의 떡과 잔"(27)이라고 부름으로써 성찬은 "주의 만찬"(20)임을 다시 한 번 분명하게 제시한다. 성찬은 인간의 소유가 아니라 주의 소유이다. 왜냐하면 떡과 잔은 "주의 몸과 피"(27)를 성례전적으로 상징하기 때문이다.

③ 실천으로서의 성찬

사도 바울은 성찬에 대한 해석에서 신학 뿐 아니라 실천도 강조한다. 성찬은 실천이다. 그래서 바울은 성찬이 전도의 기능을 가지고 있다는 것을 알려준다(26: "전하는 것이니라"). 성찬에 참여하는 사람들에게는 전도라는 사명이 주어진다. 따라서 성찬은 교회 내적인 행사로 끝나서는 안 된다. 그것은 반드시 교회 외적인 활동으로 이어져야 한다. 게다가 성찬은 신자들이 자기를 살피는 일을 가능하게 만든다(28). 이것은 우선 성찬을 애찬과 구분하지 못한 불찰을 염두에 둔 권면이다. 이것은 자신의 부유함을 자랑한 것이라는 큰 문제를 품고 있다. 게다가 이 불찰은 결국 하나님의 교회를 업신여기는 결과와 가지지 못한 사람들을 부끄럽게 만드는 결과를 가져오기 때문에 결코 가벼운 것이 아니다. 이것은 교회론적인 실책이며 사회적인 잘못이다. 성찬에는 이런 여러 가지 문제들을 정리하게 하는 실천적 기능이 있다.

④ 잔치로서의 성찬

성찬에 대한 사도 바울의 해석에는 간과해서 안 될 중요한 점이 또 한 가지 있다. 그것은 바울이 성찬을 잔치 개념으로 이해하고 있다는 사실이다. 바울은 성찬을 가리켜 "주님의 식탁"(고전 10:21) 또는 "주님의 만찬"(고전 11:20)이라고 부른다. 이것은 마치 이집트에서 나온 이스라엘 백성이 광야에서 먹었던 신령한 음식과 마셨던 신령한 음료와 같은 것이다(고전 10:3-4). 구약 백성이 광야에서 신령한 떡과 신령한 물로 잔치를 했다면, 신약 백성은 "주님의 떡"(고전 11:27)과 "주님의 잔"(고전 10:21; 11:27)으로 잔치를 한다. 이것은 예수님이 최후의 만찬에서 하나님의 나라가 잔치인 것을 보여주셨던 것과 동일하다. "그러나 내가 너희에게 이르노니 내가 포도나무에서 난 것을 이제부터 내 아버지의 나라에서 새 것으로 너희와 함께 마시는 날까지 마시지 아니하리라"(마 26:29; 막 14:25; 눅 22:18). 예수님이 최후의 만찬이 천국잔치의 표현임을 알려주셨던 것처럼 바울도 성찬을 천국잔치로 이해한다. 따라서 성찬은 종말만찬을 바라보게 한다.

⑤ 종말만찬 기대로서의 성찬

이와 같은 종말만찬은 여러 곳에서 진술된다. 특별히 요한계시록에는 에베소 교회에 주는 말씀에 이기는 자에게 허락되는 약속이 들어있다: "이기는 그에게는 내가 하나님의 낙원에 있는 생명나무의 열매를 주어 먹게 하리라"(계 2:7). "먹는다"는 말은 낙원의 식사를 가리키는데 여기에서 낙원의 종말론적인 만찬 사상을 발견할 수 있다. 낙원에는 먹는 행위가 있다. 낙원은 마치 구약절기에서 행해졌던 잔치(신 16장)나 선지자들이 예언했던 회복된 에덴과 같은 잔치(사 51:3)로 이해되고 있는 것이다. 그렇다면 본문의 낙원 개념에는 내세만찬 또는 종말만찬 사상이 들어있는 것으로 보아야 한다. 이런 사상은 라오디게아 교회에 대한 약속(계 3:20)에서도 발견되며, 결국 어린양의 혼인잔치(계 19:9)에 관한 증거에서 절정에 달한다. 낙원에서는 혼인잔치에서 맛볼 수 있는 것과 같은 순전한 기쁨과 평화를 완전하게 맛보게 된다.

성찬은 하나님 나라에서 행할 종말잔치를 바라보게 하는 현실의 잔치이다. 성찬은 잔치이기 때문에 잔치가 가지는 몇 가지 성격을 지닌다. 첫째로 잔치는 희락을 의미한다(전 10:19). 따라서 성찬에 참여하는 사람들은 천국의 희락을 맛본다(롬 14:7). 둘째로 잔치는 교제(코이노니아)를 의미한다(삼하 9:7,10,11,13). 그래서 성찬에 참여하는 사람은 수직적으로는 예수 그리스도와 교제하며 수평적으로는 신자들과 교제한다. 셋째로 잔치는 신분을 의미한다. 잔치에 참석하는 사람은 잔치를 배설한 자의 신분에 참여하는 것이다(삼상 9:8,11). 성찬에 참여하는 사람은 천국잔치에 참여하는 것이며, 천국잔치에 참여하는 사람은 하나님의 자녀라는 신분을 입증 받는 것이다(벧후 1:4). 잔치로서의 성찬은 하나님 나라를 전망하게 한다. 그러므로 성찬은 종말잔치인 하나님 나라를 현실 속에서 누리게 하는 놀라운 축복인 셈이다.

결론적으로 말해서 성찬은 다각적인 의미를 가지고 있다. 성찬은 삼위일체 하나님에 대한 신앙고백이다. 성찬은 예수님의 영적 임재를 체험한다. 성찬은 하나님의 백성이 하나님 나라에 소속하는 언약의 참여이다. 성찬은 천국시민으로 하나님 나라에서 새롭게 먹을 것을 예상하는 식사이다. 성찬은 식탁교제로 실현되는 코이노니아로서의 교회를 가장 잘 입증한다. 성찬으로 주님과 성도 사이에 완전한 교제가 이루어질 때 성도들 사이에도 완전한 교제가 이루어진다. 성찬은 신자에게 공동체의 일원이라는 의식을 불러일으켜 새로운 떡덩이 곧 부활 공동체를 이루게 한다. 성찬은 신자를 위한 생명의 양식으로 회개로 이끌며 신앙을 결단하여 거룩하게 살 것을 다짐하게 만든다. 성찬은 세상에 참여하여 예수님의 죽으심을 전할 것을 결심하게 한다.

제5장

교제

신약성경에서 교회론과 관련하여 교제(κοινωνία, 코이노니아)는 매우 중요한 개념을 제공한다. 코이노니아에는 하나님과 관련된 수직적인 측면과 교회 자체에 관련된 수평적인 측면이 있다.[1]

1. 코이노니아의 수직성

하나님과의 관계에서 이해할 때 코이노니아의 수직성이 드러난다. 하나님은 인간에게 은혜를 수여하고, 인간은 하나님께 예배한다.

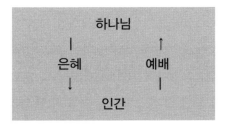

---

1) 사회와 관련된 관통적 측면은 뒤에서 논의한다.

하나님과 인간 사이의 코이노니아는 화목자이신 예수님에 의하여 가능하게 되었다. 하나님의 은혜는 특별히 말씀으로 수여된다. 이런 의미에서 설교는 하나님이 인간과 교제하는 방편이다. 인간의 예배는 특별히 회중의 예배로 실천된다. 이런 의미에서 예배는 인간이 하나님과 교제하는 방편이다.

2. 코이노니아의 수평성

성도의 상호관계에서 이해할 때 코이노니아의 수평성이 드러난다.

1) 교회 사이의 코이노니아

교회는 서로 간에 교제를 나눈다. 이것은 두 가지 전제를 가진다. 첫째로 하나님의 교회는 우주적(보편적) 교회이며, 둘째로 교회의 머리는 예수님이라는 사실이다. 하나님의 교회는 근본적으로 우주성(보편성)을 가진다. 동서고금을 막론하고 모든 교회는 하나이다. 모든 교회는 하나이기 때문에 각 교회들은 연결되며 연합하며 교제한다. 또한 하나님의 교회에서 예수님이 머리이시다. 모든 교회는 한 머리이신 예수님에게 연결되면서 그 주권 하에 놓인다. 따라서 모든 교회는 통일되며 합치하며 교제한다. 신약성경에서 지역교회들 사이의 교제는 대표적으로 로마세계의 여러 교회들이 흉년으로 고통당하는 예루살렘 교회를 위해서 부조(διακονία, 디아코니아)/연보(κοινωνία, 코이노니아; λογεία, 로게이아; ἁπλότης, 하플로테스; εὐλογία, 율로기아)를 보낸 것에서 발견할 수 있다(행 11:27-30; 12:25; 롬 15:26; 고전 16:1-2; 고후 8:2; 9:5).

2) 성도 사이의 코이노니아

이것은 두 가지 전제를 가진다. 교회는 몸이며, 성도는 지체라는 전제이다(롬 12:5; 고전 12:12,27). 교회는 몸이기 때문에 많은 지체를 가진다. 많은 지체는 몸 안에서 단일성을 가진다. 한 지체의 기쁨은 다른 지체들의 기쁨이며, 한 지체의 슬픔은 다른 지체들의 슬픔이다. 모든 지체는 각기 고유한 기능을 한다. 이 때문에 교회에는 다양성이 있다. 서로 간에 자기경시나 타인경시가 있을 수 없다. 모든 지체는 자기의 기능을 최대한 발휘할 때 건강한 몸을 이루게 된다. 한 몸에 많은 지체라는 사상은 성도 간의 교제를 격려한다. 성도들이 교제할 때 몸은 단일성을 충분히 나타내며, 지체는 다양성을 강하게 보여준다.

신약교회는 가옥교회에서 코이노니아를 실현했다. 가옥교회는 당시의 상황에서 필연적이었다. 신생하는 교회이기에 건물을 갖기 어려웠고, 핍박받는 교회이기에 건물을 갖는 것이 불가능했다. 따라서 신약교회는 자연히 가장 쉽고 안전한 방법으로 가옥을 선택하게 되었다. 가옥교회는 구조상 삼사십 명이 모일 수 있다. 자동적으로 소그룹 공동체가 되었는데 그 자체가 지역교회였다. 가옥교회에서는 점조직적인 개인교제가 중요했다. 마치 사도 바울이 루디아와 개인교제를 나누며, 브리스길라와 아굴라가 아볼로와 개인교제를 나눈 것과 같다이. 이렇게 하여 하나의 가옥교회가 형성되면 그 가운데 계속해서 점조직적인 교제가 진행되었다. 이런 의미에서 볼 때 가옥교회에서는 소그룹보다도 점조직적인 개인교제가 중요하였다. 가옥교회에서 신자들의 점조직적인 교제의 대표적인 예는 말씀교제이다. 이것은 달리 말하면 신앙교육(카테키즘)이다. 신약교회는 신앙고백을 공유하였는데 찬양시가 활용되었다. 또한 구약성경 공부는 구약인용과 사용을 고려할 때 매우 중요했던 것처럼 보인다. 예수님의 말씀을 기억하고 연구하는 것은 무엇보다도 중요하였다. 신약교회는 사도들의 교훈을 배웠다. 이런 의미에서 볼 때 신약성경은 초대교회를 위한 신앙교육교재였다. 구약성경은 이미 초대교회의 신앙교육교재로 확보되었고, 신약성경은 초대교회에서 신자들의 신앙교육을 위하여 생산되었다.

가옥교회에서 가장 일반적인 교제는 구제(물질교제)였다. 이것은 약자(고아, 과부, 빈자, 병자)에게 물질을 공급하는 것이다. 여기에는 애찬(식탁교제)가 있었다. 이것은 성도들의 공동식사를 가리킨다. 애찬은 초대교회에서 매우 중요했다. 애찬보다 더욱 중요한 식탁교제는 예배에서 시행되는 성찬이었다. 이것은 모든 성도가 예수님을 머리로, 교회를 몸으로, 성도를 지체로 고백하는 신앙고백이었다.

한 마디로 말하자면 초대교회의 교제는 신앙과 신학의 양육을 위주로 했다는 것이다. 이것이 오늘날 우리가 회복해야 할 진정한 성도의 교제이다.

제6장

공동체

1. 예배일

1) 구약의 안식일

창조 기사 이후에 등장하는 대표적인 인물에게는 안식일에 관한 언급이 없다. 에녹(창 5:21-24), 노아(창 6:9), 아브라함(창 17:1), 이삭(창 48:15)에게 공통적으로 사용된 용어는 "다니다"(הלך, 할라크) 동사의 히트파엘 형태이다. 이것은 에덴 동산에 "거니시는" 하나님을 묘사할 때 나오는 표현이다(창 3:8). 이렇게 볼 때 에녹을 비롯하여 위의 인물들은 하나님의 행동을 모방하여 일치하려고 했던 것을 알 수 있다. 마치 그들에게는 하나님과 동행하는 매일의 삶이 중요했던 것처럼 나타난다.[1] 출애굽기에 이르러 노예 생활 중에도 안식일에 관한 언급이 없다(바로의 학정 아래 평일도 안식일도 지킬 수 없었을 것이다).

안식일은 비로소 출애굽 시대에 이르러 다시 언급된다. 하나님은 출애굽으로 이스라엘 백성에게 두 가지를 회복하려고 하셨다. 첫째는 하나님 인식 회복이며

---

1) 뒤에서 논의하겠지만, 이런 점에서 신약교회는 족장 시대의 "매일" 개념으로 돌아가려고 한 것일지도 모른다.

제6장 교회

(출 3:6,14; 4:5 등), 둘째는 하나님 예배 회복이다(출 3:12; 7:16 등). 십계명에는 이두 가지 회복을 겨냥하는 말씀들이 들어있다. 바로 이 십계명에 하나님은 안식일 계명을 명시하셨다. 안식일 계명은 하나님 인식과 하나님 예배를 하나로 묶는 역할을 한다. 십계명이 가장 명확하게 진술되는 경우(출 20:8-11 창조와 관련한 내용; 신 5:12-15 구속과 관련한 내용)를 살펴보면, 안식일은 본래 하나님의 창조와 하나님의 구속을 기억하는 날임을 발견한다. 안식일은 단순히 날을 지키거나 단순히 일을 하지 않는 것이 중요한 것이 아니다. 안식일의 목적은 하나님의 창조와 구속을 기억하는 데 있기 때문이다. 결국 창조와 구속은 예수님에 의해 성취된다. 인자가 안식일의 주인이니라(마 12:8; 막 2:28; 눅 6:5). 그런데 안식일을 준수하기 위해서는 조건이 필요하다.

첫째로, 날마다 하나님을 모방하는 삶이다. "엿새 동안 네 모든 일을 행하라"(עשה, 아싸, 출 20:9)는 말씀은 엿새 동안 하나님이 만물을 만드신(עשה, 아싸) 것과 연관된다(출 20:11). 하나님께서 엿새 동안 활동하신 것처럼, 하나님의 백성도 엿새 동안 활동해야 한다. 하나님의 엿새 활동은 선하고, 조화롭고, 기쁜 일이었다. 따라서 백성의 엿새 활동도 선하고, 조화롭고, 기쁜 일이어야 한다. 백성은 엿새 동안 하나님을 모방해야 한다. 이렇게 엿새 동안 하나님을 모방하는 활동 없이 안식일을 날로만 지키는 것은 의미가 없다. 이에 대하여 선지자들이 강하게 비판하였다(사 1:13). 엿새 동안 하나님을 모방하여 선한 일을 도모하지 않으면서 안식일을 지키는 것은 가증스러운 일이다. 그래서 선지자들은 안식일을 지키기 전에 생활을 성결하게 할 것을 주문했던 것이다(사 1:15-17).

둘째로, 날마다 하나님을 예배하는 삶이다. 하나님의 백성은 엿새 동안 일할 뿐 아니라 예배한다. 개역개정에 "엿새 동안은 힘써 네 모든 일을 행할 것이나"(출 20:9; 신 5:13)로 번역된 본문에는 두 동사가 사용되었다. 첫째는 "아바드"(עבד)이고 둘째는 "아싸"(עשה)이다. 그런데 아바드는 예배(worship)와 노동(labour)이라는 이중적인 의미를 가지고 있다. 따라서 이중적인 의미를 고려하면 백성이 엿새 동안 예배하면서 노동하는 것이 안식일을 지키는 조건이 된다. 다시 말해서 날마다 노동할 뿐 아니라 예배하는 것이 안식일을 바로 지키는 전제가 된다는 것이다. 신약시대에 이르러 예수님과 사도들은 안식일의 의미를 분명하게 보여주었다. 예수님도 안식일을 그대로 지키셨다. 안식일은 매일의 한 날에 지나지 않았다. 매일 하나님을 예배하며 모방한다면 안식일에 예배하는 것을 거절할 이유가 없다. 이것은 안식일을 지킨 것이 아니라 매일을 지킨 것이다. 사도들도 같은 정신으로 안식일을 지켰다. 하나님을 향한 매일 모방과 매일 예배 없이 안식일을 지키는 것은 그 자체가 위선이다(안식일 논쟁에서 잘 드러남). 그러므로 매일을 회복하는 것이 안식일을 회복하는 길이다.

2) 신약의 주일

이제 신약성경이 주일에 관해 무엇을 말하는지 살펴보자. 신약교회가 안식일 대신 주일을 지키게 된 경위와 주일에 행한 행사에 관해 주목해본다. 신약교회에는 "날"(ἡμέρα, 헤메라)에 대한 문제가 심각하게 제기되었는데, 특히 세 가지 방식이 두드러진 현상을 보여주었다: 안식일, 매일, 첫날(주일).

(1) 안식일

외형적으로 볼 때, 신약교회는 처음에 "날"의 문제에 있어서 유대교와 같은 길을 간 것처럼 보인다. 신약교회는 유대교와 유사하게 안식일을 이해했던 것으로 나타난다. 우선 이런 이해는 안식일에 "규례대로" 집회에 참석하셨던 주님의 행보와 연속성을 가진다(눅 4:16). 따라서 주님의 부활 이후에 제자들도 안식일을 존중히 여겼다(행 1:12, "안식일에 가기 알맞은 길", σαββάτου ὁδός, 사바투 호도스). 이런 맥락에서 사도 바울도 유대인들의 안식일 회당집회에 거부감 없이("규례대로," 행 17:2) 참석하였다. 그는 안식일에 성경을 강해하거나(행 13:13-52/비시디아 안디옥;

17:1-9/데살로니가; 18:1-4/고린도) 기도에 집중하는(행 16:13/빌립보) 모습을 보여주었다. 여기에서 놓쳐서는 안 될 중요한 사실은 이미 신약교회가 성경교육과 기도생활을 집회의 중요한 요소로 간주할 기반을 얻었다는 것이다. 물론 사도 바울의 경우에 주의해야 할 점이 한 가지 있다. 그것은 사도 바울이 안식일 집회에 참석한 이유가 대체적으로 유대인을 향한 복음전도를 목적으로 하고 있었다는 것이다. 따라서 안식일 집회 참석을 근거로 삼아 신약교회가 안식일을 유대교적인 의미에서 준수했다고 주장하는 것은 옳지 않다.

(2) 매일

신약교회는 머지않아 유대교적인 안식일 개념을 넘어섰다. 신약교회의 안식일 극복은 독특한 중요한 신학에 근거한다. 그것은 매일이 주님의 소유라는 매일 신학이다. 매일 신학은 모든 날이 주님의 날이라는 신학이다. 신약교회에는 조만간에 주님이 어느 한 날만 소유하는 분이 아니라 모든 날을 소유하시는 분이라는 신학이 확립되었다. 따라서 신약교회는 거의 초기부터 성전에서든 집에서든 "날마다"($\kappa\alpha\theta$ ‡ $\dot{\eta}\mu\acute{\epsilon}\rho\alpha\nu$, 카뜨 헤메란, 또는 $\pi\acute{\alpha}\sigma\alpha\nu$ $\dot{\eta}\mu\acute{\epsilon}\rho\alpha\nu$, 파산 헤메란) 모임을 실행하기 시작하였다(행 2:46; 5:42). 이와 같은 실행에는 모든 시간이 주님의 소유라는 매일 신학이 뒷받침되었다. 현재도 미래도 모두 주님의 것이며(고전 3:22), 알파와 오메가이신 하나님은 과거와 현재와 미래를 통치하시는 분이다(계 1:4,8; 4:8). 이런 매일 신학을 바탕으로 삼아 신약교회에는 매일 집회가 가능하게 되었다(히 3:13 참조). 그런데 매일 신학은 두 가지 결과를 가져다주었다.

첫째로, 신약교회에 매일 신학을 근거로 안식일에 대한 새로운 시각이 발생하였다. 그것은 안식일도 다른 날들처럼 주님이 소유하신 모든 날 가운데 하나에 지나지 않는다는 생각이다. 이것은 신약교회에 안식일에 대하여 두 가지 생각을 마련해주는 배경이 되었다. 더 이상 유대교처럼 안식일을 지킬 이유가 없다는 것과 동시에 복음 전도를 위해서는 안식일에 적극적으로 회당에 참석할 수 있다는 것이었다.[2] 신약교회는 안식일에 집착할 필요도 없지만 그렇다고 안식일을 거부할 필요도 없었다. 이것은 두 가지 태도를 결정지었다. 하나는 신자가 유대교처럼 안식일을 지키는 것은 옳지 않다는 것이다. "너희가 날과 달과 절기와 해를 삼가 지키니 내가 너희를 위하여 수고한 것이 헛될까 두려워하노라"(갈 4:10). 다른 하나는 안식일이 신자를 비판하는 잣대가 되지 못한다는 것이다. "절기나 초하루나 안식일을 이유로 누구든지 너희를 비판하지 못하게 하라 이런 것들은 장래 일의 그림자이다"(골 2:16).

둘째로, 매일 신학 때문에 신약교회에 평일에 대한 새로운 시각이 발생하였다. 그것은 모든 날이 주님의 소유이므로 안식일 외의 다른 날들도 안식일처럼 귀중하다는 것이다.[3] 그러므로 신약교회는 유대교와 달리 보통 날들을 귀중하게 지내야 할 이유를 확보하였다. 이것이 바로 초대교회가 성전이든 집이든 "날마다" 매일 집회를 갖게 된 신학적 동기이다. 이후에도 신약교회에 이와 같은 매일 집회가 지속되었다는 증거는 사도행전의 여러 곳에서 찾아볼 수가 있다(행 4:23, 동료 집회; 행 5:12, 솔로몬 행각 집회; 행 5:20,25, 성전 교육; 행 12:12, 마리아 집 기도회; 행 13:2, 안디옥 교회 금식 집회 등등). 한 마디로 말해서, 신약교회의 신자들은 특일 예배자가 아니라 매일 예배자(헤메로레이투르고스, hemeroleitourgos)였던 것이다. 모든 신자가 만인제사장이듯이 모든 신자는 매일예배자로 이해되었다. 따라서 그들은 매일 예배자의 삶을 살았다. 신약교회의 신자들에게는 몸을 하나님이 기뻐하시는 거룩한 산 제사로 드리는 영적 예배(롬 12:1)가 특정한 날에만 아니라 평범한 날에도 실행되어야 할 것으로 받아들여졌다. 성일에 일상생활을 금지하면서 예배자가

---

2) 초대교회가 안식일에 거부감을 보이지 않았기 때문에 모세의 율법에 집착하는 사람들조차도 이방인에게 복음을 전하는 바울과 바나바를 공격할 때 할례 문제는 거론하지만 안식일 문제는 거론하지 않았던 것처럼 보인다. 이 논의에서 사도회의는 할례에 대하여 멍에(행 15:10), 괴롭힘과 마음 혼란(행 15:24), 짐(행 15:28)이라고 표현하면서 결정을 내리면서 이방인 신자들에게 "요긴한 것들"(행 15:28)을 준수하라고 결정을 내렸는데, 그것은 우상의 더러운 것(제물), 음행, 목매어 죽인 것, 피를 멀리하라는 것이었다(행 15:20,29; 21:25). 이때 사도회의는 안식일의 유익은 그대로 인정했다. "이는 예로부터 각 성에서 모세를 전하는 자가 있어 안식일마다 회당에서 그 글을 읽음이라 하더라"(행 15:21).

3) 이런 이유 때문에 초대교회는 한 주간 단위로 살았던 것처럼 보인다(참고. 행 20:6; 21:4,27; 28:14).

되는 것보다 더 중요한 것은 매일같이 일상생활을 영위하는 중에 예배자가 되는 것이었다. 그러므로 신약교회의 신자들은 일상생활을 거부하지 않았을 뿐만 아니라 일상생활 자체가 예배나 다름이 없는 것으로 여겼던 것처럼 보인다. 신약교회의 매일 집회에서 눈길을 끄는 것은 사도행전이 보여주는 대로 그 내용이 성전에서 공개집회와 가옥에서 식탁교제를 근간으로 삼으면서(행 2:46) 예수님이 그리스도이심을 끊임없이 전하고 가르치는 신앙고백이었다(행 5:42).

이처럼 안식일도 평일처럼 주님이 소유하신 모든 날 가운데 한 날에 지나지 않고, 모든 날이 주님의 소유이므로 평일도 안식일처럼 귀중하다는 매일 신학은 예수님에 대한 신앙고백으로 돌아가게 만든다. 사도 바울은 이런 신앙고백적 매일 신학에 근거하여 신약교회에서 발생한 "날" 논쟁(롬 14:5, "어떤 사람은 이 날을 저 날보다 낫게 여기고 어떤 사람은 모든 날을 같게 여기나니")을 간단히 잠재웠다. 바울에 의하면, 어떤 날을 다른 날보다 낫게 여기거나 모든 날을 동일하게 여기는 것은 마음의 문제일 뿐이다(롬 14:5, "각각 자기 마음으로 확정할지니라"). 바울은 한 날을 귀하게 여기는 것도 모든 날을 동일하게 여기는 것도 모두 마음의 확신 문제에 지나지 않는다고 주의를 주었다. 무슨 마음이냐 하면 주님에 대한 마음이다. 중요한 것은 날에 대한 마음이 주님과 어떤 관계에 있느냐 하는 것이다. 그러므로 바울은 신자의 마음이 주님과 어떤 관계에 있느냐 하는 점을 다룬다(롬 15:6, "날을 중히 생각하는 자도 주를 위하여 중히 생각하라"). 한 날을 귀히 여기건 모든 날을 같게 여기건 중요한 것은 날의 주인이신 예수님께로 돌아가는 신앙고백이다.

(3) 주일

매일 신학으로부터 나온 안식일과 평일에 대한 새로운 이해는 신약교회에 성일 변경을 위한 중요한 동기를 제공했던 것처럼 보인다. 신약교회에서 성일이 안식일에서 주일로 변경되는 데는 매일 신학이 중요한 배경이 되었다. 만일에 신약교회에서도 안식일이 다른 날보다 근본적으로 더 큰 가치가 있는 것으로 여겨졌다면 성일이 안식일 대신 주일로 변경되기 어려웠을지 모른다. 그러나 모든 날이 주님의 소유라는 매일 신학으로 말미암아 드디어 신약교회에는 안식일 아닌 다른 날을 성일로 택할 수 있는 가능성이 열렸다. 그리고 신약교회가 평일 가운데 한 날을 성일로 선택하는 데는 자연스럽게 예수님이 부활하신 날이 결정적인 대안으로 부상하였다. 이제 기독교에만 독특한 주일 신학이 시작되었다: 주일은 매일의 절정이다.

사도행전은 이것을 현장에서 가장 잘 보여준다. 신약교회는 안식일이 아니라 안식일이 지난 첫 날에 집회를 가졌다(행 20:7, "안식일 후 첫날에"/"그 주간의 첫 날에", ἐν τῇ μιᾷ τῶν σαββάτων, 엔 테 미아 톤 사바톤). 이 표현은 예수님이 부활하신 날을 묘사하는 표현과 동일하다(막 16:2; 눅 24:1; 요 20:1,19, "안식일 후 첫날에", τῇ μιᾷ τῶν σαββάτων, 테 미아 톤 사바톤; 참조. 마 28:1).[4] 이렇게 볼 때 초대교회의 성일변경 이유는 예수님의 부활과 깊은 관련이 있다는 것을 알 수 있다. 사도행전은 신약교회가 시작되고 최소한 한 세대가 지난 후의 시점에서 말하고 있으므로 이 진술은 절대로 우연한 것이 아니다. "안식일 후 첫날"은 더 이상 논쟁할 필요 없이 이미 신약교회가 기정사실로 받아들이고 있다는 것을 전제로 한다. 초대교회가 안식일 후 첫날을 집회일로 삼게 된 것은 그 날이 주님께서 부활하신 날이기 때문이다. 그 날은 예수 그리스도의 부활의 날로 인식되었다. 앞에서 살펴본 것처럼 율법에서 안식일은 하나님의 창조와 구원을 상기시켜준다(출 20:11; 신 5:15). 그런데 안식일이 상기시키는 창조와 구원은 안식일의 주님이신(마 12:8; 막 2:28; 눅 6:5, "인자가 안식일의 주κύριος이니라") 예수님에 의해서 완성되었다. 예수님은 율법의 완성이시기에(롬 10:4) 안식일의 완성이시기도 하다. 그리고 안식일 율법의 완성은 주님의 부활에 의하여 확증되었다. 따라서 신약교회는 안식일 대신에 주일을 성일로 삼았다. 신약교회는 이 날 말씀을 가르치는 강론과 떡을 떼는 교제에

---

4) "첫 날"을 나타내기 위해서 사도행전 20:18처럼 πρώτη를 사용하지 않고 μία를 사용한 것은 히브리 방식(Hebraismus)의 표현이다. 참조. J. Weiss, *Der erste Korintherbrief*, KEK 5 (Göttingen: Vandenhoek Ruprecht, 1910), 1970, 381.

하루 종일 집중했다. 이것이 신약성경이 보여주는 주일 행사의 근간이다.

사도 바울에 의하면, 예수님이 부활하신 날인 주일이 교회의 회집일로 사용되었다(고전 16:2, "매주 첫 날에" κατὰ μίαν σαββάτου, 카타 미안 사바투).[5] 바울은 이 날 연보할 것을 권면한다. 바울은 연보의 방식에 관하여 이미 갈라디아 교회들에게 지시한 바가 있다(고전 16:1). 여기에서 중요한 것은 바울이 갈라디아 교회들에게 주었던 연보지침을 고린도 교회에도 그대로 제시하고 있다는 사실이다(고전 16:1). 그러면 갈라디아 교회들과 마찬가지로 고린도 성도들이 그대로 행해야 할 연보지침은 무엇인가? 그것은 무엇보다도 연보를 "매주 첫날에", κατὰ μίαν σαββάτου, 카타 미아 사바투) 행해야 한다는 것이다. 연보는 예수님이 부활하신 날인 주일 집회에서 행해졌다. 이런 의미에서 볼 때 연보는 일회적인 것이 아니라 규칙적인 것이다(2절의 복수형 "로게이아이[λογεῖαι]에 주의하라).

마침내 신약교회에서 주일이란 표현은 하나의 전문용어로 확립되었다(계 1:10, "주의 날", ἡ κυριακὴ ἡμέρα, 헤 퀴리아케 헤메라). 이것은 아마도 구약성경에 자주 언급되는 "주의 날"(사 2:12; 13:6,9; 렘 46:10; 겔 13:5; 30:3; 욜 1:15; 2:1,11,31; 3:14; 암 5:18,20; 옵 15; 습 1:7,14; 슥 14:1; 말 4:5)에 대한 반향으로 이해할 수 있다.[6] 하지만 신약교회의 주일 신학을 구약의 "주의 날" 사상과 동일한 것으로 보기는 어렵다. 무엇보다도 용어에 차이가 나기 때문이다. 신약교회는 구약(칠십인역)이 일률적으로 "주의 날"(ἡμέρα κυρίου, 헤메라 퀴리우)로 표시하는 것과 달리 유례없는 전문용어인 "주의 날"(ἡ κυριακὴ ἡμέρα, 헤 퀴리아케 헤메라)를 사용했다. 둘째로 구약에서 "주의 날"은 하나님의 종말론적인 도래를 기대하게 하는 반면에, 신약교회에서 주일은 예수님의 부활을 상기하게 만든다. 이 때문에 사도 요한은 주의 날에 부활하신 예수님의 모습을 보았던 것이다(계 1:17-18, "나는 처음이요 마지막이니 곧 살아있는 자라 내가 전에 죽었노라 볼지어다 이제 세세토록 살아있어 사망과 음부의 열

---

5) 여기에서 σάββατον은 주간을 가리킨다(눅 18:12, "이레에 두 번 씩", δὶς τοῦ σαββάτου).

6) 벡퀴드(R. T. Beckwith), 『기독교인과 주일: 주일을 어떻게 보낼 것인가』, 신헌재 역 (서울: 승문출판사, 1985), 81.

쇠를 가졌노니"). 사도 요한이 주의 날에 경험한 일들은 앞으로 모든 교회가 주일에 해야 할 일이 무엇인지를 표준적으로 암시한다. 그것은 성령님 안에 머무는 것이며(계 1:10), 주님의 말씀을 듣는 것이며(계 1:10-11), 부활의 예수님께 집중하는 것이다(계 1:12-20). 결론적으로 말해서 주의 날은 예배를 목적하는 날이다. 주일은 예배일로 존중되어야 한다.

2. 집회소

신약의 교회는 회집을 위해 다양한 공간을 사용하였다. 처음에는 성전에서 회집하였고(행 2:46; 5:42), 회당을 사용하였으며(행 6:9; 9:20; 13:5), 학당을 이용하였고(σχολή, 스콜레, 행 19:9), 가옥에서 모였다(마리아의 집, 고넬료의 집, 빌립보 간수의 집). 특히 바울서신에 몇 번 언급된 "…의 집에 있는 교회"(ἡ κατ̉ οἶκον ἐκκλησία, 헤 카트 오이콘 에클레시아, 롬 16:5; 고전 16:19; 골 4:15; 몬 2)라는 표현을 정확하게 이해할 필요가 있다.[7]

먼저 초기 기독교가 직면했던 당시의 상황을 고려해야 한다. 초기 기독교는 유대교, 로마제국, 이방세계 등등 여러 가지 세력들에게 우리가 상상하는 것 이상으로 큰 핍박을 받고 있었다. 이런 요인 때문에 초기 기독교는 자신을 공개화 할 수가 없었고, 그로 말미암아 은신하기에 가장 적합한 가옥을 집회장소로 선택하게 되었다. 따라서 오늘날에는 핍박의 가능성이 있는 지역이거나 개척을 위한 경우라면 몰라도 평화스런 땅에서 "집에서 모이는 교회"를 고집하는 것은 큰 의미가 없는 듯이 보인다.

여기에서 반드시 집고 넘어가야 할 것은 "…의 집에 있는 교회" 그 자체가 지역 교회였다는 사실이다. 비록 그것이 누구의 집에 은신하는 소수의 공동체였지

---

7) 가옥교회에 관한 자세한 내용은 나의 책, 『신약의 교회』(수원: 합신대학원출판부, 2011)을 참조하라.

만, 그럼에도 불구하고 그것은 오늘날 우리의 지역교회들과 마찬가지로 정상적인 교회였다. 초기 기독교의 가옥교회들은 많은 사람들이 오해하듯이 어느 한 지역교회에 부속하는 작은 부스러기 교회들이 아니었다. 만일에 한 지역(예를 들어, 로마나 고린도)에 여러 개의 가옥교회들이 있다면, 그것은 오늘날의 노회와 같은 성격을 가지는 것임을 잊어서는 안 된다. 따라서 우리는 로마서 16장과 같은 경우를 볼 때, 로마에 있는 노회에 여러 개의 지역교회들이 있었다고 말하는 것이 타당하다.

게다가 초기 기독교의 가옥교회에서 지도자로 역할을 했던 사람들은 고도의 성경실력과 신학지식을 구비한 인물들이었음을 반드시 기억해야 한다. 많은 사람들이 때때로 그들은 성경에 있어서나 신학에 있어서 별로 재간이 없는 평범한 사람들이었다고 강변하려는 태도를 취한다. 아마도 이것처럼 큰 오해도 없을 것이다. 왜냐하면 초기 기독교의 가옥교회 지도자들은 대부분 사도들과 직접적인 관계 속에서 성경과 신학을 습득한 사람들이기 때문이다. 로마서 16장에 열거된 지도자들을 꼼꼼히 살펴보면 오늘날의 평신도와 같은 사람들이라고 부르기 어려움을 발견하게 된다.

자주 초기 기독교의 가옥교회로부터 소그룹 운동의 전형을 찾아내려고 시도한다. 이것은 언뜻 보기에 어느 정도 일리가 있는 것처럼 보인다. 실제로 당시의 교회는 가옥에서 모이는 소수의 집회였기 때문이다. 분명히 그 구성원의 수는 아무리 많아도 가옥을 넘칠 수 없는 수였을 것으로 추정된다. 그러나 이런 이유 때문에 초기 기독교의 가옥교회를 소그룹 운동의 모범으로 생각하는 것은 매우 단순한 발상이다. 그것이 외형에 있어서는 소그룹이었다 할지라도 진정한 초점은 소그룹이 아니라 개개인에게 있었기 때문이다. 우리가 초기 기독교의 가옥교회로부터 배워야 할 진정한 교훈은 복음으로 실현된 개인의 강력한 교화이다. 이것은 마치 열두 제자라는 소그룹이 십자가 앞에서 철저하게 실패한 후에, 부활하신 예수님이 제자 한 명, 한 명을 확실한 신앙으로 무장시키셨던 것과 같다. 소그룹은 오직 개인 신앙고백이 전제될 때만 가치가 있다.

신약성경은 사도를 선지자와 함께 터라는 개념으로 이해한다(엡 2:20). 이것은 마치 사람들이 건물을 지을 때 기초를 마련하는 것과 같이 하나님께서 교회를 세우시면서 선지자들과 함께 사도들을 기초로 삼았다는 의미이다. 이 말 속에는 건물을 지은 후에 기초를 다시 놓지 않듯이 교회가 세워진 후에는 다시 사도들이 있을 수 없다는 뜻이 담겨있다.

실제로 예수님은 이런 차원에서 열두 사도를 부르셨다. 열두 사도라는 표현은 교회의 기초를 가리키는 완전히 확정된 전문용어였다. 그래서 심지어 가룟 유다가 제외된 후에 부활하신 주님께서 나타나신 경우에도 "열둘"이라는 표현은 자연스럽게 사용되었다(고전 15:5). 게다가 열두 사도는 장차 하나님 나라의 통치와도 직결되는 중요한 의미를 가진다. 열두 사도는 이스라엘의 열두 지파를 다스릴 것이기 때문이다(마 19:28). 더 나아가서 요한계시록에 의하면 새 예루살렘 성에는 열두 기초석이 있는데 그 위에는 열두 사도들의 이름이 있을 것이라고 한다(계 21:14). 이것은 사도의 수가 열둘로 결정되어 열두 사도 외에 더 이상 다른 사도가 있을 수 없다는 사실을 확실하게 드러낸다.

초대교회도 이 사실을 명심했던 것처럼 보인다. 그래서 가룟 유다 대신에 맛디아를 보충하려는 시도를 했던 것이다. 일이 어찌 되었든지 간에 예수님은 바울을 사도로 부르셨다. 바울의 사도권은 초대교회 안에서도 자못 토론거리가 되기는 했지만(고전 9:1-2) 그 자신의 논증에 의해 결국은 명확하게 정리되었다(갈 1:1,11-17). 이 때문에 바울은 자신을 마지막 사도로 소개한다.(고전 15:9-11).

물론 초대교회는 순전히 기능적인 의미에서 열두 사도나 사도 바울 외에도 "사도"라는 단어를 사용했던 것은 사실이다. 때때로 어느 지역교회가 사명을 감당하도록 파송한 사람들을 가리켜 "사도"라는 명칭을 부여했다(우리말 개역개정판에는

"사자"라고 번역되었음). 그 대표적인 경우가 사도 바울의 동역자로 수고한 여러 형제들이었다(고후 8:23). 사도 바울은 빌립보 교회가 자신을 돕도록 파송한 에바브로디도를 가리켜 역시 이 용어를 사용했다(빌 2:15). 그런데 이 두 경우를 보면 예수 그리스도의 사도와는 차이가 난다는 것을 알려주기 위해서 "교회의" 또는 "너희의"라는 수식어를 사용하는 것을 볼 수 있다. 이것은 열두 사도와 같은 수준의 사람들이 아니라 단순히 교회들이 어떤 제한된 특정한 목적을 완수하도록 파송한 "보냄을 받은 자"(요 13:16)라는 일반적 용례인 것이다.

그런데 성경을 잘못 이해하여 지금도 사도가 계속해서 존재한다고 억지주장을 펴서 교회에 혼란을 끼치는 경우가 비일비재하다. 만일에 누군가가 이런 일반적인 용례를 오해해서 지금도 열두 사도와 같은 사도들이 계속해서 존재한다고 억지 논리를 펴려 한다면 "그리스도의 사도로 가장하는 자들"(고후 11:13)이라는 비판이나 "자칭 사도"(계 2:2)라는 비판을 면하기 어려울 것이다.

성경은 여성이 목사로 안수 받는 것을 지지하지 않는 것처럼 보인다. 오늘날 여성이 사회의 모든 분야에 진출하여 큰 역할을 감당할 뿐 아니라 심지어 지도자의 위치에서 눈부신 성과를 내고 있기 때문에 많은 사람들(특히 소위 여성신학자들)은 여성이 목사로 안수 받는 것을 정당한 것으로 생각한다. 하지만 시대상이 아무리 변해도 성경의 교훈을 따를 수밖에 없다.

여성 안수가 정당한 것인가를 말하기 전에 먼저 알아야 할 것은 성경이 남성과 여성의 관계를 이중적으로 보여준다는 것이다. 성경에 의하면 남성과 여성은 본질로는 평등하지만 역할에서는 상이하다. 두 가지 관계 가운데 어느 하나를 제거하거나, 두 가지 관계를 혼동하면 곧바로 심각한 문제가 일어난다. 따지고 보면, 여성 안수를 말하는 것은 남성과 여성의 역할이 상이하다는 것을 무시하고 역할의 평등을 주장한 결과이다.

본질적인 면에서 볼 때 남성과 여성은 평등하다. 이런 평등은 창조의 관점에서 보면 분명하게 드러난다. 창조에서 여자는 남자에게서 나왔고, 출생에서 남자는 여자에게서 나온다. 그래서 주 안에는 남자 없이 여자만있지 않고, 여자 없이 남자만 있지 않다(고전 11:11). 이런 평등은 구원의 관점에서 볼 때도 그대로 성립된다. 남자나 여자나 모두 그리스도 예수 안에서 하나이다(갈 3:28). 믿음으로 의롭다함을 받는 것은 남녀 모두에게 공통적인 구원의 방식이다.

하지만 남성과 여성은 본질적인 평등에도 불구하고 역할이 상이하다. 성경은 남녀 역할의 상이를 다양한 방식으로 보여준다. 이것은 가장 먼저 아담과 하와가 죄를 범한 후에 하나님께서 그들에게 서로 다른 벌을 내리신 것을 보면 어렵지 않게 알 수 있다. 남자에게는 노동이라는 역할을 주셨고, 여자에게는 출산이라는 역할을 주셨다. 다른 예를 들자면, 남성과 여성의 상이한 역할은 부부관계에서도 나타난다. 남성에게는 사랑이라는 역할을, 여성에게는 복종이라는 역할을 요구하기 때문이다(엡 5:22-33). 둘 다 공통적으로는 존중이 바탕이다(살전 4:4).

남녀의 상이한 역할과 관련하여 특히 눈여겨보아야 할 것은 구약시대에는 여성을 제사장으로 세우지 않았다는 사실과 신약시대에는 여성을 사도로 세우지 않았다는 사실이다. 이것은 임신이나 출산 같은 여성에게만 고유한 생리적 현실에서 나오는 사역의 부담과 제약을 고려한 것임에 틀림없다. 구약의 제사제도와 신약의 사도직무는 여성의 이런 결정적인 어려움을 피해 간 것으로 이해할 수 있다.

물론 구약시대와 신약시대에서 때때로 특별한 사역을 감당했던 여성들이 없었던 것은 아니다. 드보라(삿 4:4)와 훌다(왕하 22:14; 대하 34:22)는 여선지자로 활동하였다. 특히 신약성경은 여러 여성들을 언급하는데 목사로 안수를 받았다는 증거는 확실하지 않다. 브리스길라가 아볼로를 가르친 것(행 18:26)이 반드시 목사의 기능이었다고 보기는 어렵고, 뵈배(롬 16:1-2)가 목회자의 직분을 가지고 있었다는 주장은 로마서의 디아코노스 용례를 볼 때 정당성이 없고(롬 13:4; 15:8), 빌립의 딸들이 예언한 것(행 21:8-9)을 목회라고 정의할 이유가 분명하지 않다. 오히려 이들은 하나님께서 교회를 위하여 역사상에 특별히 일으키셨던 여성들이었다고 이해하는 것이 좋다. 그러나 여기에서 주의해야 할 것은 특별한 것을 일반화시키면 안 된다는 것이다. 마치 발람을 책망했던 나귀의 역할을 일반화시켜 오늘날에도 일반적으로 나귀가 사역하기를 기대하는 것은 잘못인 것과 같다. 위의 여성 일군들은 모두 특별히 한 시점에서 하나님의 일을 위해서 세움을 받았던 것이다.

때때로 디모데전서 5:2와 디도서 2:3이 여성 목사를 가리킨다고 말하는 사람들이 있는데, 사실은 본문의 문맥과 내용을 오해한 것이다. 앞의 구절은 어머니와 같은 위치에서 젊은 여성과 대조를 이루는 늙은 여성(딤전 5:2), 특히 나이 많은 과부들을 가리킨다(딤전 5:3-16)는 것을 어렵지 않게 알 수 있다. 뒤의 구절은 교회의 직분을 말하려는 것이 아니라, 젊은 여성과 대조되는(딛 2:4) 나이 많은 여성을 말

하고 있다는 것이 분명하다. 따라서 성경에서 여성 안수를 지지하는 내용을 찾기란 좀처럼 쉽지 않다.[8]

---

8) 이에 관한 자세한 내용은 나의 글, "여자의 역할에 관한 신약성경의 교훈", 『신학정론』 23권 2호 (2005년 11월), 53-76을 참조하라.

ΕΝΑΡΧΗΗΝΟΛΟΓΟC·ΚΑΙΟΛΟΓΟC
ΚΑΙΘΕΗΝΟΛΟΓΟC·ΟΥΤΟCΗΝΟC·Ο
ΠΑΝΤΑΔΙΑΥΤΟΥΕΓΕΝΕΤΟΟΤΕ·
ΕΓΕΝΕΤΟΟΥΔΕΝΟΓΕΓΟΝΔΕΝ
ΚΑΙΗΖΩΗΗΝΤΟΦΩCΠΙΝΤΟ
ΚΑΙΤΟΦΩCΕΝΤΗCΚΟΤΕΝΤΙ
CΚΟΤΙΑΑΥΤΟΟΥΚΑΤΕΛΑΒΟΥΚ
ΓΕΝΕΤΟΑΝΘΡΩΠΟCΑΠΕCΤ
ΡΑΘΥ ΟΝΟΜΑΑΥΤΩΙΩΑΝΝΕC
ΘΕΝΕΙCΜΑΡΤΥΡΙΑΝΙΝΑΜΡΤΥΡ
ΠΕΡΙΤΟΥΦΩΤΕC·ΙΝΑΠΑΝΤΕC
ΩCΙΝΔΙΑΥΤΟΥ·ΟΥΚΗΝΤΟΥ
ΦΩC·ΑΛΛΑΙΝΑΜΑΡΤΥΡΗCΗ
ΦΩΤΟCΗΝΤΟΦΩCΤΟΑΛΟΦΩ
ΤΙΖΕΙ ΠΑΝΤΑ · ΑΝΘΡΩΠΟΝΑ
ΗΟΤΟΝ ΚΟCΜΟΝ · ΕΝΤΩ ΔΟΝ·
ΟΚΟCΜΟCΔΙΑΥΤΟΥΕΓΕΝΑΥΤΟ
ΜΟC ΑΥΤΟΝΟΥΚΕΓΝΑ·ΟΥΚΟ
ΚΑΙΟΙΠΙΔΙΟΙΑΥΤΟΝΟΠΙΑΥΤΟ
ΔΕΕΛΑΒΟΝΑΥΤΟΝΕΔΩΑΥΤΟ
ΖΟΥCΙΑΝ ΤΕΚΝΑΘΥ ΓΕΝΚΝΑ
ΠΙCΤΕΥΟΥCΙΝΕΙCΤΟΟΝΟΝΗC
ΚΕΖΑΙΜΑΤΩΝΟΥΔΕΕΤΩΝ
CΑΡΚΟCΟΥΔΕΕΚΘΕΛΗΜΕΕΚ
ΑΝΔΡΑCΑΚΟΥΕΓΕΝΝΗΘΕΓΕ

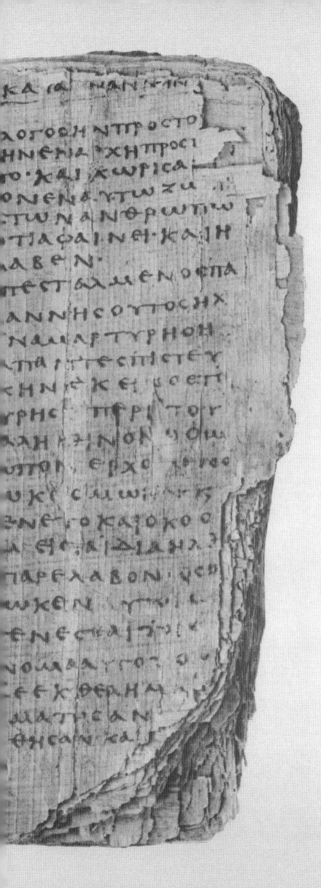

제7부

—

윤리

제7부 윤리

제1장
성경적 세계관(사회관)

신약성경을 읽어보면 세상에 대한 초대교회의 고민을 발견하게 된다. 초대교회의 신자들은 세상에 대하여 이중적인 자세를 가지고 있었다.

1. 세상에 대한 부정적 자세

한편으로 초대교회는 세상에 대하여 부정적인 자세를 취하고 있었다. 이것은 초대교회의 신자들이 악하고 음란한 세대를 공격하셨던 예수님의 말씀을 기억하였던 사실에서 잘 발견된다. 사도 바울은 신자들에게 어그러지고 구부러진 이 세대를 본받지 말 것을 당부하였고(롬 12:2; 빌 2:15), 사도 베드로는 성도들이 이 세상의 극한 방탕에 말려들지 않도록 주의를 주었으며(벧전 4:4), 사도 요한은 세상이나 이 세상에 있는 것들을 사랑하지 말라고 경고하였다(요일 2:15). 이 때문에 세상과의 관계에서 실패한 사람들은 언제나 지적을 당하였다. 세상을 사랑한 데마라든가(딤후 4:10), 세상과 야합한 이단들(요일 4:5)은 경계의 대상이 되었다. 이런 점에서 바울은 신자들이 믿지 않는 자와 멍에를 같이 멜 수 없다고 말하면서 의와 불법이 어찌 함께 하며, 빛과 어두움이 어찌 사귀며, 그리스도와 벨리알이 어찌 조화되며, 믿는 자와 믿지 않는 자가 어찌 상관하며, 하나님의 성전과 우상이 어찌 일치가 되겠느냐고 물었던 것이다(고후 6:14-16).

2. 세상에 대한 긍정적 자세

그러나 다른 한편으로 초대교회는 신자들이 무조건 세상을 도외시하는 것에도 주의를 주었다. 세상에 대한 도피주의와 염세주의는 잘못이다. 오히려 신자들은 세상을 향한 사명을 가져야 한다. 초대교회의 신자들은 세상에 대한 긍정성을 예수님의 말씀에서 발견하였다. "너희는 땅의 소금이라... 너희는 세상의 빛이라"(마 5:13,14). 신자들은 세상에 대하여 소금과 빛으로서의 사명을 가지고 있다는 것이다. 그런데 여기에서 중요한 것은 신자가 장차 세상의 소금과 빛이 될 것이 아니라 이미 세상의 소금과 빛이라는 사실이다. 이것이 신자의 정체이며 신분이다. 이 때문에 사도 바울은 신자들이 세상에 사는 동안에 음행자, 토색자, 우상숭배자와 같은 세상의 악한 자들을 사귀지 않을 수 없다고 말하면서, 만일 그런 자들을 사귀지 않으려면 세상 밖으로 나가야 할 것이라고 역설하였다(고전 5:9-10). 사실상 그리스도인은 세상에 살면서 세상의 문화를 사용한다. 예수님도 정치(마 21:21 par.; 막 8:15;눅 13:31-32)와 경제(마 25:14-30, 달란트 비유), 전쟁(눅 14:31-32)과 분쟁(마 12:25 par.), 농경(마 13:3-9)과 목축(요 10:1-6), 예술(눅 15:25, "합주")과 놀이(마 11:17 par.)에 관하여 알고 계셨고, 사도 바울도 문화, 예술(음악), 격투, 경제, 농경, 정치 등에 관심을 가지셨고 사용하였다. 이것은 세상에 대한 긍정성을 잘 보여준다. 예수님은 이 세상에 구주로 오셨다(요 1:9; 요일 4:14, "세상의 구주"). 예수님은 구원을 위하여 세상을 섬기셨다(막 10:45). 그렇다면 신자도 세상을 섬겨야 한다. "주의 어떠심과 같이 우리도 세상에서 그러하니라"(요일

4:17). 세상에 대한 가장 분명한 긍정성은 사회참여와 사회봉사에서 표현된다.[1]

---

1) 369쪽 이하의 논의를 참조하라.

제2장
신약성경의 윤리

신약성경은 그리스도인에게 철저하게 특정한 삶을 요구한다. 이 특정한 삶에 대한 철저한 요구 때문에 신약성경에서 신자의 삶은 명령이라는 단호한 어조로 규격화된 언어를 사용하여 설명된다. 그리고 신자의 삶에 관계되는 다양한 측면들 때문에 이것은 다양한 용어로 설명될 수밖에 없다. 예를 들면, 이웃을 사랑하는 것(마 22:34-40; 막 12:28-33; 눅 10:25-28; 요 13:34), 성령을 따라 행하는 것(갈 5:16; 참조. 롬 8:1이하), 진리 안에서 행하는 것(요일 1:4) 등이다.

그러나 신약성경에는 신자에게 특정한 삶을 철저하게 요구하기 위해 전체를 관통하는 표현이 있다. 신자의 삶을 "빛 가운데 행하는 것"(ἐν τῷ φωτὶ περιπατεῖν)이라고 정의하는 것이다(요일 1:7). 이것은 신자의 삶에 대하여 신약성경이 내리는 통일된 정의로서, 경우에 따라 "빛을 비추다"(마 5:16), "빛으로 오다"(요 3:21), "빛의 자녀들처럼 행하다"(엡 5:8), "세상에서 빛들로 나타나다"(빌 2:15) 등으로 표현되기도 한다. 요한계시록에서 교회를 촛대에 비유한 것도 역시 같은 문맥에서 이해할 수 있다(계 1:20).[1]

---

1) D. Guthrie, 『요한 계시록의 신학』, 정충하 역 (서울: 새순출판사, 1989), 68.

1. 기독교 윤리의 전제

신약성경이 신자에게 빛 가운데 행할 것을 요구하는 것은 신자의 존재에 대한 이해에 근거한다. 신자가 빛 가운데 행하는 것이 가능한 이유는 존재의 변화 때문이다. 신자가 된다는 것은 어두움 가운데 거하던 사람이 빛 가운데 거하게 되는 것을 의미한다(골 1:13; 벧전 2:9). 신자의 삶이 존재의 변화에 기초를 두고 있다는 것 역시 신약성경을 관통하는 생각이다. 신자는 더 이상 어두움이 아니다. 신자는 빛이다. 이러한 존재의 변화에 대한 설명은 사도 바울이 말하는 유명한 구절, "너희가 전에는 어두움이더니 이제는 주안에서 빛이라"(엡 5:8)에서 가장 명백하게 발견된다. 이 같은 존재의 변화에 근거하여 "빛의 자녀들처럼 행하라"는 요구가 성립된다. 이 존재성도 역시 때에 따라서, "세상의 빛이다"(마 5:14), "빛의 아들들이다"(요 12:36; 살전 5:5), "빛을 받았다"(히 10:32), "어두운 데서 불러내어 기이한 빛에 들어가게 하였다"(벧전 2:9) 등으로 설명된다. 그런데 이 변화된 존재와 변화된 삶이 효과 있게 연결되기 위해서는 언제나 변화된 존재에 대한 깊은 인식이 필요하며, 동시에 변화된 존재에 대한 고백이 필요하다. 우리는 여기에서 다음과 같은 몇 가지 중요한 사항들을 끄집어낼 수 있다.

1) 신자의 삶은 무엇의 결과라는 성격을 가진다. 바꾸어 말해서 신자의 삶에는 원인이 있다. 신약성경은 신자의 삶이 구속에 의한 존재의 변화를 전제로 하는 것을 가르치고 있는 것이다. 이것은 인간의 자연적인 본성에 의해서는 실천될 수 없는 삶이다. 기독교의 윤리는 구속론이라는 교리를 기초로 한다. 구속이 없이 신자으로서의 삶이 있을 수가 없다. 교리가 바탕이 되지 않고는 윤리가 설 자리가 없다. 이러한 의미에서 구속에 의한 삶에 대한 요구("구속받았기에 이렇게 살라")가 언제나 우선하며, 삶에 의한 구속에 대한 입증("이렇게 살기에 구속받은 것을 안다")은 언제나 차선한다.

2) 윤리가 교리에 기초하고 있는 까닭에 이 둘은 불가분의 관계를 가진다. 그러므로 변화된 존재를 나타내는 직설법 표현과 삶의 권면을 나타내는 명령법 표현은 연결되어 사용될 수밖에 없다. 예를 들면, 사도 바울의 서신에서 큰 단락으로 교리에 대한 설명에 이어 윤리에 대한 설명이 덧붙여지는 것이나(로마서와 같은 경우), 문장단위로 교리 진술과 윤리 진술이 자주 섞여 언급되는 것(데살로니가전서의 경우)은 이러한 이유에서이다.

3) 신약성경이 구속에 의하여 변화된 신자가 행하는 윤리를 제시하고 있다는 점에서, 기독교의 윤리는 필연적으로 종교적이다. 이 윤리가 가능하기 위해서는 예수님의 구속사건이 전제되어야 한다. 예수님이 행하신 구속으로부터 신자의 삶은 시작된다. 예수님의 구속을 떼어놓고 신자의 윤리를 생각하는 것은 의미가 없다. 여기에 개인의 종교적인 회개가 결부된다. 회개란 하나님과 관련되어 있지 않은 상태를 죄라고 인식하고, 죄를 해결하는 방법으로 개인적인 고백을 통하여 예수님의 구속을 받아들이고, 하나님과 연관된 사람으로 설 것을 결단하는 것이다. 이러한 의미에서 기독교 윤리는 도덕적 윤리가 아니라 종교적 윤리이다.

2. "빛 가운데 행함"의 의미

그러면 신약성경이 신자에게 "빛 가운데 행하라"고 말할 때 그것은 무엇을 의미하는가? 신약성경은 "빛 가운데 행하는" 신자의 삶을 으로 다음과 같이 설명한다.

1) 대상이 있는 삶

빛은 어둠과 대치하고 있다. 빛의 맞은편에는 어둠이 있다. 이것을 다른 말로 표현하면, 세상 빛의 대상으로 "산 위의 동네"가 있으며, 등불의 대상으로 "집안 모든 사람"이 있는 것이다(마 5:14-15). 신자는 "어그러지고 거슬리는 세대"를 상대하고 있다. 신자를 빛으로 설명한다면, 세상은 어둠으로 규정된다. 따라서 사도 바울은 신자들에게 "세상에서 그들 가운데 빛들로 나타나라"(빌 2:15)고 요구한다.

바울의 요구에는 세상에 대한 관심이 들어있다. 신자들은 세상을 도외시하지 않는다. 참 빛이신 예수님이 그렇게 했던 것처럼(요 1:9), 신자들도 세상에 참여하며 세상에 빛을 비춘다. 신자는 빛을 가진 자이기에 어둠을 보고 견딜 수 없으며 지나칠 수가 없다. 신자는 어두움으로서의 세상이 빛으로 오는 것을 돕기 위하여 존재한다. 이런 점에서 신자는 돕는 자이며 섬기는 자이다(눅 10:30-37, "선한 사마리아인 비유"). 신자는 세상이 하나님께 나아가는 것을 돕고, 세상이 하나님께서 계실 수 있는 자리가 되도록 돕기 위하여 존재한다. 따라서 신자는 하나님이 계실 수 없는 세상을 하나님이 계실 수 있는 세상으로 변화시키는 데 힘을 다한다.

신약성경은 신자에게 빛 가운데 행하라고 요구함으로써 세상에 대한 책임을 부과한다. 신자는 인간사회를 책임진다. 이런 점에서 신약성경이 말하는 윤리는 개인적인 윤리가 아니라 사회적인 윤리(social ethic)이다. 신자의 삶은 자기만을 위한 삶이 아니라 다른 사람을 책임지는 삶이다.[2] 신자는 어둠의 세상에 빛을 주기를 원해야 한다. 왜냐하면 빛을 가진 자는 비추지 않을 수 없기 때문이다. 광명운동은 빛을 지닌 자들에 의해서만 실현될 수 있다. 신자에게는 세상에 머무는 동안 의와 선을 실현하고 죄와 악의 문제를 해결할 책임이 있다. 신자는 이 세상에서 모범이다. 이러한 의미에서 신자는 세상에 보내진 그리스도인(Christianus missus)이다.

2) 전투적인 삶

빛의 대상인 세상은 어둡다. 어두의 세상에 빛을 비추는 신자의 삶은 "책망하

---

2) 참조. T. Rendtorff, *Ethik. Grundelemente, Methodologie und Konkretionen einer ethischen Theologie*, Bd. 1, 2. Auflage (Stuttgart / Berlin / Köln, 1990), 9.

는"(ἐλέγχειν, 엘렝케인) 것을 의미한다(엡 5:13). 빛인 신자는 어두움인 세상을 비판한다. 신자는 세상의 잘못된 행동을 비판하고, 그 흐름을 차단하며, 바른 길로 이끌어 간다. 신자는 세상의 길을 수정한다. 기독교 윤리는 "세계에 대하여 비판적이며 격리된 관계"를 유지하는 데 있다.[3] 그러므로 기독교 윤리의 "세계관계는 비판적이다." 말하자면 신자는 세상에 대하여 공격적인 그리스도인(Christianus militans)이다. 신자는 세상과 싸우는 자가 된다. 신자는 세상과 다투는 자이다. 세상의 윤리를 비판하고 그것을 바른 길로 인도하기 위하여 투쟁한다.

기독교 윤리는 이러한 의미에서 전투적 윤리이다. 기독교의 전투적인 윤리 성격 때문에 세상은 억제를 당한다. 이것은 세상에 악이 지배하지 못하도록 만들어 사회를 안정시키는 동인이 된다. 신자가 빛을 내지 아니하면 사회를 악하게 만드는 기회를 허락하는 것이 된다. 신자는 이 전투를 위하여 병기를 갖춘다. 이것은 "빛의 무장"이다(롬 13:12). 그래서 신자의 윤리는 많은 경우에 세상의 윤리에 거스른다. 말하자면 기독교 윤리는 세상의 윤리에 대하여 반대적인 윤리(contra-ethic)이다. .

3) 낯선 삶

신자는 세상과 싸우는 자이기에 세상에 어울리지 않는다. 그는 어두움의 일을 벗는다. 신자는 세상과 거리를 둔다. 세상과의 격리는 신자가 세상에 대하여 못 박히고, 세상이 그리스도인에 대하여 못 박혔다는 사실에서 피할 수 없는 일이다(갈 6:14). 세상에 관한 한, 그리스도인은 죽은 자이다(골 3:3). 여기에 신자와 세상 사이의 불가피한 구별이 있다. 빛과 어두움이 사귈 수가 없다(고후 6:4). 따라서 신자는 세상에서 전혀 다른 삶을 산다. 그래서 신자는 세상에게 낯선 그리스도인(Christianus peregrinus)이다.

---

3) H.-D. Wendland, *Ethik des Neuen Testaments*, NTD Ergänzungsreihe 4, Göttingen: Vandenhoeck, 1970, 123.

신자는 낯선 삶 때문에 세상의 일반적인 삶에 동의하지 않으며 타협하지 않는다. 신자는 세상에 빛을 비출 뿐이며, 어두움에 의해 침범을 받지 않는다. 빛은 어두움에 동화하지 않는다. 신자는 세상의 흐름에 몸을 맡기지 않는다(벧전 4:4). 예를 들어, 부요함이라도 죄악과 자리를 같이하는 것이면 거절하고(딤전 6:9-10; 히 13:5), 가난함이라도 의를 이루는 데 이바지하는 것이면 수용한다(고후 6:4,10; 12:10; 빌 4:12; 히 11:37; 계 2:9). 하나님의 생각을 거스르는 것이면 거부하고, 하나님의 생각을 이룰 수 있는 것이면 추구한다.

신자는 낯선 삶을 추구하기 때문에 일반적인 삶을 영위하는 세상이 이해할 수 없는 삶을 산다. 신자는 세상에 의하여 삶을 이해받기를 기대하지도 아니하며, 또한 인정받기를 소원하지도 않는다. 이런 의미에서 신자의 윤리는 세상윤리에 대하여 초월적인 윤리(supra-ethic)이다. 이 때문에 때로는 세상이 신자의 윤리를 이해하지 못하며 수용하지 못한다.

4) 순교적인 삶

신약성경에 의한 윤리가 전투적인 성격과 낯선 성격을 가질 때 빚어지는 결과는 자연히 신자와 세상 사이의 마찰이다. 어두움에 대한 비판은 세상으로부터 거부적인 반응을 자아낸다. 세상은 빛을 미워하여 빛으로 오지 아니한다. 왜냐하면 그 행위가 드러날까 두려워하기 때문이다(요 3:20). 기독교 윤리의 낯선 성격에서 비롯되는 세상의 몰이해로 말미암아 신자의 삶에는 필연적으로 수난이 동반된다. 신자는 고난당하는 그리스도인이다(Christianus pressus). 신약성경은 신자에게 핍박받는 자로서의 윤리(martyr-ethic)를 가르치고 있다. 왜냐하면 이 윤리는 세상의 삶에 낯선 것이기 때문이다. 신자는 박해를 피하지 않고 받아들인다. 한편으로 순교는 빛으로 사는 것을 가능하게 하신 예수님에 대한 긍정이기 때문이다. 순교를 통하여 하나님에 대한 신앙을 견지하며, 예수님과 사도들의 본을 따른다(살전 1:6;

2:14). 다른 한편으로 순교는 세상에 대한 긍정이기 때문이다. 신자는 순교함으로써 세상을 피하지 않고 세상에 머문다. 신자는 어둠의 세상에서 도피하지 않고 죽음으로써 삶의 방향을 제시한다. 신자는 세상에 남아 죽기까지 하는 것이다. 하지만 바로 여기에 신자의 능력이 있다. 이렇게 볼 때 빛으로서의 삶에 동반되는 것은 고난과 피곤이다(전자는 외부로부터 밀어닥치고, 후자는 내부에서 생긴다).

신약성경이 철저하게 요구하고 있는 신자의 특정한 삶은 "빛 가운데서 행함"이라는 일관된 용어로 이해될 수 있다. 이 삶은 존재의 변화를 전제로 하며, 어둠으로서의 세상을 대상으로 하고, 세상에 대하여 비판적인 자세를 유지하며, 이 자세를 가능케 하는 낯선 삶을 추구하기에, 세상에서 고난의 길을 간다. 이렇게 신약성경은 신자에게 철저하게 특정한 삶을 요구하고 있다.

제3장
신자의 삶의 원리

그러면 신자는 어떤 원리를 가지고 살아야 하는가? 앞에서 이미 인간은 신자 건 불신자건 모두 보이지 않는 부분(영혼)과 보이는 부분(육체)으로 구성된다는 것을 살펴보았다. 죽음은 영혼과 육체의 분리이고, 삶은 영혼과 육체의 결합이다. 살아있는 모든 인간(신자와 불신자)은 영혼과 육체를 가지고 있다. 현생을 사는 인간은 아담과 같이 목숨에 속한 육체($\sigma\tilde{\omega}\mu\alpha$ $\psi\upsilon\chi\iota\kappa\acute{o}\nu$, 소마 프쉬히콘)를 가지고 있으며 (고전 15:44) 살아있는 목숨($\psi\upsilon\chi\grave{\eta}$ $\zeta\tilde{\omega}\sigma\alpha$, 프쉬케 조사)이다(고전 15:45). 그런데 현생의 인간은 오직 불신자와 신자라는 두 부류로 나누어진다(고전 2:14-3:3).

첫째 부류는 불신자(속세인)이다(고전 2:14). 그는 세속의 사람으로 목숨을 위해서 사는 보통 사람($\psi\upsilon\chi\iota\kappa\acute{o}s$, 프쉬히코스)인데 세 가지 특징을 가진다(고전 2:14). 불신자는 성령님의 일을 받지 않은 사람이다. 그리스도 밖에 있는 사람이다(엡 2:12). 불신자에게는 성령님의 일이 미련하게 보인다. 신앙이 세상의 즐거움을 방해하는 것으로 여겨진다. 불신자는 성령님의 일을 깨닫지 못한다. 머리가 나쁘거나 지성이 낮아서 깨닫지 못하는 것이 아니라 영역이 다른데다가 관심이 없기 때문이다. 불신자는 비가시적 부분인 영혼에 별 관심이 없고, 가시적 부분인 육체에 주로 관심을 갖는다(먹는 것, 마시는 것, 입는 것). 이것은 이방인들이 구하는 것들이다(마 6:25-34).

둘째 부류는 신자이다. 신자는 그리스도 안에 있는 사람이다(엡 2:13). 그런데 신자는 다시 둘로 나누어진다. 육에 속한 사람과 영에 속한 사람이다. 그 구분은 지향성에서 나타난다. 지향성은 하나님의 영광을 위하느냐 아니면 자신의 인생을 위하느냐에 있다(고전 10:31).

먼저 육에 속한 사람(속육인, σαρκικός/σάρκινος 사르키코스/사르키노스)은 다음과 같이 세 가지 성격을 가진다(고전 3:1-3). 상태를 보면(고전 3:1), 그는 그리스도 안에 있지만 어린아이같이 미숙하며 육에 속한 신자이다. 시간이 지나면서 성장해야 하는데(엡 4:13-14), 여전히 성장하지 못한 상태이다(히 5:14). 그래서 생각도 말도 행동도 성숙하지 못하다. 그는 육에 속한 사람이라(고전 3:1,3) 불신자처럼 아직도 육적인 일에 관심이 매여 있다. 그는 밥을 먹지 못하고 젖을 먹는다(고전 3:2). 그는 사람을 따라 행한다(고전 3:3). 그는 하나님이 아니라 사람을 표준으로 삼는다. 그에게 삶의 목표는 사람의 이권을 구하는 것이다. 그래서 그의 행동은 시기와 분쟁으로 표현된다.

이와 달리 영에 속한 사람(속령인, πνευματικός, 프뉴마티코스)은 성숙한 신자로서 하나님의 지혜를 알고(고전 2:6), 성령님을 따라 살며(갈 5:16), 예수님을 본받는다(롬 15:5). 그러면 영적인 사람은 어떤 삶을 사는가? 영적인 신자는 한편으로는 불신자(속세인)와 반대가 되어 성령님을 받은 사람이고(고전 2:12), 다른 한편으로는 유아신자(속육신)와 반대가 되어 온전한/성숙한 사람이다(고전 2:6). 영적인 사람은 다음과 같이 세 가지 모습을 보여준다.

1. 성령님의 표준을 따른다

첫째로, 영적인 사람은 성령님의 사람이다. 그는 하나님의 성령님을 받았다(고전 2:12). 이것은 성령 세례, 성령 충만, 성령 열매로 설명된다.

영적인 신자는 성령님으로 시작한다(갈 3:1). 이것을 성령 세례라고 부른다(고전 12:13). 그는 소속, 영역, 신분이 바뀐다. "한 몸"이 된다. 예수님의 몸에 속한다. 세상의 영역에서 예수님의 영역으로 들어온다(골 1:13). 성령님의 사람이 된다.

영적인 신자는 성령님으로 행한다(갈 5:25). 성령님으로 행한다는 것은 성령님의 충만을 가리킨다(엡 5:18). 그의 목적, 표준, 동력은 성령님이지 육체가 아니다(롬 8:1-17). 그는 자신의 힘으로 사는 것이 아니다. 따라서 자기의 힘을 빼고 도리어 성령님께 인생을 맡긴다. 성령님에 의한 삶이란 마치 바람을 따르는 돛단배 같다(요 3:8). 그는 눈에 보이지 않는 세계를 추구하며 속사람을 추구한다(고후 4:16-5:7).

영에 속한 신자는 성령님으로 충만할 때 성령님의 열매를 맺는다(갈 5:22-23). 그는 주님의 일을 감당하도록 은사들을 받기도 하지만(고전 12장), 더욱 중요한 것은 도덕적 성격을 가지는 성령님의 열매이다. 성령님의 열매는 예수님에게서 총체적으로 나타난다. 따라서 성령님은 신자를 예수님께로 돌아가게 만든다. 성령님의 목적은 예수님을 생각나게 하는 것이다(요 14:26; 15:26; 16:14).

2. 예수님의 마음을 가진다

둘째로, 영적인 사람은 예수님의 사람이다. 그는 예수님의 마음을 가진다(고전 2:16).

우선 예수님의 마음은 성육신의 마음이다. 그것은 낮아짐(비하)이다. 성육신은 참여를 가리키기 때문에 예수님의 마음을 가진 사람은 가난한 자, 소외자, 병자에게 참여한다(마 25:31-46, "염소와 양 비유" 참조). 그런데 비하는 역설의 삶이다. 이를 위해 예수님은 부요하지만 가난하게 되시는 역설을 살았다(고후 8:9). 사도 바울도 "가난한 자 같으나 많은 사람을 부요하게"(고후 6:10) 하는 역설적인 삶을 추구하였다. 이와 똑같이 마케도니아 교회들도 역설의 삶을 따라 예루살렘 교회를 도왔다(고후 8:2).

또한 예수님의 마음은 십자가 고난의 마음이다. 예수님은 타인을 위해 자신을 주셨다(갈 1:4). 예수님은 십자가의 죽음을 통해 전적으로 희생되셨다. 희생정신은 사랑에 바탕을 둔다. 희생이 없으면 사랑도 없다. 예수님의 마음을 가진 신자도 자기의 유익보다 타인의 유익을 구한다. "자기의 유익을 구하지 말고 남의 유익을 구하라"(고전 10:24,33). 이 때문에 신자는 모든 것이 가하나 모든 것이 유익한 것이 아니라고 생각한다(고전 6:12; 10:23).

게다가 예수님의 마음은 승귀의 마음이다. 승귀는 부활과 승천 그리고 하나님의 우편에 좌정하심이다. 특히 좌정하신 예수님은 성도를 위한 중보자이시다(롬 8:34; 히 7:25; 요일 2:1). 예수님은 순교하는 스데반을 중보하셨다(행 7:55-56). 그래서 신자는 승귀하신 예수님처럼 중보의 마음을 품고 사람들을 하나님께로 이끈다(약 5:20; 참조. 단 12:3; 말 2:6).

3. 하나님의 은혜를 누린다

셋째로, 영적인 사람은 하나님의 사람이다. 그래서 영적인 사람은 하나님의 은혜를 누린다(고전 2:12하).

영적인 사람은 하나님을 의식한다. 그는 하나님을 경외한다(빌 2:12; 참조. 시 2:11). 하나님 경외는 다른 말로 하면 신전의식(神前意識, coram Deo)이다. 모든 경건한 신자는 신전의식을 가졌다(고전 3:6-9). 신전의식이 영적인 삶의 근간이다. 이것은 하나님과 결합된 삶이다. 이를 유지하기 위해서 말씀과 기도라는 두 가지 도구가 필요하다. 말씀과 관련해서 볼 때, 영적인 사람은 하나님을 안다(고전 2:10; 고후 4:6). 그는 신지식(神知識)을 가진다. 말씀은 성숙한 신자의 양식이다.

그러므로 신자는 말씀으로 살아야 하며(마 4:3), 단단한 음식도 먹어야 한다(히 6:14). 기도와 관련해서 볼 때, 영적인 신자는 하나님을 호흡한다. 그는 신기식(神氣息)을 한다. 하나님의 은혜를 들이마시고, 하나님의 사랑을 내쉰다. 특히 기도는 성숙한 신자에게 호흡과 같다. 그래서 신자는 기도를 쉬지 않아야 한다(눅 18:1; 살전 5:17). 개인적으로 골방기도에도 힘쓰고(마 6:6), 교회적으로 합심기도에도 힘써야 한다(행 4:24).

영적인 신자는 말씀과 기도로 하나님의 뜻을 살피고 따른다. 결국 영적인 신자는 하나님의 백성, 하나님의 성도, 하나님의 자녀가 된다. 그는 하나님의 성품에 참여하여(벧후 1:4), 무슨 일을 하든지 하나님의 영광을 위해서 산다(고전 10:31).

결론과 요약

무엇이 영적인 삶이고 무엇이 육적인 삶인가? 영이신 하나님은 인간을 창조하시면서 영혼과 육체를 결합시키셨다. 그래서 살아있는 인간은 영혼과 육체가 결합된 상태에서 생명을 가지며 활동을 한다. 이것은 구원받지 못한 사람에게나 구원받은 사람에게나 동일하게 나타나는 현상이다. 그러나 이 둘 사이에는 중대한 차이가 있다.

구원받지 못한 사람의 영혼과 육체는 자기(인간)를 표준으로 삼는다. 이 사람은 모든 목적이 피조물인 자기(인간)에게로만 향한다. 사도 바울은 이런 사람을 가리켜 "육을 따라" 사는 사람이라고 불렀다. 이 사람은 일상적 인간이다(고전 3:14). 이에 대한 대표적인 인물은 아담이다(고전 15:45).

이와 달리 구원받은 사람의 영혼과 육체에게는 하나님이 표준이 되신다. 이 사람은 모든 일에 창조주이신 하나님의 영광을 목적으로 삼는다(고전 10:31). 사도 바울에 의하면 이 사람은 "성령을 따라"(갈 5:16) 사는 사람이라고 불린다. 이 사람은 영적인 인간이다(고전 3:15). 이에 대한 대표적인 인물은 예수 그리스도이시다(고전 15:45).

그런데 문제는 구원받은 사람들 가운데도 여전히 구원받지 못한 사람들처럼 사는 경우가 있다는 사실이다. 이들은 신앙 안에 들어왔지만 아직도 "사람을 따라"(고전 3:3) 산다. 이런 사람들 때문에 교회 안에서는 잡음이 생기고 소동이 벌어진다. 이에 대한 대표적인 사례가 파당, 음행, 소송사건 등으로 심각한 홍역을 치렀던 고린도교회이다. 이 사람들은 육적인 사람들이기 때문에 사도 바울은 그들을 가리켜 어린아이라고 불렀다(고전 3:1).

바로 이런 구분에서 육적인 삶과 영적인 삶이 무엇인지 파악된다. 육적인 삶은 자기(인간)의 영광을 목적으로 삼는 것이며, 영적인 삶은 하나님의 영광을 목적으로 삼는 것이다. 이렇게 보면 육적이냐 영적이냐를 따지는 데 결정적인 역할을 하는 것은 방향성이다. 극단적인 예를 들어 어떤 사람이 자신의 영광을 위해서 설교를 하고 찬송을 부른다면, 그것은 외면적으로 볼 때 매우 경건한 신앙의 행위로 판단되겠지만 사실은 육적인 삶을 살고 있는 것이다. 반대의 극단적인 예를 들어 어떤 사람이 가사를 하며 사업을 하는 것이 하나님의 영광을 목적으로 삼고 있다면, 그것은 외면적으로 볼 때 아주 평범한 일상의 행위로 간주되겠지만 사실은 영적인 삶을 살고 있는 것이다.

영적인 삶을 잘 유지하기 위하여 필요한 것은 신앙지식의 증대와 신앙품성의 함양이다(엡 4:13,15). 이 두 가지는 영적인 삶을 유지하는 데 도움이 된다. 그러나 신앙지식의 증대와 신앙품성의 성장 사이에는 상당히 다른 점이 있다. 신앙지식의 증가는 많은 경우에 인간의 만족을 위한 양적 확장으로 끝나고 만다. 이에 비하여 신앙품성의 성숙은 사람을 향하는 것에서 하나님을 향하는 것으로 더 많이 나아가는 질적인 성숙이다. 하나님의 은혜로 이런 진보가 있을 때 영적인 삶은 더욱 활기를 띤다. 따라서 "이 모든 일에 전심전력하여 너희 성숙함을 모든 사람에게 나타나게 하라"(딤전 4:15).

예수님께서 "인자가 올 때에 세상에서 믿음을 보겠느냐"(눅 18:8)고 말씀하셨는데, 믿음이란 무엇인가? 반대로 믿음이 아닌 것은 무엇인가? 마치 흰 색을 설명하려면 흰 색 그 자체의 속성을 나열하는 것도 하나의 방법이지만, 동시에 흰 색이 아닌 다른 색들과 비교함으로써 흰 색을 설명하는 것도 방법이 되는 것처럼, 믿음인 것과 믿음 아닌 것을 둘 다 설명하는 것은 조금 더 풍성한 설명이 되리라 생각한다.

1) 믿음

신약성경에 믿음이란 단어만큼 많이 나오는 것도 드물 것 같고, 믿음의 인물에 대한 이야기를 빼고 나면 성경에 남는 게 별로 없을 것이다. 예를 들어, 히브리서 11장에 나오는 믿음의 사람들을 살펴보면, 그것이 결국 구약성경의 전체 요약인 것을 알 수 있다. 신약성경의 여러 부분도 사람들이 어떻게 믿음에 이르게 되었는지를 보여준다. 그러면 도대체 성경에 등장하는 사람들의 믿음이란 무엇인가? 이런 질문이 매우 막연하게 보이지만 신약성경은 이런 막연한 질문에 대하여 아주 구체적인 답변을 제시한다. 예수님에게서 대답을 찾는 것이다. 예수님은 "믿음의 주요 또 온전케 하시는 분"(히 12:2)이시기 때문이다.

이 말을 정확하게 번역하면, "믿음의 시작자이며 종결자"라는 뜻이다. 예수님은 믿음을 시작하는 분이며 동시에 믿음을 종결하는 분이시다. 세상에 기라성 같은 믿음의 사람들이 아무리 많이 있다 할지라도, 예수님만이 진정한 믿음의 총체이시다. 그래서 믿음이 무엇인지 예수님으로부터 대답을 들어야 한다. 예수님은 자신을 보내신 하나님 아버지와 완벽한 관계를 가지셨다. 이런 온전한 관계를 설명하기 위해 예수님은 자주 "내가 그 안에, 그가 내 안에"(요 10:38; 14:10,11,20;

17:21)라는 표현을 사용하셨고, "내 뜻을 이루는 것이 아니라 아버지의 뜻을 이루는 것"(요 4:34; 5:30; 6:38)이라고 선언하기도 하셨다. 또 어떤 때는 심지어는 "나와 아버지는 하나이니라"(요 10:30)는 말씀도 하셨다. 예수님은 하나님 아버지께 죽기까지 완전히 순종하는 자세를 보여주셨다. 예수님을 모범으로 삼을 때, 믿음이란 믿는 대상과의 인격적인 관계를 전제하는 것이라고 볼 수 있다. 믿음은 태도가 아니라 관계라는 말이다. 성경에 나오는 수많은 믿음의 사람들이 보여준 것은 하나님께 딱 달라붙는 것이었다. 그들은 하나님의 뜻에 자신을 맞추었고, 오직 하나님 은혜의 테두리 안에 머물렀다.

도대체 이런 믿음은 어떻게 생기는가? 믿음은 강한 의지를 가지고 무엇인가를 각오하는 것과는 다르다. 또한 믿음은 수련을 통해서 생각을 견고하게 만드는 것도 아니다. 한 마디로 말해서 믿음은 사람의 속에서 생기는 것이 아니다. 믿음은 하나님의 선물이다(엡 2:8). 믿음은 하나님께서 은혜로 말미암아 선물로 주시는 것이다. 믿음은 사람의 밖에서부터 오는 것이라는 뜻이다. 하나님께서 먼저 믿음을 선물로 주시면, 사람은 그 믿음으로 하나님께 반응한다. 그래서 믿음을 분석해보면 두 겹으로 되어 있는 것을 발견하게 된다. 믿음의 안쪽에는 하나님이 주시는 게 있고, 믿음의 바깥쪽에는 사람이 드리는 게 있다. 믿음은 하나님의 선물이기 때문에 전에는 믿어지지 않던 것이 신기하게도 믿어지는 것이다. 믿음은 사람의 반응이기 때문에 믿는 것을 더욱 잘 믿는 데로 나아간다. 이것을 다른 말로 표현하자면, 믿음은 받아들임이며 동시에 내어드림이라고 정의할 수 있다. 믿음은 하나님의 은혜를 받아들이는 것이며, 자신의 인생을 내어드리는 것이다.

2) 믿음의 요소

그런데 믿음은 세 가지 요소를 필요로 한다. 그것들은 지식과 감정과 의지이다. 지정의라는 세 요소가 조화롭게 잘 어우러질 때 바른 믿음이라고 부를 수가 있다. 이 가운데 어느 하나라도 빠지거나 모자라면 믿음에 상당한 문제가 발생한다. 믿음이 어느 한쪽으로 치우쳐서 기우뚱거리게 되며, 심지어는 아주 볼썽사나운 모양을 가지고 만다. 지식은 믿음을 안정되게 만들고, 감정은 믿음을 강렬하게 만들고, 의지는 믿음을 살아있게 만든다.

지식 없는 믿음은 무지한 믿음이다. 믿음이 지식과 다른 것은 분명하지만, 믿음은 지식을 포함하고 있는 것이 사실이다. 믿음은 하나님의 말씀에 대한 지식과 병행할 때 견고해진다. 반대로 하나님의 말씀에 대한 지식이 없는 믿음은 아주 불안하다. 감정 없는 믿음은 미지근한 믿음이다. 믿음은 감정이 아니라는 것은 분명하다. 그러나 믿음은 감정을 유발시킨다. 믿음은 감정과 연결될 때 폭발적이며 열정적이 된다. 의지 없는 믿음은 주저하는 믿음이다. 이것도 못하고, 저것도 못하는 모습이다. 눈치만 보는 것은 바른 믿음이라고 볼 수 없다. 이렇게 믿음은 지식과 감정과 의지라는 요소를 가지면서, 각각의 요소를 절묘하게 표현한다. 믿음은 지식으로 안정되고, 감정으로 강렬해지고, 의지로 생동감을 가진다. 그리고 믿음 안에서 세 요소가 조화롭게 결합할 때 놀라운 열매를 맺는다.

3) 믿음의 반대

이제 믿음이 아닌 것이 무엇인지 살펴볼 차례가 되었다. 믿음을 중심으로 양쪽으로 믿음 아닌 것들이 포진한다. 부족한 방향으로 볼 때, 믿음 아닌 것은 의심과 불신이다. 의심은 믿음에서 조금 멀고, 불신은 믿음에서 아주 멀다. 지나친 방향으로 볼 때, 믿음 아닌 것은 과신과 맹신이다. 과신은 믿음에서 조금 멀고, 맹신은 믿음에서 아주 멀다.

부족한 방향			지나친 방향	
불신 ←	의심 ←	(믿음)	→ 과신	→ 맹신

불신은 사람이 자신을 믿을지는 모르지만 하나님과 상관없이 사는 것을 말한다. 이 사람은 하나님과 단절되어 있다. 그는 하나님이 없다는 생각을 가지고 있으며 하나님을 믿는 믿음을 이해하지도 못할뿐더러 믿음을 어리석게 생각한다(고전 2:14). 의심은 사람이 하나님과 연결은 되어 있으나 자신의 주관이 약해서 늘 흔들리는 것을 말한다. 두 마음을 품고 있어서 바람에 밀려 요동하는 바다 물결 같다(약 1:6). 과신은 사람이 하나님과 연결되어 있으나 자신의 주관이 강해서 성급하게 시도하는 것을 말한다(행 5:1). 맹신은 하나님의 뜻과 상관없이 하나님을 믿는 것을 가리킨다. 예수님은 사람들이 하나님의 뜻을 행하지 않으면서 선지자 노릇을 하거나 귀신을 쫓아내며 권능을 보이는 행동을 하는 것은 헛수고라고 하셨다(마 7:22-23). 신자는 믿음의 길을 가는 동안 한편으로는 믿음 아닌 의심과 불신에 대하여 싸워야 하며, 다른 한편으로는 믿음 아닌 과신과 맹신에 대하여 싸워야 한다. 그런데 가만히 살펴보면 의심과 불신보다는 과신과 맹신이 더 간악하고 무서운 적인 것처럼 느껴진다. 왜냐하면 의심과 불신은 쉽게 판가름되지만, 과신과 맹신은 굉장한 믿음처럼 보일 때가 많기 때문이다.

4) 믿음의 결과

그런 바른 믿음에는 어떤 현상이 나타나는지 살펴보자. 이상하게도 믿음을 가진 사람은 시간이 갈수록 점점 작아진다. 마치 세례자 요한이 주님을 가리켜 그는 흥하여야 하겠고 나는 쇠하여야 하리라 말한 것과 비슷하다(요 3:30). 신자는 믿음이 깊어질수록 하나님 앞에 서면 자신이 얼마나 큰 죄인인지 고백하게 된다. 사도 바울이 주님의 일을 오래 한 후에 내린 결론은 자신이 죄인 중에 괴수라는 사실이었다(딤전 1:15; 참조. 사 6:5). 이처럼 믿음의 사람은 하나님의 거룩함을 인식하고 자신이 죄인임을 고백한다. 믿음의 사람은 스스로를 쓸모없는 자라고 여기며 무익한 종이라고 부른다(눅 17:10). 믿음의 사람은 자신이 점점 사라지고 하나님이 점점 드러나기를 소원한다. 믿음의 사람은 자신은 정지하고 하나님이 활동하시기를 기도한다. 왜냐하면 하나님의 능력은 사람이 약한 데서 나타나기 때문이다(고후 12:9). 신자가 활동하는 것은 하나님의 은혜가 우리를 움직이기 때문이다. 우리에게서는 절대로 믿음이 시작될 수 없다. 오직 하나님께서 밖에서 우리에게 믿음을 심어주실 때, 그 믿음이 씨앗처럼 자라서 열매를 맺는 법이다. 그러므로 신자에게는 아무것도 자랑할 것이 없다(롬 3:27; 고전 1:29; 엡 2:9). 자랑하는 자는 오직 주님 안에서 자랑할 뿐이다(고전 1:31; 고후 10:170.

제4장

신자의 삶의 실천

신자는 다음과 같은 방식으로 참된 삶을 실천한다.

1. 하나님을 섬긴다

신자는 예배하는 사람이다. 신자는 삼위일체 하나님을 섬긴다. 신자의 삶은 예배의 삶이다. 신자는 예배의 사람이며, 신자의 삶은 예배의 삶이다. 이것은 주일 예배를 포함한 모든 예배를 가리킨다. 신자에게 예배는 삶 자체이다(롬 12:1-2). 예배는 무엇인가? 예배는 관계이다. 예배는 하나님에 대한 깊은 관계를 표현하는 것이다. 신자는 예배를 통해 하나님을 만나고 하나님과 교제한다. 예배는 하나님과 원만한 관계를 유지시킨다.

예배는 관계이기 때문에 지식을 전제로 한다. 그래서 예배는 앎이다. 하나님 지식이 결여된 예배는 이미 예배가 아니다. 그것은 미신종교이며 우상종교이다. 아테네에서 사도 바울이 만난 사람들은 알지 못하는 신에게 예배하였다(행 17:23). 예배는 감정이 아니다. 하나님을 알수록 예배가 깊어진다. 예배의 즐거움은 지식의 즐거움에 비례한다. 예배는 지식이기 때문에 성경은 예배에 관해 말할 때 자주 하나님이 어떤 분이신지를 말한다. "하나님은 영이시다(요 4:24). 성경은 예배의 대상이 삼위일체 하나님이심을 신학적으로 정확하게 밝힌다(엡 1:3-6; 벧전 1:3-6).

이런 점에서 예배는 신학적일 수밖에 없다. 바른 예배를 위해서 하나님을 배워야 한다. 이것은 결국 구약의 전통을 따르는 것이다. 선지자들은 바른 예배를 위해서 하나님을 가르쳤고 무지한 예배를 비판하였다. 성전이라는 공간이 중요한 것이 아니라 하나님 지식이 중요하다는 것이다(미가 3:9-12). 예수님과 사도들도 같은 어조이다. 예수님은 성전을 헐라고 말씀하셨고(요 2:19), 성전이 무너지리라고 예언하였다(마 24:1). 사도들은 하나님이 손으로 지은 성전에 계시지 않는다고 설파하였다(행 7:48; 17:24; 히 9:11). 예배에서 중요한 것은 공간이 아니라 하나님 지식이다(요 4:20-24). 그러므로 예배는 신학적 참여이다.

2. 성경을 믿는다

예배는 지식이기 때문에 신자는 하나님의 말씀인 성경을 믿는다. 신자는 믿는 사람이다. 신자의 삶은 믿음의 삶이다. 위에서 신자는 바른 예배를 위해서 삼위일체 하나님을 알아야 한다고 말했다. 그러면 우리는 어디에서 삼위일체 하나님을 알 수 있는가? 성경이다. 성경이 신 지식의 출처이다. 성경을 떠나서는 하나님을 알 길이 없다. 자연 지식은 하나님을 아는 데 제한적일 뿐이다. 그것은 깜깜한 밤길이나 안개가 잔뜩 낀 도로에서 더듬는 정도의 지식만을 제공한다(행전 17장). 기독교는 처음부터 경전종교이며 문서종교이다. 기독교는 말씀의 종교이며 성경의 종교이다. 미신에는 경전이 없고, 무당종교에는 경전이 필요치 않다. 믿음의 출원은 말씀이다. "믿음은 들음에서 나며 들음은 그리스도의 말씀으로 말미암았느니라"(롬 10:17). 그래서 성경이 없는 신자, 성경을 모르는 신자, 성경을 안 읽는 신자는 저절로 약해진다. 성경 없는 기독교나 성경 외면한 기독교는 저절로 하향평

준화 된다.

그러면 성경은 무엇인가? 성경은 하나님의 계시이다. 하나님이 자신을 보이심이다. 하나님 쪽에서 커튼을 거두신 것이다. 본래 하나님과 인간은 관계가 단절되었고 거리도 멀었다. 그런데 계시는 하나님 세계의 열림이다. 계시는 하나님의 자기 개방이다. 만세 전부터 감추어 있던 비밀의 세계가 알려진 것이다(롬 16:25-26; 엡 3:9). 그래서 성경은 하나님의 비밀을 보여준다. 성경에는 하나님의 성품, 생각(계획), 활동이 들어있다. 성경에는 하나님의 세계가 펼쳐진다. 하나님의 구원하시려는 성품과 구원 계획과 구원 활동이다.

그런데 성경은 단순한 보이심이 아니라 말씀하심이다. 그래서 성경은 하나님의 말씀이다. 성경은 하나님을 정확하게 표현하며 묘사하고 진술한다. 성경에는 불필요한 것이나 무의미한 것 없다. 성경에는 희미한 것이나 불투명한 것이 없다. 성경에는 애매한 것이나 잘못된 것 없다. 성경은 하나님의 충만하고 온전한 영감으로 된 것이기 때문이다. 성경에 문제가 느껴지는 것은 우리의 지식이 부족하기 때문일 뿐이다. 그것은 지식의 차이 때문에 오는 현상이다. 하나님은 전승과 교육에 오류가 생기지 않도록 말씀을 기록으로 남기셨다.

신자는 하나님의 말씀인 성경을 믿는다. 믿음은 몰두이며 헌신이다. 성경을 믿는 것은 성경에 빠져드는 것을 의미한다. 구약의 선지자들이 이런 모습을 보여주었다(벧전 1:10-11). 신자는 어두운 데를 비치는 등불과 같은 하나님의 말씀을 날이 새어 샛별이 마음에 떠오르기까지 주의해야 한다(벧후 1:19). 신자는 갓난아기가 젖을 사모하는 것과 같이 하나님의 순전하고 신령한 젖을 사모해야 한다(벧전 2:2). 그러므로 믿음은 하나님의 말씀을 표준으로 삼는 것을 뜻한다. 믿음은 믿음의 대상을 전적으로 의지하여 달라붙는 것이다. 그래서 믿음은 반대로 말하면 자신을 버리는 것이다. 믿음은 자기포기이다. 신자는 성경을 믿는 사람이다. 신자의 삶은 성경 신앙 삶이다.

3. 신앙고백을 따른다

신자는 하나님의 말씀인 성경을 믿기 때문에 성경을 고백하는 사람이다. 신자의 삶은 고백의 삶이다. 위에서 신자는 성경을 믿는 사람이라고 말했다. 그러면 성경을 믿는다는 것은 무슨 의미인가? 신약교회는 성경을 제멋대로 믿는 오류를 방지하기 위해서 신앙고백(신조)을 제공한다.[1] 또한 성경에 정통한 많은 사람들이 많은 시간을 드려 성경을 논리적으로 정리하였다. 성경을 신학적으로 추려놓은 것이 신앙고백(신조)이다. 그래서 성경을 믿는다는 것은 바른 신앙고백을 따른다는 것이다. 이것은 신앙고백적 성경 신앙을 뜻한다. 그래서 신앙고백을 잘 알면 성경도 잘 안다. 이것은 적합한 안경을 쓰면 눈이 밝아지는 것과 같다. 신앙고백은 성경을 이해하는 데 탈선과 오류를 방지하고, 빈약하고 부실한 이해를 방지하고, 열매 없는 헛수고를 방지하고, 오류와 위험에 빠지지 않도록 보호한다. 신앙고백은 성경의 요점을 정리해준다. 이 때문에 신앙고백(신조)를 잘 아는 것이 중요하다.

4. 하나님 나라를 세운다

신자는 하나님 나라를 건설하는 사람이다. 신앙은 불이며 빛이고, 생명이며 역동이다. 그래서 신앙고백을 가지고 사는 신자는 항상 적극적이며 역동적이고 건설적이다. 신앙고백 신자는 살아있고 활동한다. 그는 살아있을 뿐 아니라 살려낸다. 하나님은 살려내는 분이시며(행 2:24,32; 26:8; 롬 4:17; 엡 2:5), 예수님이 살려주는 영이시고(고전 15:45), 성령님이 살려내시는 생명의 성령이신 것(요 6:63; 롬 8:2)처럼, 신자는 살려내는 역동성을 감당한다. 그는 자동사("살아있다")로 머물지

---

1) 앞에 논의한 "신앙고백" 단락을 참조하라.

않고 타동사("살려내다")가 된다.

그러면 신자의 역동성은 어떻게 나타나는가? 신앙의 역동성은 신자 자신에게 목적을 두지 않는다. 자신의 만족을 위한 것이 아니다. 이것은 예수님의 모습이며 (요 8:50) 사도 바울의 길이다(살전 2:6). 신자는 자신이 영광을 받는 길을 거절한다 (갈 5:26). 기독교는 나의 행복을 목적하는 종교가 아니기 때문이다. 기독교는 행복의 종교가 아니라 진리의 종교이다. 비록 우리가 행복하더라도 하나님의 진리가 사라지면 잘못된 것이며, 비록 우리가 행복하지 않더라도 하나님의 진리가 드러나면 잘된 것이다. 중요한 것은 우리의 행복이 아니라 하나님의 진리이다. 중심이 우리에게 있는 것이 아니라 하나님에게 있는 것이다. 기독교가 목적하는 것은 하나님의 뜻이 성취되고 하나님의 계획이 실현되는 것이다. 진정한 행복은 진리에 있다. 그래서 신자의 역동성은 희생과 손해도 감수하는 것이다. 베풂과 나눔이다(마 10:8). 신자는 "주는 것이 받는 것보다 복되다"(행 20:35)는 말씀을 따라 손해보는 삶을 실천한다.

신앙고백 신자의 목적은 특히 이 땅에 하나님 나라를 건설하는 것이다. 하나님 예배, 성경 신앙, 진리에 대한 신앙고백이 이미 하나님 나라 건설 작업이다. 신자는 하나님의 뜻이 이 땅에 이루어지기를 기도한다(주기도문). 하나님 나라는 하나님 성품의 표현이자 실현이다. 그러므로 신자는 이 땅에 거룩함과 의로움이라는 하나님의 성품을 심어 이 세상이 하나님으로 인정하고 하나님의 통치를 받아들여 하나님께 순종하는 것을 인생의 목적으로 삼는다(고전 10:31). 하나님 나라는 하나님의 영광을 표출하기 때문에 신자는 하나님이 영광을 받으시도록 최선을 다한다 (마 5:16; 벧전 2:10). 신앙고백 신자에게는 인생의 목적이 선명하다. 이를 위해 신자는 생각을 모으고, 계획 세우고, 힘을 붓는다. 그는 시간과 재능과 재물을 사용한다. 신자는 하나님 나라를 건설하는 사람이다. 신자의 삶은 하나님 나라의 삶이다.

5. 거룩한 삶을 일군다

신자가 하나님 나라를 건설하는 목적을 이루려면 거룩해야 한다. 신자는 거룩한 사람이다. 신자는 거룩한 삶을 일군다. 그래서 성도라고 불린다. 신자의 삶은 거룩한 삶이다. 거룩함은 혼합을 피하는 구별됨이다(고후 6:14-7:1; 계 18:4). 거룩함이 성도의 본질이다(엡 4:24). 신자의 거룩함은 하나님의 뜻이기 때문이다(살전 4:3,7). 따라서 거룩하지 않다면 다른 모든 노력은 무의미하며 역효과를 낸다. 신자에게 거룩함은 가장 큰 무기이다(롬 6:13,19). 거룩함은 세상이 두려워하는 교회의 무기이다.

신자의 거룩함은 모든 영역에서 실천되어야 한다. 신자에게 거룩함을 실현하지 않아도 될 영역은 없다. 신자는 교회 안에서 뿐 아니라 교회 밖에서도 모든 생활에 거룩함을 실현해야 한다. 신자의 거룩함은 모든 영역에 스며들어야 한다. 모든 삶에서 신자의 거룩함이 드러나야 한다. 자신도 거룩하게 될 뿐 아니라 모든 사람들을 거룩하게 만들어야 한다.

그런데 거룩함은 하나님을 표준으로 삼을 때만 가능하다(벧전 1:15-16). 거룩함은 내부적으로 생기는 것이 아니다. 거룩함의 표준은 우리의 밖에 있다. 거룩함의 절대적인 표준은 하나님이시다. 신자들이 거룩함을 실현하지 못하는 중대한 이유 중의 하나는 인간을 표준으로 삼기 때문이다. 신자들이 거룩함을 이루는 길은 거룩하신 하나님을 바라보는 것이다. 하나님이 우리에게 하신 일을 주의하면 거룩함을 도모하게 된다.

또한 거룩함은 성령의 도우심과 말씀의 충격으로만 실현된다. 성령은 신자에게 거룩함을 이루시는 내적 작동자이시다(살후 2:13; 벧전 1:2). 신자에게 남아있는 부패성이 일시적으로 크게 이기는 것처럼 보일 수 있지만, 신자는 성령이 공급하시는 힘으로 말미암아 그것을 극복한다(웨스트민스터 고백서 13.3.) 또한 하나님의 말씀이 성화의 외적 도구이다(엡 5:26). 말씀이 우리를 거룩하게 만든다. 신자는 말씀으로 거룩해지는 동안 자기의 무능함을 인식하면서(롬 7:24) 자기를 의지하는 자세를 버린다(고후 1:9). 그래서 거룩함은 신자의 힘 빼기라고 부를 수 있다. 신자는 성령과 말씀의 도움으로 하나님 앞에서 자신이 죄인이라는 사실을 더욱 분명하게 인식한다. 거룩함은 자신의 의를 버리고 죄를 인식하는 것이며, 자신의 영광을 버리고 비참함을 인식하는 것이다. 이런 의미에서 거룩함은 우리의 힘 빼기이다. 우리에게서 모든 힘이 사라지고 철저하게 하나님의 힘만을 의존하게 될 때, 그 때가 가장 거룩한 상태이다. 따라서 신자의 인생에서 관건은 얼마나 자신의 힘을 포기했느냐 하는 것이며 얼마나 하나님의 힘을 의지하느냐 하는 것이다. 자기의 힘이 가장 많이 빠진 것이 신자에게 거룩함의 절정이다.

참 신자는 누구인가? 신자는 예배자, 신앙자, 고백자, 건설자, 성화자이다. 신자의 참된 삶은 무엇인가? 신자의 삶은 삼위일체 하나님을 예배하는 것이며, 하나님의 말씀인 성경을 믿는 것이며, 정통 교리를 고백하는 것이며, 하나님 나라를 이 땅에 건설하는 것이며, 성도의 거룩한 삶을 실천하는 것이다. 그러므로 신자는 다음과 같이 고백한다. 신자는 삼위일체 하나님을 섬긴다, 하나님의 말씀인 성경을 믿는다, 정통 신앙고백을 따른다, 하나님 나라를 이 땅에 세운다, 성도의 거룩한 삶을 일군다.

제5장
신자의 사회참여

1. 사회참여의 원리

신자가 사회에 참여해야 하는 이유는 예수님이 신자를 가리켜 "땅의 소금이라"(마 5:13)고 말씀하신 데서 잘 나타난다. 신자의 신분정의는 밖에서 온 것이다. 우리는 스스로 우리의 정체를 깨달을 수가 없고, 예수님의 말씀을 통하여 가장 명확하게 깨닫는다. 우리는 신분정의를 예수님께 의존하기 때문에 우리가 정한 인생을 사는 것이 아니라 주님께서 정해주신 인생을 산다.

예수님은 이미 "소금이다"라고 말씀하시지, 장차 "소금이 되라"고 말씀하지 않는다. 예수님은 장차 어떤 것이 될 미래의 가능성이 아니라 이미 어떤 것이라는 현재의 사실성에 대하여 말씀하신다. 따라서 신자는 이미 신분을 실천하는 삶을 살아야 한다. 이것이 바로 우리의 삶을 긴장감 있게 만드는 중대한 요소이다. 예수님께서 우리의 신분을 현재적으로 정의하는 이유는 소극적인 측면에서 볼 때 우리가 자신의 신분을 정확하게 이해하지 못하여 오류를 저지르는 것을 방지하기 위함이며, 적극적인 측면에서 볼 때 우리가 우리의 정체를 분명하게 인식함으로써 그 역할과 사명을 충분하게 감당하기 위함이다.예수님은 신자를 금과 은이나 젖과 꿀이 아니라 "소금"이라고 정의하신 데는 특별한 의도가 있었던 것 같다. 이 은유

제7부 윤리

의 중점은 소금의 짠 맛에 있다.[1] 소금의 가장 중요한 사명이 짠 맛을 주는 것이 듯이, 신자의 가장 중요한 사명은 믿음의 맛을 주는 것이다.

그런데 예수님이 특히 "땅의"(개역개정에는 "세상의"라고 번역됨) 소금이라고 표현하신 것에 주의해야 한다. 소금 없는 땅은 어디에도 없으며, 땅 없는 소금 역시 어디에도 없다. 땅이 있는 곳에는 어디든지 소금이 있듯이 예수님은 신자들이 어디든지 있어야 할 존재로 생각하셨던 것이다. 신자는 땅이 있는 곳에는 어디든지 있어야 할 존재이다. 소금이 있지 못할 땅이 없듯이, 신자가 있지 못할 땅도 없다. 또한 소금은 언제나 땅을 대상으로 삼아야 한다. 소금이 소금창고 안에만 들어있으면 쓸모가 없다. 소금이 창고 안에만 있으면 쓸모없는 것처럼, 성도가 자기들끼리 똘똘 뭉쳐 모이고 흩어지지 않으면 의미가 없다. 예수님은 신자들이 세상으로 들어가고 세상에 영향을 주고 세상을 변화시킬 것을 요구하고 있는 것이다.

2. 사회참여의 목적

그러면 신자가 사회에 참여하는 목적은 무엇인가? 사회학적인 차원에서 말하면 공정한 사회를 이룩하기 위함이다. 어떻게 해야 공정한 사회를 형성할 수 있는가? 사람은 절대로 공정한 사회를 만들 수가 없다. 왜냐하면 인간은 그 자체가 공정하지 않기 때문이다. 안 된 말이지만, 최대한 타익적인 인간조차도 최소한 이기적인 존재이다. 모든 사람은 예외 없이 자기를 중심으로 생각하기 때문에 남의 눈에 묻은 티는 보지만 내 눈 속에 박힌 들보는 보지 못한다. 아무리 자기중심의 사고를 배제하려고 발버둥 쳐도 그렇게 할 수 없는 게 사람이다. 역사가 이것을 증명한다. 그러므로 공정한 사회를 이룩하는 일은 인간 밖에서 출발해야 한다.

공정한 사회를 실현할 수 있는 유일한 길은 오직 만물의 창조주이시며 섭리자

---

1) 참조. U. Luz, *Das Evangelium nach Matthäus*, 1. Teilband. Mt 1-7, 5. völlig neubearbeitete Auflage, EKK 1/1(Neukirchen-Vluyn: Neukirchener / Düsseldorf und Zürich: Benziger, 2002), 298.

이신 하나님에게서 발견할 수 있다. 하나님만이 공정한 사회를 만들기 위한 표준이시다. 사회에 대하여 진실로 공정하신 분은 하나님뿐이시다. 왜냐하면 만물을 창조하신 하나님은 스스로 충분하시기 때문이다. 하나님은 부족한 것이 조금도 없으셔서 사람에게 무엇을 받으셔야만 비로소 채워지시는 분이 아니다(행 17:25). 하나님은 인간에게서 뇌물을 얻으실 필요가 없다(참조. 신 10:17; 대하 19:7). 따라서 하나님은 인간에게 아무것도 받아야 할 것 없으므로 객관적으로 가장 공정하시다.

하나님은 자신의 공정성을 다양한 방식으로 표현하신다. 공의의 하나님은 넓게 볼 때 모든 사람에게 동일한 은혜를 주신다. 하나님은 해를 선인과 악인에게 비추시고, 비를 의인과 죄인에게 내려주신다(마 6:45). 또한 하나님은 신자와 불신자에게 사회적으로는 공정하게 대하신다. 그래서 하나님은 과부와 고아를 돌보는 것 뿐 아니라 나그네를 돌볼 것을 엄중하게 요구하셨던 것이다(신 14:28-29). 신자들의 사회라는 아주 좁은 범위에서 볼 때도 하나님은 공정성을 발휘하셨다. 하나님은 광야의 이스라엘 백성이 만나를 거두었을 때 많이 거둔 자도 남지 않고 적게 거둔 자도 모자라지 않게 하셨다(고후 8:15; 참조. 출 16:18).

하나님의 공정하심은 역사상에 하나님의 사람들을 통해서 구체적으로 표현되었다. 구약시대에는 모세가 도량형에 부정을 저지르는 것을 엄격하게 금지했고(레 19:35-36), 선지자들은 가난한 자들에게 어떤 식으로든지 불의한 폭력을 가하는 것을 맹렬하게 공격했다(사 5:7). 신약시대에는 세례자 요한이 여러 계층의 사람들에게 설교를 하면서 공정함을 요구했고(눅 3:10-14), 예수님은 세리와 죄인의 친구가 되어주셨고(마 11:19), 사도들은 사람을 외모로 차별하지 말 것을 강조했다(롬 2:11; 약 2:1).

하나님은 공의로운 분이시기 때문에 선에 대하여는 보상하시고 악에 대하여는 보응하신다(롬 2:6-8; 골 3:24-25). 하나님의 공의는 하나님의 지극히 높은 존엄을 거스르는 죄들이 최고의 벌 다시 말해서 몸과 영혼에 영원한 벌을 받기를 요구한다(하이델베르크 신앙교육서 11문답). 하나님은 공의롭기 때문에 많이 받은 자들에게는 많이 요구하시고 많이 맡은 자들에게는 많이 달라 하신다(눅 12:48).

이렇게 볼 때 공정한 사회를 실현할 수 있는 유일한 방법은 공정하신 하나님을 표준으로 삼는 수밖에는 없다. 우리가 공정하신 하나님 앞에 자신을 세울 때 비로소 공정한 사회를 만들 수 있는 길이 열린다. 사회를 공정하게 만들기 위해서 우리 사회를 하나님의 공정하심에 기초시켜야 한다. 하나님의 공정성을 표준으로 삼는다는 것은 첫째로 우리가 하나님 앞에서 끊임없이 회개하면서 우리 자신의 욕심을 최대한 배제하고 스스로 낮아지는 것을 의미한다. 나아가서 하나님의 공정성을 표준으로 삼는다는 것은 오직 하나님의 공의로운 시각을 통하여 다른 사람들을 이해하고 하나님의 공의를 실천하기 위한 목적으로 사회를 선도하는 것을 의미한다.

3. 사회참여의 방식

그러면 신자는 어떻게 사회에 참여하는가? 신자는 다음과 같이 여러 가지 방식으로 사회에 참여한다.

1) 법치 실현

신자의 사회참여 방식 가운데 하나는 법치 실현이다. 신자는 법치사회를 이룩해야 한다. 법은 인간의 역사만큼 오래되었다. 역사는 법과 함께 시작되었다. 하나님은 인간을 창조하시면서 법을 주셨다. 성경으로 보면 법은 인간 밖에서 온 외래적 가르침이다.[2] 법은 하나님이 인간을 가르치신 것이기 때문이다. 창조된 인간이 하나님께로부터 법을 받았다. 이런 의미에서 성경이 말하는 법은 신성법

---

2)　Cf. Joseph Blenkinsopp, *Wisdom and Law in the Old Testament. The Ordering of Life in Israel and Early Judaism*, The Oxford Bible Series (Oxford: Oxford University Press, 1983), 74.

(theonomy)이라고 부를 수 있다(torah, 가르침). 이로써 인간의 삶의 본질은 하나님의 법을 준수하는 것이다. 이 때문에 성경으로 볼 때 법치는 하나님에게서 유래한다. 그래서 법치의 기원은 순전히 하나님이시다.

그런데 법에는 일반적인 의미가 있다. 법은 삶의 안정성이라는 효과를 가져다준다. 그렇기 때문에 법은 유익한 것이지 결코 귀찮은 것이 아니다. 법이 없으면 사회는 문란해지고 불안해진다. 예를 들어 교통법이 없으면 거리는 항상 무질서하고 복잡하여 많은 사고가 발생할 것이다. 이에 더하여 법은 상생(相生)이라는 한 가지 의미를 더 가진다. 법은 자신 뿐 아니라 타인의 안전성에도 유익하기 때문이다. 교통법이 있기 때문에 나도 그렇고 남도 그렇고 도로에서 서로 다치지 않고 안전하게 운행을 할 수 있다. 그래서 법은 불편한 것이 아니라 필요한 것이다.

게다가 법이란 법을 지키는 사람의 신분을 보장해준다. 법을 잘 지키는 사람은 사회인으로서의 삶을 보장받는다. 법의 준수는 그 사회에 속한 사람임을 입증하는 것이다. 거꾸로 말해서 어떤 사람이 한 사회의 법을 지키지 않는다면 그는 스스로 그 사회에 속하지 않는다는 것을 증명하는 것이 되고 만다. 그는 법을 지키지 않음으로써 사회를 거부하는 것이다.

더 나아가서 법을 지키는 것은 영광스러운 일이다. 무엇보다도 사람이 법을 지키는 것이 영광인 까닭은 그에게 법을 지킬만한 능력이 충분히 있다는 것을 보여주는 것이기 때문이다. 또한 법을 지키는 것은 사회의 질서를 여유 있고 충분하게 누리면서 사는 것이기 때문에 영광이 된다. 게다가 법을 지키는 것은 사회로부터 준법적인 사람이라고 인정을 받는 것이기 때문에 영광이다. 준법은 사회와 긍정적인 관계를 유지하고 있다는 것을 표시하는 것이기 때문에 영광이다. 그리고 법을 지키는 것은 다른 사람을 존중하는 것이니 영광이다. 그러므로 역으로 말해서 불법은 사회에 속해 있다는 영광을 거부하고 포기하는 것과 다를 바가 없다.

성경의 법 개념은 구약성경에 충분하게 기술되었고, 신약성경은 우선 그것을 전적으로 채용한다. 그래서 구약과 신약 사이에 법 개념의 단절은 없고, 단지 그 적용에 있어서 차이가 있을 뿐이다. 마찬가지로 법치 이상도 구약성경에 전적으로 표현되었고, 신약성경은 시대의 변화에 견주어 그에 맞는 면모를 보여주는 것으로 이해할 수 있다. 그러면 성경의 법치 이상은 무엇인가?

(1) 신적 법치의 요점

성경의 법치 이상은 하나님께서 법을 주셨다는 사실에서 출발한다. 하나님의 백성은 무법한 백성이 아니다. 세상의 법이 사람들 사이의 수평적인 관계에서 나온 것이라면, 하나님의 법은 하나님과 사람 사이의 수직적인 관계에서 나온 것이다. 출원이 다르다는 점에서 하나님의 법은 사회의 법과 근본적으로 다르다. 또한 세상의 법은 자익적인 성격이 강하지만, 하나님의 법은 타익의 성격이 강하다. 세상의 법은 자익의 침해를 방지하기 위한 소극적(passive) 법이라면, 하나님의 법은 은혜를 베풀기 위한 적극적(positive) 법이다. 사회의 법이 사람과 사람 사이에 상생을 위한 법이라면, 하나님의 법은 하나님과 사람 사이에 언약에서 나온 법이다. 이런 점에서 하나님의 법은 구원을 전제하는 신앙의(또는 종교적인) 법이다.

하나님이 법을 주신 이유는 법치국가를 원하셨기 때문이다. 하나님은 무법국가를 원하신 것이 아니다. 법치는 하나님의 백성에게 최고의 이상이다. 이런 점에서 법 집행자인 재판장은 최고의 권위를 가진다는 뜻으로 하나님과 같은 명칭인 "엘"(אֵל)이또는 "엘로힘"(אֱלֹהִים)이라고 불리었다(시 82:1). 이것은 재판장이 하나님의 성품을 가져야 한다는 것을 가리킨다. 그러면 하나님의 법은 백성에게 어떤 의미를 가지는가? 하나님의 법을 준수하는 것은 하나님을 의지한다는 신앙의 표시이다. 법은 신앙으로서의 법이다. 법 준수는 하나님께 달라붙어있다는 뜻이다. 하나님의 백성은 법 준수로 하나님과 철저하게 연계되며, 이렇게 함으로써 하나님의 차원에 비견된다(요 10:34-35; 참조. 시 82:6). 그러면 하나님은 법치로 무엇을 목적하셨을까? 성경에서 하나님의 법치는 다음과 같이 세 가지 요점을 가지는 것처럼 보인다.

첫째로, 신적 법치는 질서를 목적으로 한다. 하나님은 무질서의 하나님이 아니시기 때문이다(고전 14:33). 질서를 목적으로 하는 신적 법치는 무엇보다도 질서에 매우 제한적 범주에 속하는 짐승과 다르다는 것을 보여준다. 성경에서 여러 짐승은 자주 폐허의 지배자로 언급된다. 짐승은 무법과 무질서를 의미한다. 신적 법치는 이런 짐승의 범주와 다른 체계를 요구한다. 그것은 가정, 이웃, 국가에서 실현되어야 할 사회질서이다.

둘째로, 신적 법치는 질서 뿐 아니라 품위를 요구한다. 신적 법치는 인간이 인간임을 증명하는 길이다. 우선 이것은 자기의 품위를 보장한다. 하나님의 법을 지키는 사람에게는 자체적인 영광이 주어진다. 법은 지혜와 지식을 결과시킨다(신 4:6). 하나님의 법을 따를 때 더욱 풍성하고 자유로운 삶을 살 수 있다. 법은 사람을 왜소하게 만드는 것이 아니라 풍요롭게 만드는 것이며, 사람을 억누르는 것이 아니라 자유롭게 하는 것이다. 또한 신적 법치는 타인의 품위를 보장한다. 약자를 보호하고 타인을 배려함으로써 하나님의 형상으로 창조된 인간을 존중한다. 하나님의 법이 질서만 아니라 품위를 위한 것이라는 점에서 최소한의 법이 아니라 최대한의 법이다. 따라서 하나님의 법은 풍요롭다.

셋째로, 신적 법치는 하나님의 백성임을 과시하는 효과를 준다. 하나님께서는 성도를 영광스럽게 만들기 위하여 법을 주셨다. 법 준수는 하나님이 우리의 왕이시며, 우리가 하나님의 백성임을 드러내는 지름길이다. 성도는 신적 법치를 따름으로써 세상에서 가장 존귀한 법을 가진 신분임을 입증한다. 그는 법을 지킬 때 세상과의 관계에서 영광을 얻는다. 세상이 하나님의 법을 지키는 성도를 보면서 감탄한다(신 4:6). 또한 신적 법치의 궁극적인 목적은 하나님의 영광이다. 하나님의 법을 준행할 때 주어지는 결론적인 효과는 하나님이 영광을 받으시는 것이다.

신적 법치로 말미암아 신자는 하나님으로부터 생명을 얻고, 지혜와 지식을 가지며, 세상으로부터 영광을 얻는다. 따라서 하나님의 법은 얽매는 귀찮고 불편한 무거운 짐이 아니다. 오히려 법을 가지고 있기에 성도는 풍요롭고 자유롭고 영광스럽다. 법은 성도의 신분을 영광스럽게 보장한다. 이 사실을 알면 하나님의 법은 가볍고 쉽다. "내 멍에는 쉽고 내 짐은 가벼움이라"(마 11:29). "그의 계명들은 무거운 것이 아니로다"(요일 5:3).

(2) 신적 법치의 사례들

이런 요점을 기본으로 삼아 구약성경은 신적 법치의 구체적인 사례들을 진술한다. 그 가운데 대표적인 몇 가지를 강도에 따라서 점층적으로 살펴보자.

① 음식 규례

신적 법치의 대표적인 사례는 음식 규례이다. 이것은 성경에 꾸준히 흐르는 중요한 규례이다(행 10:14; 11:8; 참조. 레 7:24; 11:1-47; 신 14:21; 사 65:4; 겔 4:14-17; 44:31). 음식 규례는 하나님께서 신자들이 품위 있게 살기를 바라시는 표현이다. 하나님은 신자가 품위 없는 사람이 되기를 바라지 아니하신다. 하나님은 신자들에게 품위를 주실 뿐 아니라 또한 품위를 요구하신다. 규모 없이 사는 것은 신자의 도리가 아니다. 이 때문에 사도 바울은 신자가 살아야 할 삶의 질서를 상실한 사람들을 심각하게 책망했던 것이다(살전 5:14; 살후 3:6,7,11). 신자가 품위를 잃어버리는 것은 믿음을 잃어버린 것과 다를 바가 없다. 하나님 앞에서 방정하게 사는 사람은 세상에서도 방정하게 산다. 역으로 말해서 세상에서 품위 있게 살지 않는 것은 하나님 앞에 살고 있다는 믿음이 없는 것과 같다. 품위와 신앙은 동일한 개념이다. 그래서 사도 바울도 질서 있는 생활과 믿음의 견고함을 동일선상에서 이해했다. "이는 내가 육신으로는 떠나 있으나 심령으로는 너희와 함께 있어 너희가 질서 있게 행함과 그리스도를 믿는 너희 믿음이 굳건한 것을 기쁘게 봄이라"(골 2:5).

그런데 품위에는 반드시 규례가 동반된다. 법도가 없이는 품위도 없다. 하나님께서는 이스라엘 백성에게 품위를 주시기 위하여 또한 품위를 요구하기 위하여 법도를 정하셨다. 법은 하나님의 백성이 품위를 유지하는 것을 가능하게 만드는 도구이다. 법은 품위의 방편이다. 법에 들어있는 허락과 제한이라는 사항들은 모두 신자들에게 품위를 유지하게 만든다. 신자는 법을 지킴으로써 하나님의 백성이라는 영광스러운 품위를 입증할 수 있는 길을 얻는다. 하나님이 주신 법은 허락이든지 제한이든지 근본적으로 성도의 품위를 유지시키는 영광의 법이다. 따라서 제한법도 신자의 영광과 품위를 위하여 반드시 필요한 것이다. 음식 규례가 바로 이런 내용에 속한다.

음식 규례는 무엇보다도 하나님에 대한 신뢰에서 나오는 신자의 품위와 관련이 있다. 신자의 품위는 거룩함에서부터 나온다. 이스라엘 백성의 거룩함은 하나님과의 관계에서 성립된다. 다시 말하자면 이스라엘 백성의 거룩함을 결정하는 요인은 하나님에 대한 신뢰이다. 사람의 생각으로는 하나님이 규정하신 정결함과 불결함의 기준이 쉽게 이해되지 않는다. 정결함과 불결함의 기준은 사람이 따져서 이해할 수 있는 것이 아니다. 음식물의 정결함과 불결함은 본질적으로 그런 것이 아니라(막 7:19; 행 10:15; 11:9; 딤전 4:3-5). 하나님이 신자의 거룩함을 설명하기 위하여 그렇게 규정하시기 때문에 그런 것이다. 하나님의 백성은 아무런 의심 없이 하나님의 규정을 받아들일 뿐이다. 이것은 하나님에 대한 전적인 신뢰이다. 그리고 하나님에 대한 이런 신뢰에서 신자의 거룩함이 성립되는 것이다. 다시 말하자면 하나님의 백성의 거룩함은 하나님에 대한 신뢰관계에서 형성된다. 그것이 성결의 길이다. 신자는 하나님을 전적으로 신뢰하는 가운데 음식 규례를 지킴으로써 거룩한 하나님의 백성으로서의 품위를 입증한다.

음식 규례는 만민 중에서 하나님의 선택을 받은 이스라엘 백성이 만민 가운데 하나님의 거룩한 백성이라는 품위를 보여야 할 법이다. 음식규례는 이방인들로 둘러싸인 세계에서 살아야 할 이스라엘 백성이 이방인들과 대조적으로 성결한 백성이라는 품위를 보여야 할 율법이다. 음식규례가 없다면 이스라엘 백성은 이방인 세계에서 하나님의 거룩한 백성으로서의 품위를 유지할 수도 없고 입증할 수도 없다. 하나님의 백성은 무법으로 위풍을 드러내는 것이 아니라 법치로 품위를 드러내는 것이다.

② 대여 규례

하나님의 법치 가운데는 대여와 관련된 것이 있다(레 25:35-38; 신 15:7-11). 세상에는 가난한 자들이 끊임없이 존재한다(마 26:11; 막 14:7; 요 12:8; 신 15:11). 하나님은 성도들이 이런 가난한 자들에 대하여 꾸어주는 자세를 가져야 할 것을 말씀하신다. 그러므로 이 규례는 바꾸어 말하면 가난한 사람들에 대한 규례라고 부를 수 있다. 한 마디로 말해서 하나님은 꾸어주기 위하여 손을 펴라고 말씀하신다. 빌려주는 사람이 마음을 제한해서는 안 된다는 것이다. 이것은 마음과 관련해서 무제한적 금융거래를 의미한다. 이렇게 하여 빌리는 사람에게 소망을 주라는 것이다. 세상에서의 꾸어줌은 매우 계산적이다. 세상에서는 꾸어주기 전에 받아낼 것을 먼저 생각하면서 대상과 금액을 고려한다. 그러나 하나님은 꾸어줄 때의 자세를 다음과 같이 자세하게 설명해주셨다. 마음을 완악하게 하지 말고, 손을 움켜쥐지 말고 손을 펴고, 필요한 대로 쓸 것을 넉넉히 꾸어주고, 마음에 완악한 생각을 품지 말고, 가까이 다가온 면제년을 의식하지 말며, 줄 때에는 아끼는 마음을 품지 말라는 것이다. 대여의 법은 희한한 법이다. 이것은 대여하는 자에게도 대여 받는 자에게도 품위를 보장하기 때문이다. 신약시대에는 대여 규례가 분배와 공유의 실천으로 확장되었다(행 2:44-46; 4:32,34).

③ 유실 규례

하나님의 법치가 품위를 지향하고 있다는 것은 여러 규례에서 잘 드러난다. 예를 들어 이웃에게 무엇을 꾸어줄 때 그의 집에 들어가서 전당물을 취하지 말고 그가 적당한 전당물을 가지고 나오게 하라고 한다(신 24:10-13). 이렇게 해야 꾸는 사람이 모멸과 횡포를 피할 수가 있다. 이것은 한편으로는 야박함의 거절이며 다른 한편으로는 배려의 실천이다. 하나님의 법 정신은 여유와 배려에서 출발한다. 이웃 사랑이라는 법은 야박함을 버리고 여유롭게 약자를 이해하고 배려하는 것에 기초한다. 이와 같은 여유와 배려의 정신을 가장 선명하게 보여주는 것이 유실 규례이다(레 19:9-10; 23:22; 신 24:19-22). 하나님께서는 비슷한 몇 가지 내용을 제시함으로써 이스라엘 백성에게 약자들을 위한 배려의 정신을 고취시킨다. 밭에서 곡식을 벤 후 한 뭇을 잊어버리고 왔으면 가져오지 말고, 감람나무를 떤 후에 남은 열매를 그대로 두고, 포도를 따고 남은 것을 남겨두라는 것이다. 잊어버린 곡식 단을 찾으러 가지 말고, 감람나무의 가지를 살피지 말고, 포도를 다시 따지 말라는 것이다. 그렇게 할 때 비로소 나그네와 고아와 과부가 최소한이라도 곡식이나 감람열매나 포도를 얻을 수 있기 때문이다. 하나님께서 이 말씀으로 이스라엘 백성에게 요구하는 것은 더욱 적극적인 내용을 담고 있다. 하나님의 요구는 신자가 일상생활 중에 무심코 잊어버린 것, 무의식적으로 두고 온 것에만 해당되는 것이 아니다. 하나님의 말씀에는 의도적으로 남겨둠이라는 생각이 들어있다(룻 2장). 하나님은 의도적인 남겨둠을 말씀하신다. 이것이야말로 참으로 여유와 배려의 자세이다. 여기에 성도의 잊어버리는 지혜와 잃어버리는 지혜가 있다. 바로 이런 점에 성도의 놀라운 품위가 있고, 약자들에게 품위를 보장해주는 방식이 있다. 유실 규례를 따라 가난한 자들을 배려하는 것은 하나님의 뜻을 실현하는 것이다. 이렇게 할 때 성도는 하나님의 뜻에 참여하는 것이며, 하나님과 같은 생각을 품는 것이며, 하나님처럼 사는 것이다. 신자는 여유와 배려의 삶을 실현함으로써 하나님의 위치에 서는 것이다. 유실 규례는 세상 어디에서도 찾아볼 수 없는 절대적으로 질 다른 삶의 표현이다. 유실 규례는 신약시대에 구제(마 6:3-4; 19:21; 눅 12:33; 행 6:1; 갈 2:10)와 연보로 실천되었다(고후 9:5-9, 특히 7절 "하나님은 즐겨내는 자를 사랑하시느리라").

④ 면제 규례

면제 규례는 하나님의 백성을 품위 있게 만들기 위한 하나님의 법치 가운데 하나이다(레 25:8-12; 신 15:1-6). 하나님은 칠년마다 그 해가 끝날 때 채주가 이웃에게 꾸어준 것을 면제하라고 말씀하셨다. 이것은 면제년(희년)의 규례이라고 불린다(יבל, 요벨 / שמטה, 쉐미타). 이 규례는 예수님이 오심으로써 완성되었고(눅 4:19; 사 61:2), 그 완성은 사도들 시대로 이어졌다(고후 6:2). 이 규례는 꾸어줌에 시간적 제한을 두라는 것이다. 물론 이것은 빌리는 사람에게 압박을 주기 위한 시한이 아니라 압박을 풀기 위한 시한이다. 면제년 규례는 일종의 시한부적 금융거래이다. 하나님의 법에 기초한 금융거래는 소망이 없는 것이 아니다. 빌리는 사람은 이 규례로 말미암아 소망을 가진다. 이것은 오늘날 자본주의를 바탕으로 이룩된 시장경제의 금융시스템과 완전히 다르다. 우리에게는 이자가 원금을 삼켜버리는 방식이 유행한다. 그래서 꾸어준 사람이 꾼 사람에게 이자나 원금 가운데 하나만 없애도 굉장한 일을 한 것이 된다. 그러나 하나님의 면제 규례는 원금과 이자 모두를 면제하라는 것이다. 하나님은 완전한 면제를 요구하신다. 그러므로 면제 규례는 최상의 법이다. 이 규례는 사람을 사람 되게 하는 법이다. 면제 규례는 신약시대에 용서와 탕감의 사상으로 발전되었다(마 6:12,14-15; 18:21-35; 막 11:25; 눅 11:4; 17:4; 엡 4:32; 골 3:13).

⑤ 석방 규례

석방 규례는 여섯 해 동안 섬긴 종을 일곱 째 해에는 놓아 자유롭게 하라는 것이다(출 21:1-11; 신 15:12-18). 그리고 종을 석방할 때에는 빈손으로 가게 하지 말고 후히 주어 보낼 것이며, 하나님께서 복을 주신대로 주라는 것이다. 하나님께서는 이스라엘 백성에게 석방의 규례를 주시면서 종이 여섯 해 동안 품꾼의 삯의 배나 받을 만큼 섬겼은즉 그를 놓아 자유를 주기를 어렵게 여기지 말라고 지시하셨다. 하나님의 석방 규례는 당시의 사람들에게는 매우 충격적인 지시였다. 한번 종은 영원한 종이라는 생각이 당연시되는 당시의 상황에서 하나님의 말씀은 놀라운 것이지 않을 수 없다. 특히 이스라엘 백성은 종이 된다는 것이 무엇을 의미하는지 이집트 땅에서 철저하게 맛을 보았다. 그러므로 수하의 종을 놓아주는 것은 참으로 어려운 일이었고, 놓아주는 종을 후히 대하는 것은 더욱 어려운 일이었다. 그러나 하나님은 이스라엘 백성에게 석방의 규례를 요구하셨다. 이 요구는 출애굽의 은혜를 기억하게 나는 것이다. 이스라엘 백성은 석방의 규례를 시행할 때마다 출애굽의 은혜를 반복적으로 체험하는 효과를 얻는다. 석방 규례는 신약 시대의 신자에게 종과 노예에 대한 새로운 자세로 나타난다. 종을 신뢰하고(마 25:14-15), 위협을 그치고(엡 6:9), 의와 공평을 베푼다(골 4:1). 이런 태도는 구속의 은혜를 반복적으로 체험하게 만든다. 예수님이 오신 것은 석방 규례의 완성이다(눅 4:18). 예수님은 마귀에게 잡혀 죄에 종노릇하던 인생에게 자유를 주셨다(요 8:32,34,36,44). 그는 그리스도 예수 안에 있는 생명의 성령의 법으로 말미암아 죄와 사망의 법에서 해방을 얻었다(롬 8:2). 신자는 예수님의 피 값으로 산 것이 되어(고전 6:20) 자유인이 되었다(고전 7:22; 갈 5:1).

⑥ 도피성 규례

도피성 규례는 신적 법치의 특이한 사례이다. 도피성 제도는 이집트 탈출에서 가나안 정착까지 매우 중요한 규례로 제시되었다. 도피성 설립 명령은 첫째로 출애굽 직후 시내 산 하나님의 언약(출 21:12-13)에서 언급되는데 여기에는 폭행과 관련한 계명들을 말하는 가운데 부지중 살인자를 위한 도피성을 만들라는 내용이 들어있고, 둘째로 가나안 진입 직전 모압 언약(민 35:1-15)에서 언급되는데 여기에는 도피성의 수효와 위치와 대상에 대한 이야기가 들어있다. 도피성의 수효는 모두 여섯 성읍이며, 그 위치는 요단강을 중심으로 동쪽에 세 성읍, 서쪽에 세 성읍을 둔다. 도피성에 들어갈 대상은 이스라엘 자손, 타국인, 이스라엘 중에 거류하는 자이다. 도피성 규례에 따라서 모세의 생전에 요단 건너편에 초기 도피성이 설정되었다(신 4:41-43; 19:1-10). 이것은 도피성 규례가 가나안 정복 이전 모세가 살아있는 동안 일찍부터 구현되었다는 것을 보여준다. 도피성은 여호수아 시대에 완성되었다(수 20:1-9). 도피성 제도는 세상에 어느 시대에도 어느 나라에도 다시 없을 놀라운 제도였다. 이것은 옛날에도 오늘날에도 다시 발견하기 어려운 것이다. 도피성 제도에 인권문제, 법률문제, 사회제도 등등을 위한 여러 가지 의미가 있겠으나 무엇보다도 중요한 것은 법치를 위한 하나님의 성품을 드러내고 있다는 사실이다. 특별히 도피성 제도에는 무고한 살인자를 보호하시려는 하나님의 성품이 표현된다. 무고한 살인자는 도피성 제도를 통해서 적극적으로 보호를 받는다. 신약성경에는 도피성 사상이 히브리서에서 어느 정도 엿보인다. 신자들은 "앞에 있는 소망을 얻으려고 피난하는 자들"(히 6:18)로 정의되는데, 이때 "피난하다"(καταφεύω, 카타퓨오)는 칠십인역(Septuagint, LXX)에서 도피성과 관련해서 사용된 단어이다(신 42; 19:5; 수 20:9).[3] 이것은 신약 신자들이 완전한 구원의 위치에 도달한 것을 의미한다.[4]

성경의 법치 이상은 하나님의 백성이 신적 법치를 따를 때 세상에서 둘도 없이 품위 있는 하나님의 백성으로 자태를 나타낸다는 것이다. 이것이 하나님께서 자신의 백성에게 법을 주신 중요한 이유이다. 하나님은 자신의 백성이 세상에 존재하는 동안 세상의 백성들과는 질적으로 달리 위엄 있는 하나님의 백성의 모습을 보여주기를 원하셨던 것이다. 따라서 하나님의 백성은 하나님의 법을 준수함으로 성도로서의 고상함, 위대함, 고급함, 품위, 하나님 백성다운 삶, 심지어 하나님과 같은 삶을 실현하는 것이다(롬 7:12,14). 그러므로 하나님의 법은 하나님의 백성을 얽매는 도구가 아니라 하나님 백성의 품위를 표현하는 자유의 방침이다(약 1:25; 2:12). 법도가 있을 때 백성이 고상하듯이, 율법이 있기에 신자도 고상하다. 천박

---

3) 참조. W. L. Lane, *Hebrews 1-8*, WBC 47A (Dallas: Word Books, 1991), 153.

4) 참조. E. Grässer, *An die Hebräer, 1. Teilband: Hebr 1-6*, EKK XVII/1 (Zürich: Benziger / Neukirchen-Vluyn: Neukirchener, 1990), 382.

한 나라와 백성과 통치자일수록 법이 엉망이다. 법이 엉망이라는 것은 나라, 백성, 통치자가 천박하다는 것을 의미한다. 반대로 고상한 나라와 백성과 통치자일수록 법이 고상하다. 법이 고상하다는 것은 나라, 백성, 통치자가 고상하다는 것을 의미한다. 하나님은 법을 주심으로써 신자들이 하나님 앞에서나 사람 앞에서 고상한 하나님의 백성이 되기를 원하셨다(행 24:14-16).

2) 경제 활동

신자의 사회참여 방식 가운데 또 다른 하나는 경제 활동이다. 성경은 인간을 경제적 존재로 묘사한다. 성경에서 인간은 처음부터 끝까지 인간은 경제적 존재이다. 아담은 땅을 경작하는 자이다(창 2:15). 롯 시대의 사람들은 사고 팔고 심고 집을 지었다(눅 17:28). 예수님의 말씀에도 경제활동과 관련된 비유들이 자주 나온다(마 25:14-30, 달란트 비유; 눅 19:11-27, 므나 비유). 요한계시록은 음녀 바빌론과 어떤 관계를 맺은 상인들에 관해 말하면서 악을 조장하는 경제에 비판적인 시각을 보여준다(계 18:11-13). 이런 점에서 세상의 경제는 악한 경제이다. 그럼에도 불구하고 성경은 경제활동을 무조건 부정하지는 않는다. 신자도 경제의 구조 속에 그대로 머물러야 한다. 예수님도 따라온 큰 무리를 먹이기 위해서 "우리가 어디에서 떡을 사서 이 사람들을 먹이겠느냐"(요 6:5) 물으셨다. 사실 하나님의 구원계획을 설명하기 위해 사용되는 "경륜"(οἰχονομία, 오이코노미아)이란 용어(엡 1:10, 개역개정에는 엡 1:9; 3:2,9; 딤전 1:4)는 본래 경제를 가리키는 말이다(눅 16:2). 그러므로 세상의 경제에 관한 지식은 하나님의 경륜에 관한 지식을 이해하기 위한 전제이다.

(1) 경제 활동의 재료

성경은 인간이 경제 활동을 위한 여러 가지 자본을 가지고 있다고 말한다. 사람은 이 자본을 활용하여 이윤을 남긴다.

노동은 경제를 실행하는 자본 가운데 하나이다. 불로소득은 신자에게 어울리지 않는다. 노동은 나쁜 것이 아니다. "조용히 일하여 자기 양식을 먹으라"(살후 3:12). 그래서 사도 바울은 자주 신체를 활용해서 경제 활동을 할 것을 권면한다. 그 가운데 손은 경제 활동을 위해 중요한 역할을 한다. "자기 손으로 수고하여 선한 일을 하라"(엡 4:28). "또 너희에게 명한 것 같이 조용히 자기 일을 하고 너희 손으로 일하기를 힘쓰라"(살전 4:11). 바울 자신도 "수고하여 친히 손으로 일을 하였다"(고전 4:12). "너희에게서든지 음식을 값없이 먹지 않고 오직 수고하여 애써 주야로 일함은 너희 아무에게도 폐를 끼치지 안하려 함이니"(살후 3:8). 그러므로 신자는 정직함과 성실함과 근면함으로 경제활동을 해야 한다. "누구든지 일하기 싫어하거든 먹지도 말게 하라"(살후 3:10).

나아가서 신자에게는 시간도 자본이다. 안식일과 관련하여 "엿새 동안 힘써 일하라"(출 20:9; 신 5:13; 참조. 눅 13:14)는 계명은 시간이 중요한 자본임을 알려준다. 이런 의미에서 사도 바울은 신자들에게 "시간을 사라"(ἐξαγοραζόμενοι τὸν καιρόν, 엑사고라조메노이 톤 카이론, 엡 5:16상, 개역개정에는 "세월을 아끼라"로 번역하고 각주에는 "기회를 사라"로 제안한다; 참조. 골 4:5). 여기에 시간에는 정관사가 붙어 있는 것("그 시간")을 볼 때, 예수님의 재림 시간 같은 어떤 특정한 시간을 가리키는 것처럼 보인다. 그런데 바울의 권면 속에는 신자가 장차 올 재림 시간을 사려면 무엇인가 값을 치러야 한다는 생각이 숨어있다. 재림 시간을 사기 위해서 치러야 할 값은 현재 시간이다. 이 때문에 바울은 바로 이어서 "날들이 악하다"(엡 5:16하)는 말을 덧붙인다. "날들"(ἡμέραι, 헤메라이)는 현재 시간이다. 바울은 현재 시간의 성격을 "악하다"고 규정한다. 왜냐하면 현재 시간은 신자를 주님의 뜻에서 멀어지고(엡 5:17) 세속의 방탕에 함몰시키기(엡 5:18) 때문이다. 그러므로 신자의 시간 경제는 현재 시간을 치러 재림 시간을 사는 것이다. "그 시간"을 사기 위해 "날들"을 팔아야 한다. 현실은 쓸데없는 것에 시간을 쓰게 만들지만, 신자는 예수님이 재림하시기까지 하나님의 영광을 위해 자신의 현재 시간을 최대한 활용해야 한다. 이 때문에 성경의 인물들은 부지런하게 시간을 잘 활용하였다(창 19:27 아브라함; 출 8:20 모세; 수 3:1 여호수아; 삼상 15:12 사무엘; 마 21:18 / 막 1:35 예수님; 행 28:23 바울). 시간도 경제이다. 시간에 의해 경제가 창출되기 때문이다. 시간 사용에서 경제가 결정된다.

(2) 경제 활동의 의미
성경은 신자가 경제 활동을 하는 것은 여러 가지 의미를 가진다고 가르친다.

① 경제생활로 신앙을 표현한다
신자는 경제생활로 하나님을 의존하며 감사한다. 경제생활에서 하나님에 대한 관계를 보여준다. 구약에서 중요한 경제활동은 농사와 목축이다. 그런데 경제생활에서 하나님 의존을 가장 잘 보여주는 것은 맏물을 드리는 신앙이다(신 26:1-11). 이것은 약속의 땅에 들어가는 이스라엘이 농사와 관련하여 하나님께 행해야 할 일에 대한 권면이다. 어떤 것이든지 첫 번째 난 것을 가리켜 "베코르"(בְּכוֹר)라고 부른다. 그것은 사람이면 맏아들, 가축이면 첫 새끼, 농산물이면 첫 결실이다. 하나님은 모든 소산의 첫째를 하나님의 것이라고 선언하셨다(출 13:2,12; 신 15:19). 사람들에게 가장 중요하고 가장 필수적인 것을 하나님이 요구하신 것이다. 이것을 가장 잘 깨달은 사람이 아벨이고, 가장 잘 깨닫지 못한 사람이 가인이다. 가인과 아벨은 다 같이 하나님께 제사를 드렸다. 가인은 "날들의 끝에" 땅의 열매를 하나님께 드렸고, 아벨은 "첫 새끼들 가운데"(מִבְּכֹרוֹת, 미베코로트) 양을 하나님께 드렸다(창 4:3-4). 두 사람의 제사는 방식에도 차이가 있었지만 내용의 차이가 중요하다. 아벨은 "베코르"를 하나님께 드렸다. 어떻게 아벨은 베코르를 드릴 수가 있었을까? 오랜 시간이 지나서 신약성경은 그에 대한 대답을 준다. 히브리서 기자는 "믿음으로 아벨은 가인보다 더 나은 제사를 드렸다"(히 11:4)고 말한다. 다시 말해서 아벨이 하나님께 "베코르"를 드릴 수 있었던 이유는 하나님께 대한 믿음을 가지고 있었기 때문이다. 아벨은 자신의 경제생활에서 모든 것이 하나님께로부터 왔으며 모든 것이 하나님의 소유인 것을 고백한 것이다. 그래서 사도 요한은 아벨의 제사를 가리켜 "의로운 행위"라고 분명하게 묘사하였다(요일 3:12). 이와 달리 가인에게는 하나님을 향한 믿음이 없었다. 그러므로 하나님께서는 가인의 행위를 가리켜 "선"을 행하지 않은 것이라고 말씀하셨다(창 4:7). 이후에 사도 요한은 가인의 이런 제사를 가리켜 "악한 행위"라고 정확하게 지적하였으며(요일 3:12), 유다는 신자들에게 하나님을 멸시한 가인의 악한 길을 가지 않도록 경고를 하였다(유 11). 예수님이 재물에 관해 설교하시면서 "먼저"(πρῶτον, 프로톤) 하나님의 나라와 하나님의 의를 구하라고 말씀하신 것도 "베코르" 사상을 가르쳐주신 것이다(마 6:33). 신자에게 경제생활은 하나님께 믿음을 고백하는 중요한 수단임을 잊지 말아야 한다.

② 경제생활로 소속을 표현한다

예수님은 신자의 경제활동은 어디에 소속되어 있는지를 표현하는 것임을 아주 명확하게 가르쳐주셨다. "너희가 하나님과 재물을 겸하여 섬기지 못하느니라"(마 6:24). 이것은 사람이 두 주인을 섬길 수 없다는 사실에 기초한다. 신자는 재물(μαμωνᾶς, 마모나스; מָמוֹן, 마트몬)이 하나님과 경쟁하게 해서는 안 된다. 이것이 신자가 경제생활에서 주의해야 할 중요점이다. 사람이 잠과 깸을 동시에 할 수 없고 노동과 휴식을 동시에 할 수 없듯이, 신자는 하나님(God)과 "하나님 아닌 것"(No-god)을 동시에 섬길 수가 없다. 그러면 사람들이 어떤 이유로 재물을 주인으로 섬기는 것이며, 사람들이 재물을 주인으로 섬기면 어떤 결과가 생기는가?

사람들이 재물을 주인으로 섬기는 이유는 재물에 대한 욕심 때문이다. 사람은 아무리 많이 가져도 더 가지고 싶어 한다(눅 12:16-21). 욕심은 재물의 많고 적음에 상관없이 일어난다. 가난한 사람이나 부유한 사람이나 모두 재물의 욕심에 사로잡혀 있다.[5] 바로 이런 면에서 신자는 재물에 관한 바른 자세를 가져야 한다. 하나님은 신자에게도 재물을 허락하신다(눅 8:3; 행 4:36-37; 행 16:14). 그래서 부요함을 무조건 잘못된 것으로 몰아세우면 안 된다.[6] 신자는 하나님의 은총 아래 성실하게 경제생활을 할 수 있다. 경제생활은 결코 비신앙적인 것도 불신앙적인 것도 아니다. 그래서 사도 바울은 "너희 손으로 일하기를 힘쓰라 이는 외인을 대하여 단정히 행하고 또한 아무 궁핍함이 없게 하려 함이라"(살전 4:11-12)고 가르쳤다. 신자는 하나님께서 세우신 선한 영역과 제도 안에서 마음껏 경제활동을 할 수 있다. 신자에게 순수한 노력과 수고를 통하여 재물을 얻는 것이중요하다. 이때 주의해야 할 것이 있다. 그것은 재물에게 종이 되어서는 안 된다는 것이다. 이것이 신약성경의 노동관이다. 신자에게는 재물을 얻기 위한 성실한 노력과 재물을 의지하지 않는 순결한 태도가 겸비되어야 한다.

둘째로, 사람들이 재물을 주인으로 섬기는 까닭은 하나님에 대한 불신 때문이다. 하나님은 만물의 창조주이시다. 만물가운데 어느 하나도 하나님에 의하여 창조되지 않은 것이 없다. 또한 하나님은 만물의 섭리자이다. 만물은 빠짐없이 하나님에 의하여 진행되고 있다. 만물은 하나님에게서 나오고 하나님으로 말미암고 하나님에게로 돌아간다(롬 11:36). 그러나 만물의 창조주이시며 만물의 섭리자이신 하나님을 믿지 않으면 재물에 의존하게 된다. 눈에 보이지 않는 하나님을 의지하지 않으면, 눈에 보이는 재물을 의지한다. 영적인 것을 알지 못하는 사람은 물질적인 것에 매이게 된다. 신자가 하나님보다 재물을 의지하는 것은 영적인 간음이다.

그러면 사람들이 재물을 주인으로 섬기면 어떤 결과가 생기는가? 재물을 주인으로 섬기면 재물에 종노릇하고 만다. 사도 바울이 말한 것처럼, 자신을 종으로

---

5) 에리히 프롬(Erich Fromm), 박노원 역, 『소유냐 존재냐』(서울: 황성문화원, 1991), 95.

6) 그래서 초대교회에 알렉산드리아의 클레멘트(Clement)는 부자의 구원이라는 설교에서 재물을 비판적으로 판단하면서도 바르게 사용할 것을 제안하는 절충안을 제시하였다. 참조. 마르틴 헹겔(M. Hengel), 『부와 재산. 초기 기독교 사회사적 측면에서 본 초대교회의 문제』, 송영의 역 (서울: 지평서원, 1993), 114-120.

드려 누구에게 순종하든지 그 순종함을 받는 자의 종이 된다(롬 6:16상). 사도 바울의 말을 계속 읽으면, 죄의 종이 되면 결국 사망에 이른다(롬 6:16하). 재물에 종이 되면 죽임의 결과가 일어난다. 불화와 강탈과 살인과 전쟁 같은 죄악이 일어난다. 돈을 사랑하는 것은 일만 악의 뿌리이기 때문에 돈을 탐내는 자는 미혹을 받아 근심으로 자기를 찌른다(딤전 6:10). 이런 현상은 재물이 사람의 주인이 되었을 때, 사람이 재물의 노예가 될 때 가장 분명하게 일어난다. 말세가 되면 이런 일들은 더욱 많아질 것이다(딤후 3:1-2상). 재물을 주인으로 섬기는 일과 관련하여 신자들이 반드시 알아야 할 것은 재물에 노예가 되면 하나님에게서 멀어진다는 것이다. 이것은 영적인 간음이기 때문이다(약 4:4).

그러나 하나님을 주인으로 섬기면 재물에서 자유하게 된다. 하나님을 주인으로 섬기는 사람에게 재물이 주인노릇을 할 수가 없다. 그는 하나님을 의지하고, 하나님께 접근하고, 하나님에게서 평안을 얻기 때문이다. 이때 그는 하나님을 위하여 재물을 사용하는 사람이 된다. 재물의 다소는 문제가 되지 않는다. 많은 재물로 하나님의 영광을 드러낼 수 있는 것처럼, 적은 재물로도 하나님의 영광을 드러낼 수 있다. 재물이 주인이 되지 못하게 하고 재물에 노예가 되지 않으려면, 신자는 하나님을 위해 끊임없이 재물을 사용해야 한다. 재물을 사용하여 하나님을 주인으로 섬기는 것을 표현하고, 재물을 하나님께 드림으로써 재물이 주인이 되지 않음을 표현해야 한다. 재물을 주인으로 섬기면 자신도 죽고 다른 이도 죽인다. 그러나 하나님을 주인으로 섬기면 자신도 살고 다른 이도 살린다. 재물에 인생을 걸면 죽음이 찾아오고, 하나님께 인생을 걸면 생명이 찾아온다.

신자는 재물에 대하여 분명한 견해를 가져야 한다. 첫째로 풍성한 재물로 말미암아 믿음을 상실해서는 안 된다(딤전 6:9). 허탄한 재물에 마음을 빼앗겨 하나님에 대한 믿음을 잃으면 안 된다(약 1:9). 재물을 의지하지 말고 재물을 주신 하나님을 의지해야 한다(약 4:13-17). 둘째로 적절한 재물에 만족할 줄 알아야 한다(빌 4:11; 잠 30:8-9, 아굴의 기도). 더 많은 재물을 얻기 위해 신앙과 어긋나는 행동을 하거나 불의와 죄악을 저지르는 것은 하나님이 보시기에 옳지 않다. 셋째로 재물이 부족할 때 믿음에 상처를 입어서는 안 된다. 오히려 하늘의 새를 먹이시고 들의 꽃을 입히시는 하나님께서 날마다 삶을 이끌어주실 것을 굳게 믿어야 한다(마 6:26,30,32).

(3) 경제 활동의 목적

신자의 경제 활동은 자신, 이웃(사회), 하나님을 향하는 세 가지 목적을 가진다.

①자신을 위한 경제 활동

신자는 경제생활에서 품위를 유지해야 한다. 이것은 경제생활에서 대자아적 관계를 보여준다. 경제활동을 하지 않는 것이 마치 좋은 믿음인 것처럼 주장하는 것은 옳지 않다(참조. 마 6:19-21). 오히려 바람직한 경제 활동은 신자의 품위를 유지시킨다. "또 너희에게 명한 것 같이 조용히 자기 일을 하고 너희 손으로 일하기를 힘쓰라 이는 외인에 대하여 단정히 행하고 또한 아무 궁핍함이 없게 하려 함이라"(살전 4:11,12). 경제 활동은 신자에게 단정한 삶과 넉넉한 삶을 가능하게 해준다. 또한 신자는 정당한 거래를 통해서 하나님 백성의 품위를 나타내야 한다. 하나님께서 세상 사람들로부터 무엇을 빼앗아 주기를 기대해서는 안 된다. 거저 얻으려는 심보는 악한 것으로 신자의 품위를 떨어뜨린다. 신자가 거래를 할 때 무턱대고 값을 깎는 것은 반드시 좋은 모습이 아니다(물론 터무니없는 값에 항의하는 것은 다시 생각해 볼 일이다). 신자는 정당한 거래뿐 아니라 사람들의 삶을 귀하게 여기는 자세를 갖추어야 한다. 마치 하나님께서 무가치한 죄인을 사기 위해 절대가치인 예수님을 내주시는 풍성한 은혜를 베푸신 것처럼(딤전 1:12-17), 신자는 때로 정해진 값보다 값을 더 쳐주는 마음의 풍요를 실천하는 것이 좋다. 이것은 신자의 품위를 크게 고양시킨다. 이런 삶은 하나님의 복음이 이 세상에서 승리하는 길을 열어준다.

제7부 윤리

② 이웃(사회)를 위한 경제 활동

신자는 경제 활동으로 사회에 유익을 끼친다. 신자의 경제 활동은 사회를 유지하며 보존하는 데 일조한다. 이것은 신자가 세상에 낯선 존재로서 낯선 삶을 사는 것이다.

신자의 경제활동은 이웃과 사회에 유익을 주는 목적을 가진다. 신자는 이윤을 남기려고 경제생활을 하는 것이 아니다. 예수님의 비유가운데 나오는 어리석은 부자는 나눌 줄 모르고 자기만을 생각하는 잘못을 저질렀다(눅 12:13-21). 신자의 경제목적은 치부에 있지 않다. "보물을 땅에 쌓아두지 말라"(마 6:19). "가옥에 가옥을 이으며 전토에 전토를 더하여 빈 틈이 없도록 하고 이 땅 가운데 홀로 거주하려 하는 자들은 화 있을진저"(사 5:8). 신자의 경제는 나눠줌의 경제이다. "어떤 자는 종일토록 탐하기만 하나 의인은 아끼지 아니하고 베푸느니라"(잠 21:26). 신자는 이웃과 사회에 유익을 주려고 경제활동을 한다. 신자의 경제 활동은 이웃 사랑에 기초한다(마 5:43; 19:19; 22:39 par.; 롬 13:9; 갈 5:14; 약 2:8; 레 19:18). 신자가 요식업을 하는 이유는 배고픈 자에게 먹을 것을 주고 맛 잃은 자에게 맛을 주려는 데 있다. 신자가 의류업을 하는 까닭은 헐벗은 자를 입히고 멋없는 자에게 멋을 주려는 데 있다. 이것이 신자에게 경제 활동의 본래 목적이다. 마치 하나님께서 창조 때에 아담을 세워 에덴의 땅을 섬기게 하신 것처럼(창조환경을 지킴), 이후에는 신자를 세워 이웃과 사회를 섬기게 하신다.

또한 신자의 경제 활동은 약자를 돕기 위한 목적을 가진다. "가난한 자에게 구제할 수 있도록 자기 손으로 수고하여 선한 일을 하라"(엡 4:28). 하나님 앞에서 정결하고 더러움 없는 "경건"(θρησκεία, 뜨레스케이아)은 고아와 과부를 환난 중에 돌보는 것이다(약 1:27). 여기에 나그네를 더할 수 있다(마 25:35,38; 딤전 3:2; 5:10; 딛 1:8). 나그네와 고아와 과부는 가난과 소외의 상징이다. 나그네는 가정이 없는 사람, 고아는 부모가 없는 사람, 과부는 남편이 없는 사람이다. 그들은 아무것도 의지할 것이 없는 사람들이다. 그런데 이런 약자를 도운 대표적인 인물이 다비다(도르가)였다(행 9:36-43). 그녀는 옷을 지어 과부들을 도우면서 선행과 구제를 심히 많이 했다. 신약교회는 재산과 소유를 팔아 각 사람의 필요를 따라 나누어줌으로써 이 정신을 실현하였다(행 2:44-45; 4:32,35). 이것은 신약교회가 이웃과 사회를 부요하게 하려는 사회적 경제관 또는 타익적 경제관을 가지고 있었던 것을 입증한다. 자기의 것만 챙기는 데 급급하여 이웃과 사회에 야박한 경제관은 신자에게 어울리지 않는다. 하나님이 신자에게 베푸신 은혜가 이웃과 사회에도 흘러가게 해야 한다. 이렇게 할 때 신자는 사회를 책임지는 사람이 되어 가난의 퇴치와 같은 일에 사명감을 가지고 앞장선다.

③ 하나님을 위한 경제 활동

신자의 경제 활동은 하나님을 위한 목적을 가진다. 만물이 하나님에게서 났고(고전 8:6), 만물은 하나님의 소유이며(고전 3:21-23), 만물은 하나님께 돌아간다(롬 11:36). 그러므로 신자에게 경제와 재물은 하나님께 영광을 돌리기 위한 도구이다. 대표적으로 사도 바울은 천막업자(σκηνοποιοί, 스케노포이오이, 행 18:3)로 경제 활동을 병행하며 복음 사역을 하였다(행 20:34; 고전 4:12; 살전 2:9; 살후 3:8). 또한 여러 여자들이 하나님 나라를 선포하시고 복음을 전하시는 예수님을 자기들의 재물로 도왔다(눅 8:1-3). 바나바는 사도들이 원활하게 활동할 수 있도록 자신의 토지를 팔아 사도들의 발 앞에 두었다(행 4:36-37). 이런 점에서 신약성경은 신자가 하나님의 청지기라는 사상을 가르친다(마 24:45; 눅 12:42; 벧전 4:10; 참조. 딛 1:7, 감독). 경제 활동으로 보통 사람은 돈을 남기고, 고상한 사업가는 사람을 남기지만, 신자는 하나님을 남기는 것이다. 이것이 신자가 경제 활동하는 진정한 목적이다.

신자의 경제 활동과 관련하여 적대자들이 예수님을 올무에 빠뜨리기 위해 로마황제에게 세금을 바치는 것이 옳은지, 옳지 않은지 질문했던 사건을 살펴보자. 예수님은 어느 쪽을 선택해도 공격받을 상황에서 데나리온 하나를 가져오게 하시고는 "이 형상과 이 글이 누구의 것이냐" 물으신 후에 가이사의 것이라고 대답하는 사람들에게 "가이사의 것은 가이사에게, 하나님의 것은 하나님께 바치라"(마 22:21; 막 12:17; 눅 20:25)고 대답하셨다.

표면적으로 보면 예수님은 두 질서를 공히 인정하시는 것처럼 보인다. 가이사의 것도 있고, 하나님의 것도 있다는 것이다. 또한 이 둘은 어느 정도 구분이 된다. 가이사에게 줄 것을 하나님께 드리지 말고, 하나님께 드릴 것을 가이사에게 주지 말라는 뜻이다. 이것은 예수님이 유대인들의 고르반 행위를 비판하신 것과 비슷하다. 부모에게 드릴 것을 하나님께 드리는 것이 정당화될 수 없는 것처럼, 가이사에게 줄 것을 하나님께 드리는 것도 정당화 될 수 없다는 것이다. 그렇다면 세속질서를 잃고 신앙질서만을 위하는 것도 잘못이며, 신앙질서를 버리고 세속질서만을 위하는 것도 잘못이다.

그러나 여기까지는 예수님의 의도를 표면적으로 이해한 것이다. 예수은 가이사의 것은 가이사에게 주고 하나님의 것은 하나님께 드리라는 말씀으로 단순히 세속질서와 신앙질서는 구분된다는 사실만을 가르치신 것이 아니다. 예수님은 이 말씀을 가지고 근본적으로 만물을 누가 소유하는가를 확인시켜 주신다. 한 마디로 말해서 만물을 소유하시는 분은 오직 하나님 한 분이시다. 이 교훈을 위하여 주님은 사람들에게 데나리온 하나를 가져다가 보이라고 말씀하신 후에 "이 형상과 이 글이 누구의 것이냐"고 물으셨다. 사람들은 데나리온의 그림과 글자를 보고는 가이사의 것이라고 대답했다.

사람들의 대답은 데나리온에 대한 일차적인 관찰에서 나온 것이다. 데나리온의 표면에는 분명히 가이사의 형상이 새겨있고 가이사의 글자가 적혀있다. 여기에서 물어볼 것이 있다. 주화에 가이사의 형상과 이름을 넣으면 그것이 가이사의 소유인가? 반드시 그런 것은 아니다. 예를 들어 로마 밖의 다른 나라 사람들이 교역하는 중에 데나리온을 받았다면 그 데나리온의 소유주는 누구인가? 데나리온에 들어있는 형상과 글자가 가이사의 것이기 때문에 여전히 가이사가 주인인가? 그렇지 않다.

　　예수님께서 가이사의 것은 가이사에게 주라고 말씀하신 것은 아주 미묘한 의미를 가진다. 그것은 데나리온에 가이사의 형상과 글자가 들어있다 할지라도 실제로는 그 데나리온이 가이사의 것이 아닐 수 있다는 사실을 알려주신 것이다. 여기에서 문제가 되는 것은 믿음에서 나오는 생각이다. 믿음의 눈을 가지고 사물의 근원을 알아야 한다는 것이다. 만일에 누가 데나리온에 들어있는 형상과 글자를 보면서 단순히 가이사에게서 온 것이라고 믿는다면 가이사에게 돌려줄 것이다. 하지만 데나리온의 형상과 글자도 근본적으로는 하나님에게서 온 것이라고 믿는다면 하나님께 돌려드릴 것이다. 그러므로 믿음이 문제이다. 만물의 근원이 하나님이심을 믿는 사람은 하나님께 드릴 것이다. 가이사의 것은 없다. 일차적으로 가이사의 것으로 보이는 것도 근본적으로는 하나님의 것이기 때문이다.

3) 사회 봉사

세상에 대한 신자의 가장 분명한 긍정성은 사회봉사로 표현된다.

(1) 봉사의 개념

신약성경에서 봉사를 가장 잘 설명하는 단어는 "디아코니아"(διακονία)이다. 디아코니아에는 전도적인 의미와 봉사적인 의미라는 두 가지 다양한 개념이 들어 있다.

첫째로 디아코니아는 대신적인 관계로 전도적인 의미를 가진다. 이것은 말씀의 봉사를 가리킨다(행 20:24). 사도 바울은 이방인의 사도로서 직분을 수행하였다(행 21:19; 롬 11:13). 그는 이 직분이 화목하게 하는 직책인 것을 알았다(고후 5:18). 그래서 사도 바울은 이 직분을 수행하는 데 어떤 낙심도 하지 않았다(고후 4:1).

둘째로 디아코니아는 대인적인 관계로 봉사적인 의미를 가진다. 그리스도인의 봉사는 교회내적인 봉사와 교회외적인 봉사로 나누어 생각할 수 있다.

① 교회내적 봉사

교회내적인 봉사는 성도를 섬기는 일로 신약교회가 처음부터 지향한 일이었다. 사도행전은 이 사실을 간명하게 보여준다. "믿는 사람들이 다 함께 있어 모든 물건을 서로 통용하고 또 재산과 소유를 팔아 각 사람의 필요를 따라 나눠주고"(행 2:44-45; 행 4:32-35). 이렇게 신약교회에서는 연약한 성도들에 대한 물질적인 섬김이 훌륭하게 시행되었다.

이런 물질적인 섬김은 교회가 확산됨에 따라 이웃 교회를 돕는 일로 표현되었다. 안디옥 교회는 예루살렘 교회가 큰 흉년으로 말미암아 고난에 빠지게 되었을 때 물질적인 부조를 하였다. "제자들이 각각 그 힘대로 유대에 사는 형제들에게 부조(διακονία, 디아코니아)를 보내기로 작정하고 이를 실행하여 바나바와 사울의 손으로 장로들에게 보내니라"(행 11:29; 참조. 행 12:25). 이런 일들은 이후에도 계속되었다. 사도 바울은 전도여행 중에 계속하여 예루살렘 교회를 지원하는 일에 힘을 기울였다("예루살렘에 대한 나의 섬기는 일[διακονία, 디아코니아]", 롬 15:31). 그래서 그는 고린도후서에서 성도 섬기는 일의 중요성을 갈파하였다(고후 8-9장). 이때 사도 바울은 성도 섬기는 일은 성도들의 부족한 것을 보충할 뿐 아니라(고후 9:12), 하나님께 영광이 된다는 것을 강조하였다(고후 9:13). 사도 바울은 성도들이 믿음의 가족을 섬기는 일을 회피하지 않도록 주의를 시켰다. "그러므로 우리는 기회 있는 대로 모든 이에게 착한 일을 하되 더욱 믿음의 가족들에게 할지니라"(갈 6:10). 사도 바울은 성도가 만일에 믿음의 가족을 돌아보지 않는다면 이것은 배교의 행위와도 같은 것으로 간주하였다. "누구든지 자기 친족 특히 가족을 돌아보지 아니하면 믿음을 배반한 자요 불신자보다 더 악한 자니라"(딤전 5:8). 이것은 대인봉사의 핵심적 입장이다. 이 때문에 사도 바울은 온 집이 성도 섬기기로 작정했던 스데바나를 칭찬하였던 것이다(고전 16:15).

이와 같이 이웃교회를 섬기는 일은 신약교회에서는 마치 불문율과도 같은 것이 되었다. 이 사실은 바울과 바나바가 예루살렘에 올라가서 예루살렘의 신앙지도자들과 교제를 나누었을 때 분명하게 드러난다. 이때 예루살렘에 있던 야고보와 게바와 요한은 바울과 바나바에게 교제의 악수를 청하면서 가난한 자를 생각하는 것을 부탁하였다(갈 2:10). 가난한 자들을 섬기는 것은 유대인 교회와 이방인 교회에게 다 같이 중요한 사항으로 인식되었던 것이다.

② 교회외적 봉사

그런데 신약교회는 교회외적인 봉사에 힘을 기울였다. 신약교회의 봉사는 교회내적인 차원에만 머물지 않았다. 신약교회의 봉사는 처음부터 교회외적인 성격을 가지고 있었다. 무엇보다도 신약교회는 그리스도인들에게 폭넓은 의미에서의 선행을 가르쳤다. 사도 바울은 신자가 이 세상에 존재하는 이유는 선한 일을 하는 데 있다고 말하였다(엡 2:10; 참조. 딛 2:14 "선한 일을 열심히 하는 자기 백성", 딛 3:1,8,14). 사도 베드로는 선행이야말로 모든 신자가 고난을 각오하고서라도 열심히 행해야 할 것이라고 말했다(벧전 2:20; 3:13,17). 신약교회는 이와 같은 폭넓은 의미에서의 대외적인 선행에서 구체적인 선행을 시행하였다(행 9:36-43, 다비바/도르가). 선행이 참된 경건과 신앙이다(약 1:27). 그래서 히브리서 기자는 성도들에게 갇힌 자와 학대받는 자를 생각할 것을 당부하였다(히 13:3). 행함이 없는 믿음은 죽은 것이다. 믿음과 행위는 언제나 나란히 가야 한다. 행위는 믿음과 협동하며, 믿음은 행위로 완성된다. 영혼 없는 몸이 죽은 것같이 행함 없는 믿음은 죽은 것이다(약 2:26).

사실상 이와 같은 선행은 예수님에게 기원을 두고 있다. 예수님이 선행의 전형이다. 예수님은 수고하고 무거운 짐 진 자들을 부르셨다(마 11:28-30). 예수님은 가난한 자들의 친구였으며, 병든 자들의 이웃이었으며, 억눌리고 소외된 자들의 동료였다(마 11:9; 눅 7:34). 따라서 예수님은 그리스도의 증거를 구하는 세례자 요한의 제자들에게 자신이 병든 자와 가난한 자를 위하여 일하고 있다는 것을 확신 있게 말씀하셨다(마 11:5; 눅 7:22). 이런 확신 속에서 예수님은 자주 비유를 가지고 봉사의 가치를 천명하셨다. 대표적으로 강도 만난 사람의 비유에서 선한 사마리아인의 선행을 자세히 일러주셨다(눅 10:33-34). 예수님은 한 비유에서 종말에 있게 될 최후의 심판을 설명하시면서(마 25:31-46), 주린 사람에게 먹을 것을 주는 것, 목마른 사람에게 마시게 하는 것, 나그네 된 사람을 영접하는 것, 벗은 사람에게 옷을 입혀주는 것, 병든 사람을 돌아보는 것, 옥에 갇힌 사람을 찾아가는 것이 얼마나 놀라운 결과를 일으키는지 말씀하셨다. 이런 선행을 하는 사람은 창세로부터 예비 된 나라를 상속하여 영생에 들어간다는 것이다(마 25:34,46). [물론 이런 선행 이면에는 이미 믿음이 있는 것으로 전제해야 할 것이다. 믿음이 없이는 이런 선행이 불가능하기 때문이다]. 예수님은 행함을 가지고 있는 것은 반석 위에 집을 짓는 것과 같다고 알려주셨다(마 7:24-25). 여기에서 예수님의 지상활동보다 한 세대 후에 기록된 신약성경이 사회봉사에 관한 예수님의 말씀을 기록하는 이유를 알아야 한다. 지상의 예수님보다 한 세대 후에도 신약교회는 여전히 사회봉사를 중요하게 가르쳤다는 사실이다.

(2) 사회봉사의 의미

이렇게 신약성경은 교회외적인 사회봉사에 관하여 교훈한다. 그러면 사회봉사는 어떤 의미를 가지는가. 사회봉사에서 가장 중요한 것은 신론적인 의미를 가진다는 것이다. 사회봉사의 신론적인 의미는 하나님 아버지, 예수 그리스도, 성령님에게서 발견된다.

① 하나님 관련성

첫째로, 하나님 아버지와 관련해서 사회봉사가 가지는 의미는 크다. 신약성경은 하나님을 자주 아버지로 묘사한다. 하나님은 은혜와 긍휼이 풍성하신 아버지이시다(엡 2:4). 하나님 아버지는 일반적으로 모든 사람에게 공통적인 은혜를 내리신다. 하나님은 그 해를 악인과 선인에게 비치게 하시며, 비를 의로운 자와 불의한 자에게 내리신다(마 5:45). 야고보의 말대로 하자면, "각양 좋은 은사와 온전한 선물이 다 위로부터 빛들의 아버지께로서 내려온다"(약 1:17). 무엇보다도 하나님은 특별하게 구원의 은혜를 베푸신다. 영적으로 불구와 사망의 상태에 있던 인간을 구원하시기 위하여 하나님 아버지께서 봉사의 손을 펴셨다. 따라서 하나님의 특별한 은혜로 구원에 이른 성도들이 사회봉사를 한다는 것은 하나님께 영광을 돌리는 일이 된다. "이같이 너희 착한 행실을 보고 하늘에 계신 너희 아버지께 영광을 돌리게 하라"(마 5:16). "너희가 이방인 중에서 행실을 선하게 가져 너희를 악행한다고 비방하는 자들로 하여금 너희 선한 일을 보고 권고하시는 날에 하나님께 영광을 돌리게 하려 함이라"(벧전 2:12).

② 예수님 관련성

둘째로, 사회봉사는 예수님과 깊은 관련성을 가진다. 위에서 살펴본 바와 예수님은 말씀과 행위에 있어서 분명히 사회봉사의 인물이시다. 넓은 의미에서 볼 때, 예수님의 비하는 사회봉사의 근본을 지니고 있다. 예수님의 비하는 사회봉사와 무관한 것이 아니다. 사도 바울은 예수님의 비하를 다음과 같이 한 문장으로 정리하였다. "우리 주 예수 그리스도의 은혜를 너희가 알거니와 부요하신 자로서 너희를 위하여 가난하게 되심은 그의 가난함을 인하여 너희로 부요케 하려 하심이니라"(고후 8:9). 여기에 예수님의 부요와 가난에 관한 대조가 있고, 예수님과 신자 사이에 부요와 가난의 연속이 있다. 중요한 것은 예수님이 부요하신 분으로 머물지 않고 부요하게 하시는 분으로 전진하였다는 것이다. 예수님은 부요하신 분일 뿐 아니라 부요하게 만드시는 분이다. 예수님은 자동사에 머물지 않고 타동사가 되신다. 사도 바울은 이것을 알았기 때문에 자신의 삶도 예수의 삶처럼 바꾸었다. "속이는 자 같으나 참되고, 무명한 자 같으나 유명한 자요, 죽는 자 같으나 죽임을 당하지 아니하고, 근심하는 자 같으나 항상 기뻐하고, 가난한 자 같으나 많은 사람을 부요하게 하고, 아무 것도 없는 자 같으나 모든 것을 가진 자로다"(고후 6:8-10). 사도 바울은 "나는 부요하다"도 행복하지만, "남을 부요하게 만든다"가 더 행복한 것임을 깨달았다. 사도 바울은 예수를 본 받아 자동사의 행복에 머물지 않고 타동사의 행복으로 나아갔다. 타동사의 행복을 맛보는 가장 위대한 길은 사회봉사이다.

③ 성령님 관련성

셋째로, 성령님과 관련하여 나타나는 세 가지 현상인 충만과 은사와 열매는 모두 사회적인 성격을 가진다. 사도 바울은 성령으로 충만하라고 말하면서(엡 5:18) 그에 따른 사회적인 결과를 가정과 사회에서 찾는다(엡 5:19-6:9). 특히 봉사와 관련하여 성령님의 은사는 매우 중요한 측면을 가진다. 바울은 성령님의 은사에 관한 목록을 진술하면서 "혹 섬기는 일이면 섬기는 일로... 구제하는 자는 성실함으로"(롬 12:7,8)라는 말을 한다(참조. 고전 12:5). 신자에게 주어진 은사는 결국 "봉사의 일"(엡 4:12)을 하게 하는 것이다. 물론 이것은 교회내적인 봉사를 가리키는 것일 수 있으나 교회외적인 봉사를 포함한다고 말해도 잘못이 아닐 것이다. 마찬가지로 바울은 성령님의 열매에 관하여 말하면서 "양선"을 말한다(갈 5:22). 성령님을 위하여 심는 자가 사회적인 선을 행하는 것은 당연한 일이다(갈 5:8-9). 한 마디로 말해서 사회봉사도 성령님의 일이다.

사회봉사는 삼위일체 하나님과 관련되는 신론적인 의미를 가진다. 그리스도인은 사회봉사를 통하여 하나님께 영광을 돌리며, 예수님을 닮아가며, 성령님의 일을 하는 것이다. 그렇다면 신자는 사회봉사로 삼위일체 하나님의 성품에 참여하는 것이 된다. 신자가 하나님의 성품을 지닌 하나님의 자녀인 것을 가장 명백하게 발표할 수 있는 길은 사회봉사이다. 따라서 사회봉사는 신자에게 삶의 일부가 아니라 삶 그 자체이다.

4) 사회 대항

이제 사회참여와 관련하여 신자가 사회에 대항해야 할 몇 가지를 생각해보자.

(1) 술 문화

신자는 술 문화에 대항한다. 술은 감정과 매우 깊은 관계를 가지고 있는 것 같다. 사람들은 대체로 두 가지 이유 때문에 술을 마시는 것으로 정리해볼 수 있다. 일반적으로 사람들은 기쁜 일을 만났을 때나 괴로운 일을 당할 때 술을 마신다. 한편으로 술은 즐거움의 표로 인식된다. 그래서 교제, 축하, 위안, 자기만족 등을 위해서 술이 사용된다. 다른 한편으로 술은 괴로움을 해소하는 도구로 사용된다. 사람들은 상심, 좌절, 불만, 원한, 이런 것들을 잊어버리기 위해서 술을 마신다.

음주는 희락을 표현하는 방식이자 고통을 잊기 위한 방식이다.

그러나 신자에게는 술이 기쁨을 나타내거나 슬픔을 해소하는 궁극적인 도구가 아니다. 어떤 상황에서든지 신자들이 감정을 표출하는 가장 아름다운 방식은 하나님과의 관계이다. 성경을 묵상하거나 기도하는 것 또는 찬송하는 것은 기쁜 마음을 북돋아주고 괴로운 마음을 안정시킨다. 예나 지금이나 하나님과의 교제를 통해서 여러 가지 감정을 표현하는 것이 신자들에게 가장 훌륭한 자세이다. 이 때문에 성경은 술에 대하여 분명하게 부정적인 입장을 취한다. 술 취함에 대한 성경의 첫째 언급은 홍수 후에 노아가 포도주에 취해서 자식들에게 부끄러운 모습을 보여준 사건이다(창 9:20-27). 노아의 술 취함은 결국 자식들 가운데 누구에게는 축복을 말하고 누구에게는 저주를 내리는 엄청난 해프닝을 자아냈다. 이 사건은 술 취함이 치명적인 문제를 초래할 수 있다는 전제 아래 신자들이 술에 대하여 얼마나 조심해야 하는지 시사하는 중요한 상징성을 가진다.

성경은 불신 세상 사람들의 모습을 제시할 때 술 취함을 운운하는 경우가 많다. 술 취함은 신자들이 결사적으로 피해야 할 악덕목록 가운데 한 항목을 차지한다(롬 13:13; 고전 6:10; 갈 5:21; 벧전 4:3). 앞에 나열한 성경 구절들을 읽어보면 술 취함이 얼마나 심각한 것인지 금방 알 수 있다. 술 취함의 무게는 음행, 도적질, 폭행, 사기 등과 전혀 다를 바가 없기 때문이다. 한 마디로 말해서 술 취함은 방탕함을 가장 명백하게 보여주는 대표적인 사례이다(엡 5:18). 그래서 만일에 신자라고 불리는 어떤 사람이 술 취함을 일삼는다면 그런 사람과는 사귀지 말 뿐 아니라 심지어는 내쫓으라고 경고하는 것이다(고전 5:11).

사도 바울은 특히 교회의 지도자들이 술을 즐기는 것에 대하여 심각하게 경고하였다(딤전 3:3; 딛 1:7). 술을 즐기는 사람은 교회의 지도자가 될 수 없다는 것이다. 술에 약간 치료기능이 있는 것은 사실이지만(딤전 5:23) 그것이 빌미가 되어 교회의 지도자가 술을 즐기는 것은 용납될 수 없는 일이다. 술은 사람의 의식을 희미하게 만들어 자제력을 떨어뜨린다. 그러다보니 만일에 교회의 지도자가 술에

취하게 되면 모든 품위를 잃어버릴 가능성이 높아진다. 그 결과는 두 말 할 것 없이 자명하다.

신자가 술을 즐기며 술 취하는 것에 익숙한 사람들과 어쩔 수 없이 함께 할 수밖에 없는 상황이 많이 벌어진다(고전 5:10). 이때 신자가 불가피한 상황이라고 정당화하면서 불신 세상의 술 문화를 그대로 받아들일 것이 아니라 도리어 성령의 도우심을 의지하면서 지혜를 발휘해서(엡 5:15,18) 신자의 영광스러운 품위를 유지할 뿐 아니라 표현해야 한다. 신자에게는 세상에서 자신의 거룩함을 지켜야 하는 것에 그치지 않고 자신의 거룩함을 세상에 심어야할 사명이 있기 때문이다.

(2) 폭력

신자는 폭력에 대항한다. 폭력은 역사와 버금가는 길이와 농도를 가지고 있다. 역사상에 폭력이 발생하지 않았던 시대가 거의 없고 잔인함이 강렬하지 않았던 공간이 없다.[7] 폭력에는 첫째로 행정, 기관, 조직체에 의해서 저질러지는 구조적 폭력, 둘째로 욕설과 방송매체의 발언과 댓글/악플과 SNS 가짜 뉴스 등의 언어폭력, 마지막으로 행동으로서의 폭력이 있다.[8] 신약성경에도 이런 종류들의 폭력이 자주 소개된다. 구조적 폭력에는 헤롯의 유아 살해가 대표적이다(마 2:16-18). 형제를 가리켜 "라가" 또는 미련한 놈이라고 폭언하는 것(마 6:22)이나 정신이 온전한 사람을 "미쳤다"고 몰아붙이는 것(행 26:24)이나 "귀신 들렸다"고 정죄하는 것(마 11:18; 막 3:30; 요 7:20; 8:48; 10:20)은 언어폭력에 속한다. 그런데 신약성경에서 특히 주목해야 할 것은 폭행이나 살해와 같은 물리적 폭력이다.

물리적 폭력을 묘사하기 위해서 구약성경에는 "하마스"(חָמָס)가 사용된다.[9] 하

---

7) 반대. 폭력의 문제를 예리하게 분석하면서도 현대의 테러를 심각하지 않은 것으로 주장하는 에릭 홉스봄, 『폭력의 시대』 이원기 역, 서울: 민음사, 2008 (= Eric Hobsbawm, Globalisation, Democracy and Terrorism, 2007).

8) 폭력의 종류는 슬라보예 지젝, 『폭력이란 무엇인가』 이현우 외 역, 서울: 난장이, 2011, 24를 보라.

9) H. J. Stoebe, "חָמָס," Theologisches Handwörterbuch zum Alten Testament, Bd. 1, hg. von E. Jenni / C. Westermann (München: Ch. Kaiser Verlag / Zürich: Theologischer Verlag, 1971), 584.

마스는 강한 자가 약한 자에게 행하는 행동을 가리킨다. 폭력은 힘을 가진 쪽에서 의하여 저질러지는 것이다. 이 단어는 반대방향으로는 사용되지 않는다.[10] 신약성경에서 폭력에 해당하는 단어는 "비아"(βία)이다(행 5:226; 21:35; [24:7 vl]; 27:41). 형용사는 "비아오스"(βίαος)이며(행 2:2), 동사는 "비아제인"(βιάζειν)이며(마 11:12; 눅 16:16), 인물과 관련된 명사는 "비아스테스"(βιαστής)이다(마 11:12). "비아"는 사람에게 생명을 위협하는 상황을 말한다.[11]

폭력은 성경에 전반적으로 언급된다. 아벨에 대한 가인의 폭력(창 4:1-8; 요일 3:12)은 성경에 나오는 첫 번째 폭력으로 매우 시사적이다. 이후 구약성경에는 줄곧 형제 및 친족 간의 폭력, 개인의 폭력, 집단의 폭력, 공권의 공권, 보복으로서의 폭력, 신학적인 몰이해에 의한 폭력이 등장한다. 신약성경도 구약성경의 분명한 관점과 연결하여 인간관계들 속에 널리 행해지고 있는 폭력을 인식하고 있다.[12]

신약성경에는 대부분 신학적인 갈등에서 유발된 폭력이 주류를 이룬다. 예수님에 대한 폭력은 말할 것도 없고 사도들이 당한 폭력도 대체로 종교적인 이유에서 비롯되었다. 이에 대한 대표적인 예들은 베드로의 투옥과 폭행(행 4:3; 5:18,40; 12:3이하), 스데반의 순교(행 7:54-60), 야고보의 순교(행 12:1), 회심 전 바울이 기독교에 가한 폭행(행 9장, 22장, 27장), 선교사역 중 바울이 당한 투석(이고니온에서 [행 14:5], 루스드라에서[행 14:19; 딤후 3:11], 빌립보에서[행 16:22-24])과 다양한 방식으로 겪은 폭행들("매 맞음과 갇힘," 고후 6:5; 11:23-26)이다. 바울은 마지막 예루살렘 방문에서 그를 죽이기 전에는 먹지도 아니하고 마시지도 아니하겠다고 동맹한 40명의 유대인에게 폭력의 위협을 당했다(행 23:12-13,21; 25:3). 사도 요한도 이와 같은 이유로 밧모 섬에 유배되는 폭력을 당했다(계 1:9). 요한은 계시록에서

---

10)   참고. H. 헨드릭스,『성서로 본 평화와 폭력』, 분도소책 42, 이현주 역 (왜관: 분도출판사, 1988), 64.

11)   G. Braunmann, "Kraft: βία usw.," in *Theologisches Begriffslexikon zum Neuen Testament*, 810.

12)   위르겐 에바하,『성서와 폭력: 성서의 현실과 그 영향사』, 현대신서 146, 김형기 역 (서울: 대한기독교서회, 1988), 76.

성도들이 신앙적인 이유 때문에 당할 폭력을 예고한다.

성경에 나오는 폭력들의 성격은 다음과 같다. 첫째로, 기득권을 유지하기 위한 폭력이다. 헤롯이 유대인의 왕으로 오신 예수님을 제거하기 위하여 유아들을 살해한 것이나, 유대교의 지도자들이 계시적 신앙을 선포하는 예수님과 사도들에게 폭력을 가하는 것은 공권력을 이용한 폭력이다. 자주 이런 현상은 공권력의 부패를 전제로 한다. 둘째로, 갈등의 문제를 거친 행동으로 해결하려는 폭력이다. 이것은 보복의 폭력이다. 종교 갈등을 제거하기 위해 바울을 죽이기 전에는 먹지도 아니하고 마시지도 아니하겠다고 맹세한 40명의 유대인들이 이 경우에 속한다. 그런데 기득권 유지를 위한 폭력이든지 보복형 폭력이든지 모두 타락한 인간본성에서 기인한다(약 4:1). 폭력은 인간의 죄성에서 출원한다(딤전 1:12,15). 죄에 대한 욕망에서 폭력이 생기는 것이다. 죄가 폭력의 원인이다(롬 6:23; 약 1:15).

그러므로 사회에 참여하는 신자는 폭력에 대항해야 한다. 신자는 폭력을 극복하는 데 앞장서야 한다. 그러면 인간의 죄성에 기반을 두고 있는 폭력은 어떻게 극복될 수 있을까? 폭력을 극복하는 길은 오직 예수님의 방법 밖에는 없다. 체포의 자리에서 예수님은 칼을 빼든 제자에게 "네 칼을 도로 칼집에 꽂으라 칼을 가지는 자는 다 칼로 망하느니라 너는 내가 내 아버지께 구하여 지금 열두 군단 더 되는 천사를 보내시게 할 수 없는 줄로 아느냐 내가 만일 그렇게 하면 이런 일이 있으리라 한 성경이 어떻게 이루어지겠느냐"(마 26:52-54)고 말씀하셨다. 예수님의 말씀에 폭력을 극복하는 방도가 세 가지로 제시된다.[13] 첫째로 폭력은 숙명적인 연쇄에 빠진다는 것을 인식해야 한다. 폭력(칼)은 폭력(칼)을 부른다. 둘째로 비폭력의 자의식을 가져야 한다. 예수님은 열두 군단이 넘는 천사들을 불러낼 수도 있었다. 그러나 폭력을 대항하는 폭력을 포기하는 것이 강함의 확증이다. 셋째로 비폭력에는 목적이 있다는 것을 알아야 한다. 예수님이 폭력에의 폭력을 거절하신 까닭은 하나님 나라의 도래를 예언하는 구약의 예언을 이루시기 위함이었다.

---

13) 참조. 에바하는 이것을 비폭력에 대한 세 가지 근거라고 부른다(『성서와 폭력』 73ff.).

예수님 안에서 진정한 자유를 획득한 사람만이 폭력을 극복하는 삶을 수용할 수 있다(마 5:38-48).

(3) 동성애

신자는 동성애 주장에 반대한다. 동성애를 옹호하는 사람들은 동성애는 선천 적이기 때문에 허용해야 한다고 주장한다. 하지만 모든 선천성이 무조건 허용될 수는 없다. 인간은 선천적으로 죄인이기 때문에, 모든 선천적인 행위는 이미 범죄 이다(롬 3:9,23; 5:12). 그러므로 혹시 동성애가 선천성의 표현이라 할지라도 죄로 부터 자유롭지는 않다. 또한 동성애 옹호자들은 동성애는 성향이라는 논리를 펴 면서 허용을 주장한다. 그러나 모든 성향이 허용의 정당성을 가지는 것은 아니다. 예를 들어, 도벽과 폭력의 성향을 용인하지는 않는다. 오히려 이런 성향은 교정되 어야 하는 것이다.

신자가 동성애를 반대하는 이유는 무엇보다도 하나님의 형상으로서의 인간을 파괴하기 때문이다. 하나님은 남자와 여자를 만들어 그들을 결합시키심으로 하나 님의 형상(삼위일체 관계)을 실현하셨다.[14] 이런 방식을 거절하고 동성애로 결합하 려는 시도에 하나님은 진노하신다(롬 1:24-27). 그래서 성경은 자주 남색을 금지하 는 말씀을 주신다(레 18:22; 20:13; 고전 6:9; 딤전 1:10; 참조. 창 19:5; 삿 19:22). 이 렇게 볼 때 동성애는 하나님의 뜻과 명령을 거역하는 것이다.

하나님의 형상은 남자와 여자가 정상적으로 결합할 때 분명하게 표현된다. 정 상적인 결합에서 남자는 여자를 필요로 하고 여자는 남자를 필요로 한다. 남자와 여자는 서로에게 "도움"(עֵזֶר, 에제르, 개역개정에는 "배필"로 번역됨)이 된다(창 2:18,20). 그러나 동성애는 이와 같은 남녀의 긴밀한 관계를 파괴시킨다.

나아가서 동성애는 생명의 원리를 파괴한다. 하나님은 생명체(식물, 동물, 인간) 의 번식을 위해서 수컷과 암컷을 만드셨다. 암수 쌍의 원리는 생명 번식에 절대적

---

14) 앞의 논의를 참조하라.

으로 중요하다. 하나님은 사람도 남자와 여자로 창조하심으로써 번성과 계승의 길을 열어주셨다. 그러나 동성애는 번식과 계승의 사명을 망가뜨린다. 동성애는 자녀 생산이 불가능하므로 인류의 번성과 계승이 포기된다. 때로 이 문제를 해결하기 위한 방책으로 입양이 제안된다. 하지만 이런 방식은 다시 생명 판매나 유괴 조장 같은 여러 가지 사회문제를 야기할 가능성이 높다. 게다가 이것은 동성애자가 자녀생산을 남에게만 맡기고 자신은 성적 쾌락을 즐기려는 무책임한 시도이다. 동성애는 자녀생산으로 인류를 계승하는 책임을 회피하는 이기주의와 쾌락주의가 결합된 산물이다.

동성애는 변태적 성욕을 분출하고 비정상적 성관계를 표현한다는 문제(건강과 위생과 질병을 포함하는 문제)는 차치하더라도 다양하고 복잡한 사회문제를 파생시킨다. 앞에서 말한 인류계승의 단절은 물론이고 남자 며느리와 여자 사위가 생기는 등 전통적 가족관계를 붕괴시킨다. 결론적으로 말해서 신자가 동성애를 반대하는 까닭에는 신학적인 이유도 있거니와 사회학적 이유도 있다는 것이다.

(4) 자살

신자는 자살을 반대한다. 생명은 존엄한 것이기 때문이다(마 16:26; 시 49:8). 생명은 특히 다음과 같은 삼각관계 때문에 존엄한 의미를 가진다.

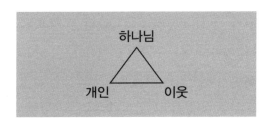

첫째로, 생명은 하나님에게서 받은 것이다(神授說). 하나님이 생명을 주셨다. 생명은 신적 기원을 가지기 때문에 신성하다. 따라서 생명은 하나님의 영광을 위하는(고전 10:31) 신적 목적을 가진다. 따라서 자살은 생명의 신성을 거역하는 것이다. 둘째로, 생명은 개인에게 유일한 것이다(생명 유일성). 모든 사람에게 생명은 개별성과 유일성을 가진다. 그래서 각 사람이 유일하고 독특한 삶의 가치와 방식을 가진다. 각 사람은 자기만의 삶을 구현한다. 행복도 유일한 것이지만 심지어 불행도 유일한 것이다. 사람은 불완전한 존재이기 때문에 모든 사람이 예외 없이 자신이 어떤 점에서 불행하다고 느낀다(이 때문에 자신의 유일한 불행에도 자부심을 가져야 한다). 따라서 자살은 생명의 유일성을 포기하는 것이다. 셋째로, 생명은 가족, 친구, 동료 등 주변사회와 관련되어 있다(생명 관계성). 생명은 어떤 식으로든지 주변 사회에 영향을 받고 또한 영향을 준다. 따라서 자살은 주변사회에 고통을 준다. 이와 같이 생명은 삼각관계의 의미 때문에 존엄하다.

그럼에도 불구하고 불행하게도 존엄한 생명을 해치는 자살이 흔하게 벌어지는 것을 본다. 자살의 원인 가운데는 개인의 심리적인 요소가 있다. 자신의 인생에 대한 자신감을 상실했을 때 자살이 기도된다. 특히 미래가 보장되지 않는다고 생각하는 사람들에게 이런 현상이 지배적으로 나타난다. 어떤 면에서는 생명에 대한 책임성이 부재하기 때문에 자살하는 것처럼 보인다. 오늘날은 사람들에게 무슨 일에든지 책임감이라는 것이 많이 사라졌는데 심지어 자기의 생명에 대해서도 그런 모습을 나타낸다는 것이다.

또한 자살은 사람이 사회적으로 고립되거나, 따돌림을 당하거나, 사업이나 연애와 같은 어떤 일에 실패하여 좌절했을 때 일어난다. 인간은 모든 것이 풍족해도 한 가지만 부족하면 엄청난 불행을 느끼는 존재이다. 이것이 인간과 동물의 차이일지도 모른다. 어쨌든 사람은 많은 것을 소유하고 있어도 명예든, 재물이든, 학식이든, 자녀문제든, 어떤 것이 결핍되면 그것으로 말미암아 고통을 당하고 심지어 제 목숨에까지 상해를 가한다.

그런데 이런 원인들보다도 더 근본적인 원인이 있는 것 같다. 그것은 상대주의로 무장한 포스트모더니즘이다. 자살은 포스트모더니즘에서 절정에 이른 상대주의의 치명적인 현상이기도 하다. 포스트모더니즘은 무엇보다도 절대자인 신을 인정하지 않기 때문에 인간에게 모든 권한을 부여한다. 상대주의는 인본주의와 결속되어 있다. 절대자이신 하나님을 배제한 인간은 스스로 자기의 길을 결정한다. 오늘날 사람들은 자기들의 인생을 이렇게든 저렇게든 선택할 만큼 자유롭다고 생각한다.

그런데 이런 선택의 자유는 단순히 삶의 방식에 관련되는 것으로 그치지 않는다는 데 문제가 있다. 사람들은 생명을 가지고 있는 동안에 먹을 것과 입을 것과 거주하는 것 등을 자유롭게 선택할 수 있다고 생각할 뿐 아니라, 심지어는 생명을 유지하느냐 포기하느냐 하는 것까지도 선택할 수 있다고 생각한다. 그래서 포스트모더니즘 시대를 사는 사람들에게 지배적인 인간 중심사상은 자살이라는 인간의 자기파멸도 자율의 가치 있는 행위라고 생각하는 오류를 낳는다.

살인으로서의 죽임이든지 자살로서의 죽음이든지 이런 문제는 상대주의적인 정신에 물든 포스트모더니즘으로는 결코 해결할 수 없을 뿐 아니라 오히려 더욱 심각한 문제로 나타나게 될 것이다. 이런 문제를 궁극적으로 해결하기 위해서는 절대자이신 하나님에게로 돌아가는 길 밖에 없다. 하나님이 생명을 주셨기 때문이다. 만물과 인간의 창조주이며 섭리자이신 하나님이 생명을 주신 분이라는 신앙을 회복하는 것만이 역사의 두 가지 결정적인 문제인 살인과 자살의 문제를 해결할 수 있는 유일한 방책이다.

창조주이며 섭리자이신 하나님은 십계명 중에 한 가지로 "살인하지 말라"고 말씀하셨다. 이 계명은 자기의 생명과 타인의 생명에 동일하게 해당되는 말씀이다. 나의 생명도 남의 생명도 해치지 말라는 것이다. 그러므로 살인이 무서운 죄악이듯이 자살은 무서운 죄악이다. 살인은 죽인 사람에게서 더 이상 용서를 받을 수 없다는 점에서 무서운 죄악이며, 자살은 스스로 더 이상 회개할 수 없다는 점에서 무서운 죄악이다. 세상에서 모든 죄는 회개할 기회가 있지만 자살은 회개할 기회가 없다. 게다가 생명은 하나님에게 달린 것인데 살인에서든지 자살에서든지 인간이 생명을 파괴하려고 하니 무서운 죄악이다.

생명은 하나님에게 달린 것이다. 따라서 생명을 창조하시고 주장하시는 하나님에게로 돌아갈 때 비로소 나의 생명이든지 남의 생명이든지 생명의 존엄성이 확인된다. 사람에게는 남의 생명을 해칠 권한이 없는 것처럼 나의 생명도 해칠 권한이 없다. 한 마디로 말해서 사람에게는 자살할 권한이 없다.

현대에는 자연재해, 경제위기, 무차별 폭력, 핵위협 같은 문제들이 빈번하게 발생하여 고난의 종류가 훨씬 더 많아지고 강도가 훨씬 더 높아진 듯이 보이지만 실제로 그 본질에는 변함이 없다. 왜냐하면 고난은 아무리 드물고 작은 것이라도 항상 감정적으로 동일하게 느껴지기 때문이다. 예를 들어 시냇물을 건너다 희생된 것이나 해일에 삼켜 희생된 것이나 결국 목숨을 잃었다는 점에서는 동일하다는 말이다. 이렇게 볼 때 고난의 문제는 시대의 차이와 상관없이 늘 마찬가지도 심각한 것이므로 예나 지금이나 반드시 풀어야 할 중대한 숙제인 셈이다. 고난의 현장은 작은 범위에서 큰 범위로 보자면 개인, 가정, 사회, 국가, 세계로 넓혀 볼 수 있겠지만 사실은 어떤 영역의 고난이든지 당사자와 관련된다는 점에서는 언제나 개인적인 성격을 가진다. 여기에서 우리가 던지는 질문은 고난이 신자 개개인에게 무슨 의미를 지니느냐 하는 것이다. 그것은 단순히 개인적인 의미로 끝나는 것이 아니라는 데 요점이 있는 것처럼 보인다. 신자는 언제나 공동체의 일원으로서의 개인이다. 신자는 단독자이면서도 동시에 필연적으로 공동자(共同者)이다. 게다가 더 중요한 것은 신자 개인의 고난은 단순히 인간적인 의미를 넘어선다는 사실이다. 다시 말하자면 개개인 신자에게 닥치는 고난에 어떤 신적인 요소가 담겨져 있다는 것이다. 그것을 한 마디로 정의하자면 하나님의 섭리라고 부를 수가 있다. 신자 개인의 고난은 수평적으로는 넓게 공동체와 연관되고 수직적으로는 높게 하나님과 연관된다.

우리는 이런 사실을 구약 성경의 여러 부분에서 어렵지 않게 확인할 수 있다. 가장 대표적인 예는 이집트의 노예생활과 바빌론 포로생활에서 발견된다. 이 가운데서 전자만을 조금 더 살펴보자면 이집트에서 히브리인들이 봉착했던 고난은 단지 개인적이며 인간적인 성격에 머물지 않고 공동체적이며 하나님의 섭리였다는 것이 드러난다. 히브리인들이 모두 이집트에서 무거운 노역을 하는 동안 개인적으로 당한 고통은 공동체의 몫이었으며 거기에는 하나님의 위대한 섭리가 숨어 있었다. 그래서 모세와 아론이 한편으로는 바로에게 히브리인들의 해방을 요구하면서 하나님의 백성이라는 단일 집합체의 명칭을 사용했고, 다른 한편으로 히브리인들에게는 이집트에서의 자유가 족장들의 언약을 성취하는 것임을 밝혔던 것이다. 이스라엘 공동체의 이집트 생활은 고난을 통한 하나님 백성의 신앙적 연단을 의미하며, 출애굽은 세상 백성의 죄악에 대한 심판을 의미한다(창 15:16; 행 7:7). 이렇게 이미 구약에서 공동체의 고난은 그냥 고난이 아니라 구속사적인 의미를 함유한 섭리적 고난임이 밝혀졌다(행 13:17-23).

신약에서도 고난의 성격은 크게 달라지지 않은 것처럼 보인다. 신약성경이 말하는 고난을 이해하기 위해서 우선 알아야 할 것은 신약성경에는 신앙과 상관없는 고난은 별로 언급되지 않는다는 사실이다. 신약성경에는 고난 또는 수난으로 번역될 수 있는 용어(명사 πάθημα, 파테마 / 동사 πάσχω, 파스코)와 핍박(박해) 또는 환난으로 번역될 수 있는 용어(명사 θλῖψις, 뜰립시스 / 동사 θλίβω, 뜰리보)가 있다. 그런데 어떤 용어를 사용하든지 간에 신약성경은 주로 신앙과 관련된 고난의 문제를 말한다. 따라서 신약성경에서는 순전히 역사적인 의미에서 사회와 국가의 고난에 관한 주제를 발견하기 어렵다. 신약성경이 때로 질병이나 죽음 같은 개인과 가정의 고난 문제를 다루지만 그것도 결국은 신앙 문제로 귀결된다. 더 나아가서 신약성경에서는 개인의 고난이라도 대부분 교회와 밀접하게 연관되어 있다는 사실을 놓치면 안 된다. 순전한 의미에서 개인적인 고난은 잘 나타나지 않고 대부분 공동체적인(교회론적인) 고난이 언급된다는 말이다. 그래서 신약성경이 말하는 고난은 사회학적 고난이 아니라 신학적 고난이라고 부를 수 있다. 예를 들어 사도 베드로의 투옥(행 4장; 12장)은 개인이 갇힌 것이 아니라 교회가 갇힌 것이다.

그러면 신약성경에서 고난의 공동체적 의미는 하나님의 섭리와 무슨 관계가 있는가? 놀랍게도 기독교 공동체의 고난은 그 자체가 하나님의 섭리를 표현한다.

복음서에 줄곧 흐르는 "박해받는 교회"(ecclesia pressa) 주제는 하나님에 대한 교회의 신앙을 시험하는 성격을 지니고 있다. 바꾸어 말하자면 이것은 교회가 비록 세상에서는 핍박을 당하지만 항상 하나님의 절대적인 보호 아래 있다는 믿음을 표현하는 것이다(참조. 요 16:33). 사도행전에서 교회의 핍박은 복음의 확장과 맞물려 있다. 대표적으로 스데반의 순교로 말미암아 발생한 예루살렘 공동체의 해산(행 8:1-3)은 도리어 선교를 강렬하게 불 지피는 것이 되었고 마침내는 이방인 선교의 교두보인 안디옥 교회가 형성되는 결과를 낳았다. 사도행전과 마찬가지로 바울서신도 사도의 고난에 관해서 많은 말을 한다. 거기에 개인 신앙과 관련된 부분이 있을 뿐 아니라 공동체의 유익과 하나님 나라의 확장이라는 의미가 들어있다. 한마디로 말해서 고난은 개인 신앙의 연단과 증진(롬 5:3-4), 공동체의 건설과 연합(고후 1:1:6), 복음의 전파(살전 2:2)를 목적으로 삼는 하나님의 섭리와 뗄 수 없는 필연적인 관계에 있다. 신약성경이 말하는 고난의 문제에 접근하기 위해서 이와 같은 기본적인 이해를 가지는 것은 필수적이다.

ΕΝ ΑΡΧΗ ΗΝ Ο ΛΟΓΟΣ ΚΑΙ Ο ΛΟΓΟΣ
ΚΑΙ ΘΣ ΗΝ Ο ΛΟΓΟΣ · ΟΥΤΟΣ ΗΝ ΓΟΣ ·
ΠΑΝΤΑ ΔΙ ΑΥΤΟΥ ΕΓΕΝΕΤΟ ΟΤΕ
ΕΓΕΝΕΤΟ ΟΥΔΕΝ Ο ΓΕΓΟΝΔΕΝ
ΚΑΙ Η ΖΩΗ ΗΝ ΤΟ ΦΩΣ ΤΙΝ ΤΟ
ΚΑΙ ΤΟ ΦΩΣ ΕΝ ΤΗ ΣΚΟΤ ΕΝ ΤΗ
ΣΚΟΤΙΑ ΑΥΤΟ ΟΥ ΚΑΤΕΛΑ ΟΟΥΚ
ΓΕΝΕΤΟ ΑΝΘΡΩΠΟΣ ΑΠΕΡΩ
ΡΑΟΥ ΟΝΟΜΑ ΑΥΤΩ ΙΩ ΑΛΛ ΑΤ
ΘΕΝ ΕΙΣ ΜΑΡΤΥΡΙΑΝ ΙΝ ΗΡ ΤΥ
ΠΕΡΙ ΤΟΥ ΦΩΤΟΣ · ΙΝΑ ΤΥΤΩ
ΟΥΣΙΝ ΔΙ ΑΥΤΟΥ · ΟΥΚ ΗΝ ΤΟΥ
ΦΩΣ ΑΛΛ ΙΝΑ ΜΑΡΤΥΡΗΝ ΑΥ
ΦΩΤΟΣ ΗΝ ΤΟ ΦΩΣ ΤΟ ΑΛΟ ΦΩ
ΤΙΖΕΙ ΠΑΝΤΑ · ΑΝΘΡΩΠΩ · Ε
ΘΟΝ ΕΙΣ ΤΟΝ ΚΟΣΜΟΝ · ΕΝ ΤΩ ΔΟΝ ·
Ο ΚΟΣΜΟΣ ΔΙ ΑΥΤΟΥ ΕΓΕΝ ΑΥΤΟ
ΜΟΣ ΑΥΤΟΝ ΟΥΚ ΕΓΝ Α ΟΥΚ
ΚΑΙ ΕΙΣ ΤΑ ΙΔΙΑ ΑΥΤΟ ΟΥ Π ΑΥΤΟ
ΔΕ ΕΛΑΒΟΝ ΑΥΤΟΝ ΕΔΩ ΑΥΤΟ
ΟΥΣΙΑΝ ΤΕΚΝΑ ΘΥ ΓΕ ΚΝΕ
ΠΙΣΤΕΥΟΥΣΙΝ ΕΙΣ ΤΟ ΟΝΟ ΝΗ
ΚΕ ΑΙΜΑΤΩΝ ΟΥΔΕ ΤΩ
ΣΑΡΚΟΣ ΟΥΔΕ ΕΚ ΘΕΛΗΜΑ ΤΕ
ΑΛΛΑ ΕΚ ΘΥ ΕΓΕΝΝΗΘΗ ΤΕ

제8부

—

하나님
나라

제8부 하나님 나라

제1장

종말론

종말론은 개인과 세상에 일어날 마지막 일에 관한 교리이다. 이런 의미에서의 종말론은 개인의 종말과 세상의 종말을 포함한다. 따라서 종말론은 본질적으로 미래의 성격을 가진다. 하지만 신자는 개인과 세상에 일어날 마지막 일을 지금 여기에서 대망한다. 이런 의미에서 종말론은 현재의 성격을 가진다. 신자의 현재는 미래에 의하여 선도된다. 신자는 종말에 의한 영향과 충격을 받으며 산다. 그런데 개인이나 사회가 신앙으로 말미암아 과거와 현재에 단절을 일으킬 때 이것도 일종의 종말을 의미한다. 이를 위해 시간을 나누는 표현("전에는 - 이제는", "그때에 - 이제는")이 사용된다(롬 6:19,21-22; 11:30; 갈 2:20; 엡 2:11-13; 5:8; 골 1:26; 벧전 2:10; 2:25). 이것은 실존론적인 문제로서 종말론의 현재의 성격이다.

1. 종말론의 중요성

1) 성경 진리의 한 부분

종말론은 성경 진리의 한 부분이다. 종말론은 교의학의 마지막 부분에 차지하지만 반드시 마지막 내용만 다루는 것은 아니다. 종말론은 시간적으로 또는 논리적으로 마지막 교리의 마지막 부분이지만, 내용적으로는 모든 교리에 동반되는 전체적이며 일관적인 내용이다. 종말론이 빠지면 결론이 없어서 다른 교리가 완전하지 않을 뿐만 아니라, 종말론은 모든 교리에 스며들어 있기 때문이다. 예를 들면, 계시론, 신론, 인간론, 기독론, 구속론, 교회론, 성령론 등이 모두 종말론의 성격을 가진다. 그래서 종말론은 어느 한 교리에 치우치지 않도록 평형을 잡아주는 역할을 한다.

(1) 계시는 종말에 관하여 말한다.
(2) 하나님은 시작과 종말의 하나님이시다(알파와 오메가).
(3) 인간은 개인으로나 역사로나 종말을 맞이하는 존재이다.
(4) 예수님은 재림의 주이시다
(5) 구속은 예전과 지금의 단절이며 실제 종말을 기대한다(이미-계속-종결).
(6) 성령님은 종말까지 신자와 교회를 보증하신다.
(7) 교회는 재림을 기다리는 종말론적인 공동체이다.

2) 신앙 확립

종말론은 두 가지 방면에서 신자에게 신앙을 확립시키는 유익을 준다.

첫째로, 미래에 대한 기대이다. 종말론은 성도에게 미래를 바라보게 한다. 종말론은 성도의 미래적 전망이며 소망이다. 그래서 종말론을 아는 성도는 현재에만 머물지 않으며 현재에만 매이지 않는다. 종말론의 신자는 진취적이며 도전적이다.

둘째로, 현재에 대한 반성이다. 종말론은 성도에게 현재를 바로 보게 한다. 종말론의 신자는 현재를 비판하며 현재에 의존하지 않는다. 종말론을 아는 신자는 현재에 저항할 수 있으며 현재를 선도한다.

2. 종말론 논쟁(19세기 이후)[1]

19세기 이후 신약 학계에는 종말론에 관한 논쟁이 심화되어 여러 가지 이론들이 등장하였다. 문화적 종말론(A. Ritschl, A. Harnack)은 19세기말 유럽의 경제 부흥에서 빛을 얻어 하나님의 나라를 인간에 의한 도덕적 문화의 완성으로 여긴다. 철저한(묵시문학적) 종말론(J. Weiss, A. Schweitzer)는 유대 묵시문학의 사상을 따라 세계 외적 실재가 현세에 침투한다는 이론을 편다. 실현된 종말론(C. H. Dodd)은 하나님의 나라가 예수 그리스도의 강림과 함께 실현되었다고 주장한다. 변증법적 종말론(K. Barth)은 영원과 시간의 비판적인 관계에서 종말론을 설명한다. 실존론적 종말론(R. Bultmann)은 실존철학(M. Heidegger)의 이론에 바탕을 두고 종말을 신앙적인 결단에 의하여 자아를 새롭게 이해하는 것으로 해석한다.

---

1) 하나님 나라 논쟁에 관한 간단한 설명은 다음의 책들을 보라. H. Ridderbos, *When the Time Had Fully Come. Studies in New Testament Theology* (Ontario: Paideia Press, 1957, 1982). 헤르만 리델보스, 『하나님의 나라』 황영철 역 (서울: 생명의 말씀사, 1985); G. E. Ladd, *Crucial Questions About the Kingdom of God*, The Sixth Annual Mid-Year Lectures of Western Conservative Baptist Theological Seminary Portland, Oregon (Grand Rapids: Eerdmans, 1952). G. E. 래드, 『하나님 나라에 관한 중요한 문제들』 신성종 역, 서울: 성광문화사, 1982); G. E. Ladd, *The Gospel of the Kingdom. Scriptural Studies in the Kindom of God*, 1959. 조오지 엘든 래드, 『하나님 나라의 복음』 신성수 역 (서울: 한국기독교교육연구원, 1981).

제2장

개인의 종말

개인의 종말은 사람의 죽음과 죽음 이후의 사건을 가리킨다.

1. 죽음

죽음은 개인의 종말에 대한 가장 선명한 표시이다. 모든 인간은 죽으며, 한번 죽는 것은 정한 이치이다(히 9:27). 죽음은 신자와 불신자를 가리지 않는다.

1) 죽음의 실체

죽음의 원인은 아담의 원죄와 관련이 있다(창 2:17; 롬 5:12; 고전 15:21). 죽음은 육체와 영혼의 분리이다(약 2:26). 죽음으로 말미암아 육체는 물리적인 환원(부패와 소멸, 고후 5:1)과 생물적 정지(무활동)와 정신적 상실(무의식, 무감각)을 맞이한다. 이것은 사망의 권세이다(고전 15:55). 죽음에서 육체와 분리된 영혼은 멸절하지 않고 수면하지 않는다. 불신자의 경우에는 영혼이 음부로 가는데 다시 회심할 기회가 없다(눅 16:23). 신자의 경우에는 영혼이 낙원으로 간다(눅 16:22; 23:43; 고후 5:8).

2) 죽음의 의미

육체와 영혼의 분리인 죽음은 불신자에게는 두려운 일이다. 마귀는 죽음을 도구로 삼아 사람들을 죽음에 종노릇하게 만든다(히 2:15). 하지만 죽음은 신자에게는 깨어날 것을 전제로 하는 잠으로 이해된다(요 11:11; 행 7:60; 살전 4:13-14). 예수님이 죽음을 이기시고(딤후 1:10) 사망의 법에서 해방하셨음에도(롬 8:1-2) 불구하고, 신자가 죽음을 경험하는 것은 낙원에 들어가는 영적 유익과 죄악을 방지하는 하나님의 훈련 때문이다. 따라서 신자는 죽음을 두려워하지 않으며(롬 14:7; 빌 1:20,21), 죽음을 슬퍼하지 않으며(살전 4:13-14), 도리어 죽음을 준비한다(딤후 4:6-8; 벧후 1:12-15).

2. 중간상태

죽음으로 말미암아 육체와 분리된 영혼은 불신자와 신자의 경우에 서로 다른 장소를 가진다.

1) 불신자의 경우

불신자의 영혼은 음부에 떨어진다(눅 16:23). 지옥은 실제적인 것이다. 지옥에는 말로 표현할 수 없는 고통이 있다. 지옥에서 겪는 가장 큰 고통은 단절의 고통이다. 지옥은 세상과 단절되며, 천국과 단절되며, 하나님과 단절된다. 그러므로 지옥에서는 하나님의 은혜를 얻을 수가 없고 더 이상 구원을 위한 전도를 받을 수가 없다. 이렇게 볼 때 음부와 낙원 사이에 어떤 중간지점(연옥, 림보)은 없다.

2) 신자의 경우

신자의 영혼은 사후에 낙원으로 간다.[1] 낙원은 신자의 영혼이 사후에 즉시 입장하는 곳으로서 예수님과 함께 있는 장소이다(눅 23:43). 예수님과 함께 있다는 것은 모든 은혜를 누리게 된다는 의미를 함축한다. 사후세계의 천상적인 잔치에 초대한 것이다. 낙원은 일종의 공간(셋째 하늘)으로서 의식이 가능한 상태인데, 인간적인 표현을 넘어서는 형언할 수 없이 놀라운 누림과 즐김이 있다(고후 12:1-5). 낙원은 하나님의 임재 가운데(계 7:15-17) 승리한 신자에게 허락되는 종말론적이며 천상적인 종말/내세 향연이다(계 2:7; 3:20).

3. 부활

죽은 자의 부활은 불신자와 신자에게 모두 해당된다. 불신자는 심판의 부활로 나아가며, 신자는 생명의 부활로 나아간다(요 5:29).

1) 부활의 실체

부활은 육체와 영혼의 결합이다. 영혼과 결합한 육체는 썩지 아니할 몸이며 영광스러운 몸이며 강한 몸이며 신령한 몸이다(고전 15:44). 부활의 육체는 성생활이 없고 천사와 같이 되며 하나님에게 완전히 소속된다(마 22:23-33). 이것은 부활하신 예수님에게서 완전하게 증명된다. 신자는 부활의 영광에 참여할 것을 기대하면서 산다(롬 8:18).

---

1) 뒤에 논의하는 "내세의 공간"(428쪽 이하)을 참조하라.

2) 부활의 의미

부활은 신자에게 종말에 대한 신앙을 자극한다. 또한 신자는 부활을 믿기에 이 세상에서 사는 동안 거룩한 삶을 추구한다.

일시적 부활

　예수님이 십자가에 달려 죽으셨을 때 굉장한 일들이 몇 가지 벌어졌다. 그 가운데 하나는 무덤이 열리고 자던 성도들의 몸이 많이 일어난 것이다(마 27:52-53). 이것은 놀랍기는 하지만 이상한 사건은 아니다. 죽은 자들이 다시 살아나는 것은 예수님의 죽음 이전에 이미 여러 차례 발생했기 때문이다. 예를 들면, 엘리야 선지자가 죽은 아이 위에 몸을 세 번 펴서 엎드리고 하나님께 간구했을 때 그 아이가 살아났다(왕상 17:17-24). 비슷한 경우로 엘리사 선지자도 수넴 여자의 아들을 살려내었다(왕하 4:32-37). 예수님도 공생애 동안 여러 번 죽은 자를 살려내셨다. 회당장의 딸(막 5:35-43), 나인 성 과부의 아들(눅 7:11-17), 마르다와 마리아의 오빠인 나사로(요 11:17-44)가 그 대표적인 경우이다. 그래서 예수님은 죽은 자가 살아나는 것을 자신의 사역의 중요한 특징으로 간주하셨다(마 11:5).

　그런데 예수님의 죽음과 함께 자던 성도들의 몸이 많이 일어난 것은 이상하지는 않지만 놀라운 사건이다. 그 놀라움은 우선 많은 사람이 일시에 살아났다는 데 있다. 이 부활은 산발적으로 일어난 것이 아니다. 또한 무덤들이 열렸다는 것도 놀라운 일이다. 죽은 지 이미 오래 된 사람들이 살아난 것이다. 이것은 부활 가능성이 전혀 없는 듯이 보이는 상황에서 벌어진 일이다. 게다가 더욱 놀라운 것은 무덤에서 나온 사람들이 거룩한 성(예루살렘)에 들어가서 많은 사람들에게 자신들의 부활을 증명했다는 것이다. 이것은 에스겔 선지자의 환상에서나 볼 수 있는 것이며(겔 47장), 사도 요한의 환상(계 20:13)에 비견되는 사건이다.

　그러면 예수님이 죽으셨을 때 죽은 자들이 부활한 것은 무슨 이유 때문인가? 그것은 예수님의 죽음이 강력한 세력을 지닌 죽음의 세계에까지 영향을 미치는 찬란하고 신령한 능력을 가지고 있다는 것을 보여주기 위함이다. 예수님의 죽음은 죽음의 세력 그 자체를 깨뜨리셨다. 이렇게 함으로써 예수님의 죽음과 부활은 개인적인 것이 아니라 모든 성도에게 생명을 불어넣는 것임을 드러냈다. 그 뿐 아니라 이것은 장차 모든 성도들이 맞이할 영광스러운 부활을 본보기로 보여준 것이다. 다시 말하자면 하나님께서 모든 성도가 소망하는 새 생명을 이 사람들을 통해 미리 공포하신 것이다.

물론 이 사람들의 부활은 잠시 동안의 부활이었을 것이다. 그것은 마치 위에서 살펴본 여러 사람들의 부활과 같은 것이다. 마치 수넴 여자의 아들, 회당장의 딸이 일시적으로 죽음 가운데서 다시 살아났지만 결국은 생애를 마치고 죽을 수밖에 없는 것처럼, 이 사람들도 자신들에게 주어진 사명을 마친 후에, 곧 주님의 죽음은 사망의 세계에까지 영향을 주는 위대한 것임을 증명한 후에, 다시 무덤으로 돌아가서 안식을 취했을 것이다. 그러므로 그들의 부활은 예수님의 능력을 나타내기 위한 일시적인 부활이었던 것이다.

제3장

세상의 종말

세상의 종말은 예수님의 재림으로 시작되는 말세를 가리킨다.

1. 말세의 현상

예수님이 재림하시기 전에 말세의 현상은 세 가지로 나타난다(마 24장).

1) 자연 현상

예수님이 재림하시기 전에 땅에는 기근과 지진이 발생하며(마 24:7), 하늘에는 일월성신에 변화가 일어난다(마 24:29).

2) 사회 현상

예수님의 재림을 앞두고 인간 사회에는 두 가지 현상이 벌어진다. 첫째로, 사람들은 육체를 위한 일상생활에 전념한다(마 24:38). 사람들은 자연적인 삶 이상에 관해서는 관심이 없다. 그들은 육체적인 일에는 관심하지만 영적인 일에는 무관심하다. 따라서 사람들은 영적인 일에 무지하게 된다. 마치 노아시대의 사람들이 홍수가 나서 멸망당하기까지 깨닫지 못한 것과 같다(마 24:39). 이것은 인간생활이 죄로 이용되기 전에 이미 죄임을 보여준다. 둘째로, 예수님의 재림이 가까워지면 세상에는 난리와 전쟁이 벌어진다(마 24:6-7). 인간 사회에는 증오와 폭력이 충일하게 된다(마 24:10).

3) 영적 현상

예수님의 재림에 앞서 두 가지 영적 현상이 일어난다.

(1) 부정적 현상

우선 영적 현상은 다음과 같이 여러 가지 부정적인 측면을 가진다. 첫째로 미혹이 있다. 거짓 그리스도와 거짓 선지자가 등장한다(마 24:11). 먼저 미혹은 말로 나타난다. 스스로 자신을 그리스도라 주장하는 사람들이 일어나는가 하면(마 24:5), 다른 사람을 가리켜 그리스도라고 주장하는 사람들도 있다(마 24:23,26 "여기에 있다 저기에 있다", "광야에 있다 골방에 있다"). 또한 미혹은 일로 나타난다(마 24:5 "표적과 기사"). 이런 미혹에 대하여 많은 사람들이 호응할 것이다(마 24:28). 둘째로 신자들이 환난을 당한다. 사람들이 신자를 환난에 넘겨주며 죽이며 미워한다(마 24:9). 셋째로 배도가 일어난다. 많은 신자들이 믿음에서 넘어지고 사랑이 식는다(마 24:10,12). 넷째로 적그리스도가 출현하는데 처음에는 활동을 방해받아 비밀하게 활동하다가 결국에는 공개된다(살후 2:3-8).

(2) 긍정적 현상

또한 영적 현상에는 다음과 같이 여러 가지 긍정적인 측면이 있다. 무엇보다도 복음이 땅 끝까지 전파되어 이방인이 부름을 받는다(마 24:14; 롬 11:25). 나아가서 이스라엘의 실질적 전체가 구원의 길로 회복된다(롬 11:25-26).

2. 예수님의 재림

1) 재림의 시기

예수님의 재림 시기는 비밀이다(마 24:36). 위에서 살펴본 바와 같이 단지 여러 가지 재림 현상들이 있을 것이다. 예수님은 말세의 자연 현상을 설명하기 위해 무화과나무의 비유를 말씀하셨다. 말세 현상은 마치 무화과가 여름이 가까우면 잎을 내는 것과 같다(마 24:32-33). 하지만 재림의 정확한 시기는 하나님 아버지 외에 아무도 알지 못한다(마 24:36; 막 13:32). 예수님은 임산부에게 해산고통이 이르듯이(살전 5:3), 도적이 임하듯이(마 24:43; 살전 5:4; 벧후 3:10; 계 3:3), 번개가 동쪽에서 서쪽까지 번쩍임 같이(마 24:27) 재림하신다.

2) 재림의 방식

예수님이 재림하실 때 명령과 천사장의 소리와 하나님의 나팔로 시작된다(살전 4:16). 그리스도께서 구름을 타고 능력과 영광 가운데 오신다(마 24:30). 능력의 천사들과 함께 하늘로부터 오신다(살후 1:7). 그때 모든 사람이 최후의 심판대 앞에서 서서(롬 14:10) 죽은 자와 산 자(행 10:42; 딤후 4:1), 불신자와 신자(고후 5:10)에 대한 최후의 심판이 있다. 재림주이신 예수님이 심판주가 되신다. 최후의 심판에는 성도들이 협력하며(고전 6:2,3), 천사들이 시행한다(마 13:41-43). 최후의 심판에서 모든 은밀한 행위가 드러나게 된다(롬 2:16). 심판의 표준은 행위이다(마 16:27; 롬 2:6-8). 여기에 행위의 책이 사용된다(계 20:12). 특히 불신자의 심판에는 신자가 표준이 된다(고전 6:2 "너희로"). 심판의 결과로 악인은 영원한 멸망에 처하지만(살후 1:9), 의인은 영원한 생명에 이른다.

영원한 생명을 위하여 천사들은 택하신 자들을 사방에서 모은다(마 24:31). 죽은 자들이 부활하고(고전 15:52; 살전 4:16) 살아있는 자들도 공중으로 휴거되어(살전 4:17) 주님과 항상 함께 있게 된다(살전 4:18; 살후 2:1). 신자는 신령한 부활과 변화의 몸을 가진다. 이렇게 하여 낙원의 성취로서 가장 복된 향연이 이루어진다. 이것은 영원한 세계이다. 여기에서 성도는 하나님의 나라를 유업으로 받으며 하나님의 성품에 완전하게 참여하게 된다(벧후 1:4; 요일 3:2).

제4장

내세

1. 내세의 공간(낙원)

신자들이 내세에 들어갈 공간은 낙원이라고 불린다.[1] 신약성경이 제시하는 낙원($\pi\alpha\rho\acute{\alpha}\delta\epsilon\iota\sigma\sigma$, 파라다이소스)은 우리가 살고 있는 세상과는 질적으로 다른 영적 세계를 가리키는 것으로서 그 자체가 우리의 관심을 끌기에 충분한 특별한 주제이다. 낙원은 신약성경에 오직 세 번 언급된다(눅 23:43; 고후 12:4; 계 2:7). 흥미로운 것은 이 단어가 비록 희소하게 언급되지만 서로 다른 장르의 글에 나타난다는 사실이다(복음서, 서신서, 계시록). 이러한 사실은 낙원이 희소한 빈도성에도 불구하고 폭넓고 다양한 의미들을 제시할 가능성을 보여준다. 실제로 낙원과 관련된 본문들을 연구해보면 낙원에 관한 여러 가지 의미들을 발견하게 된다. 그러나 이보다 더 중요한 것은 낙원에 관한 신약성경의 구절들을 주의 깊게 비교해보면 보면 한 가지 공통점이 발견된다는 것이다. 그것은 낙원이 향연으로 이해된다는 사실이다. 위의 세 본문을 중심으로 신약성경이 낙원을 어떻게 제시하는지 살펴보자.

---

1) 이 부분은 나의 글, "향연의 낙원", 『신약신학저널』 6 (2권 3호, 2001), 326-345를 수정한 것이다. 자세한 문헌 정보는 그 글을 참조하라.

1) 예수님의 말씀(눅 23:42-43)

누가복음에는 예수님의 십자가 처형과 관련하여 다른 복음서에는 없는 내용이 들어있다. 그것은 십자가에 달리신 예수님과 처형당하는 두 명의 강도들 사이에 이루어진 대화이다(눅 23:39-43; 마 27:44/막 15:32). 여기에서 주목해야 할 것은 한 강도와 예수님이 호의적인 대화를 나눈 것이다(눅 23:42-43). 이 대화에는 강도의 요청(눅 23:42)과 예수님의 대답(눅 23:43)이 담겨있다. 강도의 요청과 예수님의 대답은 내용에 있어서 상응하는 것으로 생각해야 한다. 강도가 말한 예수님의 나라는 예수님이 말씀하신 낙원과 동일한 것이다. 낙원의 성격은 예수님의 말에서만 아니라 강도의 말에서도 나타난다. 물론 낙원의 성격이 강도의 말에서는 간접적으로 드러나는 반면에, 예수님의 말씀에서는 직접적으로 드러난다고 볼 수 있다.

(1) 강도의 요청(눅 23:42)

먼저 강도의 요청에서 낙원이 어떤 성격을 가지고 있는지 살펴보자. 무엇보다도 강도의 말로부터 낙원에서는 인지작용이 있다는 것을 알 수 있다. 강도는 예수님이 그의 나라에 들어갈 때 "나를 기억하소서"(μνήσθητί μου, 므네스떼티 무)라고 말하였다. 이 말은 요셉이 감옥에서 꿈을 해석해 준 사람에게 말한 요청을 연상시킨다(창 40:14). 바로의 잔을 맡은 관원은 직위를 회복하고 나서 요셉을 기억하였다. 마찬가지로 예수님의 나라인 낙원에서도 기억을 일으키는 인간의 정신활동이 가능하다.

강도의 말에서 낙원은 공간적으로 이해된다. 이것은 "당신이 들어갈 때"(ὅταν ἔλθῃς, 호탄 엘떼스)라는 말에서 분명하게 표현된다. 일반적으로 누가는 "...로 들어가다"(ἔρχομαι εἰς, 에르코마이 에이스)를 사용할 때 공간성을 지시한다. 이것은 낙원이 공간적인 의미에서 파악되는 것임을 보여준다. 공간으로서의 낙원은 예수님이 들어가신 곳이다. 따라서 낙원은 예수님의 장소이다.

여기에서 낙원이 예수님의 나라라는 사실이 분명해진다. 그래서 강도는 "당신의 나라"($\beta\alpha\sigma\iota\lambda\epsilon\iota\alpha$ σov, 바실레이아 수)라고 말하였다. 강도가 예수님의 나라(왕국)에 관하여 알 수 있었던 것은 군병들이 "네가 만일 유대인의 왕이면 네가 너를 구원하라"(눅 23:37)는 말을 들었거나 예수님의 십자가에 위에 "유대인의 왕"이라고 기록된 명패(눅 23:38)를 보았기 때문일 것이다. 예수님의 나라는 낙원과 동일시된다. 낙원은 예수님이 들어가신 예수님의 나라이다. 예수님의 나라에서는 예수님이 왕으로 다스리신다. 그래서 예수님의 나라에서는 왕이신 예수님의 성품이 표현되고 실현된다.

(2) 예수님의 대답(눅 23:43)

강도의 요청에 대하여 예수님은 확신 있는 대답을 주셨다: "내가 진실로 네게 말한다." 예수님의 대답에서 두 가지 사실이 중요하다. 첫째로 강도는 예수님과 함께 있게 될 것이라는 사실이며, 둘째로 강도는 예수님이 왕의 직분을 발휘하는 낙원에 있게 될 것이라는 사실이다. 예수님이 확실하게 말하려는 것은 강도가 예수님과의 교제에 참여하는 한, 그에게도 예수님과 함께 낙원에 들어가는 것이 열려있다는 것이다.

예수님의 대답에서도 낙원에 관한 몇 가지 성격이 드러난다. 무엇보다도 낙원 입장은 사후에 즉시 일어나는 것이라는 사실이다. 이런 의미에서 예수님은 강도에게 "오늘"($\sigma\eta\mu\epsilon\rho ov$, 세메론)이라고 말씀하셨다. "오늘"이라는 표현은 누가가 즐겨 사용하는 단어이다. 누가에 의하여 사용된 "오늘"의 용례를 살펴볼 때(예를 들면, 예수님의 탄생 - 눅 2:11; 예수님의 나사렛 설교 - 눅 4:21; 예수님의 중풍병자 치료 - 눅 5:26; 예수님의 삭개오 집 유숙 - 눅 19:5,9; 예수님의 십자가 처형 - 눅 23:43; 바울의 밀레도 설교 - 행 20:26; 바울의 베스도 앞에서의 설교 - 행 24:21; 바울의 아그립바 앞에서의 설교 - 행 26:2,29), 대체적으로 이것은 24시간의 하루를 의미한다기보다는 "지금"이라는 시점을 의미하는 것으로 생각할 수 있다. 특히 여기에서는 이 단어가 "지체 없이"라는 의미를 가지고 있다고 보아야 한다. 이렇게 볼 때 의로운 자의 영혼이 낙원에 입장하는 것은 사후 오랜 시간이 지나서 일어나는 것이 아니다. 의로운 자의 영혼의 낙원 입장(참여)은 사후에 즉시 발생하는 것이다. 이것은 누가의 두 작품에서 일관적으로 표현된다(부자와 나사로의 경우 - 눅 16:22f.; 예수님의 경우 - 눅 23:46 "내 영혼을 아버지 손에 부탁하나이다"; 스데반의 경우 - 행 7:59 "주 예수여 내 영혼을 받으시옵소서").

또한 예수님이 강도에게 약속하신 말씀에서 이끌어낼 수 있는 사실은 낙원이 의인들의 영혼을 사후에 받아들이는 장소라는 것이다. 사후의 세계에 대하여는 예수님은 부자와 나사로의 비유로 분명하게 설명하셨다(눅 16:19-31). 이 비유에서는 나사로가 들어간 곳이 "아브라함의 품"(눅 16:22f.)이라고 묘사된다. 아마도 이것은 지극히 높으신 이가 계신 곳이며(참조. 행 7:48), 이런 점에서 하나님의 거처로서의 "지극히 높은 곳"(ἐν ὑψίστοις, 엔 휲시스토이스, 눅 2:14; 19:38)이라고 불릴 수 있을 것이다.

그런데 예수님의 말씀에서 더욱 중요한 것이 있다. 그것은 낙원이 죽은 의로운 자들이 예수님과 함께 있는 장소라는 것이다. "네가 나와 함께 있을 것이다"(μετ᾽ ἐμοῦ ἔσῃ, 메트 에무 에세). 낙원에서 가장 중요한 사실은 예수님과 함께 있다는 예수님의 동반성이다. 신자의 영혼이 사후에 예수님과 함께 있게 된다는 것은 신약성경이 통일적으로 보여주는 사상이다(참조. 고후 5:8; 빌 1:23; 살전 4:16; 계 7:9-17). 예수님과 함께 있다는 것은 예수님의 모든 은혜를 누리게 된다는 의미를 함축한다. 이것은 마치 탕자의 비유에서 아버지와 "함께"(μετ᾽ ἐμοῦ, 메트 에무) 있다는 것이 아버지의 모든 재산을 누리는 영광을 가진 것("내 것이 다 네 것이다")을 의미하는 것과 같다(눅 15:31; 참조. 요 17:24). 이렇게 볼 때 낙원 사상에는 사후세계의 천상적 잔치의 즐거움에 대한 암시가 들어있다. 전체적으로 보면 강도에 대한 예수님의 대답은 초청의 언어이다. 예수님은 강도를 사후세계의 천상적인 잔치에 초대한 것이다. 그러므로 낙원은 예수님의 초청을 받은 사람이 즐기는 향연(δεῖπνον, 데이프논)이다(눅 13:29; 14:15-24을 참조하라).

2) 바울의 증거(고후 12:1-5)

사도 바울은 자신의 사도권을 변호하는 단락(고후 10-13) 가운데 소위 "어리석은 자의 연설"에서 낙원을 체험한 한 사람을 소개한다. 이것은 사도 바울 자신의 체험에 관한 조심스러운 표현방식임에 틀림없다. 왜냐하면 자신의 사도권을 변호하는 중에 자신의 것이 아닌 다른 사람의 신비체험을 언급해야 할 필요가 없기 때문이다. 따라서 이것은 사도적인 낙원체험이다. 사도 바울의 신비체험은 분명히 실제로 일어났던 역사적인 사실이었다. 이것은 "십 사 년 전에"라는 표현에서 피할 수 없이 잘 증거된다.

사도 바울이 말하는 낙원 체험의 중요한 사상들은 무엇보다도 문장기법에서 발견된다. 그는 여기에서 교차대조법 구조(chiasmus)와 대칭적인 구조(symmetry)를 사용하여 낙원체험을 설명한다. 이것은 하나의 동일한 사건을 두 번 강조하는 방식을 띄고 있다.

```
┌─ 2:1 자랑하다
│  ┌─ 12:2 삼층천 체험
│  └─ 12:3-4 낙원 체험
└─ 12:5 자랑하다
```

그런데 삼층천 체험(고후 12:2)와 낙원 체험(고후 12:3-4)을 비교해보면 병행점들이 명확하게 드러난다. 여기에서 우리는 낙원과 낙원체험이 어떤 성격의 것이었는지 여러 가지 설명을 얻을 수 있다.

(1) 환상과 계시에서의 낙원

사도 바울은 "내가 주의 환상과 계시를 말하리라"(1)라고 말함으로써 이 단락을 환상과 계시에 관한 말로 시작한다. 이것은 낙원체험에 관하여 말하기 위한 서론적인 진술이다. 이런 방식으로 사도 바울은 사도적인 낙원체험이 환상과 계시에 관련하지 않고는 말할 수 없다는 것을 보여준다. 한 마디로 말해서 낙원에 대한 체험은 환상과 계시에 속한 것이다. 사도 바울에게 있어서 환상과 계시 밖에서는 낙원에 대한 현실적인 체험이 불가능한 것으로 이해되었다. 물론 사도 바울에 의하면 이 같은 환상과 계시 그리고 그 가운데서 일어난 낙원체험은 아무 때나 일어나는 것이 아니라 위에서 말한 바와 같이 사도권과 관련이 있다. 이런 모든 신비한 현상은 사도 바울이 사도라는 사실을 입증 받기 위하여 필요했던 것이다.

(2) 그리스도와의 관계에서의 낙원

사도 바울은 "내가 그리스도 안에 있는 한 사람을 안다"(2)고 말하고 있는데, 이것은 사도적인 낙원체험을 위한 또 하나의 조건을 설명해주는 것이다. "그리스도 안에 있는 한 사람(ἄνθρωπον, 안뜨로폰)"이라는 표현은 단순히 "그리스도인"이라는 의미를 넘어 환상과 계시의 상태가 그리스도와의 관계 속에서 이루어졌다는 것을 가리킨다. 사도 바울은 그리스도 밖에서는 자신이 체험한 환상도 계시도 없으며, 그렇다면 낙원체험도 없다고 말하고 있는 것이다. 한 걸음 더 나아가서 이것은 낙원이 그리스도와의 관계성 속에서만 이해되어야 한다는 사도 바울의 생각을 보여주는 것이다. 그리스도 없이는 낙원을 말할 수도 이해할 수도 없다. 왜냐하면 낙원은 그리스도의 낙원이기 때문이다.

(3) 육체의 상태 확인불가능

사도 바울은 낙원체험과 관련하여 두 번에 걸쳐 유사한 표현을 사용한다. "몸 안에 있었는지 모르고 몸 밖에 있었는지 모른다"(2). "몸 안에 있었는지 몸 없이 있었는지 모른다"(3). 사도 바울은 2절에서는 두 번 "나는 모른다"를 사용하고, 3절에서는 한 번 "나는 모른다"를 사용한다. 이것은 낙원체험이 사람의 인지가 불가능하다거나 의식이 불가능하다는 것을 의미한다기보다는, 사람이 이 체험에서 어떤 육체적인 상태에 있는지 알 수 없을 만큼 놀라운 일이라는 것을 의미하는 것이다. 어쨌든지 이것은 몸 없는 여행(bodiless journey)을 가리키는 것으로 보아야 한다. 왜냐하면 낙원은 본질적으로 사람이 사후에나 비로소 체험할 수 있는 것이기 때문이다.[2]

(4) 수동적 탈취로서의 낙원체험

이제 사도 바울은 낙원체험의 수동성을 강하게 역설하기 위하여 동일한 동사를 두번 사용하고 있다. "그가 셋째 하늘에 이끌려간($\acute{\alpha}\rho\pi\alpha\gamma\acute{\epsilon}\nu\tau\alpha$, 하르파겐타) 자라"(2). "그가 낙원으로 이끌려가서($\acute{\eta}\rho\pi\acute{\alpha}\gamma\eta$, 헤르파게)"(4). 여기에서 사도 바울은 "하르파조($\acute{\alpha}\rho\pi\acute{\alpha}\zeta\omega$)"를 두 번 수동태로 사용한다. 이것은 사도적인 낙원체험이 인간의 자발적인 노력이나 행위에 의한 것이 아님을 분명하게 보여준다. 낙원체험은 순전히 신적 행위에 속한 것이다. 게다가 인간적 노력의 불가능성은 "하르파조" 동사의 의미에서 더욱 분명하게 드러난다. 일반적으로 이 동사는 "탈취하다"를 의미한다. 그렇다면 낙원체험은 예기치 못하는 갑작스러운 것임을 보여준다(참조. 마 12:29; 요 10:12; 행 23:10). 사도 바울과 같은 이에게 낙원체험은 오직 하나님의 뜻에 달린 것이다. 사도적인 낙원체험은 하나님께서 그 뜻대로 사람의 예측을 허락하지 않고 데려가심으로써 이루어지는 것이다. 이것은 일종의 강제적인 초대라고 이해할 수 있다. 사도 바울은 이런 경우를 살전 4:17에서도 다시 한 번 명확하게 증거한다. 거기에서도 종말론적이며 메시아적인 영원한 천상적 향연의 주제와 강

---

2) 사도 바울은 자주 사후 상태에 관한 견해를 보여준다. "우리가 담대하여 원하는 바는 차라리 몸을 떠나 주와 함께 거하는 그것이라"(고후 5:8). "내가 그 두 사이에 끼였으니 떠나서 그리스도와 함께 있을 욕망을 가진 이것이 더욱 좋으나"(빌 1:23). "그리스도 안에서 죽은 자들"(살전 4:16). 이런 진술들에서 중요한 것은 사후에 그리스도와의 교제이다.

제 초대(ἀρπάζω, 하르파조)의 주제가 나란히 나타난다.

(5) 셋째 하늘로서의 낙원(낙원의 공간개념)

낙원에 관한 사도 바울의 설명에서 가장 현저한 것은 셋째 하늘과의 관계이다. 사도 바울은 낙원을 셋째 하늘이라는 개념으로 설명한다. "그가 셋째 하늘에 이끌려간 자라"(2). 여기에 사도 바울에 의하여 소개되는 "셋째 하늘"(τρίτος οὐρανός, 트리토스 우라노스)[3]이라는 표현은 하늘에 세 가지 종류(또는 단계)가 있다는 것을 암시하는 것이 아니다. 사도 바울은 천체의 구조에 관한 이론을 전개하는 것이 아니라, 오히려 3이라는 완전수를 사용하여 지극히 높고 완전한 것을 설명함으로써 세계의 모든 구조를 초월하는 하나님의 복스럽고 영광스런 왕국을 가리키고 있는 것이다. 이렇게 볼 때 "셋째 하늘"이라는 말은 비록 우리가 생각하는 공간은 아닐지라도 낙원의 공간개념을 명확하게 보여준다. 낙원의 공간개념은 "까지"(ἕως, 헤오스)라는 전치사에서도 엿보인다. 왜냐하면 이 전치사는 "하늘"(단수 또는 복수)과 함께 사용될 때 대체적으로 공간성을 나타내기 때문이다.

(6) 의식가능 상태로서의 낙원

이제 사도 바울은 낙원에 관한 설명에서 절정에 이른다. 그것은 낙원에서 인지와 감각의 작용이 가능하다는 것이다. "그가 말할 수 없는 말을 들었으니 사람이 가히 이르지 못할 말이로다"(4). 사도 바울은 "들었다"(ἤκουσεν, 에쿠센)는 말로써 낙원에서 청각작용이 가능하다는 것을 알려준다. 사도 바울은 자신이 낙원에서 들은 말을 "말할 수 없는 말"(ἄρρητα ῥήματα, 아레타 흐레마타)이라고 설명하고는 바로 이어 이것을 "사람이 가히 말하지(λαλῆσαι, 랄레사이) 못할"이라는 표현으로 다시 한 번 해설적으로 수식한다. 사실상 사도 바울이 이 두 가지 표현을 가지고 무엇을 의미하고 있는지 분명하지 않다. 첫째로 이것은 방식과 관련시켜 생각할 때

---

3) "셋째 하늘"이라는 표현은 당시에 이미 사용되던 용어이다(*2 Enoch* 8:1-3; *Apoc Mos* 37:5).

낙원에서 들은 말은 사람의 음성으로 발할 수 없는 말이라는 것을 의미할 수 있다 (음성 없는 말). 이것은 세상의 언어와 다른 낙원의 언어이다. 그렇다면 아마도 낙원에서는 인간의 언어와 다른 언어가 사용되는 것으로 생각할 수 있을 것이다(고전 13:1에서 사람들의 말과 천사들의 말이 대조되는 것에 주의하라). 둘째로 이것은 내용과 관련시켜 생각할 때 우선 낙원에서 들은 말은 인간의 말로 변환(또는 표현)할 수 없는 말이라는 것을 의미하든가(번역할 수 없는 말), 또는 낙원에서 들은 말은 인간의 말로 전달해서는 안되는 비밀이라는 것을 의미하든가(전달할 수 없는 말) 이다 (예를 들면 요 17:34에 언급된 것과 같이 창세전에 그리스도께서 가지신 영광). 그러나 이 표현들의 의미를 결정하는 것은 쉬운 일이 아니다. 후에 사도 바울은 "말할 수 없는 말"을 다시 한 번 "계시들"이라고 표현하였다(고후 12:7 참조). 여기에서 나타나는 중요한 사실은 사도 바울이 증거하는 낙원체험에는 인간적인 표현을 넘어서는 형언할 수 없이 놀라운 누림과 즐김이 있다는 것이다. 이것은 낙원이 천상적인 잔치라는 사상을 넌지시 보여주는 것이다. 여기에서 사도 바울은 하나님에 의하여 천상적인 향연(ἐπισυναγωγή, 에피쉬나고게)으로서의 낙원에 강제적인 초대를 받았던 것으로 생각할 수 있다. 어쨌든지 사도 바울은 낙원에서 들었던 것을 전혀 말하지 않는다. 이것은 이와 같은 여행에 관한 당시의 설명들과 놀라울 정도로 대조가 되는 것이다. 사실상 사도 바울은 이런 체험을 자랑하는 것을 그만두었고(고후 12:6), 이런 체험으로 교만해지는 것을 막기 위하여 육체에 가시가 주어졌다는 것을 알고 있었다(고후 12:7).

3) 요한의 진술(계 2:1-7)

예수님은 소아시아의 일곱 교회에게 각각 해당되는 계시의 말씀을 주셨는데, 특히 에베소 교회에 주는 말씀에 이기는 자에게 허락되는 약속이 들어있다: "이기는 그에게는 내가 생명나무의 실과를 주어 먹게 하리니, 그것은 하나님의 낙원에 있다"(계 2:7). 사실상 본문에서 강조점은 낙원보다는 생명나무에 있다. 그러나 생명나무와 함께 낙원은 중요한 요소로 언급된다. 왜냐하면 생명나무는 낙원 없이는 설명될 수 없기 때문이다. 요한계시록에서 생명나무는 승리한 그리스도인에게 주어지는 종말론적인 보상으로 묘사된다. 그렇다면 이와 마찬가지로 생명나무가 자리잡고 있는 낙원도 역시 승리한 그리스도인에게 주어지는 종말론적인 보상으로 묘사된다고 보아야 한다. 종말론적인 성격을 지닌 낙원의 모습은 다음과 같다.

(1) 낙원의 소산물

본문에서 낙원과 관련하여 가장 먼저 고찰하게 되는 것은 낙원의 소산물이다. 낙원에는 생명의 나무가 있다. 생명나무($\tau\grave{o}$ $\xi\acute{u}\lambda o\nu$ $\tau\hat{\eta}\varsigma$ $\zeta\omega\hat{\eta}\varsigma$, 토 크쉴론 테스 조에스)는 요한계시록에 모두 4번 언급된다(계 2:7; 22:2,14,19). 요한계시록 22장에서는 생명나무가 하늘로부터 내려오는 새 예루살렘에 있다고 말한다. 이런 의미에서 낙원은 새 예루살렘과 동일시될 수 있다. 계시록 초반에 등장하는 낙원은 후반에서 새 예루살렘으로 다시 설명된다는 점에 주의할 필요가 있다. 낙원의 생명나무는 틀림없이 창 2:9; 3:22,24에 나오는 에덴의 생명나무와 연관성을 가진다. 에덴에 생명나무가 있었던 것처럼 낙원에도 생명나무가 있다. 이렇게 볼 때 계시록의 낙원은 창세기의 에덴과 맞물려 있다는 것을 알 수 있다.

낙원에 생명나무가 있다는 것은 낙원이 식물을 가지고 있는 생명체의 세계인 것을 알려준다. 계 22:2는 생명나무의 성질이 분명하게 묘사한다. "강 좌우에 생명나무가 있어 열두 가지 열매를 맺되 달마다 그 열매를 맺고 그 나무 잎사귀들은 만국을 치료하기 위하여 있더라." 이와 같은 설명을 따를 때 생명나무는 이 세상의 나무와 완전히 질이 다른 나무인 것을 알 수 있다. 이 세상의 나무는 결국 그 자체도 죽고 먹는 이도 죽는다. 그러나 낙원의 나무는 그 자체도 살고 먹는 이도 산다. 낙원은 생명이 생산되고 결실하는 곳이다. 따라서 낙원은 풍요로운 곳이다.

(2) 하나님의 낙원

낙원은 "하나님의"(τοῦ θεοῦ, 투 떼우) 낙원이다. 위에서 지적한 바와 낙원이 새 예루살렘으로 다시 설명된다는 점을 고려할 때 하나님의 낙원은 새 예루살렘에 관계된 하나님의 모습에서 자세한 설명을 얻을 수가 있다(계 21:1-8). 여기에서 무엇보다도 낙원은 하나님의 소유라는 사실이 명백하게 드러난다. 낙원은 하나님의 권한에 있다. 다르게 말하자면 낙원은 하나님이 임재하시는 곳이다: "보라 하나님의 장막이 사람들과 함께 있으니 하나님이 그들과 함께 거하시리라"(계 21:3상). 낙원은 구약시대의 성막이나 성전과 같은 하나님의 임재(שכינה, 쉐키나) 개념을 가진다. 이런 사상은 이미 계 7:15-17에서 진술되었는데 거기에는 낙원의 축복이 충분하게 설명되어 있다. 또한 낙원은 하나님이 통치하는 곳이다: "그들은 하나님의 백성이 되고 하나님은 친히 그들과 함께 계셔서 그들의 하나님이 되시리라"(계 21:3하). 이것은 구약에서 제시되었던 언약이 성취되는 것을 의미한다. 이기는 자에게 생명나무를 먹는 것이 허락되듯이(계 2:7), 이기는 자에게는 하나님의 언약이 성취되는 것이 허락된다(계 21:7). 언약의 성취 속에서 하나님은 왕이 되신다. 따라서 낙원에는 하나님의 다스리는 보좌가 펼쳐진다(계 22:1-5 참조). 낙원은 하나님이 중심으로 통치하신다. 하나님의 중심성(theocentricity)에 관하여는 이미 계 4-5장이 잘 알려주었다. 여기에서는 마치 낙원의 예배가 어떤 모습을 가지고 있는지 묘사하는 것처럼 보인다. 한 마디로 말해서 낙원은 하나님의 임재를 상대하고 관계하는 곳이며, 하나님의 의지가 표현되며 실현되는 곳이다.

(3) 이기는 자와의 관련성

본문은 "이기는 자에게"(τῷ νικῶντι, 토 니콘티) 낙원에 있는 생명나무를 먹는 것이 허락된다고 말한다. 생명나무를 먹는 것은 승리한 그리스도인에게 주어지는 보상이다. 그렇다면 생명나무가 자리 잡고 있는 낙원도 보상이다. 여기에 보상으로서의 낙원 개념이 나타난다. 낙원과 생명나무는 예수님이 주시는 것이다. "내가 주리라"(δώσω, 도소). 계시록의 낙원에서는 창세기의 낙원에서 주어지지 않았던 생명나무가 첨가적으로 주어진다. 그런데 여기에서 간과해서는 안 될 것은 "내가 주리라"는 말씀에는 초대의 성격의 들어있다는 것이다. 이것은 승리한 신자에 대한 보상적 초대이다. 이 같은 보상적인 초대에서 주어지는 것은 "먹는 것"(φαγεῖν, 파게인)이다. 본문에서 "먹는다"는 말은 구원론적인 의미를 가진다. 유대문헌에서도 생명나무를 먹는 것은 구원을 위한 메타포이다. 그러므로 "파게인(φαγεῖν)은 물질적이고 문자적인 식사를 의미한다기보다는 구원에 참여하는 예상적인 기쁨(the proleptic enjoyment of salvation)을 의미한다"[4]고 말할 수 있다. 더 나아가서 "먹는다"는 말은 낙원의 식사를 가리키는데 여기에서 낙원의 종말론적인 만찬(δεῖπνον, 데이프논) 사상을 발견할 수 있다. 낙원에는 먹는 행위가 있다. 낙원은 마치 구약 절기에서 행해졌던 잔치(신 16장, 특히 초막절 신 16:13-15을 참조하라[5])나 선지자들이 예언했던 회복된 에덴과 같은 잔치(사 51:3을 참조하라)로 이해되고 있는 것이다. 그렇다면 본문의 낙원 개념에는 내세만찬 또는 종말만찬 사상이 들어있는 것으로 보아야 한다. 이런 사상은 라오디게아 교회에 대한 약속(계 3:20, δειπνήσω, 데이프네소)에서도 발견되며, 결국 어린양의 혼인잔치(계 19:9, δεῖπνον, 데이프논)에 관한 증거에서 절정에 달한다. 어린양의 혼인잔치는 바벨론의 음행잔치(계 17-18장)와는 질적으로 다른 것이다. 낙원에서는 혼인잔치에서 맛볼 수 있는 것과 같은 순전한 기쁨과 평화를 완전하게 맛보게 된다(참조. 마 13:43; 26:29; 눅 22:16,18; 롬 14:7!). 한 마디로 말해서 낙원은 승리한 신자가 초대받는 종말론적이며 천상적인 향연이다.

---

4) S. Lehne, *The New Covenant in Hebrews*, JSNTSS 44, Sheffield: Sheffield Academic Press, 1990, 116. 참조. R. Williamson, "The Eucharist and the Epistle to the Hebrews", *NTS* 21 (1974/75), 300-12.

5) 계시록에 초막절 사상이 사용되었다는 것은 이미 잘 알려진 사실이다. 참조. 조병수, "땅의 수확 - 요한계시록의 신학 일고", 『신약신학 열두 논문』, 수원: 합동신학대학원출판부, 1999, 239ff.

요약적 결론

낙원은 신약성경에 세 번 밖에 언급되지 않지만(눅 23:43; 고후 12:4; 계 2:7) 그럼에도 불구하고 다양한 의미를 제공한다. 먼저 예수님과 강도의 대화(눅 23:43)를 살펴볼 때 낙원은 인간의 정신활동이 가능한 공간으로서 예수님의 나라로 이해된다. 낙원은 신자가 사후에 오랜 시간이 지나서 들어가는 곳이 아니라 사후에 즉시 입장하는 곳이다. 특히 중요한 것은 낙원에서 예수님과 함께 하면서 그의 통치를 받게 되기 때문에 그곳에서는 은혜와 영광을 누리게 될 것이라는 사실이다. 사도적인 낙원체험에 관한 사도 바울의 증거(고후 12:4)에 의하면 이것은 실제로 발생하였던 역사적인 사건으로서 환상과 계시에 의하지 않고는 일어날 수 없는 것이며 오직 그리스도와의 관계 속에서만 가능한 일이었다. 이것은 육체의 상태를 가늠할 수 없을 정도로 너무나 놀라운 사건이었는데 순전히 하나님의 뜻에 달린 신적 행위였다. 사도 바울도 낙원을 인지작용이 가능한 공간으로 형언할 수 없이 놀라운 일을 누릴 수 있는 곳으로 설명하고 있다는데 주의해야 한다. 사도 요한은 승리한 신자에게 허락되는 종말론적인 낙원에 관하여 말한다(계 2:7). 그는 생명나무가 낙원의 소산물이라고 증언함으로써 낙원은 풍성한 생명체의 세계임을 밝힌다. 종말론적으로 소개되는 낙원은 하나님의 소유이기 때문에 마치 구약시대의 성막이나 성전에서 보였던 것과 같은 하나님의 임재 사상을 지니면서 하나님은 왕이시며 신자는 백성이라는 언약을 성취하는 것이 된다. 신앙의 승리자에게 보상되는 종말론적인 낙원에서는 구원을 의미하는 천상적인 종말/내세 잔치가 벌어져 혼인잔치에서 누릴 수 있는 것과 같은 순전한 즐거움을 얻는다. 신약성경의 낙원 구절들은 공통적으로 모두 영적이며 천상적인 향연 사상에 기초하고 있다.

2. 내세의 보상(상급)

　신자에게는 내세에 보상이 주어진다. 불신자는 보응(報應)을 받고, 신자는 보상(報償)을 받는다. 예수님은 재림하시어 각 사람이 행한 대로 갚으실 것이다(마 16:27). 각 사람이 행한 대로 갚음을 받는다는 것은 신약성경에 깊이 자리 잡은 사상이다(롬 2:6). 사실 이 사상은 구약성경으로부터 전수 받은 것이다(신 28장; 시 62:12; 참조. 욥 34:11; 시 18:20-26; 잠 24:12; 렘 17:10; 32:19). 심판 때에 재림 예수님은 각 사람에게 행한 대로 갚아주신다(계 20:12; 22:12). 악인은 (외모에 차별없이) 불의의 보응을 받고(골 3:25), 의인은 부활 시에 의의 보상을 받는다(눅 14:14).

　신자의 보상은 흔히 "상급"이라고 불리는데, 히브리어 "사카르"(שׂכר)나 헬라어 "미스토스"(μισθός)는 실제로 "삯" 또는 "대가"라는 뜻을 가지고 있다. 본래 타락한 인간은 하나님 보시기에 역겨운 존재에 지나지 않았지만, 하나님께서는 아무런 일을 하지도 않은 인간에게 "삯"을 주신다(롬 4:4-5). 그래서 근본적으로 하나님의 상급("삯")은 그 자체가 사람의 행위와 아무런 상관이 없는 은혜이다. 상급의 기본 기념은 은혜이다. 다시 말하면 보상은 수납자가 아니라 수여자에게 중점이 있다. 상급은 주는 자의 뜻에 달린 것이다. 구약시대에는 이것이 아브라함에게 임한 상급이다(롬 4:2). 그러므로 아브라함의 상급은 오직 하나님이라고 말할 수 있는 것이다. "나는 네 방패요 지극히 큰 상급이니라"(창 15:1). 아브라함이 바라던 상급은 다른 것이 아니라 바로 하나님이 경영하시는 나라였다(히 11:10).[6] 상급은 분명히 있다. 그런데 의를 얻을만한 아무런 일도 하지 않은 사람에게 하나님께서 은혜로 주시는 상급("삯")은 하나님 그 자신이시다. 이것을 가리켜 구원, 영생, 하나님의 나라, 칭의, 중생 등등 여러 가지 말로 바꾸어 말할 수 있다. 구원 그 자체가 상급이다. 이것은 신자 누구에게나 주어지는 동일한 상급이다. 그런데 하나님께서

---

6)　참조. 최낙재, "아브라함이 바라던 복은 무엇인가?", in 『경건과 학문』, 박윤선 목사님의 성역 50년 기념논총 (서울: 영음사, 1987), 474-481.

는 너무나 은혜가 크셔서 이런 상급 뿐 아니라 그 외에도 많은 영적이며 물질적인 복을 주신다. "자기 아들을 아끼지 아니하시고 우리 모든 사람을 위하여 내주신 이가 어찌 그 아들과 함께 모든 것을 우리에게 [선물로] 주시지(χαρίσεται, 카리세타이) 아니하겠느냐"(롬 8:32). 이런 복을 상급이라고 부를 수 있을 것이다. 그러면 구원의 복이라는 상급 외에 주어지는 상급들에는 차등이 있는 것인가?

이쯤에서 "차등"의 개념에 대하여 정리를 해야 할 것 같다. 차등이라는 개념은 높은 자 쪽에서는 자신의 위치에 대한 교만과 그것을 잃지 않기 위해서 타인을 압제하는 것을 전제로 하며, 낮은 자 쪽에서는 높은 자에 대한 질투와 자신의 처지에 대한 절망을 전제로 한다. 그래서 차등이라는 개념은 타락한 인간사회의 모습을 가장 여실하게 보여준다. 그러면 오직 하나님의 은혜로 구원받은 신자들에게도 이런 현상이 일어날 것인가? 만일에 하나님의 나라에도 상급에 차등이 있다고 주장한다면, 신자들 사이에 한편에서는 교만과 압제가 일어나고, 다른 한편에서는 질투와 절망이 일어난다고 말해야 하는 엄청난 오류를 저지르는 것이 아닌가?[7] 이런 생각은 하나님의 나라가 성령 안에서 의와 화평과 희락이라는 것을 부인하는 것이 되고 만다(롬 14:17). 따라서 상급의 차등은 하나님의 나라 개념에 부합하지 않는다.

그러면 마치 성경에 상급의 차이가 있는 것처럼 보이는 내용들은 무엇을 의미하는 것인가? 예를 들면, "므나 비유"(눅 19:11-27)는 상급차등을 가르치는 분명한 성구처럼 보인다(이와 더불어 재림과 관련된 "달란트 비유", 마 25:14-30도 함께 살펴본다). 이것은 언뜻 보기에 상급차등이 있다고 생각하도록 만드는 참으로 좋은 예이다. 이 비유는 예수님이 예루살렘에 가까이 가셨을 때 "하나님의 나라가 당장에 나타날 줄로 생각하는"(눅 19:11) 사람들 때문에 주신 것이다. 그러니까 이 비유의

---

7) 박윤선,『개혁주의 교리학』(서울: 영음사, 2003), 526-528. 이 유고집에서 그는 구원(왕권)에는 차별이 없다고 설명하면서 "만일 구원에 두 가지 종류가 있다면 우선 현세 교회가 어떻게 될 것인가? 이 세상에서 소위 왕권 있는 신자가 되려고 특별한 노력을 하면서 교만해지고 허망해질 것이다"(527)고 지적한 것은 보통 사람들이 내세의 더 큰 상 주심을 바라고 힘써서 주를 섬기는 것이라는 주장과 얼마나 다른가?

일차적인 목적은 하나님의 나라가 당장에 나타날 것이 아니라는 것을 알려주시기 위함이었다. 그런데 친절하신 예수님은 이에 더하여 하나님의 나라가 임할 때 어떤 일이 일어나는지도 말씀해주신 것이다.

이 비유는 두 종류의 일이 있을 것을 말해준다. 첫째로 귀인이 왕위를 받는 것을 반대한 사람들은 멸망을 당할 것이며(눅 19:14,27), 둘째로 귀인이 종들과 회계를 하게 될 것이다(눅 19:13,15-26). 둘째 사건에 흥미로운 내용이 나온다. 귀인은 여행을 떠나기 전에 "종 열을 불러 은 열 므나"(눅 19:13)를 주었다. 이것은 열 명의 종에게 각각 한 므나씩을 주었다는 이야기이다. 그런데 귀인은 여행에서 돌아와서 단지 세 명의 종과 회계를 하고 만다(눅 19:16,18,20). 나머지 사람들은 더 이상 회계에 참여하지 않는다(눅 19:24). 이것은 무엇을 의미하는 것인가? 이것은 예수님의 비유가 처음부터 모든 사람의 보상에 대하여 관심을 가지고 있지 않았다는 것을 의미한다. 정말로 이 비유에서 보상이 중대한 사안이었더라면 므나를 받은 열 명의 종 가운데 3분의 1도 안 되는 사람들에 대한 이야기로 싱겁게 끝나지 않았을 것이다.

그래도 비록 적은 수이긴 하지만 아무튼 보상에 대한 이야기가 나오고 있으며 그 보상에 차등이 있지 않느냐고 반문할 수 있다. 그래서 이 문제를 계속 다루어볼 필요가 있다. 위에서 말한 바와 같이 "차등"은 타락한 인간사회에서 일어나는 일이다. 그러나 이 비유는 앞에서 살펴본 대로 하나님의 나라와 관련하고 있다. 하나님의 나라는 마치 한 귀인이 여행을 떠나면서 종들에게 므나를 맡긴 것과 같다는 것이다. 그러면 도대체 종들이 무슨 일을 했기에 주인이 그들에게 므나를 맡겼는가? 예수님은 종들이 므나를 맡을만한 조건을 갖추기 위해 어떤 일을 했다고 말씀하시지 않는다(눅 19:13). 귀인은 종들에게 그냥 은혜로 므나를 맡긴 것이다. 이것은 달란트 비유에서도 마찬가지이다. 사람들은 달란트 비유를 해석하면서 "다섯 달란트 받은 종은 반드시 다섯 달란트를 남겨야 100% 헌신한 것이며, 두 달란트 받은 종은 반드시 두 달란트를 남겨야 100% 헌신한 것이다"라고 말하고 싶은 유혹을 받는다. 하지만 이 비유에는 어디에도 이런 요구가 들어있지 않다. 달란트 비유에서 주인은 종들에게 얼마를 남겨야 한다고 말한 적이 없다. 므나 비유(그리고 달란트 비유)는 순전히 종들에 대한 주인의 은혜를 가르치고 있다. 이와 마찬가지로 "포도원 품꾼 비유"(마 20:1-16)와 "혼인잔치 비유"(마 22:1-14)도 은혜를 가르치고 있다. 한 마디로 말해서 하나님의 나라는 기본적으로 하나님의 은혜로 이루어진다는 것이다.

그런데 달란트 비유를 잘 읽어보면, 주인이 종들에게 달란트를 위탁하는 장면에서(후에 회계하기 전) 이미 보상은 은혜라는 의미가 드러나는 것을 볼 수 있다. 주인의 은혜는 종들의 능력을 정확하게 파악하고 있다는 점에서도 역시 잘 드러난다. 주인은 종들의 능력을 정확하게 파악하고 있었기 때문에 각각 "그 재능대로"(κατὰ τὴν ἰδίαν δύναμιν, 카타 텐 이디안 뒤나민) 달란트를 다르게(다섯, 둘, 하나) 맡겼다. 만일에 주인이 둘째 종에게 다섯 달란트를 맡겼다면, 그것은 그 종에게 복이 아니라 화가 될 것이다. 왜냐하면 그것은 그 종의 능력을 넘어서는 것이기 때문이다. 과도하게 맡기는 것은 상급이 아니라 저주이다. 능력에 과부하가 걸리기 때문이다. 그러므로 주인이 종들에게 차등적으로 달란트를 맡긴 것은 은혜이다. 다섯 달란트 맡은 종에게 작용한 주인의 은혜와 두 달란트 맡은 종에게 작용한 은혜는 동일한 것이다. 다섯 달란트와 두 달란트가 물질의 양으로만 보면 차등한 것처럼 보이지만, 은혜의 차원에서 보면 모두 동일한 가치를 지니고 있다. 따라서 상급은 종이 받은 물질의 양이 아니라 종에게 베푼 주인의 은혜로 이해되는 것이 옳다. 상급은 주는 자의 의지가 표현된 것이지, 받는 자의 분량에 달린 것이 아니다. 그러므로 보상에서 중요한 것은 수납자의 몫이 아니라 수여자의 뜻이다.

이번에는 므나 비유를 읽어보면, 주인이 종들에게 위탁한 므나를 회계하는 장면에서도 보상은 은혜라는 의미가 드러나는 것을 볼 수 있다. 여기에도 주인의 은혜는 주인이 종들의 능력을 정확하게 파악하고 있다는 점에서도 분명하게 드러난다. 주인은 종들의 능력을 정확하게 평가하고 있기 때문에 회계하는 자리에서 한 종에게는 열 고을 권세를 보상으로 주었고(눅 19:17), 한 종에게는 다섯 고을을 보상으로 주었다(눅 19:19). 만일에 주인이 뒤의 종에게도 열 고을을 주었다면 어떻게 될까? 그것은 그에게 기쁨이 아니라 고통을 안겨 줄 것이다. 왜냐하면 그것은 그의 역량을 두 배로 초과하는 것이기 때문이다. 과도하게 일을 맡는 것은 상급이 아니라 고문이다. 능력을 넘어선 일로 허덕거리기 때문이다. 따라서 주인이 종들에게 차등적으로 고을을 맡긴 것은 은혜이다. 비록 종들이 받은 분량에는 차등이 있는 것처럼 보이지만, 주인이 베푼 은혜에는 차등이 없다. 열 고을 맡은 자에게 작용한 주인의 은혜와 다섯 고을 맡은 자에게 작용한 은혜는 동일한 것이다. 열 고을과 다섯 고을은 수량으로 보면 차등한 것처럼 보이지만, 은혜로 보면 모두 동일한 의미를 가지고 있다. 그러므로 상급은 종의 소유가 아니라 주인의 은혜에서 이해되어야 한다.

마찬가지로 하나님은 가장 정확한 평가에 따라 각각의 신자들에게 가장 적절하게 은혜를 베푸신다. 신자들이 각각 다르게 받는 것처럼 보여도 하나님의 은혜에는 차등이 없다. 예를 들면, 이것은 아버지가 서로 나이에 차이가 많이 나는 자녀들에게 선물을 주는 모습과 비슷하다. 아버지가 대학을 졸업한 자녀에게 자동차를 선물하고 초등학교를 졸업한 자녀에게 자전거를 선물하는 것을 보고, 아버지가 자녀들을 차등으로 대우했다고 말하겠는가? 만일에 아버지가 초등학교를 졸업한 자녀에게 자동차를 선물한다면 그처럼 어리석은 일이 없을 것이며, 초등학교를 졸업한 자녀가 자기에게도 자동차를 사달라고 조른다면 그처럼 한심한 일이 없을 것이다. 물질의 차원에서 보면 큰 아이의 자동차와 작은 아이의 자전거는 분명히 차등적이지만, 사랑의 차원에서 보면 큰 아이에게 자동차를 준 아버지의 사랑과 작은 아이에게 자전거를 준 아버지의 사랑은 동일한 것이다. 아버지에게는 자동차를 받는 큰 아이나 자전거를 받는 작은 아이나 동일한 사랑의 대상일 뿐이다.[8] 또한 아버지의 사랑을 받은 자녀들은 각각 최대한의 만족을 누린다. 큰 아이

---

8) 이것은 누가복음 15장의 "탕자 비유"에서 발견되는 메시지이기도 하다.

는 작은 아이의 자전거를 탐낼 필요가 없고, 작은 아이는 큰 아이의 자동차를 부러워할 필요가 없다. 이것은 아버지가 자녀들에게 각각 행하는 것이므로 자녀들은 서로 비교하면서 시기하는 것이 아니라(고전 3:1-4) 아버지에게 감격스럽게 감사를 표현하는 것이다(고전 3:5-9). 자녀들은 아버지에게서 각각 능력에 맞게 사랑을 받았기 때문에 자신에게만 베풀어진 사랑에 만족한다. 중요한 것은 수여자와 수납자의 관계이다.

달란트 비유는 보상에서 중요한 것이 수여자와 수납자의 관계라는 사실을 명확하게 보여준다. 다섯 달란트의 종과 두 달란트의 종은 이 행사를 통해서 주인과 깊은 관계를 확립하였다(마 25:21,23). 이에 비하여 한 달란트의 종이 보여준 문제는 주인을 제대로 이해하지 못하였다는 데 있다(마 25:24,26-27). 그는 그렇지 않아도 주인과 깨진 관계를 이 행사로 말미암아 완전히 깨뜨리고 말았다. 따라서 앞의 두 사람이 보상받은 것은 달란트가 아니라 주인(주인과의 관계)이었고, 뒤의 한 사람이 상실한 것은 달란트가 아니라 주인(주인과의 관계)이었다. 그러므로 보상에서 언제나 기억해야 할 요점은 주는 자가 우선이고 받는 자는 차선이라는 사실이다. 보상에서 중요한 것은 수납자의 몫이 아니라 수여자의 뜻이다.

보상의 평등은 삼위일체 하나님의 뜻이다. 마치 하나님께서 "나누어주신 대로"(ὡς ὁ θεὸς ἐμέρισεν, 호스 호 떼오스 에메리센, 롬 12:3) 믿음의 분량이 주어지고, 성령께서 "뜻하시는 대로"(καθὼς βούλεται, 카또스 불레타이, 고전 12:11) 은사가 수여되며, 예수님이 "원하신 자들을"(οὓς ἤθελεν, 후스 에뗄렌, 막 3:13) 제자로 세우신 것과 같다. 이에 더 나아가서 보상의 평등은 마치 몸에 있는 지체들이 가지는 평등과도 같은 것이다(고전 12:14-26). 지체는 자신에 대한 자부심을 가져도 교만(자기중시)을 가지면 안 되고, 타자에 대한 배려는 가져도 되지만 배척(타자경시)을 가지면 안 된다. 하나님이 "원하시는 대로"(καθὼς ἠθέλησεν, 카또스 에뗄레센) 몸에 각 지체를 두셨으므로(고전 12:18 지체들은 서로 연결되고 결합되어 사랑 안에서 몸을 세워나가야 한다(엡 4:16). 이것이 하나님 나라의 모습이다. 이렇게 하나님의 나라에는 다양한(차등적이 아니라!) 지체들이 있을 때 아름답다. 하나님의 나라에서 신자들 사이에 다양성(차등성이 아니라!)이 있어야 교제가 풍성해진다. "마치 찬송의 조화가 그 목소리의 질에 의해 고양되고, 또한 빛의 아름다움이 그 색깔의 명암의 풍성함 안에서 배가되는 것처럼"[9] 그렇다. 눈과 손에 높낮이가 없고 머리와 발에 높낮이가 없듯이, 소프라노와 알토에 계급이 없고 테너와 베이스에 계급이 없듯이, 하얀색과 빨강색에 등급이 없고 노란색과 파랑색에 등급이 없듯이, 하나님의 나라에서는 신자들 사이에 상급의 차이가 없다. 내세의 상급과 관련하여 기능적 상이성과 계급적 차등성을 혼동해서는 안 된다. 하나님의 나라는 하나님의 자녀들로 이루어진 나라임을 고려할 때(요 1:12), 하나님의 나라에서는 비록 외면으로는 상급에 차등이 있는 것처럼 보일 수 있어도 실제로는 하나님의 은혜 가운데 모든 상급이 평등하다고 말할 수 있는 것이다. 하나님 나라에서는 하나님과 신자 사이의 관계가 가장 중요하다. 하나님 나라에서는 무엇을 보상으로 받았느냐가 아니라 하나님을 찬송하는 관계가 중요하다. 하나님 나라에서는 신자가 보상으로 받았던 금 면류관 까지도 다시 세세토록 살아계시는 하나님께 드려야 할 것이다 (계 4:10).

---

9) 바빙크, 『하나님의 큰 일』 552.

제5장
하나님 나라

앞에서 살펴본 것처럼 성경에는 전체를 관통하는 사상들이 여러 가지가 있다. 창조, 구원, 언약, 하나님 나라와 같은 사상들이다. 창조는 새 창조로서의 구원과 밀접하게 연관되고, 구원의 핵심에는 왕과 백성의 관계를 말하는 언약이 있고, 언약은 백성인 신자에게 왕이신 하나님이 주시는 하나님 나라의 바탕을 이룬다. 이 때문에 하나님 나라를 이해하는 것은 창조, 구원, 언약 등 성경을 망라하는 여러 가지 사상들을 전체적으로 아우르는 것이 된다. 이만큼 하나님 나라 사상은 중요하다.

1. 하나님 나라의 용례

하나님 나라는 구약성경과 신약성경에서 중요한 사상으로 자리 잡고 있다.

1) 구약에서 하나님 나라

구약시대에 고대근동의 나라들은 모두 왕의 통치를 받는 왕국으로 형성되어 있었다(창 36:31-39; 대상 1:43-51). 따라서 선지자 사무엘 시대에 이르러 이스라엘도 이방왕국의 방식을 따라 결국은 왕국제도로 나아가기를 희망하였다(행 13:21). "모든 나라와 같이 우리에게 왕을 세워 우리를 다스리게 하소서"(삼상 8:5). 이때 하나님께서는 그들이 왕이신 하나님을 버린 것이라고 대답하셨다("그들이 너를 버림이 아니요 나를 버려 '자기들의 왕이 되지'(문자대로 번역하면, '자기들을 다스리지') 못하게 함이니라"(삼상 8:7). 이스라엘은 하나님이 왕으로 자신들을 다스리는 것을 원하지 않았다. 바꾸어 말하자면 이것은 지금까지 하나님께서 왕으로 이스라엘을 다스렸다는 것을 의미한다. 구약성경에는(특히 시편과 선지서에는) 하나님을 왕으로 표현하는 구절들이 적지 않다(시 10:16; 24:7-10; 44:5; 47:3; 사 6:5; 33:22; 43:15; 렘 10:7). 구약성경에는 아직 하나님 나라라는 표현이 명확하게 사용되지는 않았지만(때때로 다음과 같은 표현들이 사용되었다: מַלְכוּת, 말쿠트, 시 103:19; 145:11, 13; 단 2:44; מְלוּכָה, 멜루카, 시 22:29; מַמְלָכָה, 마믈라카, 대상 29:11), 하나님이 왕이라는 사실을 명시함으로써 이스라엘이 하나님의 왕국이었음을 입증한다(יְהוָה מָלָךְ, "여호와께서 다스리신다", 시 93:1; 96:10; 99:1).

그런데 이스라엘 백성은 결국 하나님이 왕으로 자신을 다스리는 것을 원하지 않았다. 이런 태도는 이스라엘이 이미 이집트에서 나온 시대로부터 시작해서 계속되었고("내가 그들을 애굽에서 인도하여 낸 날부터 오늘까지 그들이 모든 행사로 나를 버리고 다른 신들을 섬김 같이 네게도 그리하는도다", 삼상 8:8), 다윗 왕조에서 때때로 멈추었다가(행 7:46-47,51; 13:22), 또한 포로가 되어 바빌론으로 끌려갈 시대까지 계속될 것이었다. 하나님께서는 이스라엘 백성의 이와 같은 배신행위 앞에서 다시 이스라엘의 왕으로 회복되기를 원하셨다.

그러면 하나님께서는 이스라엘의 왕으로 회복되기 위하여 어떤 방식을 취하셨는가? 하나님이 취하신 방식은 "여호와의 날"이 이르게 하는 것이었다. 구약성경에서(특히 요엘서와 스바냐서에서) 여호와의 날은 이중적인 성격을 가진다. 그것은 한편으로는 심판의 날이며 다른 한편으로는 구원의 날이다(욜 2:21-32). 마치 2차

세계대전 당시에 연합군의 노르망디 상륙작전의 개시일(1944년 6월 6일)이 독일에 대한 심판이자 불란서에 대한 구원인 것과 비슷하다. 하나님께서는 여호와의 날이 이르게 하심으로써 마침내 다시 이스라엘의 왕으로 등극하실 것이다. "이는 여호와께서 시온에 거하심이니라"(욜 3:21). "이스라엘 왕 여호와가 네 가운데 계시니 네가 다시는 화를 당할까 두려워하지 아니할 것이라"(습 3:15). 그러므로 미래에 구원받을 자들로 이루어질 나라는 여호와의 것이다. "나라가 여호와께 속하리라"(옵 21). 다시 말하자면 구약성경에서 하나님 나라는 주로 역사적 종말론과 관련이 있다. 하나님이 왕으로 회복되는 것은 역사적인 사건이다. 구약의 역사적 종말론은 "여호와의 큰 날"로 표현된다.

2) 신약에서 하나님 나라

신약성경에서는 하나님 나라 사상이 훨씬 명확하게 나타난다. 무엇보다도 신약성경이 보여주는 하나님 나라 사상은 구약성경과 마찬가지로 역사적이다. "때가 찼고 하나님의 나라가 가까이 왔으니 회개하고 복음을 믿으라"(막 1:15). 이것은 하나님의 왕 되심의 회복을 "여호와의 날"의 도래로 설명했던 구약성경의 역사적인 성격을 계승하는 것이다. 그러나 신약성경에서 하나님의 나라는 역사적일 뿐 아니라 인격적이다. 하나님의 나라는 하나님의 성품과 깊은 관련이 있는 것으로 나타나기 때문이다. 그래서 신약성경에서는 하나님의 나라가 역사적이며 인격적이라고 말할 수 있다.

(1) 예수님의 가르침

하나님 나라의 역사적이며 인격적인 성격은 무엇보다도 예수님의 가르침에 잘 나타난다.

첫째로, 예수님은 하나님 나라의 역사적 성격을 세례자 요한의 선포와 연계해

서 말씀하셨다: "회개하라 천국이 가까이 왔느니라"(마 3:2; 4:17). 천국이 가까이 왔다는 것은 여호와의 날이 임박했다는 것과 동일한 어조이다. 여기에는 역사적 종말론의 성격이 내포되어 있다. 역사에는 끝나는 시점이 있다는 것이다. 그런데 여기에서 중요한 것은 하나님 나라가 도래함으로써 역사가 종점에 봉착했다는 것이다. 예수님의 가르침과 함께 하나님 나라가 도래함으로써 역사는 이미 종점을 맞이한 것과 다를 바가 없다. 역사는 아직 조금 더 진행되는 것처럼 보이지만 결국은 머지않아 종점에 도달할 것이다. 마치 뿌리 뽑힌 나무에 잠시 꽃이 피어있기는 하지만 마침내 시들고 마는 것과 유사하다. 이런 인식을 가지고 있는 신자들은 하나님의 나라가 오기를 위해서 꾸준히 기도해야 한다. 예수님도 기도에서 이것을 가르쳐주셨다: "당신의 나라가 임하소서"(마 6:10). 이렇게 볼 때 주기도문은 하나님의 나라의 역사적 종말론 성격을 잘 보여준다.

둘째로, 예수님은 하나님 나라의 인격적인 성격을 자주 말씀하셨다(특히 산상설교에서). 하나님 나라는 받는 사람 쪽에서 볼 때도 인격적이다. 하나님의 나라는 심령이 가난한 자와 의를 위하여 핍박을 받는 자에게 주어지기 때문이다(마 5:3,10; 참조. 5:20). 영혼의 가난함과 의는 일맥상통하는 것이다. 이것은 모두 신자의 성품을 의미한다. 그런데 하나님 나라는 주시는 하나님 쪽에서 볼 때도 인격적이다. 왜냐하면 하나님 나라는 하나님의 뜻과 관련이 있기 때문이다. 천국에는 하나님의 뜻을 따르는 사람들이 들어간다(마 7:21). "그 때에 의인들은 자기 아버지 나라에서 해와 같이 빛나리라"(마 13:43). 하나님의 뜻은 의와 거룩함으로 이루어져 있다.

(2) 사도 바울의 가르침

사도 바울도 하나님의 나라를 역사적 성격과 인격적 성격으로 설명하였다.

첫째로, 바울은 하나님 나라의 역사적 성격을 부활하신 예수님의 재림과 연관시켜 설명한다. 예수님은 말세에 강림하셔서("그 후에는 마지막이니") 모든 정사와 모든 권세와 능력을 멸하시고 나라를 하나님께 바칠 것이다(고전 15:24). 이것은 하나님 나라의 역사적 종말론 성격을 보여준다.

둘째로, 바울은 하나님 나라가 인격적인 성격을 가지고 있다는 것을 설명한다. 바울은 무엇보다도 하나님 나라를 받는 사람에게 인격적인 성격이 나타난다고 생각한다. 그것은 불의와 육체의 일들을 행함으로써 하나님 나라를 유업으로 받지 못하는 자들(고전 6,9-10; 갈 5:19-21)과 달리 성령의 열매를 맺는 것이다(갈 5:22-23). 더 나아가서 바울은 하나님 나라에서는 하나님의 성품이 나타난다고 설명한다. "하나님의 나라는 먹는 것과 마시는 것이 아니요 오직 성령 안에 있는 의와 화평과 희락이라"(롬 14:17).

(3) 사도 요한의 가르침

하나님 나라의 역사적 성격과 인격적 성격은 사도 요한에게서도 잘 설명된다.

요한은 하나님 나라의 역사적 성격을 계시록에서 잘 설명해주었다(계 1:6,9; 5:10 등). 또한 요한은 하나님 나라에 인격적인 성격이 있다는 것을 예수님과 유대인 교사인 니고데모의 대화에서 잘 보여주었다. 하나님 나라는 "위로부터 출생"(γεννάω ἄνωθεν, 겐나오 아노뗀)을 조건으로 한다는 것이다(요 3:3). 이때 "위로부터 출생"은 성령님의 역사로 말미암아 인격에 절대적 변화가 일어난 것을 의미한다(요 3:5). "성령으로 난 사람은 다 그러하니라"(요 3:8). 그는 육에 매이지 않고 영을 지향하는 사람이 된 것이다(요 3:6). 한 마디로 말해서 그는 하나님의 성품에 참여한 것이다.

신약성경에 의하면 하나님 나라에 들어가는 것은 하나님의 뜻(의)과 관련이 있고(마 5:20; 7:21), 성령님의 활동과 관련이 있다(요 3:3,5). 이런 의미에서 하나님 나라는 일상생활에서 언제나 종말론적인 도전이다.

2. 하나님 나라의 개념

그러면 이와 같이 역사적 종말론의 성격과 인격적 변화의 성격을 띠고 있는 하나님 나라는 어떤 개념을 가지는가?

1) 영토로서의 왕국

개념상 "나라" 또는 "왕국"은 일차적으로 영역(영토)을 연상시킨다. 실제로 성경이 기록된 배경인 고대근동과 로마세계에서 "나라" 또는 "왕국"은 영역(영토)없이 이해될 수가 없었다. 이것은 이스라엘에게도 적용되는 말이다. 이스라엘이 왕국을 가지고 있다는 말은 영역(영토)이 있다는 의미이다. 다윗(삼하 5:6-10; 삼하 8장; 대상 11:4-9; 18장-20장), 솔로몬(왕상 9:15-22; 대하 9:26) 등, 여러 왕들이 영토 확장을 시도한 경우들을 살펴볼 필요가 있다. 반대로 이스라엘이 왕국을 잃었다는 말은 영역(영토)을 상실했다는 것을 의미한다. 실제로 이런 일이 이스라엘이 바빌론에 의하여 멸망당했을 때 발생하였다. 이스라엘은 바빌론에 의하여 영토를 빼앗겼다. 바빌론은 이스라엘에게서 영토를 박탈하기 위하여 왕과 신하와 백성을 포로로 잡아갔다. 이렇게 하여 바빌론은 이스라엘 왕국이 망했다는 것을 명시하였다. "나라" 또는 "왕국"은 영토(영역)를 전제한다. 따라서 하나님 나라를 말할 때 영역(영토)을 전제하는 것은 너무나도 당연한 일이다. "땅과 거기에 충만한 것과 세계와 그 가운데 사는 자들은 다 여호와의 것이로다"(시 24:1) 하늘과 땅과 세계와 남북이 하나님 나라의 영역이다(신 10:14; 시 89:11). 그래서 예수님을 비롯하여 사도들의 가르침에는 하나님 나라가 이런 방식으로 설명되는 경우가 많다. 하늘과 땅은 천지의 주재이신 하나님이 다스리시는 영역이다(마 11:25; 행 17:24).

2) 왕권(통치)으로서의 왕국

그런데 "나라"와 "왕국"의 개념을 영역(영토)와 관련해서만 설명하는 것은 부족하다. "나라"와 "왕국"을 설명하기 위하여 영역(영토)만큼 중요한 것은 왕권(통치)이다. 왕권(통치)은 영역(영토)에 대한 보장이다. 왕권(통치)에 의하여 영역(영토)이 유지될 때 왕국은 성립된다. 비록 영역(영토)이 있다하더라도 그에 대한 왕권(통치)이 시행되지 않으면 왕국은 성립되지 않는다. 이런 예는 로마의 식민정치 아래 있던 유다 백성에게서 잘 드러난다. 그 당시 유대인들에게는 영역(영토)이 있었지만 왕권(통치)은 로마에게 이양되었기 때문에 왕국이 성립될 수 없었다. 그래서 당시의 유대인들은 메시아의 도래를 그렇게 갈망했던 것이다. 이런 의미에서 볼 때 하나님 나라는 하나님의 왕권(통치)이 시행되는 것임을 알 수 있다. 이렇게 하나님 나라는 영역으로 이해되는 것과 함께 통치로 이해된다.

3) 왕의 성품으로서의 왕국

그런데 왕권(통치)로서의 왕국 개념에는 또 한 가지 중요한 사실이 있다. 그것은 통치하는 왕의 성품이다. 영역(영토)에 왕권(통치)을 시행하는 왕의 성품에 의하여 그 나라의 운명이 결정된다. 왕권(통치)은 왕의 성품(인격)에 의하여 주도된다. 왕권(통치)의 배후에는 성품(인격)이 있다. 왕의 성품(인격)이 안정적일 때 그의 왕권(통치)이 영역(영토)에 제대로 시행된다. 하지만 역으로 왕의 성품(인격)이 부패해 있으면 영역(영토)에 왕권(통치)이 제대로 시행되지 않는다. 그때 나라에는 탐관오리가 성행하고 민심이 흉흉해진다. 이에 대한 대표적인 예를 주전 8세기 선지자들 시대의 왕들에게서 찾아볼 수 있다.

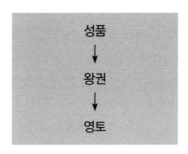

성품
↓
왕권
↓
영토

    왕국은 왕의 성품과 깊은 상관관계를 가진다. 왕국은 왕의 성품에 좌우된다. 이 사실은 사울의 나라와 다윗의 나라를 비교해볼 때 반론의 여지없이 드러난다. 사울의 나라와 다윗의 나라에 영역과 백성에는 큰 차이가 없었지만, 두 나라의 위상에는 엄청난 차이가 있었다. 사울의 나라는 매우 불경하고 약했고(블레셋 같은 주변 국가들에게 침범을 받음, 삼상 31장), 다윗의 나라는 매우 경건하고 강했다(블레셋 같은 주변 국가들을 평정함, 삼하 5:17-25). 이것은 사울과 다윗의 왕 된 됨됨이와 관련이 있다. 사울은 불경하고 다윗을 해치는 일에 힘을 기울였기 때문에 그의 왕국은 불안했다. 하지만 다윗은 하나님의 마음에 맞는 사람으로(삼상 13:14; 행 13:22) 경건하여 하나님을 경배하는 일에 힘을 기울였기 때문에 그의 왕국은 안정되었다(삼하 7:1). 사울의 성품이 사울의 나라를 결정했고, 다윗의 성품이 다윗의 나라를 결정했다.

    마찬가지로 하나님 나라에서도 가장 중요한 것은 하나님의 성품이다. 하나님 나라는 하나님의 왕권(통치)에 의해서 결정된다. 그런데 하나님의 왕권(통치)을 주도하는 것은 왕이신 하나님의 성품이다. 다시 말해서 하나님의 왕권(통치)의 배후에는 하나님의 성품이 있다. 하나님의 성품과 관련하여 하나님 나라는 다음과 같이 설명할 수 있다. 하나님 나라는 하나님의 성품으로부터 나왔다는 것이다. 한마디로 말해서 하나님 나라는 하나님의 성품의 결과이다. 하나님 나라는 하나님의 성품에 의하여 결정된다. 하나님 나라는 하나님의 성품의 표현이며 실현이다.

하나님의 성품은 하나님 나라의 뿌리이며, 하나님 나라는 하나님의 성품의 열매이다.

그러면 하나님의 성품은 무엇인가? 하나님의 성품 가운데 가장 두드러진 것은 의이다. 하나님은 의로우시다(롬 3:25-26). 의는 죄와 악에 반대되는 개념이다. 죄와 악은 무질서와 혼돈을 의미한다. 이런 점에서 의는 질서와 정돈을 가리킨다고 볼 수 있다. 하나님은 어지러움의 하나님이 아니다(고전 14:33). 그런데 이런 의 개념에서 화평의 개념이 나온다. 평강은 하나님의 성품 가운데 매우 중요한 것이다. 그래서 하나님은 자주 평강의 하나님이라고 불린다(빌 4:9; 살전 5:23). 하나님은 평강을 주시는 분이다(빌 4:7). 또한 평강에서 희락이 나온다. 하나님은 기쁨과 평강을 주시는 분이시다(롬 15:13 "소망의 하나님이 모든 기쁨과 평강을 믿음 안에서 너희에게 충만케 하사 성령의 능력으로 소망이 넘치게 하시기를 원하노라"). 그러므로 하나님의 성품은 의와 평강과 희락으로 요약될 수 있다. 하나님의 성품이 의와 평강과 희락이기 때문에 하나님 나라도 의와 평강과 희락의 나라이다. 사도 바울의 말대로, "하나님의 나라는 오직 성령 안에 있는 의와 평강과 희락이라"(롬 14:17).

3. 하나님 나라의 표현

하나님은 자신의 성품에 근거한 하나님 나라를 다음과 같이 여러 가지 방식으로 표현하신다.

1) 선포로서 하나님의 나라

첫째로, 하나님 나라가 표현되는 방식은 선포이다(마 3:2; 4:17). 하나님 나라는 하나님의 말씀으로 표현된다.

(1) 왕의 선포와 왕국의 권위

왕의 말이 왕국의 표현이다. 왕이 말을 잘못하면 왕국의 위신이 실추되기 때문이다. 왕의 선포는 왕국의 모든 것을 표현한다. 나라의 권위는 왕의 선언(선포) 또는 조서에서 나타난다.

히스기야 시대에 앗수르의 왕 산헤립이 침공하여 그의 군대장관 랍사게를 통하여 말을 전하게 하였다. "랍사게가 그들에게 이르되 이제 히스기야에게 말하라 대왕 앗수르 왕이 이같이 말씀하시기를..."(사 36:4; 왕하 18:19). 앗수르 왕 산헤립의 말에 앗수르 왕국의 권세가 드러난다. 바빌론의 느부갓네살은 높이가 60규빗(약 30m), 넓이가 6규빗(약 3m)되는 금 신상을 만들고 악기 소리가 날 때 모든 사람이 함께 엎드려 절하라는 선포를 내렸다(단 3:4, "왕이 너희 무리에게 명하시나니"). 이 명령을 들은 사람들은 복종을 하였다(단 3:7). 느부갓네살의 명령은 바빌론 왕국의 권세를 보여준다(이때 사드락, 메삭, 아벳느고가 거역하였는데 느부갓네살은 낯빛이 변할 정도로 분이 가득하였다. 왕의 말을 거역한 것은 왕국의 권세를 거역한 것이기 때문이었다, 단 3:13; 참조. 에스더 1:12 아하수에로가 왕후 와스디에게 분노함). 메대의 다리오 왕은 다니엘을 해치려는 신하들의 꼬드김을 받아 왕 숭배를 위한 조서를 작성하고 어인을 찍어 다시 고치지 못하게 하였다(단 6:8). 다리오 왕의 선포는 메대와 바사 전역에 미침으로써 왕국의 힘이 얼마나 강한지 보여주었다. 아마도 왕의 말이 왕국의 권세의 표현인 것을 잘 보여준 예는 페르시아의 고레스 왕이 내린 조서이다(대하 36:22-23; 스 1:1-3). 이 조서로 말미암아 유대인들은 유다 땅으로 돌아갈 길이 열렸다. 그런데 이보다도 왕의 말이 왕국의 권세를 나타내는 것을 잘 보여주는 것이 다리오 왕의 조서이다. 다리오 왕은 예루살렘 성전을 건축하는 일과 관련하여 고레스의 조서를 따라 강 서편에 있는 관리들에게 적극적인 협조를 명령하는 조서를 내렸을 때 그 먼 곳에 있는 관리들이 신속하게 준행하였다(에스라 6:13). 왕의 말이 실현되는 방식과 과정이 왕국의 모습이다. 천천히 실현되면 그만큼 왕국이 약한 것이고, 신속히 실현되면 그만큼 왕국이 강한 것이다. 왕의 말은 왕국의 능력이다. 솔로몬이 성전건축을 지원받기 위하여 레바논의 히람에게 보낸 말은 솔로몬의 능력을 보여준다(왕하 5:1-12).

왕의 말이 닿는 곳까지가 왕국의 영역이며, 왕의 말을 받는 사람들이 왕국의 백성이다. 빌립이 사마리아에서 하나님 나라를 전도했을 때 거기에 하나님 나라가 임한 것이고(행 8:12), 바울이 에베소에서 하나님 나라를 설교했을 때 거기에 하나님 나라가 임한 것이며(행 19:8), 로마에서 하나님 나라를 증언했을 때 거기에 하나님 나라가 임한 것이다(28:23,31).

(2) 하나님의 선포로서 하나님 나라

구약성경에는 자주 하나님의 말씀을 선포하는 표현이 나온다. "(만군의) 여호와의 말이니라." "만군의 여호와가 이렇게 말하노라." 이것은 하나님의 말씀의 권위를 보여준다. 구약에서 하나님 나라는 하나님의 말씀으로 표현되었다. 하나님 말씀의 권위가 하나님 나라의 능력이다. 하나님의 말씀은 표면적으로는 이스라엘과 회심자들 만이 듣지만, 영적으로 보면 온 만물이 하나님의 말씀을 듣는다. "그의 소리가 온 땅에 통하고 그의 말씀이 세상 끝까지 이르도다"(시 19:4). 선지자들의 열국 예언은 하나님께서 열국을 다스림을 의미한다. 열국을 다스리시는 하나님의 모습은 여러 곳에 언급된다(사 2:1-4; 사 13-23장; 렘 46-51장; 습 2:4-15). 하나님의 말씀이 이스라엘, 열방, 만물에 이른다는 것은 하나님의 나라가 이스라엘, 열방, 그리고 만물에까지 이르고 있음을 의미한다. "하나님은 온 땅의 왕이심이라"(시 47:7; 참조. 슥 14:9; 말 1:14).

신약에서도 하나님 나라는 하나님의 말씀으로 표현된다. 예수님은 산상설교에 이 사실을 명확하게 설명해주셨다. "그러므로 누구든지 이 계명 중의 지극히 작은 것 하나라도 버리고 또 그같이 사람을 가르치는 자는 천국에서 지극히 작다 일컬음을 받을 것이요 누구든지 이를 행하며 가르치는 자는 천국에 크다 일컬음을 받으리라"(마 5:19). 천국은 하나님의 말씀과의 관계에서 이해된다. 천국은 하나님의 말씀 가운데 가장 작은 것이라고 생각되는 것까지도 보존되며 준수되는 곳이다. 하나님의 말씀 없는 하나님 나라를 생각해 볼 수가 없다. 하나님 나라는 하나님 말씀의 나라이다. 하나님 나라에는 하나님의 말씀가운데 가장 작은 것이라고 여겨지는 것까지라도 보존하고 지키는 사람들이 있는 곳이다.

그러면 하나님의 말씀은 무엇인가? 하나님의 말씀은 하나님의 뜻이다. 뜻은 말을 통하여 표현된다. 하나님의 뜻도 하나님의 말씀에 의하여 표현된다. 하나님 나라에서는 하나님의 뜻이 다스린다. 하나님 나라에서는 하나님의 뜻이 가장 깊은 곳까지 미친다. 하나님 나라에서는 사람이 하나님의 뜻을 가장 잘 이해하게 된다. 따라서 하나님 나라는 사람이 하나님의 성품에 참여하는 현상이 일어난다(벧후 1:4). 사실상 하나님의 말씀을 통하여 하나님의 뜻을 이해하는 사람들은 이미 하나님 나라를 맛보고 있는 것이다. 하나님 나라를 지상에서 맛보려면 하나님의 말씀을 사모하고, 하나님의 뜻을 이해하고, 하나님의 말씀과 생각으로 자신을 다스려야 한다. 하나님의 말씀은 사람의 심령을 변화시킨다. 귀 또는 머리에 이르는 지식의 말씀이 아니라 영혼과 삶에 이르는 변화의 말씀이다. 하나님의 말씀은 능력이다(히 4:12). 그러므로 엄격하게 말해서 "하나님의 나라는 말에 있지 않고 오직 능력에 있다"(고전 4:20).

하나님의 말씀을 받은 사람은 하나님의 백성이다(요 10:35, "하나님의 말씀을 받은 사람들을 신이라 하셨거든"). 이런 의미에서 예수님은 "하나님의 나라는 너희 안에 있느니라"(눅 17:21)고 말씀하셨다. 하나님의 백성에게는 하나님의 왕권(통치)이 임하였다. 그러므로 하나님의 백성은 어디에 있든지 하나님 나라를 이룬다. 하나님의 백성이 있는 곳에는 하나님 나라의 영역(영토)이 성립된 것이다. 하나님의 의를 추구하는 자들, 하나님의 의를 소유하고 있는 자들에게서 하나님 나라는 이미 실현되고 있다.

(3) 하나님 나라에 대한 신앙고백적 반응

하나님의 백성은 하나님의 선포로서의 하나님 나라에 대하여 신앙고백으로 반응한다. 신앙고백적인 반응은 다음과 같이 여러 면으로 나타난다. 첫째는 예배로서의 신앙고백이다. 하나님을 예배하는 자는 언제 어디에 있든지 하나님 나라에 참여하고 있음을 고백하는 것이다(행 16:25). 둘째로 기도로서의 신앙고백이다. 기도는 하나님 나라에 속한 사람이 오직 하나님만을 의지한다는 것을 표현하는 것을 의미한다(빌 4:6). 셋째로 찬송도 하나님 나라에 대한 신앙고백이다. 하나님 나라에 속한 자는 하나님을 찬송함으로써 자신이 하나님의 백성임을 노래한다(계 7:9-10). 넷째로 전도(선교)로서의 신앙고백이다. 전도는 신자가 세상을 향해 자기가 하나님 나라에 속했다는 것을 자랑하며 초대하는 것이다(행 28:23,31). 다섯째로 신자에게는 생활도 하나님 나라에 대한 신앙고백적 반응이다. 신자는 하나님 나라 백성임을 삶으로 입증한다(마 5:16; 벧전 2:11-12).

2) 잔치로서 하나님의 나라

둘째로, 하나님 나라는 자주 잔치로 표현된다. 예수님은 천국 비유를 위해 왕의 잔치를 말씀하셨다(마 25:1-13; 참조. 눅 13:29). 잔치는 하나님 나라를 표현하는 중요한 방식이다.

(1) 잔치의 의미

잔치는 잔치를 베푸는 사람의 힘을 나타낸다. 양을 되찾은 목자의 잔치(눅 15:6)와 드라크마를 되찾은 여인의 잔치(눅 15:9)와 탕자 아들을 되찾은 아버지의 잔치(눅 15:23,25,27). 아브라함은 이삭이 젖 떼는 날을 축하하며 잔치를 열었다(창 21:8). 아비가일의 남편인 나발은 자신의 위세를 보이기 위해서 왕 같은 잔치를 베풀었다(왕상 25:36). 왕의 잔치는 왕의 권위, 위엄, 능력, 영광, 강함을 표현한다.

왕의 잔치에서 왕의 힘이 드러난다. 왕의 잔치를 보면 그 나라의 힘을 알 수 있다. 왕의 잔치에서 그 나라의 권력이 가장 잘 나타난다. 그래서 왕의 잔치는 왕국의 표현이다. 예를 들어, 바벨론 느부갓네살의 아들 벨사살 왕의 잔치는 귀인 1천명을 위한 큰 잔치였다(단 5:1). 이것은 왕국의 권세를 뽐내기 위한 것이었다. 솔로몬도 지혜와 총명을 구함에 부와 영광 주시겠다는 하나님의 응답의 꿈을 꾸고 잔치를 베풀었다(왕상 3:15). 헤롯 안티바스의 생일잔치도 거대한 것이었다. "헤롯이 자기 생일에 대신들과 천부장들과 갈릴리의 귀인들로 더불어 잔치할새"(막 6:21).

왕의 잔치 가운데 메대의 아하수에로 왕의 잔치를 빼놓을 수 없다. 아하수에로는 인도로 구스까지 127도를 치리하는 왕이었다. 그는 즉위 3년에 수산 궁에서 위용이 넘치는 세 가지 잔치를 베풀었다(에스더 1:1-9). 첫째로 바사와 메대의 장군들과 각 도의 귀족들과 지방관들을 위한 180일 잔치(에 1:2-4). 둘째로 도성 수산 귀천을 막론하고 모든 백성을 위한 왕궁 후원 뜰 7일 잔치(에 1:5-8). 셋째로 왕후 와스디가 여인들을 위해 베푼 왕궁 특별잔치(에 1:9). 한 마디로 말해서 아하수에로의 잔치는 "그의 영화로운 나라의 부함과 위엄의 혁혁함을 나타내는"(에 1:5) 것이었다. 아하수에로의 잔치의 위용은 특히 인민을 위한 잔치 모습이 자세하게 묘사되는데 이것은 왕국의 위용이 나타낸다. 후에 아하수에로는 에스더를 왕후로 얻고 또 다시 큰 잔치를 베풀었다(에 3:18).

(2) 구약에서 하나님의 잔치

하나님 나라는 하나님의 잔치로 표현된다. 그래서 구약에서 하나님은 이스라엘 백성에게 잔치(מִשְׁתֶּה, 미쉬테)를 베풀어주셨다. 하나님은 잔치를 베푸시는 하나님이시다. 이것은 출애굽에서 분명하게 입증된다. 하나님은 광야에서 이스라엘 백성에게 만나와 메추라기, 뒤따르는 반석의 물을 주셨다(고전 10:1-4). 그래서 잔치의 하나님은 광야 식탁을 조롱하는 자들을 싫어하신다("하나님이 광야에서 식탁을 베푸실 수 있으랴", 시 78:19-20). 또한 하나님이 잔치의 하나님이심은 성소(성전)의 구조에서도 증명된다. 하나님이 성소(성전)에 진설병과 상을 설치하신 것은 잔치를 의미한다(히 9:2).

하나님의 나라는 잔치로 표현되기 때문에 하나님은 이스라엘 백성에게 잔치를 베풀 것을 권면하셨다. 첫째로 하나님 나라는 안식일 잔치에서 나타났다. 십계명 가운에 안식일에 대한 말씀을 보면, 안식일은 하나님의 창조와 구원을 즐거워하는 잔치이다(출 20:8-11; 신 5:12-15). 둘째로 하나님 나라는 이스라엘의 절기 잔치에서 나타났다. 하나님은 이스라엘(남자)이 일 년에 세 차례(유월절, 칠칠절, 초막절) 성전에 올 것을 명하셨다(신 16:16). 특히 하나님은 초막절에 절기 잔치를 베풀라고 요구하셨다. "너희 타작마당과 포도주 틀의 소출을 거두어들인 후에 이레 동안 초막절을 지킬 것이요 절기를 지킬 때에는 너와 네 자녀와 노비와 네 성중에 거하는 레위인과 객과 고아와 과부가 함께 즐거워하되 네 하나님 여호와께서 택하신 곳에서 너는 이레 동안 네 하나님 여호와 앞에서 절기를 지키고 네 하나님 여호와께서 네 모든 소출과 네 손으로 행한 모든 일에 복 주실 것이니 너는 온전히 즐거워할지니라"(신 16:13-15). 그래서 시편기자는 절기 잔치를 위하여 "초하루와 보름과 우리의 명절에 나팔을 불지어다"(시 81:3)라고 노래하였다.

절기 잔치는 하나님의 왕권(통치)의 절정을 보여준다. 그래서 절기 잔치가 없어지는 것은 하나님의 통치가 사라짐을 의미한다. 구약에서 하나님은 더 이상 이스라엘을 통치하지 않으시겠다는 것을 표시하기 위해 여러 차례 절기 잔치의 폐쇄를 선언하신다. "내가 그의 모든 희락과 절기와 월삭과 안식일과 모든 명절을 폐하겠고"(호 2:11; 참조. 암 5:21; 8:10). "해마다 절기가 돌아오려니와 내가 아리엘을 괴롭게 하리니"(사 29:1). "시온의 도로들이 슬퍼함이여 절기를 지키려 나아가는 사람이 없음이로다"(애 1:4). "주께서 그의 초막을 동산처럼 헐어버리시며 그의 절기를 폐하셨도다 여호와께서 시온에서 절기와 안식일을 잊어버리게 하시며 그가 진노하사 왕과 제사장을 멸시하셨도다"(애 2:6). 실제로 이스라엘 백성은 바벨론 포로에서 절기를 지키지 못하는 괴로움을 맛보았다. 반대로 절기잔치의 회복은 하나님의 나라를 회복하는 것이다(호 12:9). 하나님 백성의 회복은 절기회복에서 가장 잘 나타난다(겔 44-46장).

(3) 하나님 나라는 하나님의 잔치이다

예수님은 하나님 나라를 잔치 개념으로 설명하셨다(눅 13:29; 14:16-24). 천국 비유 가운데 왕의 잔치 비유가 많이 나오는 것은 이 때문이다(마 22:1-2). 하나님 나라는 잔치 가운데서도 특히 혼인잔치로 비유된다. 요한계시록에서도 하나님의 통치는 혼인잔치로 묘사된다(계 19:6-7). 심지어 예수님은 최후의 만찬에서 하나님 나라가 잔치인 것을 보여주셨다. "그러나 내가 너희에게 이르노니 내가 포도나무에서 난 것을 이제부터 내 아버지의 나라에서 새 것으로 너희와 함께 마시는 날까지 마시지 아니하리라"(마 26:29). 예수님은 성만찬이 천국잔치의 표현임을 알려주신 것이다. 여기에 만찬으로서의 천국의 표상이 드러난다. 예수님은 요한계시록에서 하나님 나라가 잔치인 것을 분명하게 말씀하셨다(계 2:7; 3:20-21). 여기에 잔치와 통치가 나란히 언급되면서, 하나님 나라의 두 측면이 교묘하게 결합되어 있다. 하나님 나라에서 잔치와 통치는 같은 개념이다(눅 22:30).

(4) 잔치로서의 하나님 나라의 의미

하나님 나라는 잔치로서 다음과 같이 여러 가지 의미를 가진다.

첫째로, 잔치는 신분을 의미한다. 잔치에 참석하는 사람은 잔치를 배설한 자의 신분에 동참하는 것이다. 예를 들면, 왕의 잔치에는 왕이 인정하는 신분의 사람들이 참석한다. 므비보셋은 다윗의 상에 앉는 것을 허락받았을 때 신분이 급상승하였다. "왕자 중 하나처럼 왕의 상에서 먹으니라"(삼상 9:11). "죽은 개 같은"(삼상 9:8) 존재에서 왕자 가운데 한 사람이 된 것이다. 그래서 어떤 음식을 먹느냐보다 누구와 먹느냐가 중요하다. 천국 잔치에 참여한 자는 하나님의 자녀라는 신분을 지닌 것을 입증한다(참조. 요 12:26). 아무나 천국잔치에 참여하는 것이 아니다. 이 잔치에는 오직 하나님의 수준에 있는 사람들이 참여한다(벧후 1:4).

둘째로, 잔치는 교제(코이노니아)를 의미한다. 이것은 식탁교제이다. 한 상에서 식사하는 것은 깊은 교제를 나누는 것을 뜻한다. 앞에서 본 바와 같이 왕의 식탁에 참석하는 것은 왕과 교제하면서 그의 정치에 동승한 것을 가리킨다. 그런데 왕의 식탁에 참여하는 것은 왕의 신임을 전제로 한다. 다윗은 요나단의 아들 므비보셋에게 상에 참여할 것을 허락하였다(삼하 9:7,10,11,13). 다윗은 요나단과의 약속을 기억하고 므비보셋을 신임하였던 것이다. 그래서 식탁교제를 배신하는 것은 가장 무서운 배신이다(단 11:26). 이런 의미에서 가룟 유다의 배신은 식탁교제를 배신한 것이기 때문에 매우 악한 것이었다. 그래서 예수님은 시편을 인용하여 유다의 배신이 무엇을 의미하는지 보여주셨다. "내 떡을 먹는 자가 내게 발꿈치를 들었다"(요 13:18; 시 41:9 "나의 신뢰하여 내 떡을 먹던 나의 가까운 친구도 나를 대적하여 그 발꿈치를 들었나이다"). 이렇게 볼 때, 하나님 나라의 잔치에 참여하는 것은 하나님의 신임을 받아 하나님과 교제하는 것을 가리킨다(참조. 계 3:20).

셋째로, 잔치는 희락을 의미한다. "잔치는 희락을 위하여 베푸는 것"(전 10:19, 문자적으로 번역하면, "기쁨을 위해 떡을 만들고, 술은 인생을 즐겁게 한다"). 다니엘서는 하나님의 나라의 한 중요한 성격을 보여준다. 다니엘을 사자의 입에서 구원하신 하나님의 능력을 체험한 다리오의 고백에서처럼 하나님 나라는 망하지 않는다(단 6:26). 하나님 나라는 인자가 가져다주는(단 7:13f.) 성도의 나라이다(단 7:18,22,27). 하나님은 자신의 나라를 성도에게 주신다(마 5:3,12). 성도만이 하나님 나라를 유업으로 받는다(고전 6:9,10; 15:50; 갈 5:21; 약 2:5). 하나님 나라에는 하나님의 성품을 닮은 자들이 집합한다. 그러므로 천국은 의로운 자들이 해 같이 빛나는 장소이며 의인들의 회중이다(마 13:43; 히 12:23; 참조. 시 1:6). 하나님 나라의 성격 가운데 하나는 희락이므로(롬 14:7), 천국을 소유한 성도들은 거기에서 영원토록 희락을 누린다(계 7:16; 21:4). 그러므로 하나님의 나라는 성도의 기쁨과 즐거움의 누림이다. "할렐루야 주 우리 하나님 곧 전능하신 이가 통치하시도다 우리가 즐거워하고 크게 기뻐하며 그에게 영광을 돌리세"(계 19:6-7). 하나님의 나라는 영원한 나라이므로 하나님의 나라에서 성도의 누림도 영원하다(참조. 살전 4:17).

(5) 잔치로서의 하나님 나라의 실천

잔치로서의 하나님 나라는 이 세상에서 두 가지로 실천된다. 이것은 현생에서 하나님 나라를 연습하는 것이며 실천하는 것이다.

첫째로, 성찬이다("주님의 식탁", 고전 11:21). 성찬은 하나님 나라의 표현이다. 성찬은 신자들이 장차 예수님과 함께 하나님 나라에서 잔치할 것을 바라보게 한다(마 26:29; 막 14:25; 눅 22:18). 그때까지 성찬은 개인적으로는 죄에 대한 극복을 의미하며(고전 11:28-29), 역사적으로는 예수님의 몸과 피에 참여하고 지체들인 성도들과 교제하는 것이며(고전 10:16-7), 종말론적으로는 예수님의 재림을 기대하는 성격을 가진다(고전 11:26). 따라서 성찬에는 감격에 벅찬 감사가 동반된다. 이 때문에 성찬은 "희생"(sacrament)이라기보다는 "감사"(eucharist)라고 불린다.

둘째로, 애찬(ἀγάπη, 아가페)이다(유 12). 애찬은 식탁교제로 하나님 나라를 표현한다. 신약교회의 신자들은 식탁교제를 나누려고 집에서 떡을 떼며 음식을 먹었다. 이런 의미에서 기독교는 식탁공동체(table community)이다. 신자들의 공동식사는 교제와 기도에 동등한 수준이다(행 2:42). 식탁교제는 남을 먹이는 일이기 때문에 물건 통용과 재물 분배에 결합된 행위이다(행 2:44-46). 애찬은 나보다 남이 배부를 것을 실현하는 것으로서 자아부정과 타자존중을 야기하는 개인적 종말을 의미한다. 따라서 애찬에서 중요한 것은 먹는 것과 마시는 것이 아니다. 애찬의 진정한 의미는 하나님 나라를 내다보게 하는 기능이다. 애찬에서 신자는 하나님 나라에서 모든 성도가 함께 누릴 사랑과 평등과 희락으로 이루어진 화평을 이 땅에서 미리 체험하는 것이다. 하나님 나라에는 공의가 심겨져 평화가 뻗어나고 희락이 만발한다. "하나님 나라는 먹는 것과 마시는 것이 아니요 오직 성령 안에서 의와 평강과 희락이라"(롬 14:17).